CORPVS SCRIPTORVM ECCLESIASTICORVM LATINORVM

EDITVM CONSILIO ET IMPENSIS

ACADEMIAE LITTERARVM VINDOBONENSIS.

VOL. LXX:

QVINTI SEPTIMI FLORENTIS

TERTVLLIANI OPERA

EX RECENSIONE

AEMILII KROYMANN.

TERTVLLIANI EDITIONIS
PARTIS II. VOLVMEN POSTERIVS.

VINDOBONAE.
HOELDER-PICHLER-TEMPSKY

LIPSIAE.
AKADEMISCHE VERLAGSGESELLSCHAFT
BECKER & ERLER KOM.-GES.

MCMXLII.

QVINTI SEPTIMI FLORENTIS

TERTVLLIANI OPERA

EX RECENSIONE

AEMILII KROYMANN.

TERTVLLIANI EDITIONIS
PARTIS II. VOLVMEN POSTERIVS.

VINDOBONAE.
HOELDER-PICHLER-TEMPSKY

LIPSIAE.
AKADEMISCHE VERLAGS-GESELLSCHAFT
BECKER & ERLER KOM.-GES.

MCMXLII.

Vindobonae.
Ex universitatis Vindobonensis officina typographica
Adolphi Holzhausen Successorum.

PRAEFATIO.

Secundum ordinem ab Augusto Reifferscheid institutum, deinde a Georgio Wissowa mutatum continentur secundo huius editionis volumine praeter librum *Apologeticum* ab Henrico Hoppe in priore eius parte editum Tertulliani libri, quorum recensio nititur et Agobardini codicis vetusta memoria et saeculi undecimi ac quinti decimi recentioribus libris manuscriptis.[1]) Ad quae negotii critici subsidia cum in libris quibusdam recensendis accederent olim et codicis Fuldensis hodie amissi variae lectiones a Francisco Modio Brugensi congestae[2]) et editiones Mesnartiana (quae vulgo vocatur Gangneiana) ac Geleniana, annis 1545 Parisiis et 1550 Basileae in lucem emissae, ut in quibus usi essent editores codicibus quibusdam hodie non iam superstitibus, interim miro profecto et felicissimo casu factum est, ut augerentur subsidia ista novello codice nuper reperto, Trecensem dico, quem, qui detexit, A. Wilmart saeculo XII. adscripsit. Accedit autem exiguum quidem, sed haud contemnendum adiumentum, excerptum quoddam ex libro *Adversus Iudaeos,* quod Augustus Reifferscheid in cod. 13047 bibl. Nationalis Parisinae repperit.[3])

---

[1]) Sunt autem hi: Montepessulanus (*M*) et Paterniacensis (*P*) saec. XI. et duo Florentini (*N* et *F*) saec. XV., de quibus disputavi in praef. vol. III, p. VI—XXII.

[2]) Cf. ad haec, quae disseruit Henricus Hoppe in praef. ad librum Apologeticum vol. II/1, p. XXXII sqq.

[3]) De hoc excerpto, primum a Reifferscheidio collato, deinde a memet ipso denuo excusso plenius disputavi in Mus. Rhen. LXX 358 sqq.

Ac de Trecensi quidem codice, ut ab illo, sicut par est, initium faciam, cum accuratissime disseruerint et Wilmartius[4]) et A. Souter, libri *De carnis resurrectione* novissimus interpres,[5]) et J. W. Ph. Borleffs, librorum *De baptismo* et *De paenitentia* editor,[6]) liceat mihi collectis breviter, quae priorum curis lucubrata sunt, huius voluminis lectorem edocere. Codex Trecensis (*T*) bibl. urbis Trecensis 523 protractus in lucem a. 1916 a viro docto, quem supra nominavi, Emeseni Eusebii operum futuro editore, post XV illius auctoris libros quinque Tertulliani scripta exhibet, qui sunt libri *Adversus Iudaeos, De carne Christi, De resurrectione mortuorum, De baptismo, De paenitentia*; olim bibliothecae Claravallensis fuit, ubi saeculo XII., fortasse S. Bernardi abbatis temporibus, conscriptus est. Est autem membranaceus, ab eadem manu, ut videtur, uno tenore exaratus, singulis in paginis binas praebens columnas stichis 31 vel 32 impletas, quorum singuli 20 usque ad 25 exhibent litteras. Scripturae admodum accuratae typus is est, qui saeculo illo in Gallia vulgatus erat, minusculis confectus litteris, nisi quod saepius occurrunt maiusculae formae N et R litterarum. Creberrimis autem utitur librarius compendiis, de quibus, si quis accuratius velit doceri, inspiciat velim abbreviaturarum indiculum ab Iano Borleffs praepositum editioni libri *De baptismo*, praef. p. 2, adn. 5. Correctorum manus inveniuntur tres: prima librarii ipsius, qui statim, quae perperam ex exemplari suo descripserat, emendavit, sive rectis super lineam superscriptis sive deletis, quae bis vel falso verborum ordine exaraverat, hic illic vel punctulis usus infra

[4]) Académie des Inscr. et Belles-lettres, comptes rendus des séances de l'année 1920.

[5]) Tertullianus Concerning the Resurrection of the Flesh 1922.

[6]) *De baptismo*, E. J. Brill, Leiden 1931. *De paenitentia*, Mnemosynes vol. LX.

impressis vel lineolis in calce stichorum additis. Alterius correctoris manus eius est, qui erasis quibusdam, quae invenerat scripta, alia intulit, facile dignoscenda a librarii ipsius manu correctrice, utpote magis tenui et arrectiore ductu insignia. De huius manus correcturis, etsi aliquam earum partem de alio exemplari ab archetypo diverso sumptam esse nequaquam negaverim, tamen non tam certe quam Souter[7]) contendere ausim nullam earum non deberi manuscripti alicuius hodie amissi fidei et auctoritati. Immo de his quoque valet, quod de primae manus correcturis satis magno exemplorum numero luculenter probavit Ianus Borleffs,[8]) haud paucas earum coniectanti librario deberi; quapropter, sicut docebit apparatus criticus, ne aequo plus eis fiderem, magnopere cavendum duxi. Praeter duas istas correctorum manus aliquot locis occurrit tertia, quae et ipsa facile ab illis dignoscitur, ut quae minutissimis litteris supra lineam mendosa vel pro mendosis habita corrigat, nusquam, ut recte observavit Borleffs, secundum alium librum manuscriptum, sed omnibus locis vel ex eodem illo vetere exemplari vel ex ipsius arbitrio, sano quidem plerumque nec tamen in omnibus verum indagante. Forma litterarum admodum similis est earum, quibus scriptus est textus ipse, si non magnitudinem litterarum, sed ductum scripturae respicis: quamobrem nescio an non recte iudicet de aetate huius correctoris idem vir doctus, recentioris aetatis arbitratus hanc emendationem aestimandam esse. Immo in dubio relinquendum putaverim, haecne manus, quam tertiam etiam nos appellamus, aliquanto sit prior quam secunda. Ceterum quamvis multi in codicis verbis corrigendis impertiverint laborem, tamen permultis locis

---

7) In appendice interpretationis suae libri *De resurrectione carnis* p. 165, in qua appendice invenitur etiam varia lectio codicis Trecensis ad eundem librum congesta.

8) Cf. Borleffs, *De paenitentia*, praef. p. 23, 24.

non correcta reliquerunt, quae facili opera potuerunt emendare; cuius rei exempla singulae fere paginae exhibent.

Ac de externa quidem Trecensis specie et condicione videntur haec mihi satis dicta. Quanti autem aestimanda sit novi libri varia lectio, postquam ei, quos nominavi, viri docti in libellis ab ipsis ordinatis de suo docuerunt instrumento, iam etiam de meo, quantum fieri poterit, non erit inutile fulcire nec non supplere, quod apud illos necessario desiderabis, ut quibus non tanta suppetierit quanta mihi comparationis materia. Iam primum enim peropportune accidit, quod in uno saltem lemmate quamvis exiguo comparari possit et Agobardini et recentiorum librorum memoria cum novi libri textu, in primis scilicet decem libri *De carne Christi* capitibus, inde ab initio libelli usque ad eum locum, ubi desinit mutilatus codex Agobardi. Sunt autem haec eadem illa capitula, quibus perlustratis in disputatione mea Actis Academiae Vindobonensis inserta (Krit. Vorarbeiten für den III. und IV. Band der neuen Tertullian-Ausgabe, vol. CXLIII, fasc. VI, 1901) ad recte pensandam vetustae et recentioris memoriae indolem negotio critico viam aperire conatus sum.

Accedente iam tertio memoriae Tertullianeae teste, quem, cum nec ex Agobardino nec ex recentiorum librorum archetypo pendeat, sui generis esse nequit negari, copia nobis datur de utriusque illius memoriae indole rectius ferendi iudicii quam adhuc ferri potuit, id quod imprimis valebit ad infirmandam aliquatenus Agobardini a multis aequo plus amplexatam auctoritatem. Sed priusquam de singulis quibusdam locis exorsi huius rei ineamus rationem, videamus, qualis sit Trecensis proprietas; quod quo facilius possit oculis complecti lector, indiculum tripartitum infra proponemus, ex quo appareat, et quoties consentiat in his decem capitibus unusquisque testium cum utroque altero et quoties in unoquoque eorum sint omissa aliqua vel singula vel plura vocabula vel tota sententiarum membra.

I. Consentiunt

A et *T* contra recentiores [9]	*T* et rec. contra *A*	*A* et rec. contra *T*
84	31	14

II. Omiserunt

	singula vocabula	plura vocabula	tota membra
A	19	7	5
T	25	2	2
rec.	25	3	—

Qualis thesaurus nobis donatus sit Wilmarti felicissimo invento, ex ipsis, opinor, tabellarum istarum numeris facile cognoscas. Qui enim iure ab omnibus fidissimus habetur Tertullianeae memoriae testis, ad eius fidem in varietate lectionum proxime accedere videmus Trecensem, ut qui non minus octogies quater cum illo contra recentiores faciat; [10]) quod eo plus habet ponderis, quia recentiores decies tantum et quater cum Agobardino contra Trecensem faciunt. Illis autem triginta locis et uno, ubi dissidere ab Agobardino, accedere ad recentiores videmus Trecensem, nequaquam ita semper res se habet, ut apud hos depravata, apud illum integra legantur auctoris verba. Nam ut praetermittamus ambigua, in quibus haesites, uter sequendus sit testium, etiam hic aliquoties fit, ut corruptelae notam in fronte ferat Agobardinus, cum reliqui duo testes vera servaverint. [11]) Quod vero verba omissa attinet, ex alterius

---

[9]) Intellege consensum recentiorum!

[10]) Etiam omnibus fere locis, ubi variat ordo verborum, Trecensem cum Agobardino facientem videmus, sicut 196, 13 sq. (talium numerorum priores paginas huius voluminis, posteriores lineas capitum significant); 198, 43; 210, 47; 212, 1 sq.; 216, 24; 217, 41.

[11]) Sic 193, 17; 194, 29 sq.; 194, 43; 196, 12; 197, 27; 198, 48; 199, 15; 202, 60; 204, 23 sq.; 205, 29; 215, 5 sq.

tabulae numeris cognoscimus omitti in Agobardino singula vocabula minus saepe, complura autem ac tota membra saepius quam in Trecensi et recentioribus. Et hoc quidem nemo, opinor, mirabitur, qui ex aliis quibusvis Tertulliani scriptis penitus cognoverit Agobardini singularem condicionem, depravati scilicet — etsi non eadem semper frequentia — verborum iacturis,[12]) ex homoioteleutis plerumque, sed nequaquam semper trahentibus causam. Huius rei memores esse criticos ex usu erit corruptelae sedem inquirentes, ne a mutando potius quam a supplendo sperent medelam, id quod in eis maxime libris observari necesse est, in quibus praeter Agobardinum aut paucissimos habemus alios memoriae testes aut nullos, sicut in primi voluminis huius editionis scriptis.

Si vero recentioris memoriae codices spectamus, primum quidem inspectis tabularum numeris nemo dubitabit, quin et undecimi et quinti decimi saeculi bini codices *MP* et *NF* ex eodem fluxerint archetypo, ut qui tanto et lectionum et verborum omissorum numero concordent. Deinde qui perlustraverit paucorum horum capitulorum apparatum criticum, facile cognoscet ex quattuor his manuscriptis longe pessimum esse Paterniacensem librum et omissis et additis verbis quibusdam depravatum, quibus reliquos carere videmus. De saeculi quinti decimi codicibus, Florentinis *N* et *F*, hoc loco id tantum teste apparatu critico potest affirmari alterutrum eorum hic illic mira quadam ratione cum vetustioribus vel cum altero eorum consentire reliquis tribus obstrepentibus;[13]) quod casu fac-

[12]) Sic in libello *De idololatria* inveniuntur non minus undetriginta locis vel plura vel singula verba omissa.

[13]) In nostris capitibus haec adnoto: *N* cum vetustioribus (vel altero vel utroque) facit: 191, 11; 195, 60; 204, 27; 210, 45; 211, 72 sq.; 212, 79; 214, 33. *F* cum vetustioribus facit: 191, 7; 192, 2; 203, 7; 204, 25; 205, 31; 206, 58 sq.; 207, 66; 211, 61. *N F* cum vetustioribus faciunt: 192, 32 (*plenius*); 207, 65.

tum esse ne arbitremur, lectionum eius modi haud exiguo numero impedimur in omnibus Tertulliani scriptis passim occurrentium.[14]) Plus autem valet, quod in Florentino *F* interdum aliqua — vel singula vocabula vel tota membra — servata videmus, quae aut in reliquis, etiam in vetustioribus, prorsus interierunt[15]) aut in uno tantum eorum comparent.[16])

Ceterum Cluniacensi ista, quam vocavimus, recensione, — ut cuius vestigia prima in codicibus duobus deprehendamus olim in bibliotheca abbatiae Cluniacensis asservatis[17]) — quantopere deformatus sit Tertulliani textus, in commentatiuncula nostra satis multis illustravimus exemplis variorum generum mendorum digestis. Eadem vero re quantum inservire studebamus firmandae Agobardini auctoritati, tantum cavendum arbitrabamur, ne aequo plus detraheretur recentiorum fidei, iam a Rigaltio, ut nos persuasum habemus, magis vero ab Oehlero ultra, quam digna erat, prae Agobardini memoria neglectae.[18]) Ita aliquot locis ipsius rei ratione coacti recentiorum lectiones ab Oehlero repudiatas defendimus, sic argumentantes, opinor, ut liqueret esse etiam in Agobardino quaedam consilio immutata nec non interpolata, cum adhuc credidissent viri docti, quae reperiuntur menda in codice vetustissimo, uni deberi incuriae librarii, hominis sine dubio prorsus indocti. Peropportune autem nunc accidit, quod argumentationi nostrae patrocinatur novelli codicis testimonium haud

[14]) Fieri igitur potest, ut, si ratio alicuius loci nexusque sententiarum postulet, contra consensum aliorum unum ex recentissimis sequi cogamur, aut *N* aut *F*.

[15]) Sic 211, 70 vocabulum *necessarius*, quod desiderari nulla potest ratione.

[16]) Non interpolatori ulli talia deberi loci ipsi docent.

[17]) Cf. praef. vol. III, p. VIII.

[18]) Quamquam non desunt loci, ubi nos, dissentientes a prioribus editoribus, vestigia Agobardini secuti sua auctori reddidisse nobis videmur.

suspectum. Et facile quidem vincit consensus Trecensis et recentiorum, ubi lectio eorum clausulae rhythmicae lege defenditur, ut 206, 53 sq.: *de sideribus accepisse substantiam carnis* (–́ ⏑ –́ –́ ⏑), cui cedere debuit Agobardini lectio *carnem de sideribus concepisse* a Rigaltio et Oehlero probata. Plurimis vero locis lectio verisimillima ex sententia contextus indaganda est. Sic 197, 27 quod praebent recentiores *Adime*, confirmatur Trecensi idem exhibente: qui si sine dubio genuinus est textus, constat Agobardini lectionem *adhibe* corruptam esse et insuper, quod in illo solo legimus *aut*, propter ipsam istam corruptelam interpolatum esse.[19]) Item 197, 33 sq. nostro iure tutati sumus recentiorum lectionem: *et nasci in illam erubescit?* argumentatione usi ex ipsa re desumpta, demonstrantes simul non aptum esse huic loco, quod Agobardinus praebet: *et nos illam erubescemus?* etsi per se ipsum potest intellegi.[20]) Quod si nunc Trecensis quoque reprobatur testimonio cum recentioribus facientis, apparet Agobardinum hic textum exhibere non casu corruptum, sed consilio et arte ab interprete aliquo compositum.[21]) Item 200, 29 iniuria ab Oehlero receptam esse Agobardini lectionem *impossibile est. Nam quomodo in illo vera erunt?* solidis, opinor, argumentis comprobavimus.[22]) Defensae a nobis recentiorum lectioni *impossibile. Sed haec quomodo in illa vera erunt?* iam Trecensis subvenit, etsi pro *sed* in eo mendose scriptum legimus *est.* Dubitari igitur non potest, quin in exemplari, ex quo fluxit Agobardinus,[23]) vel corrector aliqui vel libra-

---

[19]) Cf. Kritische Vorarbeiten für den III. und IV. Band der neuen Tertullian-Ausgabe (Sitzungsberichte der Akademie der Wissenschaften in Wien, 143. Band, 1901), p. 27.

[20]) Cf. l. c. p. 31.

[21]) Cf. l. c. p. 31.

[22]) Cf. l. c. p. 33.

[23]) Ab ipsius enim Agobardini librario talia prorsus aliena esse nemo nescit, qui indolem eius noverit ex scriptionis genere satis

rius ipse, propterea quod in archetypo omissum erat pronomen *haec*, coniunctionem *sed*, quae sine illo sensu careret, in *nam* mutare ausus sit. Interpolatoris vestigia in Agobardino etiam 199, 15 agnoscenda mihi videntur, ubi Rigaltius et Oehler receperunt illius lectionem: *falso se statuit inter nos scire Paulus tantum Iesum crucifixum?* Abundare enim utrumque accusativum, et *se* et *Iesum*, qui in *T* et rec. non apparet, immo delere elocutionis concinnitatem neminem fugiet, qui accuratius cum his comparaverit, quae sequuntur: *falso sepultum ingessit, falso resuscitatum inculcavit?* Quae exempla quamvis pauca sint numero, tamen non sunt pauca pro spatii, in quo deprehenduntur, angustiis, sed certe satis multa, ne opinione praeiudicata permoti nimis confidamus Agobardini auctoritati.[24])

Videamus iam eas lectiones, quae unius Trecensis propriae sunt, discrepantes scilicet et ab Agobardino et a recentioribus. Non minus sexagies ille intra decem libri huius capita per se stat solus et ex sexaginta his lectionibus non minus viginti septem dignas putavi, quas in textum reciperem, sive meliores quam aliorum testium sive in illis omnino desideratas. Et primum quidem nominandae sunt eae, in quibus flexiones quaedam et verbales et nominales apparent grammaticorum regulis repugnantes, ut 196, 14 *odis* pro *odisti* et 203, 11 *praecanebat* pro *praecinebat* (sicut alibi *dispargens* pro *dispergens* etiam in *A* invenitur) et

---

relucentem, ut quae promiscue et separet coniungendas syllabas et coniungat separandas.

[24]) Non igitur habeo, cur ab ea sententia discedam, quam in commentatiuncula mea his verbis edidi: „Was den Agobardinus betrifft, so bleibt er zwar in allen Schriften, die er überliefert, die Grundlage der Kritik. Daß aber neben ihm die andere Überlieferung nicht nur zur Ergänzung seiner zahllosen Lücken in Betracht kommt, glaube ich gezeigt zu haben. Jedenfalls wird jede Variante aufs gewissenhafteste zu prüfen sein, da auch der Agobardinus von willkürlichen Änderungen nicht ganz frei ist.“

213, 21 *fructos* pro *fructus* (idem praebet Agobardini m. 1). Nomina et verba cum praepositionibus composita passim fere non assimilatam formam ostendunt, auctori sollemnem, sicut testatur Agobardinus tantum non omnibus locis in hac re cum Trecensi consentiens. — Quattuor locis, quae in aliorum testium libris omissa sunt, ex Trecensi recepi, quia nec interpolationis suspicionem movent et desiderari non possunt: 196, 3 *odio habita*; 207, 79 *tum*; 211, 65 *mihi*; 212, 74 *sibi*. Maioris etiam momenti est, quod uno loco in Trecensi non leguntur quaedam, quae et Agobardinus et recentiores exhibent: 205, 35 sq. *Si numquam eiusmodi* [*fuit*] *causa angelorum corporandorum, habes* [*causam*], *cur non nascendo acceperint carnem.* Quoniam uncinis inclusa a Trecensi non praebita quin desiderari possint, non potest dubitari, meo iure ut interpretamenta ea eiecisse mihi videor eiectisque eis auctori reddidisse, quae magis eius redoleant stilum. Ex reliquis novi codicis lectionibus, quas reliquorum testium praetulimus, selectas tantum nominamus: 190, 20 sq. *professus*; ib. 27 *elusit*; 191, 12 *oblationis*; 194, 43 *ab eo a quo* (rell. *a deo*); 196, 3 *iam* (rell. *quidem*); 201, 40 *dicetur*; 203, 1 *quidam iam* (rell. *quid iam*); 196, 7 *nec somno tutum* (quod iam coniectura restituit Rigaltius); 198, 45 *num*; 205, 45 *propter quod* (rell. *pro quo*); 210, 54 *martha et maria aliaeque*; 214, 39 *confirma tibi* (rell. *confirmatur*); 217, 43 *ex*. Aliis quibusdam locis dubites, verumne servaverit Trecensis: 195, 49 *quemadmodum* (rell. *sicut*); 201, 50 *falsa* (rell. *ficta*); 207, 69 *de corporibus* (om. rell. *de*); prioribus enim locis duobus lectiones Agobardini et recentiorum glossemata esse possunt, non possunt Trecensis, tertio loco facilius omitti potuit *de* quam addi.

Quae omnia cum maxime commendent novelli codicis memoriam, tamen non desunt, quibus moneamur, ne omnibus locis ei fidamus. In his numeramus duas lectiones, quae sine dubio ex glossemate ortae sunt: 196, 10 *reverendum* pro *religiosum* et 199, 7 *recludi* pro *recondi*, cum aliae duae — 196, 9 sq. *horrendum* pro *honorandum* et 209, 19 *frs ei'* (hoc est *fratres eius*) pro *pharisei* (*farisei*) — perperam a librario in exemplari lectae esse videantur. Non huic, sed correctori imputanda sunt, quae legimus 201, 35 *quia Christus* (om. rell. praeter *B*) et 208, 14 *aut homines* pro *optime*, utrumque a m. 2 in rasura illatum. Atque illud quidem a reliquis testibus omissum, a Mesnartio ex eo, quem praeter Agobardinum adhibuit, codice desumptum et ab omnibus dehinc editoribus repetitum nos rectius distinguendo, quae antecedunt, verba ut interpolatum a manu recentiore deteximus, hoc, ni fallor, coniecturae debetur ortae fortasse ex male scripta voce *optime*.[25])

Denique recognoscendae sunt duae lectiones, de quibus disseruimus l. c. p. 20, ut adhibito iam Trecensis testimonio videamus, utrum recte de eis iudicaverimus necne. Legitur illic (190, 16) in Trecensi: *ne invicem sibi testimonium redderent* (scil. nativitas et caro), cum Agobardinus praebeat: *ne invicem sibi testimonium responderent*, recentiores: *ne invicem sibi testimonium redderent et responderent*. Probatum igitur videmus, quod l. c. conclusimus, scripsisse Tertullianum: *ne invicem sibi responderent n. et c.*, verba autem *testimonium redderent* ut interpretamentum superscriptum in textum irrepsisse, apud recentiores integrum, in Agobardino mutilatum, in Trecensi ita, ut genuinum verbum *responderent* interpretationi illi cederet. Aliter res se habet 191, 3, ubi legitur apud recentiores: *quid illi* (scil. deo Marcionis) *cum Esaia creatoris?* in Agobardino: *quid illi cum esset a propheta creatoris?* Ego antea apertam corruptelam Agobardini *esset a* ex *eseia* ortam ratus ut interpretamentum removendam et scriben-

[25]) Haec coniectura non potest alia fuisse nisi *ut homines*. Pro quo si in codice legitur *aut homines*, apparet ex alio exemplari eam desumptam esse, non ab ipso, qui hoc intulit, factam, cum falso eam legerit.

dum censueram: *quid illi cum [Eseia] propheta creatoris?* quippe quod responderet antecedenti: *quid illi cum angelo creatoris?* [26]) Haec medela, etsi ratione ac via excogitata esse videbatur, novelli codicis lectione probata non est. Hic enim legimus: *quid illi cum essentia creatoris?* Hoc autem re vera scripsisse Tertullianum satis ex eis apparet, quae antecedunt: *et in virginis uterum conceptus inducitur,* ut ad quae aperte respiciat. Significat enim *essentia* — rarissima quidem vox neque usquam apud Tertullianum nisi hoc loco obvia — sine dubio idem, quod Graecum οὐσία. Concedendum igitur erit Agobardi librum hoc loco non modo corruptum (*esset a* pro *Esaia*), sed etiam interpolatum esse (*propheta*).

Recognitis istis, quae congessimus, lectionum exemplis si iam ferendum est aequum de triplici hac Tertulliani memoria iudicium, in primis fatendum est non modo non inferiorem esse novum librum Agobardino, sed in multis ei anteferendum, ut qui nec verborum omissorum nec interpretamentorum aut coniecturarum tanto numero depravatus sit quanto ille, et multa servaverit incorrupta, quae et in illo et apud recentiores aut depravata deprehendimus aut omissa. Recentiores deinde ea re utrique alteri testi praestare intellegimus, quod in illis passim servata sunt tota sententiarum membra, quae sive in Agobardino sive in Trecensi interierunt; praeterea autem accedente iam ad illos Trecensis testimonio vindicare posse nobis videmur auctori haud paucas eorum lectiones contra Agobardinum, quas priores editores ob illius auctoritatem reiecerant. Ceterum concedendum nobis est nullum ex his tribus testibus sinceram nobis et integram praestare imaginem verborum Tertulliani, quia nullus eorum caret omnino interpretum vel emendatorum inventis. Quamvis autem inter se discrepent isti tres testes, sunt certa quaedam indicia, quibus demons-

---

[26]) Cf. l. c. p. 20.

tratur ex uno denique omnes derivatos esse archetypo; quem non nimis longe ab ipsius auctoris aetate abesse pro certo habendum est. In his indiciis numeramus primum corruptelas aliquot iam a prioribus editoribus sanatas, quae universae memoriae communes sunt: 193, 4 *voluerit* (corr. Urs. in *noluerit*); 200, 23 *me* (corr. Rig. in *mei*); 203, 10 *quia* (corr. Rhen.[3] in *qua*);[27]) deinde interpretamenta illa, quae in omnibus tribus testibus in textum irrepsisse supra demonstravimus. Denique communis omnium ex uno archetypo origo ex eiusmodi locis probatur, in quibus pariter apud omnes deesse aliqua tam manifestum est, ut nullo modo possit negari. Tales autem locos intra parvum horum capitulorum ambitum repperisse nobis videmur tres: 190, 25; 212, 88; 213, 14, ubi asteriscis positis, quae fere verba intercidisse arbitremur, docuimus. Ac primo quidem loco non minus in statuenda quam in explenda lacuna Hieronymi imitatoris adiuvamur verbis. Altero loco hiscere sententiarum nexum cum ex re tractata tum ex ipsis verbis *illi exclamationi* apparet, quae intellegi nequeunt, nisi addatur, quae quis exclamaverit. Non admodum diversa est tertii loci condicio, ubi, quae in *A* leguntur — sine dubio mutila — in Trecensi et in recentioribus ita expleta videmus, ut conatus quidem restituendi ea, quae perierunt, perspicuus sit, ipsa autem restituta minime exprimant, quae re vera desiderantur.

Ex eodem igitur fonte si recte iudicavimus fluxisse triplicem istam codicum nostrorum memoriam, eadem re hoc quoque probatum est in his libris non sicut in Apologetico exstare recensionum varietatem ab ipso auctore institutarum. Relinquitur ergo, ut mira ista lectionis diversitas, quam

[27]) Ad haec addo corruptelas alias quasdam omnium librorum communes, quas agnituros esse viros doctos confido, etiamsi medelam a me adhibitam non sint probaturi: 190, 22 *sed et* (ego *scilicet*); 202, 54 *gestaret* (ego *gestarit*); 203, 3 *renuendae* (ego *restruendae*); 216, 36 *nisi* (ego *nihil*).

una librariorum incuria effectam esse haud facile quisquam sibi persuadebit, ex eorum potissimum curis originem traxerit, qui diversis aevi antiqui saeculis colligendis ac conservandis Tertulliani libris operam navaverunt, qui ne brevi interirent, periculum fuit. Nam et propter insolitam stili difficultatem non nimis divulgatos eos apud plebem Christianam fuisse et propter Montani haeresin apud verae fidei Christianae studiosos suspectos putari licet. Eo esse factum videtur, ut per longa temporum spatia libri Tertulliani singulares in suo quisque volumine per manus traderentur religiosa ecclesiasticorum cura destituti et male tractati cuiusvis librarii socordia vel imperitia. Quae res, cuius omnis fere praeter Apologetici seiunctam ab aliis libris recensionem evanuit memoria, quousque duravisset quave aetate primum aliquis suscepisset ex dispersis Septimii libris aliquot in unum colligere corpus, de hac re, cum de novissimo corpore Tertullianeo, quod Cluniacense vocavimus, dissereremus,[28]) suspicari saltem aliquid ausi eramus. Nunc vero novo libro invento denuo in hanc rem inquirere, etsi incertis adhuc insistimus vestigiis, non temere forsitan videamur conari, postquam repertor codicis, qua via procedendum esset, observationibus suis ostendit.

Praeter maiora corpora Tertullianea, de quibus disputavimus in praef. vol. III., p. VI—XI, minoris ambitus habemus aliquot alia, e quibus unum nobis nunc in Trecensi codice redditum est integrum, cum reliqua duo ex editionibus tantum, Mesnartianam dico et Gelenianam et Pamelianam, nobis nota sint, quia codices ipsi in usum ab editoribus vocati videntur deperisse. Qui autem Tertulliani libri in unoquoque eorum vel sint vel fuerint, ex hoc conspectu cognosci potest:

---

[28]) Cf. Krit. Vorarbeiten p. 16 sqq. (Acta Academiae Caesareae Vindobonensis, vol. CXLIII, 1901).

Liber Trecensis	Libri Mesnartii et Gelenii	Liber Ioh. Clementis Angli [29])
1. Adversus Iudaeos 2. De carne Christi 3. De carnis resurrectione 4. De baptismo 5. De paenitentia	1. De carnis resurrectione 2. De praescriptione haereticorum 3. De monogamia 4. [De trinitate] 5. De testimonio animae 6. De anima 7. De spectaculis 8. De baptismo 9. Scorpiace 10. De idololatria 11. De pudicitia 12. De ieiunio adversus psychicos 13. [De cibis Iudaicis] 14. De oratione	1. De spectaculis 2. De praescriptione haereticorum 3. De carnis resurrectione 4. De monogamia 5. De ieiunio adversus psychicos 6. De pudicitia 7. [De trinitate]

Sexto anno post Rhenani tertiam (1539) Paterniacensi Hirsaugiensibusque libris — hoc est recensione, quam vocamus Cluniacensem — nixam nova editio in lucem emissa est a Mesnartio Parisiis 1545,[30]) quae ad libros a Rhenano editos ex codice quodam ab editore nec descripto nec nominato nova addidit ea scripta, quae in conspectu nostro numerantur sub 4—14.[31]) Instruxerat autem praeterea Mesnartius maiorem partem horum librorum[32]) et ex scriptis a Rhenano editis libros *De carnis resurrectione* et *De carne Christi* marginalibus quibusdam lectionibus (*Bmg*)

[29]) Cf. praef. vol. I huius editionis, p. XI.

[30]) Quae de hac editione dicenda sunt, disserui in praef. vol. III, p. XXIII.

[31]) Inter haec etiam duo, quae non sunt Tertulliani, sed Novatiani, uncinis a me inclusa.

[32]) Hoc est libros omnes praeter Novatiani duos et libros *De pudicitia* et *De ieiunio*.

ex aliis codicibus, qui ei praesto erant, desumptis, ex quibus in textum etiam, ubi ei visum erat, receperat aliquot lectiones. Unum ex his codicibus fuisse Agobardinum iam pridem cognoverant viri docti,[33]) instructi videlicet consensu inter *Bmg* et *A* multifariam obvio. Quis autem ille fuisset codex, ex quo ad libros eos, qui in Agobardino mutilato aut non iam exstabant integri aut numquam exstiterant — libros *De baptismo* dico et *De carne Christi* — exscripserat ille lectiones, adhuc ignorabatur. Hodie dubitari non potest, quin iste codex fuerit Trecensis, ut recte vidit Ianus Borleffs.[34]) Hoc comprobatur et eo, quod marginales Mesnartii in his libris lectiones cum lectionibus codicis *T* consentiunt et eo, quod, quae in *Bmg* 'alibi' desiderari significatur, etiam in Trecensi omissa deprehendimus. Accedit, quod etiam eae lectiones, quae in Trecensi a manu secunda in rasuris inseruntur, haud raro in margine Mesnartianae editionis occurrunt.[35]) Premimus hoc ut firmissimum argumentum, quod non iam dici potest etiam ex alio codice Trecensis simili lectiones illas desumptas esse. Ceterum animadvertendum est non eandem in his libris Mesnartium secutum esse recensendi rationem. Nam cum in libro *De carne Christi* pro fundamento posuisset Rhenani tertiam, adscriptis plerumque in margine, rarius in textum receptis Trecensis lectionibus, in libro *De baptismo,* qui nec in Cluniacensi corpore nec in Agobardino inerat, unum codicem *B* secutus est, in margine adscriptis, ubi ei libuit, lectionibus Trecensis. Hoc igitur constat Mesnartio de subsidiis criticis tacenti praesto fuisse tres libros manuscriptos, e quibus duo superstites sunt, Agobardinus et Trecensis, cum tertius, quem istis duobus ille praetulit, deperierit.

Iam vero oblata occasione nova comparatione adhibita

---

[33]) Cf. praef. ad vol. I huius editionis p. IX.

[34]) Cf. Borleffs in praefatione libro *De baptismo* praemissa p. 5.

[35]) Exempla afferre supersedemus, ut quae in apparatu critico ante oculos habeat lector.

plenius cognoscendi, qualis notae esset codex Trecensis, non inutile duxi eum Tertulliani librum, quem ex codice suo ita Mesnartium typis expressisse constat, ut amissi libri sit instar eius editio, *De baptismo* librum dico, cum Trecensis libri memoria comparare paucissimis tantummodo locis ab illo in subsidium vocata. Ad quod negotium perpetrandum praesto nobis hodie est nova editio a Iano Borleffs nuper in lucem emissa (E. J. Brill, Leiden 1931) accuratissimoque apparatu critico instructa eademque ornata praefatione luculentissima. In qua cum profiteretur editor modo Trecensem modo Mesnartii codicem (*B*) in textu constituendo secutum se esse, diiudicare noluit, utra memoria potior habenda esset, utra deterior. Ac mihi quidem iterum iterumque examinanti discrepantes duorum testium in hoc libro lectiones, etsi permultis locis recta servavisse Mesnartii librum facile concedo, in universum tamen fidem eius deteriorem esse quam Trecensis libri iam est persuasum. Verborum omissorum quidem numerus in utroque fere par est, — inveniuntur enim singula vel plura vocabula omissa in *T* 19 locis, in *B* 18 (si addas, quae uncinis inclusa ex Trecensi desumpsisse se testatur Mesnartius) — additamentorum vero numerus, id quod multo maioris momenti est, admodum est diversus: interpretamenta enim, quae quidem ipse agnoverit novus editor, inveniuntur in *B* 20, in Trecensi 4. Qui igitur multo saepius interpretum manus passus est liber, eundem in ipsis auctoris verbis immutandis frequentius correctorum audaciam expertum esse suspicabimur. Ita profecto nostro quidem iudicio res se habet, quamquam novus editor omnibus fere locis,[36]) ubi ita discordant libri *T* et *B*, ut primo obtutu, uter rectum praebeat, non facile queas diiudicare, hunc maluit sequi quam illum. Recognitis autem his locis, de

[36]) Excepto illo, quem deprehendimus *De baptismo* (ed. Borleffs. p. 15, 6), ubi in textum recepit *temptabilem* pro Mesnartiana lectione *intentatam probabilem* sine dubio falsa.

quibus infra, quae necessaria sunt, dixi,[37]) vix quemquam dubitaturum putaverim, quin Mesnartiani libri vel archetypi eius librarius et saepius et audacius immutaverit auctoris verba quam Trecensis libri exarator, quamquam etiam hic vel exemplaris eius aliqui corrector uno loco de suo ea depra-

---

37) Sunt hi loci: *De baptismo* (ed. Borleffs) p. 18, 17: *non enim ipsius quoque hominis figulandi opus sociantibus aquis absolutum est? de terra materia convenit* (sic *B*; in *T* pro *absolutum* legimus *adsumpta*; deest ibi omnino vocabulum *convenit*). Restituendum censeo: *sociantibus aquis absolutum? adsumpta est de terra materia* [*convenit*]. — p. 29, 6: *de quo illi* (pharisaei et doctores legis) *non valuerunt constanter respondere utpote non intelligentes quia nec credentes. nos porro* (sic *B*, *quidem T*) — *quantula fide sumus, tantulo et intellectu* (*tantulum et intellectum habemus T*) — *possumus aestimare* ... Cum *T* distinctione immutata legendum esse puto: *de quo illi non valuerunt c. respondere* ..., *nos* *quidem* ... *possumus aestimare*. Si post *credentes* pro puncto virgulam restituerimus, patebit in antithesi posita esse *illi* et *nos* simulque apparebit non *porro* hic aptum esse, sed *quidem*. Qua re si fides subducitur Mesnartiano libro, etiam in sequentibus, ne eum sequamur, cavebimus. Nam quamquam, quae *B* praebet, elegantius dicta videntur, tamen, quia 'intellectus' hoc loco idem est, quod nostrum 'Verständnis', non quod 'Verstand', aptius sine dubio dicitur 'intellectum habere' quam 'intellectu esse'. — p. 39, 14: *denique legis doctores et pharisaei, qui credere noluerunt, nec paenitentiam agere* (*agere B*, *inire voluerunt T*). In textum recepit editor Mesnartianam lectionem *agere* a Loefstedtio (Spr. Tert. p. 67) defensam. Sed admodum suspecta est haec lectio, non modo, quia 'agere paenitentiam' apud Tertullianum alibi nusquam invenitur, sed etiam, quod 'inire p.' loco scripturae (*p. initote*) defenditur; praedicatum autem *voluerunt*, etsi deesse potest, minime abundat et insuper clausulae lege defenditur. Hinc autem sequitur, ut etiam supra pro *potestate* (*B*) ex *T* restituamus *voluntate*. — p. 30, 15: *Nam quod legimus 'praedicabat baptismum paenitentiae in remissionem delictorum', in futuram remissionem enuntiatum est, si quidem paenitentia antecedit, remissio sequitur* (*B subsequitur*). *et hoc est 'viam praeparare'. qui autem praeparat, idem non ipse perfecisse, sed alii perficiendum procurare profitetur, sua non esse, sed Christi dicendo* ... Sic haec verba in Trecensi leguntur, nisi quod ex meo *idem non* restitui pro eo, quod in *BT* legitur *non idem*. Apud Mesnartium omittitur vocabulum *legimus*, quod seclusit novus editor, sine iusta causa, si a vocabulo *praedicabat* incipientem facimus locum scripturae

vaverit.[38]) Qui enim in Trecensi a secunda manu immutati sunt loci erasis genuinis codicis verbis, quae, qualia fuerint, non iam dignosci licet, non magis quidquam detrahere possunt codicis ipsius fidei quam scripturae mendorum multo maior in illo obvius quam apud Mesnartium numerus. Itaque, si iam hoc loco iudicium ferendum sit, utra memoria maiore fide digna sit propiusque ad ipsius auctoris verba accedat, mihi quidem pro Trecensi suffragium ferendum esse constare videtur. Mesnartio autem, cui utramque memoriam praesto fuisse certum est, accidit, ut Trecensem codicem eadem ratione adhiberet, qua in aliis Tertulliani libris Agobardino usus erat, ut meliore codice in auxilium tantum vocato deteriorem sequeretur, Trecensis lectionibus partim, ubi ei libuit, in margine adscriptis, partim in textum receptis, ubi in altero codice suo lacunam statuebat.[39]) Cur autem in edendo libro *Adversus Iudaeos*, quem in ampliore codice defuisse testis est indiculus, non usus sit Trecensi Mesnartius, iure aliquis miretur. Quod ne faceret, aut temporis angustiis impeditum eum esse putaverim — suspicari enim nobis licet eum non ab initio ad manum habuisse Trecensem — aut ea re, quod in hoc libro edendo Rhenani tertiam sequi satis habebat.[40]) In libro autem *De*

---

hic allatum (Mc. 1, 4: κηρύσσων βάπτισμα μετανοίας). Pro *sequitur B* habet *subsequitur* contra clausulae legem; pro *perfecisse sed* sqq. in *B* legitur *perfecit sed ... procurat. ipse profitetur.* Meo iudicio ne in his quidem habemus, quod cum editore spreta meliore Trecensis memoria Mesnartii librum sequamur et omissis verbis et interpolatione depravatum.

[38]) *De baptismo* (ed. Borleffs) p. 37, 9, ubi pro recta Mesnartiani libri lectione: *nec potest iam sine sua lege* in Trecensi legitur: *nec potentiam habuit sine sua lege,* ex ingenio videlicet correctoris cuiusdam ortum non satis periti sermonis Tertullianei.

[39]) Significat autem hoc eodem modo, quo Agobardini lectionibus utitur, ut parvulis uncinis in calce appositis includat, quae ex Trecensi desumpsit.

[40]) Similiter in libro *De monogamia* neglexisse eum omnino codicem suum ampliorem prae Rhenani tertia demonstravi: Quaestiones Tertullianeae criticae, Oeniponte 1894, p. 8.

paenitentia, qui et ipse in ampliore codice non occurrit teste illo indiculo, eum nihil adnotantem in margine saepe tamen Trecensis lectiones in textum recepisse recte iudicavit Ianus Borleffs. Quomodo denique in libro *De carnis resurrectione* usus sit duobus codicibus primum a se inspectis, — in utroque enim codice inerat hic liber — nondum satis constat. Id tamen certum esse mihi videtur utrumque eum codicem, quamquam pro fundamento posuit Rhenani tertiam, ubi ei visum est, adhibuisse, ex utroque quibusdam lectionibus vel in margine notatis vel ipsi textui insertis. Sed hic quoque, ut omnibus locis, multum abest, ut plene excusserit libros a se inspectos.

Amplior autem ille codex quis fuerit, certo sciremus, si accuratius voluisset dicere de codice suo vetustissimo Masburensi Gelenius, quem adhibuisse se in adornanda sua editione 1550 Basileae emissa testatur in praefatione.[41]) Qui liber cum teste indiculo Gelenianae editioni praefixo et eosdem continuerit libros, quos addiderat ex suo codice Rhenanianis Mesnartius, et praeterea libros tres iam a Rhenano editos — *De resurrectione carnis, De praescriptione haereticorum, De monogamia*[42]) —, dubitaba-

---

[41]) Satis habuit haec dicere: 'Tandem ex ultima Britannia Ioannes Lelandus, vir antiquarius et feliciore dignus valetudine, communicavit exemplar in Masburensi coenobio gentis eius vetustissimo repertum, in quo nihil desiderare posses amplius. Tanta erat integritas, nisi quod aliquot libri deerant. Continebat autem et omnia illa, quae accesserunt ad postremam editionem Lutetiae. Quae si quis contulerit cum hac praesenti, videbit non vanum esse Gelenium.'

[42]) Defuisse hos tres libros in codice ampliore Mesnartiano si quis inde voluerit concludere, quod in libro *De monogamia* nulla apud Mesnartium invenitur huius codicis memoria, in reliquis duobus rara et ob eam rem incerta, perperam, ut supra dixi, iudicaverit. Satis enim habuit Mesnartius librum *De monogamia* Rhenani tertiam secutus denuo typis exprimere, in libro autem *De praescriptione haereticorum*, ubi etiam Agobardinus ei praesto fuit, et in libro *De resurrectione carnis*, ubi etiam Trecensem habuit, ita rem egit, ut pro fundamento

tur,[43]) utrum liber iste manuscriptus, quem deperisse non minus dolemus quam Mesnartii ampliorem, idem fuisset atque ille necne. Quae suspicio cum eo iustior videretur, quia in utroque codice eadem quibusdam locis defuisse verba auctoris ex libro Ioannis Clementis Angli (*C*) potuit cognosci, tamen a memet ipso refutata est, quia in libro *De pudicitia* duobus locis desunt aliqua apud Mesnartium, quae apud Gelenium occurrunt,[44]) atque ea, quae coniectura non potuerint inveniri. Num autem in Masburensi quoque codice aliqua omissa fuerint, quae servaverat Mesnartii codex, hodie utpote tacente de hac re Gelenio dispici nequit. In dubio igitur relinquendum est, utrum ex Masburensi descriptus sit Mesnartii amplior liber an, quod mihi quidem magis videtur verisimile, ex eodem fonte fluxerit et hic et ille manuscriptus. Utcumque autem haec res se habet, miro utique et felicissimo casu factum est, quod, postquam per incuriam deperiit Mesnartii codex, docto illi praefecto Frobenianae officinae contigit, ut ex longinquo orbis angulo [45]) gemellum illius exemplar adipisceretur, ex quo eis locis, quos prior editor aut omnino neglexerat aut carptim tantummodo strinxerat, denuo posset intendere curas. Summopere tamen cavendum esse, ne eis locis, ubi lectiones Gelenianae a Mesnartianis recedunt, aequo plus eis fidamus et codice tradita putemus, quae persaepe Gelenio ipsi debentur in coniectando satis audaci, hoc et tum permultis exemplis comprobavi, cum libros *De pudicitia* et *De ieiunio adversus psychicos* castigavi,[46]) neque nunc aliter me de

---

poneret tertiam Rhenani editionem, passim in usum vocatis reliquis codicum subsidiis. Cum hoc animadverteret Gelenius, quod ille aut neglexerat aut non satis curaverat, pro sua parte implevit officium.

[43]) Cf. in praefatione primi voluminis huius editionis p. XI.

[44]) I 229, 4 et 250. 4.

[45]) Coenobium Masburense idem fuisse, quod hodie Meldunense (Malmesbury, Wiltshire), suspicatur Lupton (*De baptismo,* Cambridge 1908, p. XXXVI).

[46]) Cf. Quaest. Tert. crit. p. 77—100.

hac re sentire libere profiteor dissentientibus quidem a me et Henrico Hoppe et Iano Borleffs multo magis credere Gelenio paratis. Firmatum mihi est hoc iudicium meum, cum perlustrarem lectiones Gelenii in libello *De baptismo* obvias. Coniectantis enim Gelenii etiam hic satis multa occurrunt exempla, quae quidem magna ex parte et ab editore novissimo agnosci video,[47]) cum nulla inveniantur apud Gelenium verba auctoris, quae omissa sint in Mesnartii codice.

Quae quoniam de Mesnartii et Gelenii libris mss. disseruimus, superest, ut pauca adiciamus de libro Clementis Angli (*C*) amisso, ex quo Iacobus Pamelius in editione sua a. 1579 emissa ad libros Tertulliani in conspectus nostri supra exhibiti parte tertia enumeratos lectiones quasdam totaque enuntiatorum membra vel enotavit vel in textum recepit. Hunc codicem aut eundem fuisse atque illum, qui olim in bibliotheca Corbeiensi teste vetere eius catalogo asservabatur,[48]) aut ad idem cum illo vetustius exemplar redire recte iam suspicatus est Franciscus Oehler.[49]) Continebat enim Corbeiensis ille secundum catalogi indiculum eosdem Tertulliani libros septem, quos in Clementis quoque libro fuisse testatur Pamelius. Anti-

---

[47]) Ex his unum, quod maxime insigne mihi videtur, e. g. nomino, p. 18, 18: *non enim* (ita *B T*, *nam* Gel.) *ipsius quoque hominis figulandi opus sociantibus aquis absolutum?* Correxit audacter Gelenius, quae traduntur, quia fugerat eum enuntiati huius sensus interrogativus. Alia exempla, ubi sine dubio ex coniectura restituit vera Gelenius, affert Borleffs p. 10 in nota prima. Sed ibidem quae vult ille Gelenium ex codice suo desumpsisse, eiusmodi omnia sunt, ut, ubi recedunt a consensu librorum *B T*, aut perperam mutata aut etiam ipsa coniectura inventa videantur. Nusquam in hoc libello, sicut in libro *De pudicitia*, tota enuntiatorum membra apud Gelenium servata inveniuntur, quae in *B T* omissa sunt, cum invicem, quae in *B* (contra *T*) desunt, etiam apud Gelenium omissa deprehendantur.

[48]) Cf. Angeli Maii Spicil. Rom. tom. V, p. 203.

[49]) Praefatio, p. XVII.

quioris igitur memoriae testem in Pamelianis enotationibus nos habere, qui eiusdem fortasse aetatis erat atque Agobardinus, nequit negari. Eo magis dolendum est, quod non plenam et integram eius imaginem in solido lectionum indiculo nobis proponere placuit editori, sed carptim tantummodo et inaequali in singulis libris adhibita eligendi ratione, quae ei digna videbantur, maluit exscribere.

E quibus cum aliquoties supplere potuerit, quae in codicibus Mesnartii et Gelenii per errorem omissa erant,[50]) tamen lectiones, quas enotare ex libro suo dignatus est, haud ita crebro nobis dignae videntur, quas anteponamus reliquorum testium lectionibus.[51]) Errare vero putaverim eum, qui ex hoc librorum dissensu concludat non eiusdem familiae fuisse Clementis codicem atque Mesnartii et Gelenii codices. Immo artissimo vinculo eum cum illis coniunctum fuisse inde liquet, quod non modo nullus in eo invenitur liber Tertulliani, qui non contineatur in illis, sed in utrisque etiam occurrit idem suppositicius liber *De trinitate*, qui est Novatiani. Quod autem ex quattuordecim scriptis Masburensis codicis in Clementis libro septem tantum comparent, non facere arbitramur adversus nostram aestimationem. Fortasse enim exarator libri Clementis Angli ex archetypo haec scripta eligere satis habuit vel archetypus ille ex duobus voluminibus constitit, quae ab exaratore Masburensis in unum volumen essent congesta alio quidem adhibito scriptorum ordine. Hoc quidem dubitari non potest, quin in libris Mesnartii, Gelenii, Clementis Angli una eademque collectio librorum Tertulliani nobis praesto sit,[52]) diversa

[50]) Cf. e. gr. in libro *De pudicitia*, vol. I 220, 29 et 261, 8.

[51]) Etiam in libro *De praescriptione haereticorum*, qui ex huius voluminis scriptis solus exhibet Pamelianas ex *C* enotationes, prae consentientibus Agobardino testibusque reliquis Clementis librum sequi ne illic quidem ausus sum, ubi lectiones per se satis probabiles exhibet.

[52]) Qui lectionum inter eos discrepantiis haud sane levibus impediri nos putet, ne hoc credamus, meminerit ille etiam in Trecensi libro sive ex correctorum iudicio mutata esse aliqua sive ex alio codice

ab Agobardini collectione Cluniacensique, diversa etiam ab illa, quae Trecensi codice continetur. Sui enim generis esse hanc collectionem et secernendam a Masburensis libri collectione, hoc, ut taceam de ipsius memoriae diversitate, quam supra demonstravi, etiam ea re apparet, quod maior pars librorum in ea congestorum non inerat in Masburensi codice eiusque affinibus.

Praestruximus haec ob eam quoque causam, ut, si posset fieri, accuratius iam in eam rem inquireremus, quam antea eramus aggressi,[53]) id est quaestionem sane haud facilem, quibus aetatibus, quibus locis, a quibus viris collectiones istae librorum Septimii inter se diversissimae institutae sint. Qua in re etsi incertis vestigiis nos incedere scimus, cum paene omnino codicum ipsorum testimoniis in subscriptionibus obviis destituti simus, tamen generalibus quibusdam rationibus ducti et novi codicis ope adiuti aliquatenus procedere posse nobis videmur, ut tandem aliquando historiam memoriae Tertullianeae incipiamus intellegere, unde longius futura aliqua aetate liceat progredi, si simili casu atque novissimo fortunae favore ex bibliothecarum latebris aliae nobis aliquando redditae sint Tertullianeae memoriae reliquiae. — Habemus igitur, ut supra diximus, si omittimus corpus Apologeticum, de quo infra amplius disputabimus, quattuor corpora Tertullianea, quae inter se differunt maxime et numero et titulis librorum in eis coniunctorum. Nam cum Trecense corpus quinque complectatur Tertulliani libros, in Masburensi inerant duodecim (numerandi enim non sunt Novatiani duo libri suppositicii), in Agobardi codice viginti unus teste indiculo illi manuscripto praefixo, in Cluniacensibus vero volumini-

---

non raro insertas esse alienas lectiones. Quod etiam in Clementis libro factum esse eo facilius credemus, quo magis ea ipsa re, quod a reliquis memoriae testibus recedebant lectiones istae, moveri potuit Pamelius, ut eas potissimum enotaret.

[53]) Cf. Krit. Vorarb. p. 15.

bus non minus viginti septem opera Septimii atque ea magna ex parte amplissimi ambitus ut Antimarcion. Atque in reliquis quidem collectionibus cum nullae aut exstiterint omnino aut non supersint subscriptiones, quibus, qui eas instituerint, possimus informari, in codice nuper reperto non omnis huius rei memoria evanuit. In calce enim libri, qui est *Adversus Iudaeos,* haec legitur subscriptio: *De carne χ̊ incipit. Nicasi vivas in Xp̄o dn̄o nr̄o Amen.* Hoc Nicasii nomine, quod etiam inter antecedentes libros Eusebii Emeseni duobus locis nominatur, Wilmartius illum ipsum virum designari arbitratur, quo auctore antiqui aevi exeuntis vel incipientis medii aevi aetate quinque illi libri congesti et descripti sint. Qua de re si recte iudicavit ille vir doctus, — neque habemus, quod ei opponamus, cum ab eodem illo didicerimus Nicasii nomen inde a quarto usque ad sextum p. Chr. n. saeculum et in Gallia et in Africa non inusitatum fuisse — adstipulemur ei necesse est illa ipsa aetate hanc collectionem, cuius apographon in codice Trecensi nunc nobis redditum est,[54]) instauratam esse. Haec autem ea ipsa sunt saecula, intra quae Tertulliani opera, usque ad id tempus singulatim, non coniunctim descripta ac tradita, ex dispersione colligi eoque ab interitu eis impendente servari coepta esse iam pridem coniecta-

[54]) Ex indiciis quibusdam litterarum ductus Trecensis proprii Souterum secutus Ianus Borleffs (Observ. crit. in Tertulliani librum *De paenitentia,* Mnemosyne, vol. LX, p. 15, not. 3 et p. 16) concludi posse arbitratur in Britannia exaratum esse hunc librum. Suspicatus est autem ille vir doctus exemplar vetustum, unde descriptus esset Trecensis, olim in bibliotheca abbatiae Claravallensis asservatum nunc amissum, in Britanniam transmigravisse aliquando, redisse autem inde non ipsum, sed, quod ex illo descriptum esset apographon, ipsum istum Trecensem nostrum. Hoc quamvis sagaciter sit excogitatum, tamen satis probabile esse ego vix crediderim, cum, qualia in Trecensi saepius occurrunt scripturae menda, non adeo sint librariorum Anglorum propria, ut nusquam alibi nisi apud Britannorum librarios deprehendantur. Ceterum librum Masburensem Gelenii, propter quem maxime Britannica origo placuisse videtur viris doctis, cum collectione

veram.[55]) Circumspicientibus autem nobis, ex quorum ecclesiasticorum auctoritate munus istud satis profecto suspiciosum susceptum esse possit, — nam Septimium nostrum ob Montanismi haeresin ab ecclesiasticis tertii et quarti saeculi, etsi a plerisque exscriptus sit, vix a quoquam nominari egregia commentatione Harnackius nos docuit [56]) — non inveniemus, opinor, ullos, de quibus magis hoc possit cum probabilitate aliqua praesumi, nisi illos, qui Semipelagiani vel Massilienses vocantur. Hi enim, dum catholicam fidem id esse statuunt, 'quod semper et ubique et ab omnibus creditum est', ad novellam Augustini de praedestinatione doctrinam impugnandam subsidia sibi a prisca ecclesia quaerere debebant eisque potissimum eius doctoribus, qui ut synergismi adsertores ab Augustini dogmate quam longissime distabant, in quibus primus est Tertullianus. At inter istos viros nemo est, qui Nicasius nominetur, nisi forte sub Graeca huius nominis forma is intellegendus est, qui ipsa hac aetate ferventissimus exstitit Tertulliani admirator, qui libro non suo nomine edito, sed alieno [57]) Carthaginiensem presbyterum principem

---

Nicasii nihil habere commune supra docuimus. Ad originem eius indagandam multo maioris est momenti, quod a Soutero observatum est: saepius occurrere in Trecensi singulare illud siglum ◡̣, quod, quid sibi vellet, unus exposuit Isidorus Et. I 21, 10 (*Cryphia, circuli pars inferior cum puncto, ponitur in his locis, ubi quaestio dura et obscura aperiri vel solvi non potuit*). Quod siglum si nusquam alibi se invenisse testatur vir palaeographicae artis peritissimus, non habemus, cur refragemur illi concludenti exemplar illud, ex quo originem traxit Trecensis, in Hispania aliquando conscriptum postmodo in abbatiam Claravallensem asportatum esse. Neque vero ex Africa, ut vult Souterus, archetypum eius suspicabimur in Hispaniam delatum esse, sed ex meridionali Gallia, si modo recte iudicavimus de persona eius, qui collectionem istam instituendam curavit.

[55]) Cf. praef. vol. III, p. X.

[56]) Tertullian in der Litteratur der alten Kirche, Sitzungsberichte der Berliner Akademie, Juni 1895.

[57]) Peregrini adv. haereticos Commonitorium.

Latinorum patrum nominare ausus est postposito etiam ipso Augustino, Vincentium dico Lerinensem († 454). Si enim ipse Vincentius libro illi, quo laudibus effert Tertullianum,[58]) adversatur Augustino, nomen suum praefigere veritus est, nihil miri habere putaverim, quod ille, quem Vincentii iussu quinque illos Tertulliani libros ex dispersione collectos in unum corpus congessisse suspicor, mandatoris sui nomen, etsi non prorsus reticuit, tamen obumbrare aliquatenus voluit. In haereticorum enim numero a plerisque haberi Tertullianum ne simplicem quidem fidelem, dummodo rerum ecclesiasticarum quadamtenus peritus esset, fugere potuit. Ceterum Graeca nominis forma ut uteretur, etiam ea re fortasse potuit adduci, quod in antecedentibus libris Emeseni Eusebii ut in Graeco libro Graeco quoque nomine appellari Vincentium consentaneum ei visum erat. Quocumque autem modo haec res se habet, verisimillimum esse putaverim hanc Trecensis collectionem omnium, quas habemus, primam esse institutam. Primum enim huius collectionis eiusmodi sunt lectiones, ut fide nullius lectionibus, ne Agobardini quidem, cedant, immo omnibus anteponendae sint. Deinde, si quid ex ipso numero congestorum librorum concludi licet, a minore ad maiorem processum esse facilius suspicabimur, quam a maiore ad minorem. Denique, quam caute sibi agendum esse putaverit huius collectionis auctor, inde perspicitur, quod, ut evitaret quam maxime speciem instaurati quodammodo a se corporis Tertullianei, parvum hunc librorum numerum annexuit maiori Graeco volumini alterius auctoris.[59]) Hoc si recte vidimus, non errabimus autumantes cum increscente paulatim proximis annis favore

[58]) Cf. imprimis Commonit. § 18: *Sciunt hoc Marciones, Apelles, Praxeae, Hermogenes, Iudaei, Gentiles, Gnostici, quorum ille blasphemias multis ac magnis voluminum suorum molibus velut quibusdam fulminibus elisit.*

[59]) Unde etiam factum est. ut fugeret Reifferscheidium thesaurus iste, quippe cuius ne in catalogis quidem usquam mentio sit facta.

et studio Tertulliani decrevisse etiam cavendi dissimulandique curam, ita ut, qui exinde conservandis Tertulliani scriptis laborem impertiverunt, Masburensis dico et Agobardinae collectionum auctores, neque occultandum consilium suum curarent et quam maximum possent numerum Tertulliani operum in corpora a se instaurata congererent. Hi viri qui fuerint, uter eorum aetate antecesserit, in incerto relinquendum est, nisi quod amplioris corporis auctor minoris institutori videtur successisse. Neutrum autem eorum quidquam de alterius opera aut de Nicasii collectione scivisse ambigi nequit. Alioquin enim aut omnia Septimii opera a prioribus collecta in corpora sua recepissent successores aut nullum; in unoquoque autem eorum quidam insunt libri, qui in alteris duobus desiderantur. De aetate denique Masburensis et Agobardinae collectionum si quaeratur, nihil nisi terminum ante quem cum aliqua probabilitate poterimus statuere, annum scilicet p. Chr. n. 495, qui annus memorabilis est Gelasiano illo edicto, quo omnes Tertulliani libri ut haeretici damnati sunt et in Italia quidem ita exstincti, ut nullum ibi hodie vestigium eorum — excepto tantummodo parvulo libri *De oratione* excerpto in bibliotheca Ambrosiana superstite — reperiatur.[60]) Nam post illud edictum — nisi exacta exinde erant maiora temporis spatia — quemquam ausurum fuisse adversus auctoritatem episcopati Romani memoriam damnati haeretici colligendis illius scriptis stabilire et propagare meo quidem iudicio non credendum est. Condita igitur tria illa corpora in Gallia esse intra quintum p. Chr. n. saeculum eis, quae edisserui, indiciis me probavisse putaverim.[61]) Ceterum

[60]) Totam Tertulliani memoriam in bibliothecis Italiae asservatam non indigenam esse, sed ex Germania et Francia illuc asportatam demonstravi in commentatione „Die Tertullian-Überlieferung in Italien", Sitzungsberichte der Wiener Akademie der Wissenschaften, 138 (1898) III.

[61]) Mesnartiani quoque codicis eiusque affinium collectionem quin Gallicanae ecclesiae nos debeamus, etsi Masburensis codex et liber

quamvis illa et numero collectorum librorum et ipsa textus condicione aliud ab alio distent, tamen in duabus rebus significanter congruunt, quod neque ullo adhibito ordine Septimii opera perhibent neque ullum ex libris antihaereticis, qui sunt adversus singulos sectarum duces, continent. Atque illud quidem, cum etiam apud alios auctores idem factum esse videamus, nihil habet, quod miremur; hoc vero qua de causa potuerit fieri, iure aliquis interrogaverit. Et ego quidem nullam aliam invenio causam, nisi quod antihaeretici Tertulliani libri tanta etiam tum apud ecclesiam catholicam vigebant auctoritate ac fama, ut nemo eis, tamquam ab interitu ob id ipsum securis, patrocinari se debere existimaret. Quod re vera illis temporibus ita se habuisse testis est idem ille Vincentius, qui, cum laudibus effert Latinorum patrum principem, ipsa ista antihaeretica eius scripta, non alia, collaudat, ut quibus eliserit ecclesiae inimicos.[62])

Non casu igitur factum est, ut hi libri in eam demum collectionem recepti sint, quam Cluniacensem vocavimus. Quam collectionem, si cum reliquis tribus comparaverimus, non eiusdem aetatis esse iudicabimus, sed aliquanto posterioris. Primum enim accessione antihaereticorum scriptorum nec non aliorum quorundam adeo increvit ambitus eius, ut ad instaurandam eam duobus voluminibus opus esset — insunt enim in ea 27 libri —; deinde libri ordine materiae tractatae positi sunt; denique textus ipse, quatenus ex testium consensu archetypum restituere possumus, non tam correctorum manibus, ut assolet, quam redactoris cuiusdam curis

---

Clementis Angli ex Britannia ab editoribus arcessiti sunt, non est, cur dubitemus. Sicut enim Trecensem, ita etiam maiorem librum, cui superstruxit editionem suam, ex Gallicana aliqua abbatia desumpsisse Mesnartium verisimilius est quam ex Britannia illum ab eo esse arcessitum. Clementis Angli autem liber aut ipse aut per archetypum, sicut supra demonstravimus, ex Corbeiensi prodiit bibliotheca.

[62]) Cf. l. s. l. (p. XXXI, nota 58).

perpolitus et suppletus et interpolatus est.[63]) Accedit, quod non eadem in omnibus libris memoriae condicio est, immo in quibusdam melior, in aliis deterior, nusquam autem tam misera quam in libro *De exhortatione castitatis,* cuius textus adeo depravatus est, ut nisi post multorum saeculorum intervalla tantopere degenerare non potuerit.[64]) Ex omnibus igitur istis indiciis si non temere conclusimus haud mediocri spatio interiecto post eas, quas supra descripsimus, collectiones in lucem provenisse Cluniacensem, imprimis, ut opinor, quod recenti Gelasiani decreti memoria institui eam potuisse non credendum est, cum aliqua probabilitate terminum post quem statuemus medium fere sextum p. Chr. n. saeculum, id est exeuntis antiqui et ineuntis medii aevi aetatem. Sin autem mireris etiam tunc Tertulliani studium adeo viguisse, ut tale negotium aliquis suscipere auderet, memineris velim ea ipsa aetate Isidorum Hispalensem non modo legendis, sed etiam excerpendis eius scriptis operam navare. Ceterum ne hic quidem, quoniam perierunt libri illi duo Cluniacenses, sperare possumus unquam nos scituros esse egregii illius viri nomen, qui congregatis in unum volumen omnibus praeter librum *Adversus Apelleiacos* antihaereticis scriptis Tertulliani ingruens eis periculum interitus depulit, qui insuper etiam alios quosdam libros[65]) in reliquas collectiones non receptos unus posteritati conservavit, ita ut dimidiatum hodie haberemus Tertullianum, nisi illius viri curae ei subvenissent. Eo magis autem admiratione dignus est, quia

---

63) Cf. Krit. Vorarb. p. 34.

64) Recte Rigaltius in notis editionis suae ad hunc librum, quem Agobardini ope emendavit, adnotat: 'haec autem nostra huiusce libri editio tam multis locis suppleta refecta castigata est, ut iam pro nova haberi debeat.'

65) Sunt hi: *Ad Scapulam, De fuga in persecutione, Ad martyras, De pallio,* quibus adnumerandi sunt duo libri, quos in mutilato Agobardino olim fuisse testis est indiculus: *De patientia, De virginibus velandis,* cum in reliquis non contineantur.

reliquorum corporum nullum ei venerat in notitiam.[66]) Quae res vix posset intellegi, si in Gallia ille suscepisset colligendi negotium; quare in dubio relinquendum mihi videtur, aliane ei patria fuerit, sive Africa sive, quod verisimilius esse putaverim, Hispania, ubi etiam septimo saeculo vegetam sciamus Septimii memoriam.

Undecumque autem in abbatiam Cluniacensem arcessitus est grandis iste thesaurus, certum est totam fere huius classis memoriam hodie superstitem — id est Montepessulanum, Paterniacensem, Florentinum *N* — ex hoc fonte derivatam esse, exceptis unis Hirsaugiensibus libris nunc amissis, quorum imaginem nobis praebent apographon eorum codex *Luxemburgensis*,[67]) Florentinus *F* et Rhenani prima editio (R^1) ut Hirsaugiensibus nixa, quibus locis defuit Paterniacensis. Non ex ipsis enim Cluniacensibus provenisse Hirsaugienses cum textu eorum confirmatur recedente aliquantum a reliquorum consensu, tum ea re, quod hic illic tota sententiarum membra in eis occurrunt, quae in reliquis desiderantur. Hinc concludi necesse est praeter libros Cluniacenses exstitisse olim alicubi gemellos eorum codices ad eundum archetypum redeuntes.[68]) Quae

---

[66]) Pro certo hoc haberi ideo potest, quia in reliquis corporibus inerant decem libri, quos, si ei noti fuissent, non habuisset, quod non reciperet. Erant autem hi: *De baptismo, De testimonio animae, De anima, De spectaculis, De idololatria, Scorpiace, De pudicitia, De ieiunio adversus psychicos, De oratione, Ad nationes.*

[67]) De codice Luxemburgensi (*X*) nuper disseruit copiose et dilucide I. W. Ph. Borleffs in Mnemosyne, ser. tert., vol. II. (Leyden 1935). Qui liber ms. saeculo XV. exeunte exaratus etsi ex ipsis Hirsaugiensibus descriptus est, cum Florentinus *F* ex apographo eorum fluxerit olim in coenobio Pforzhinensi asservato, tamen, quia iam praesto erat Florentini collatio a memet ipso confecta consensusque primae editionis Rhenani (R^1) cum Florentino *F* meram imaginem Hirsaugiensium praebere visus est, his duobus testibus contenti esse voluimus.

[68]) Aliter nunc iudicamus atque pridem (cf. vol. III, p. XIX), cum ex ipsis Cluniacensibus derivatos esse Hirsaugienses censuimus.

codicum classis, quamquam multo depravatior est quam altera, nihilominus cum ad indagandum verum interdum non nullius est momenti tum ad explendam, quibus mutila est locis, Cluniacensium memoriam. Iamiam igitur, quod adhuc fieri non licuit, proponere possumus totius huius memoriae stemma:

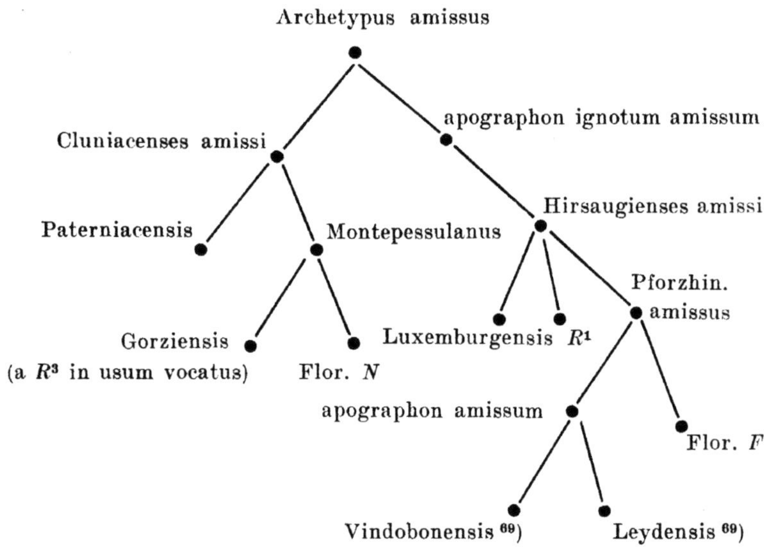

In novis huius voluminis subsidiis criticis praeter Trecensem nominandum est excerptum *Parisinum* (φ),[70]) quod cum variis variorum excerptis sub titulo *Excerpta de Apologetico contra Iudaeos* continetur secundo loco in codice miscellaneo bibl. Nat. 13047, saeculo IX., vel, ut

---

[69]) De origine codicum Vindobonensis (*V*) et Leydensis (*L*), qui fluxerunt ex apographo amisso Pforzhinensis codicis amissi, conferas velim, quae exposui in Act. Acad. Caes. Vind. vol. CXXXVIII (1898), p. 32.

[70]) Plenius de hoc excerpto egi in Mus. Rhen. vol. LXX (1915), p. 358—367.

placuit Reifferscheidio, X. exarato, qui codex olim, sicut discimus ex nota tegminis folio inscripta, in bibliotheca abbatiae Corbeiensis asservatus postea delatus est in oratorium coenobii St. Germani a pratis (Saint-Germain-des-Prés). Complectitur hoc excerptum libri *Adversus Iudaeos* cap. VI (inde a verbis *itaque necessitas nobis incumbit*) usque in cap. IX, ubi desinit in verbis *non aperuit os suum.* Textus autem eius, a tribus manibus correctus, sicut iam pridem affirmavimus[71]) et nunc ex apparatu critico cognosci potest, maxime affinis est illi, cuius imago nobis repraesentatur in collatione libri Fuldensis hodie amissi a Francisco Modio Brugensi confecta[72]) typisque expressa in appendice editionis Iunianae a. 1597 Franecherae Frisiorum in lucem emissae. Consentit enim excerptum Parisinum (φ) cum collatione Modiana (Φ) in paucis his capitibus non minus octoginta locis — in quibus tres sunt, ubi praebent $\Phi\varphi$, quae in reliquis libris non exstant,[73]) unus, ubi desunt in $\Phi\varphi$, quae reliqui testes perhibent[74]) — dissentit autem φ a Φ locis viginti duobus, in minutioribus plerumque rebus. Summi vero ad cognoscendam affinitatis rationem momenti est, quod tribus locis in φ leguntur aliqua, quae in libro Fuldensi non fuisse expressis verbis testatur indiculus Iunianus.[75]) Non igitur descriptum est ex

---

71) Cf. l. c. p. 364.

72) De hac Modii collatione eiusque apographo videas nunc Hoppium in praef. Apologetici (huiusce voluminis pars prior, p. XXXII sqq.).

73) 275, 61 *ipsis*; 280, 74 *item alius*; 281, 78 *imperavit.*

74) 284, 123 sq. *Tiberius Claudius annis XIII mensibus VIII diebus XX.*

75) 284, 128 *numero* (*N*); 289, 58 *scriptura*; 284, 126 *quinque* (*V*). — Ceterum quod in φ aliqua omissa sunt, quae omissa fuisse in Φ Iunianus indiculus non adnotat, non magis mirum est, quam quod haud ita raro φ solus varias quasdam lectiones praebet, quae in indiculo illo non comparent. Ostendit enim Henricus Hoppe (praef. p. XXXV) indiculo Iuniano non ipsam exprimi collationem Modii (ad exemplar Barreanae editionis Parisiis 1580 emissae confectam), immo unum esse

Fuldensi codice excerptum Parisinum, sed sine dubio cum illo ad eundem fontem redit, id est ad eum archetypum, ex quo per istos duos testes ad nos pervenit brevissimum omnium corpus Tertullianeum, quod apologeticum a nobis nominari ideo fas erat, quia etiam liber, qui est *Adversus Iudaeos*, in titulo excerpto Parisino praefixo *Apologeticum contra Iudaeos* inscribitur. Ubi autem fuerit aliquando archetypus ille, ex quo et *Φ* et *φ* provenerunt, si non certo scire, attamen coniectura assequi possumus. Si enim codex miscellaneus Parisinus teste illa, quam supra commemoravimus, nota in oratorio monasterii Corbeiensis, quod erat Franciae antiquissimum, conscriptus est, admodum verisimile videtur sicut reliquorum, quae in eo continentur, excerptorum etiam Tertullianei excerpti textum desumptum esse ex libro ms. eiusdem coenobii. Hic liber ms., si cum aliis multis ex antiqua Corbeia in novam illam transmigravit ad Visurgim flumen a. 822 p. Chr. n. constitutam, perfacile potuit apographon eius in vicinam devenire Fuldensem abbatiam. Videtur ergo, nisi omnia fallunt, etiam hoc apologeticum corpusculum Tertullianeum Gallicanae deberi ecclesiae.

Inter duos autem, qui in eo coniuncti sunt, libros ea intercedit ratio, quod in libro *Adversus Iudaeos* non, sicut in *Apologetico*, peculiaris quaedam ab reliquorum testium diversa recensio perhibetur ab auctore ipso instituta. Quamvis enim distent lectiones codicis Fuldensis a reliquorum codicum lectionibus, tamen non ea est haec differentia, ut etiam hic, sicut illic, ad duplicem recensionem confugere necesse sit. Neque enim superat haec lectionum varietas eum modum, quem in aliis auctoris libris deprehendimus,

---

ex compluribus eius apographis, quod, qua fide exemplar suum reddat, iudicari hodie non potest. Hoc quidem certum est ex duobus testibus priorem locum concedendum esse excerpto Parisino; quapropter ex solo *φ* contra reliquorum consensum interdum auctori suum reddere potuimus.

neque habemus, quod aliunde eam ortam esse putemus quam ex depravatione textus per saecula increscente sive ex inventione eorum, ad quos redit variarum collectionum institutio, sive ex audacia interpretum librariorumve incuria. Hoc iudicium probatum videmus, cum in iisdem capitibus libelli *Adv. Iud.* reliquae memoriae testes perlustramus. Peropportune enim accidit, quod praeter recentiorum memoriam in his capitibus etiam Trecensis codex praesto est. Consensum autem huius codicis (*T*) sive cum Cluniacensi memoria (*P N F*) sive cum Fuldensi et Parisino (*Φ φ*) cognoscetur ex conspectu infra proposito:

T Φ φ	*T φ*	*T Φ*	*T P N F*	*T P N*	*T P F*
36	31	5	69	10	3
sa. 72			sa. 82		

Ac primum quidem computati numeri satis docent sui generis esse Trecensem librum nec cum recentibus omnibus locis nec cum vetustioribus consentientem, sed medium fere inter utrosque tenentem locum. Idem apparet ex compluribus lacunis, in quibus partim cum illis facit partim cum his.[76]) Ex nulla autem re magis apparet Trecensis propria et singularis indoles, quam quod non minus 62 locis intra parvum horum capitum ambitum per se stat solus cum neutro faciens aliorum. Quarum lectionum cum magna pars prae reliquae memoriae consensu sit reicienda, tamen satis multae occurrunt, quae aut vera nobis reddant Tertulliani verba[77]) aut ex quibus vera queamus indagare.

[76]) Om. *T* cum *Φ E*: *ex toto* (288, 25); *a Iudaeis* (295, 144). Om. *T* cum *P N F*: *XXVIII annos* (281, 80 sq.); *inde* (285, 137); *Christi* (285, 137); *procede* (293, 120); praeterea aliis locis voculas *de* et *ob*.

[77]) Adnotatione digna sunt haec: 277, 35 *semis T*, om. rell.; 293, 121 *enim T*, om. rell.; 295, 147 *et hic*; 298, 191 sq. *Iesus et Christus*

Quae omnia si aeque et sine praesumpta opinione recogitaverimus, facere non poterimus, quin agnoscamus institutorem eius collectionis, cuius imaginem nobis praebet Trecensis liber, non unum tantum secutum esse exemplar, sed plura, vel si unum potissimum sequebatur, tamen correxisse illud secundum alterius memoriae testes, id est subisse quodam modo editoris critici munus diversos memoriae testes ad constituendum textum adhibentis. Hoc eo magis ut feramus iudicium adducimur, quod etiam supra in perlustrandis libri *De carne Christi* capitibus nutantem vidimus Trecensem inter Agobardini ac recentiorum memoriam. Recensionis autem istius auctor quin ipse ille fuerit Nicasius, non est, cur dubitemus. Qui si exemplar manu sua correctum commendavit librario suo describendum, facilius etiam intellegitur, cur is cum emphasi quadam in subscriptione ediderit mandatoris sui nomen. Hoc iudicium si quis inde putaverit infirmari, quod etiam in Trecensi libro magnus deprehenditur mendorum et errorum numerus, recogitet, quaeso, negotium describendi exemplaris passim correcti haud parvas sine dubio difficultates habuisse, praeterquam quod scire non possumus, quantus horum mendorum numerus incuriae eorum debeatur, qui exinde corporis huius describendi munus susceperunt. Ob hanc autem singularem libri Trecensis condicionem non parvi sane oneris est recensentis philologi negotium. Non nutabit quidem iudicium, ubi cum φ et Φ vel cum altero eorum concordat codex novellus, ubi autem cum recentioribus contra illos consentit vel neque cum φ Φ codicum neque cum recentiorum lectionibus congruit, non pariter absoluta videbitur quaestio. Haud raro enim fit, ut neglecto illo consensu auctoritatem Parisini et Fuldensis sequi cogamur, fit etiam, ut ex uno Trecensi verba constituenda sint, fit denique, ut ex utrisque contaminatis verum sit indagandum, quamvis male

T, ***iesus*** rell.; 290, 65 *illum T*, om. rell.; 283, 111 *iuxta* (= pariter) *T*. om. rell.

audiat apud philologos contaminandi ratio. In lubrico enim solo nos incedere in unaquaque huius auctoris memoria — Agobardini non excepta — satisque vanum esse obcaecata mente deterioribus praedamnatis ab antiquiore memoria omnem sperare salutem, quo quis accuratius perscrutatus erit in omnibus libris apparatum criticum, eo magis sibi persuadebit.

Ceterum quamvis diversa sit in singulis Septimii libris memoriae condicio ac fides, in nullo eorum verba auctoris ex solis codicum lectionibus constitui possunt. Quod nihil sane habet miri: nam etiam antiquissimos memoriae Tertullianeae testes septem saeculorum spatio ab ipsa manu auctoris, quinque fere ab aetate eorum, qui collectiones illas composuerunt, dirimi scimus. Quorum si princeps tum, cum libros a se congestos describendos curavit, iam in varietatem lectionis incidit, quali cura aetate antecedente de integritate textus cautum esse credamus? Quid, quod Tertullianus ipse loco quodam (*Adv. Marc.* I 1) de fratris cuiusdam mendosissima sui exemplaris descriptione queritur. Inesse igitur in quovis libro Tertullianeo etiam menda primitus facta, quae vel in principali omnium exemplari vel in apographo ex eo descripto fuisse et inde in ceteros memoriae testes irrepsisse credendum est, id ut per semet ipsum est verisimillimum, ita agnosci velim ab omnibus, qui abhinc genuinis Tertulliani verbis restituendis curas adhibebunt. Quorum mendorum varia genera cum in ipsis his libri *Adversus Iudaeos* capitibus tamquam coacervata deprehendantur in densissima testium turba, sic digesta ea in indiculo infra adfixo virorum doctorum iudicio subdimus, ut ex variis corruptelarum generibus nobis orta esse videntur. Haec autem sunt primum quidem mendosa vel compendiata verborum scriptura,[78]) deinde iactura ver-

[78]) 270, 25 sq.; 273, 44; 275, 1; 276, 15; 285, 131; 287, 21; 288, 27; 288, 40 sq.; 291, 75; 291, 77; 293, 113; 293, 119; 294, 125; 296, 170; 297, 187 sq.

borum,[79]) tum inversus perperam verborum vel enuntiatorum ordo,[80]) denique interpretamentorum in textum irreptio vel non dubia interpolatio.[81])

De meis ut iam referam huius rei curis, hinc egrediar necesse mihi videtur, ut respondeam viris doctis iustissima scilicet de causa interrogantibus, cur opus a me tertii voluminis editione anno MCMV instauratum tanto temporis spatio intermissum sit. Priores curae, quas his, qui nunc promulgantur, libris edendis adhibueram, anno MCMXIV usque eo erant promotae, ut plagulas confectas Academiae Caes. Vindobonensi imprimendas mandare in animo haberem, cum bellum lugubri illo anno ortum tacere Musas coegit. Post bellum cum iterum me dare vellem istis studiis, susceptum regimen gymnasii Steglitziensis tantum laborum onus in dies ingravescens mihi imposuit, ut consilio iamiam perpetrando parem me fore desperarem, imprimis postquam Trecensi codice anno MCMXVI reperto novum plane fundamentum in aliquot huius voluminis libris ponendum esse apparuit. Praeterea cognoveram priorum curarum plagulas adeo non satisfacere aliorum virorum doctorum curis in recensendo hoc auctore interim factis, ut totum opus de integro aggrediendum esse persuasum haberem. Qui sequebantur anni, scholastico oneri aliud addiderunt. Defendi enim cum necesse esset illa aetate in patria nostra humaniora studia et cum his gymnasium ipsum ab adversariorum infenso odio atque impetu, consociatis opus erat in unum ordinem philologis Graecolatinis, quo acrius refringenda malevolentium turba defendi posset

79) 272, 18; 273, 38; 275, 5; 276, 14; 279, 57; 283, 102; 283, 104; 283, 114; 285, 133 sq.; 287, 10; 290, 62; 291, 79; 294, 125; 295, 141 sq.; 295, 146; 296, 161; 298, 199; 299, 213.

80) 278, 51 sqq.; 284, 127; 298, 193 sqq.

81) 273, 36; 274, 50 sq.; 281, 83 sqq.; 282, 87 sq.; 282, 94; 282, 98 sq.; 293, 122; 297, 174—187; 298, 189.

turris undique infestata. Cui ordini equidem fiducia sodalium praepositus cum etiam huius officii munia praestare deberem, per decem fere abillinc annos a Tertullianeis studiis ita sum sevocatus, ut tum demum ad ea redire possem, cum accepta rudi a publicis negotiis recesseram. Quod quamvis questus essem, multum tamen profuit huic editioni ipsa haec invito sane mihi imposita mora. Nacto enim Wilmartii grande illud ἑρμαῖον, antiquissimae memoriae testem codicem Trecensem, non modo apparatum criticum novo mihi instruere licuit ac perutili subsidio, ut quo sanari possent multorum locorum corruptelae vel suppleri verba omissa, sed insuper etiam ansa est data altius inquirendi in historiam memoriae Tertullianeae meliusque cognoscendi, qualis uniuscuiusque eius testis esset condicio. Quae res perspecta et ab aliis, spero, plenius perspicienda cum haud parvi momenti esset ad restituendam veram verborum Tertulliani imaginem, tamen vix minus ad idem perpetrandum hoc quoque valebat, quod sex his lustris in aliquot huius voluminis libros commentandos emendandosque ab aliis congestum erat laboris, in quibus nomino v. d. Preuschen, Rauschen, Martin, Marra, Kok, nec non eos, qui alios nonnullos Tertulliani libros separatim ediderunt indicibusque utilissimis instruxerunt: I. W. Ph. Borleffs et J. H. Waszink. Seorsum autem nominandi sunt a me ei viri docti, qui de sermone Tertullianeo plenius et accuratius cognoscendo omnium optime meruerunt: Henricus Hoppe, qui inter istius rei peritos facile principem locum obtinet, et Einar Löfstedt, totius latinitatis scientissimus et infatigabilis scrutator. A quibus viris quantum didicerim, quamquam unoquoque fere huius libri laterculo demonstratur, tamen haud ita raro de iudicio eorum, vel alterius vel utriusque, me dissentire libere profiteor;[82]) quod inde

[82]) Etiam in eis libris, quos in tertio huius editionis volumine edidi, multum abest, ut omnibus locis eis adstipuler, ubi in verbis constituendis mihi adversati sunt. Id expressis verbis velim iam hic pro-

plerumque fit, quod illi tantum codicum auctoritati tribuunt, quantum nos ex singulorum memoriae testium aestimatione ei non iam omnibus locis possumus concedere.

De singulis libris in hoc volumine editis pauca habemus, quae scire velimus lectorem. In libro *De praescr. haer.* dubia erat adhuc aliquot locis lectio Agobardini. Collatio enim huius libri a Rauschen confecta discrepabat hic illic a Reifferscheidiana, quae erat in manibus meis. Quam ob rem auctrice Academia Vindobonensi K. Holl Berolinensis dubiis his locis a me notatis iterum inspexit codicem Parisinum et mecum communicavit, quae in libro invenerat. Ubicumque igitur Rauscheniana collatio a nostra distat, illam mendosam esse memineris.[83]) — De libri *Adv. Iud.* posteriore parte (a cap. IX usque in finem) consentiunt viri docti omnes talem eam, qualem in libris mss. habemus traditam, non posse conceptam esse a Tertulliano; quare, quod ab omnibus rei peritis concessum videmus, comprobare argumentis supersedemus. Ceterum non minus conspicuum est falsarii ullius haec esse non posse, utpote quae adeo in universum Septimii stilum redoleant, ut abiudicare ea auctori nequeas. Relinqui ergo videtur, ut hic libellus semiperfectus a Tertulliano relictus sit, ita tamen, ut in scriniis eius schedae aliquot superstites essent, in quibus ille, quae tractanda supererant, non ordine omnia unoque nisu, sed carptim singula, prout ei libuit, verbis conceperat, nec non saepius quaedam, ut temptabundus. Quas lacinias si post obitum Tertulliani, cuicumque obvenerat litteraria eius hereditas, promptius quam sollertius consuit consutasque operi semiperfecto an-

---

nuntiatum, ne, qui adhuc tacuerim, assensus eis esse videar, posthac, si suppetat otium, responsurus.

[83]) Hoc etiam in eum locum cadit, quo Rauscheniana collatione inductus E. Löfstedt alterum exemplum se nactum esse apud Tertullianum putabat vocabuli *ideoque* pro *ideo* usurpati (31, 22), cf. Lfst. Z. Spr. Tert., p. 96.

nexuit, nihil habet miri, quod nec ordo rerum tractatarum aptus nobis videtur et in multis offendimus, quae aut minus polita videntur aut inepte iterata. Huiusmodi centoni ut corpori morbido remedia adhibere arte critica haud facile sane negotium est et a temeritate fortasse non longe semotum. Nihilo tamen setius, quamvis lubrico hic incedamus in solo, nostrum esse putavimus seclusis iterationibus, quae intolerabiles videntur, suspicando saltem genuinum sententiarum ordinem et nexum investigare. Hoc enim modo melius nos inservituros esse et auctori et lectoribus, quam si iterum iterumque post tot editores typis velimus exprimere, quae et mendorum magna copia scatere et suo ordine carere nemo est, quin videat.

Ad finem iam perducto haud parvi sane laboris opere reliquum est, ut eorum meminerim virorum doctorum, qui in imprimendo constituendoque huius fasciculi librorum textu opera sua perutili me adiuverunt. Pia memoria primo loco nomino Edmundum Hauler, qui valetudinis infirmitate impeditus, non fractus, perlegendo adaptandoque prelis manuscripto meo indefessas curas impertivit. Secundus ad corrigendas plagulas ultro se obtulit Carolus Prinz. Cui, cum insuper adversarii critici partes susceperit multisque locis, ut non satis perspecta plenius perspicere conarer, me impulerit nec non de suo hic illic aliqua addiderit, quae placerent, multum me debere libere confiteor meritasque sincero affectu refero gratias. Tertius his accedit Richardus Meister, editionis Vindobonensis ecclesiasticorum scriptorum curator, qui recognitis meis adversariique sententiis arbitri negotium subiit et adiutus ope Aemilii Gaar et Ludmillae Krestan elimandis perpoliendisque meis curis et maturandae, quantum pro belli necessitatibus fieri potuit, huius fasciculi emissioni operam navare perseveravit, dum prela opus reliquit.

Scripsi Berolinae Non. Iuniis MCMXLII.

Aemilius Kroymann.

INDEX SIGLORVM.

A	=	Parisinus 1622 (saec. IX.) sive Agobardinus
T	=	Trecensis 523 (saec. XII.)
Φ	=	Fuldensis hodie deperditus, cuius variae lectiones ex collatione Francisci Modii Brugensis congestae sunt in appendice editionis Iunianae (Franecherae Frisiorum 1597)
φ	=	Parisinus 13047 (codex miscellaneus continens praeter alia etiam excerptum ex libro Adversus Iudaeos) saec. IX. vel X. ineuntis
B	=	editio Martini Mesnartii, Lutetiae 1545 (in qua adornanda adhibuit praeter Agobardinum duos alios codices, Trecensem et ampliorem librum hodie amissum)
Bmg	=	margo editionis Mesnartianae
C	=	lectiones libri Ioannis Clementis Angli (quas hic illic adnotavit in editione sua Pamelius 1579)
M	=	Montepessulanus H 54 (saec. XI.)
P	=	Paterniacensis 439 (saec. XI.)
N	=	Florentinus Magliabechianus Conv. soppr. VI, 9 (saec. XV.)
F	=	Florentinus Magliabechianus Conv. soppr. VI, 10 (saec. XV.)
R^1	=	editio princeps Beati Rhenani, Basileae 1521 (Paterniacensi superstructa, sed in usum vocatis Hirsaugiensibus libris hodie amissis)
R^3	=	editio tertia Rhenani, Basileae 1539
R	=	consensus harum editionum
R^1mg	=	margo editionis primae Rhenani
G	=	lectiones codicis Gorziensis hodie amissi, quem passim adhibuit in editione sua tertia Rhenanus

Gel. = editio Sigismundi Gelenii 1550
Pam. = editio Iacobi Pamelii 1579
Iun. = editio Francisci Iunii 1597
Rig. = editio Nicolai Rigaltii 1634
Oehler = editio Francisci Oehler 1853—54
Prsch. = Preuschen, editio libri De praescr. haer., Tubingae 1910
Rau. = Rauschen, editio libri De praescr. haer., Bonnae 1906
Mart. = Martin, editio libri De praescr. haer., Bonnae 1930
Ma. = Marra, editio libri De corona et librorum De cultu feminarum, Augustae Taurinorum 1927 et 1930
Ko. = Kock, editio librorum De cultu feminarum, Dockum 1934
Urs. = Fulvius Ursinus
Scal. = Iosephus Scaliger
Lat. = Latinus Latinius
van der Vliet = I. van der Vliet, Studia ecclesiastica, Lugduni Batavorum 1891
Ho. Synt. u. Stil = Heinrich Hoppe, Syntax und Stil des Tertullian, Leipzig 1903
Ho. Beitr. = Heinrich Hoppe, Beiträge zur Sprache und Kritik Tertullians, Lund 1932
Lfst. Z. Spr. Tert. = Einar Löfstedt, Zur Sprache Tertullians, Lund 1932
fort. = suspiciones meae dubitanter prolatae
† = corruptelae * sive ** sive *** lacunae signa. In adnotatione critica stellulae (*) litteras erasas indicant
⌊ ⌋ = his uncinis textui interpositis includuntur eae litterae, quae in *A* evanuerunt

INDEX LIBRORVM.

DE PRAESCRIPTIONE HAERETICORVM.

1. Condicio praesentium temporum, fratres, etiam hanc adm⌊o⌋nitionem provocat nostram, non oportere nos mi⌊rari⌋ super haereses istas, sive quia sunt — futurae enim praenuntiabantur — ⌊sive⌋ quia fidem quorundam subvertunt: ad hoc enim sunt, ut fides ⌊haben⌋do temptationem haberet etiam probationem. Vane ergo ⌊et inconside⌋rato plerique hoc ipso scandalizantur, quod tantum haereses v⌊aleant.⌋ Quantum si non valerent, non fuissent: cum quid sortitum est, ut omnimod⌊o sit⌋, sicut causam accipit,

---

1. 5 *cf.* Matth. 7, 15; 24, 4. 5. 11. 24; Ioh. 10, 12; Act. 20, 29. 30; II Petr. 2, 1. 2 7 *cf.* I Cor. 11, 19

---

1. 1 INCIPIT DE PRAESCRIPTIONE HERETICORVM LEGE FELICITER *A*, DE PRESCRIPTIONE HĘRETICORVM INCIPIT EIVSDĒ *P*, De Praescriptionibus Hereticorum *N*, Incipit eiusdem liber de praescriptionibus hereticorum *F* (*Über die grundsätzlichen Vorbehalte gegen die Häretiker: hic sine dubio genuinus huius libri titulus est; tamen depravatam nescio quomodo inscriptionem sed usu inveteratam mutare nolui*) 3 condicio *ARB*, conditionem *PNF* fratres *BR*[3], *om. APNFR*[1] *et vulgo* 4 ammonitionem *PR* 5 haeresis *A* 6 praenuntiabuntur *F* 8 haberet] habeat *C* ergo .... rato *A* (*scripsi* inconsiderato, *etsi c. 26 legitur* inconsiderate. *Cf.* improviso *et* improvise, insperato *et* insperate, inopinato *et* inopinate) ergo et inconsiderate *PNFRB* 10 *post* 'valeant' *gravius distinxi* (*cf. p. 2, 14 et 16*) quantum si non valerent *scripsi* (quantum = *nam si tantum*): quantum non valerent si *B*, quantum si *ANFR*[3] (*Oehler*), quantum sint *PR*[1] (*Rau.*), quantum valent. Quid, si *Prsch.*, *post* fuissent *signum interrogationis poni voluit Rig.* (*Oehler*); *delenda censuit verba* quantum — fuissent *C. A. Neumann* (*in Actis eruditorum Lips. 1715*) 11 quid *ABNF*, quod *PR* ut *ABP*, *om. NFR* sicut *PNFRB*, *Prsch.*, *om. A* (*Rig. Oehler*)

ob quam sit, hac et vim consequitur, per quam ⌞sit nec⌟ esse non possit.

2. Febrem denique inter ceteros mortiferos et crucia⌞rios exitus⌟ erogando homini deputatam neque quia est miramur — ⌞est enim⌟ — neque quia erogat hominem: ad hoc enim est. Proinde haeres⌞es ad languo⌟rem et interitum fidei productas si expavescimus hoc pos⌞se, prius est⌟ ut expavescamus hoc, [eas] esse quae dum sunt, habent posse, et ⌞dum possunt,⌟ habent esse. Sed enim febrem, ut malum et de causa et de potentia sua ⌞notum, et abominamur⌟ potius quam miramur et, quantum in nobis est, praecavemus, non habentes abolitionem eius in nostra potestate: haereses vero mortem aeternam et maioris ignis ardorem inferentes malunt quidam mirari, quod hoc possint, quam devitare ne possint, cum habeant devitandi potestatem. Ceterum nihil valebit, si illas tantum valere [non] mirentur: aut enim dum mirantur, in scandalum subministrantur, aut quia scandalizantur, ⌞i⌟deo mirantur, † quasi quod tantum valeant ex aliqua veniat veritate. ⌞Mir⌟um scilicet, ut malum vires suas habeat, — nisi quod haereses apud eos mul⌞tum⌟

12 hac et *scripsi*: haec *ANF* (*Rig. Oehler*) sic *PRB Prsch.*, hac *van der Vliet* nec *NFRB*, ne *P Gel.* (*Oehler Prsch. Rau.*)

2. 1 denique] *h. e. namque* ceteros *om. A* 1 *sq.* cruciatorios *C* 2 erogando] aegrotando *A* hominem *A* 3 erogat] aegrotat *A* 4 haeresis *NF* 5 hoc *A* (*Oehler Rau.*), hoc eas *PNFRB Prsch.* 6 expavescamus] expavescamur *F*, expavescantur *C* hoc *delere vult van der Vliet* hoc, [eas] esse *scripsi*: hoc eas esse *libri et vulgo* 8 notum, et *scripsi*: notum est *F*, ut notum est *PNRB vulgo*, sua .... potius *A* (*desunt igitur aut* [ut] notum est *aut* abominamur, *ut videtur*) abominamur] abhominamus *P*, hahominamur *N* 10 haeresis *A* 11 eterna *P* 12 *sq.* quam devitare ne possint *om. A* 14 valebit *A*, valebunt *PNFRB vulgo* non *seclusi* 16 quasi quod — — veritate, *quae suo loco cessisse videntur, paulo supra l. 15 post verba* in scandalum subministrantur *inserenda puto* quasi quod *Rig.*: quod quasi *A*, quod quā si *F*, quod quia *N*, quod *PRB* 17 ex *ANF*, quasi ex *PRB* veniat veritate *AN*, veniant veritate *F*, veritate veniant *PRB*

valeant, qui in fide non valent. In pugna pugilum et gladiatorum ple⌞rum⌟que non quia fortis est vincit quis aut quia non potest vinci, sed quoniam ille, qui victus est, nullis viribus fuit: ⌞adeo⌟ idem ille victor, bene valenti postea comparatus, etiam superatus recedit. Non aliter haereses de quorundam infirmitatibus habent quod ⌞valent, nihil valent⌟es, si in bene valentem fidem incurrant.

3. Solent quidem isti miriones etiam de quibusdam personis ab haeresi captis aedificari in ruinam: '⌞quare ill⌟a vel ille fidelissimi et prudentissimi et usitatissimi in ecclesia ⌞in illam⌟ partem transierunt?' Quis hoc dicens non ipse sibi respondet neque ⌞pruden⌟tes neque fideles neque usitatos aestimandos quos haereses potu⌞erint demu⌟tare? Et hoc mirum, opinor, ut probatus aliqui retro postea ⌞excidat⌟. Saul, bonus prae ceteris, livore postea evertitur. David, vir ⌞bonus secun⌟dum cor domini, postea caedis et stupri reus est. Solomon, omni ⌞gra⌟tia et sapientia donatus a domino, ad idololatriam a mulieribus inducitur. ⌞Soli⌟ enim

2. 19 *cf.* II Tim. 3, 8

3. 8 *cf.* I Reg. 9, 2 *cf.* I Reg. 18, 8. 9 9 *cf.* I Reg. 13, 14 (*cf.* Act. 13, 22) 10 *cf.* III Reg. 11, 4 11*sq.* *cf.* Ebr. 4, 15; I Petr. 2, 22

19 valeant *A*, valent *RB*, valet *PNF* non valent] parum valent *C* pugillum *NF* 20*sq.* quis — vinci *om.* *A* 22 adeo *FRB*, ab eo *PN* victor] victo *A* valenti *ABR*, valente *PNF* 24 haeresis *A* (*m. 1*) *F*

3. 1 miriones *PNFRB* (*Prsch. Rau.*), infir...... *A*, infirmiores *Rig.* (*Oehler*) 2 ab haeresi] ad haeresis *A*, ad haereses *Rau.* 3 et (*prius*) *om.* *B Prsch.* usitatissimi R^1*mg* (*cf. l. 5*) R^3*B*, vetustissimi *ANF*R^1, vetussimi *P* 4 quis] quas *F* hoc *om.* *F* 5 respondet *A Gel.*, respondit *PNFRB*, respondebit *fort.* 6 extimandos *N* haereses (e *ex* i *fec. m. 1*) *A*, haereses *RB*, haeresis *PNF* 6*sq.* et hoc mirum] *ironice haec dicta videntur* (*ut supra l. 17*: mirum scilicet), *quamvis refragari vid. vox* opinor; *delevi igitur signum interrogationis a Rhenano post* excidat (*l. 7*) *positum* 7 aliqui *A*, aliquis *PNFRB* 8 ceteris *ANRB*, ceteros *PF* libore *A* 10 solomon *A*, salomon *PNFRB* 11 idololatriam *R*, idolatriam *APNF*

dei filio servabatur sine delicto permanere. Quid ergo? si episcopus, si diaconus, si vidua, si virgo, si doctor, si etiam martyr lapsus e regula ⌞fuerit?⌟ ideo haereses veritatem videbuntur obtinere? Ex personis probamus fidem, an ex fide personas? Nemo est sapiens, nisi fidelis, nemo maior, nisi Christianus, nemo autem Christianus, nisi qui ad finem usque perseveraverit. Tu, ut homo, extrinsecus unumquemque nosti. Putas quod vides. Vides autem, quousque oculos habes. *Sed oculi,* inquit, *domini alti. Homo in faciem, deus in praecordia contemplatur.* Et ideo *cognoscit dominus qui* ⌞*sunt eius,*⌟ et *plantam, quam non plantavit, eradicat,* et de primis novissimos ost⌞endit,⌟ et ventilabrum in manu portat ad purgandam aream suam. Avo⌞lent⌟ quantum volunt paleae levis fidei quocumque adflatu temptationum, ⌞eo puri⌟or massa frumenti in horrea domini reponetur. Nonne ab ips⌞o domino⌟ quidam discentium scandalizati deverterunt? Nec tamen pro⌞pterea⌟ ceteri quoque discedendum a vestigiis eius putaverunt, sed qui scier⌞unt illum⌟ vitae esse verbum

15 *cf.* Iac. 2, 1 16 *cf.* I Cor. 3, 18 17*sq. cf.* Matth. 10, 22 18 *cf.* I Reg. 16, 7 20 I Reg. 16, 7 21 II Tim. 2, 19 22 *cf.* Matth. 15, 13 23 *cf.* Mc. 10, 31; *cf.* Matth. 3, 12; Luc. 3, 17 24 *cf.* Ps. 1, 4 26 *cf.* Matth. 13, 30 27 *cf.* Matth. 26, 31; *cf.* Ioh. 6, 66 28 *cf.* Ioh. 6, 68 29 *cf.* Ioh. 6, 69

12 servabatur sine] servatus sum *F* 13 diaconus] diac̄ *A* 14 martir *PNF* e regula *A*, a regula *PNFRB vulgo signum interrogationis posuit Prsch.* veritatem *om. N* (*nescio an recte, quia verbum obtinendi sine casu adhibitum idem significat quod nostrum: Recht behalten, obsiegen, cf. De an. c. 12 = I p. 317, 25*) 16 est sapiens *APN*, sapiens est *FRB* nisi *B Gel.*, nemo *APNFR vulgo* 17 nisi (*prius*) *APNCR*, nemo *B*, non *F* nemo autem christianus *AFRB*, *om. PN* 19 vides autem *om. A* 21 et ideo cognoscit *PNFRB Prsch. Rau.*, et ideo contemplatur et ideo cognoscit *A Oehler* 22*sq.* de primis novissimos ostendit] *subaudi*: fieri, *cf. Ho. Beitr. p. 46* 23 novissimịs *A* (i *in* o *corr.*) ventilabrum] palam *B mg* (*hanc lectionem non ex Agobardino, sed ex altero suo codice sumpsisse vid. Mesnartius cf. De fuga c. 1 = I p. 462, 17* (*Oehler*); *recepit Gelenius*) 24 palaee *A* 25 afflatu *NF* 27 quidem *B* diverterunt *NF* 28 discedere *F* 29 sciverunt *F*

et a deo venisse, perseveraverunt in comitatu eius ⌞usque ad⌟ finem, cum illis, si vellent et ipsi discedere, placide obtuliss⌞et. Minus⌟ est, et si apostolum eius aliqui Phygelus et Hermogenes et P⌞hiletus et⌟ Hymenaeus reliquerunt: ipse traditor Christi de apostol⌞is fuit.⌟ Miramur de ecclesiis eius, si a quibusdam deseruntur, cum ⌞ea nos osten⌟-dunt Christianos, quae patimur ad exemplum ip⌞sius Christi? *Ex nobis,*⌟ inquit, *prodierunt, sed non fuerunt ex nobis. Si fuissent ex nobis,* ⌞*permansis*⌟*sent utique nobiscum.*

4. Quin potius memores simus tam ⌞dominicarum⌟ pronuntiationum quam apostolicarum litterarum, quae nobis et futuras haereses pronuntiaverunt et fugiendas praefinierunt et, sicut esse illas non expavescimus, ita et posse id, propter quod effugiendae sunt, non miremur? Instruit dominus multos esse venturos sub pellibus ovium rapaces lupos. Quaenam istae pelles ovium, nisi nominis Christiani extrinsecus superficies? Qui lupi rapaces, nisi sensus et spiritus subdoli, ad infestandum gregem Christi intrinsecus delitescentes? Qui pseudoprophetae sunt, nisi falsi praedicatores?

---

30 *cf.* Ioh. 3, 2 32 *cf.* II Tim. 1, 15 33 *cf.* II Tim. 2, 17. 18 36 *cf.* I Petr. 4, 13 37 I Ioh. 2, 19

4. 2 *cf.* II Petr. 2, 1 3 *cf.* II Petr. 3, 17; Tit. 3, 10, *cf.* Matth. 7, 15 5 *cf. ib. et* 24, 4. 5. 24; I Ioh. 4, 1 8 *cf.* Matth. 7, 17 10 *cf. ib.*

---

30 perseverunt *N* 31 illis *A*R^1*mg* R^3*B*, illi *PNF*R^1 ipsi *AF*, ipsis *PNRB* 32 est *om. N* et si *A* (*de liberiore coniunctionis* et *positione cf. Lfst. Zur Spr. Tert. p. 42*), si et *PFRB*, si *N* aliqui *om. F* phygelus *AN*, phielus *PF*R^1, philetus *G*R^3 33 hermogenis *PF*, hermogenus (u *in* e *corr.*) *N* himeneus *PNF* 35 cum causale *c. ind. cf. Ho. Synt. u. Stil. p. 80* 35*sq.* christianos ostendunt *N* 37 *signum interrogationis posui* ex vobis *N*

4. 1*sq.* praenuntiationum *Rig.* 3 pronuntiaverunt *AF*, praenunciaverunt *PNRB* fugendas *PN* 4 et (*priore loco*) *A*, ut *PNFRB* 5 effugiendae *A*, fugiendae *PNFRB*, et fugiendae *fort. signum interrogationis posui; intellege*: et (quin) non miremur? 6 pelle *A* 7 istae *A*, istae sunt *PNFRB vulgo* 9 infestam dum *A* 9*sq.* delitescentes *AFRB*, delitiscentes *PN* 10 pseudopropheti *P*

Qui pseudoapostoli, nisi adulteri evangelizatores? Qui antichristi, interim et semper, nisi Christi rebelles? Hoc erunt haereses, non minus no⌊var⌋um doctrinarum perversitate ecclesiam ⟨iam⟩ lacessientes, quam tunc ⌊anti⌋christus persecutionum atrocitate persequetur, — nisi quod persecutio ⌊et m⌋artyras facit, haeresis apostatas tantum. Et ideo haereses quoque ⌊opor⌋tebat esse, ut probabiles quique manifestarentur, tam qui in persecutio⌊ni⌋bus steterint quam qui ad haereses non exorbitaverint, ne quem eos 'probabiles' intellegi iuvet, qui in haeresin fidem demutantes ***, sicut ex d⌊iver⌋so sibi interpretantur, quia dixerit alibi: *Omnia examinate, quo⌊d⌋ bonum est tenete.* Quasi non liceat omnibus male examinatis in ele⌊cti⌋onem alicuius mali impingere per errorem.

5. Porro, si dissensiones ⌊et scism⌋ata increpat, quae sine dubio mala sunt, et in continenti haere⌊ses subi⌋ungit,

---

11 *cf.* II Cor. 11, 13 12 *cf.* I Ioh. 2, 18 14 *cf.* Matth. 10, 21. 22; Mc. 13, 12. 13; Luc. 21, 11. 12 16 *cf.* I Cor. 11, 19 21 I Thess. 5, 21
5. 1 *cf.* I Cor. 11, 18

---

11 pseudoapostoli] apostoli *F* 12*sq.* hoc erunt] hae sint *Bmg*, nunc sunt *Rig.* 13 non minus *PNRB*, nichilo (*om.* minus) *F*, *om. A* no⟨var⟩um *scripsi*: no ... um *A* (*non ut apud Martinum legitur* no ... am), *om. PNRB*, nu⟨nc i⟩am *Mart.* 14 iam *addidi* lacessientes *A* (*cf. Georges, Lex. der lat. Wortformen p. 374/5*): lacessentes *PNFRB vulgo*
15 persequetur] *scil.* eam; *de pronominis demonstr. omissione cf. Lfst. Zur Spr. Tert. p. 54* 16 martyras *A*, martires *PNFRB* 19 exorbitaverunt *PF* (*fort. recte propter clausulam*) ne quem *scripsi*: neque *A*, neque enim *PNFRB vulgo*: *intellege*: ne quis ex hoc solacium capiat, quod .. (iuvat *c. acc. c. inf. cf. Apologet. c. 21, 3 secundum recensionem per cod. Fuld. repraesentatam*) 19*sq.* probabiles *AN*, probatos *PFRB*
20 iuvet PR^1, iubet $ANGR^3B$ *vulgo*, iuvat FR^1*mg Oehler* haeresim *NRB* demutantes *A*, demutant *PRB vulgo*, demutatur *F*, mutant *N* *lacunam signavi*: quaelibet sibi probata inserunt illi, ab aliis alia mutuantes *vel similia intercidisse puto* 21 dixerit *A*, dixit *PNFRB*
22 exanimate *A* 23 male *deleri vult Prsch.* in electionem AR^3B, in electione *Bmg*, iniectione $PNFR^1$
5. 1 si *om. A* scismata *libri* (*ubique*), schismata *R vulgo* 2 heresis *PNF* *aliter distinxi*: subiungit. Quod *vulgo legitur*

quod malis adiungat, malum utique profitetur, et quidem ⌊maius,⌋ cum ideo credidisse se dicat de scismatibus et dissensionibus, quia ⌊sciret⌋ etiam haereses oportere esse. Ostendit enim ⟨in⟩ gravioris mali con⌊spe⌋ctu de levioribus se facile credidisse; certe non vel ideo de malis crediderit, quia haereses bonae essent, sed uti de peioris quoque notae temptatio⌊nibus⌋ praemoneret non esse mirandum, quas diceret tendere ad probabiles quosque manifestandos, scilicet quos non potuerint depravare. Denique si totum capitulum ad unitatem continendam et separationes coercendas sapit, haereses vero non minus ab unitate divellunt quam scismata et dissensiones, sine dubio et haereses in ea condicione reprehensionis constituit, in qua et scismata et dissensiones. Et per hoc non eos probabiles facit, qui in haereses diverterint, cum maxime diverti ab eiusmo⌊di⌋ obiurget, edocens unum omnes loqui et ipsum sapere, quod etiam haer⌊eses⌋ non sinunt.

---

4 *cf.* I Cor. 11, 18   10 *cf.* I Cor. 11, 19   11 *cf.* I Cor. cap. 1   13 *cf.* I Cor. 1, 10

---

3 adiungit *C*   4 ideo *AFR³B*, idem *PNR¹*   6 in *addidi*   con...ctu *A*, despectu *PNFR¹*, prospectu *R³Bmg*   7 vel (non vel = *nicht gar*) *scripsi; ut confundantur voculae* vel *et* ut *propter ligaturam satis notam, crebro accidit*): ut *libri et vulgo*   de *om. A*   8 quia (a *s. v. a m. 1*) *A*   9 *sq.* quas diceret *ABmg*, quas ediceret *P* (*corr. m. 1 ex* quasi ediceret) *B*, quasi diceret *NFR*   10 tendere] impendere *Bmg*   quosque] quoque *A*, quousque *F*   12 unitatem] veritatem *A*   sapit *ANR³GB*, aptes *PFR¹*   13 heresis *A*   14 *sq.* sine dubio — — dissensiones (*l. 15*) *om. P*   heresis *AN*   in ea condicione *ARB*, sine a conditione *N*, mea conditione *F*   16 et (*h. e. etiam*) per *ANF*, ac per *PRB vulgo*   heresis *AN*   17 maxime] *h. e. gerade*   ab *APNFR¹Bmg*, ad *R³B* (*fugit viros doctos verbum obiurgandi significare interdum quod nostrum est: im Tone der Drohung ermahnen*)   17 *sq.* obiurget, edocens *A* (*Rig. Oehler Prsch.*), obiurgans et docens *PNFRB* (*Ran.*)   18 ipsum (*h. e. idem, cf. Ho. Beitr. p. 112*) *ABNFR*, id ipsum *Gel.* (*Rig. Oehler*)   18 *sq.* etiam haereses] *scil. sicut et scismata et dissensiones*

6. Nec diutius de isto, si idem est Paulus, qui et alibi haereses inter carnalia crimina enumerat scribens ad Galatas, et qui Tito sugg⌞erit⌟ hominem haereticum post primam correptionem recusandum, quod ⌞perver⌟sus sit eiusmodi et delinquat ut a semetipso damnatus. Sed et ⌞in omni⌟ paene epistula de adulterinis doctrinis fugiendis inculcans haereses taxat, quarum opera sunt adulterae doctrinae, haereses dictae Graeca voce, ex interpretatione electionis, qua quis maxime sive ad instituendas sive ad suscipiendas eas utitur. Ideo et sibi damnatum dixit haereticum, quia et in quo damnatur sibi elegit. Nobis ⌞vero nihil⌟ ex nostro arbitrio inducere licet, sed nec eligere quod aliquis ⌞de arbi⌟trio suo induxerit. Apostolos domini habemus auctores, q⌞ui nec ipsi⌟ quicquam ex suo arbitrio quod inducerent elegerunt, sed accepta⌞m a Christo⌟ disciplinam fideliter nationibus assignaverunt. Itaque etiam si angelus de caelis aliter evangelizaret, anathema diceretur a nobis. Providerat iam tunc spiritus sanctus futurum in virgine quadam Philumene angelum seductionis, transfigurantem se in angelum lucis, cuius signis et praestigiis Apelles seductus novam haeresin induxit.

---

6. 2 *cf.* Gal. 5, 20 3 *cf.* Tit. 3, 10. 11 8 *cf.* Isidori Orig. VIII 3, 2 10 *cf.* Tit. 3, 11 14 *cf.* Gal. 1, 1. 11 16 *cf.* Gal. 1, 8 19 *cf.* II Cor. 11, 14

---

6. 1 est *A*R^3, est et *B*, et *PNF*R^1 2 heresis *AN* carnalia desideria crimina *N* (*del. ut vid. m. recentior*) enumerat] numerat *A* 2*sq.* galathas *PF* 4 correctionem recusari dum *N* 6 fugendis *PF* 6*sq.* heresis *AN* 7 *post* taxat *virgulam pro puncto posuit Prsch.* operae *A* 9 maxime *A* (*Rau.*): *om. rell. et vulgo* sive (*priore loco*) *om. A* (*Rau.*) ad (*prius*) *om. F* 10 sibi] filium *F* adhaereticum *A* 12 inducere *Pam.* (*ex Isidoro Orig. VIII 3, 2*) *Rig. Prsch.*: indulgere *libri omnes* (*Oehler Rau.*), *sed cf. infra l. 13 et 14* 17 aliter *om. A* evangelizaverit *C* dicetur *C* 19 filumene *APF*, filomene *N* 20 et *om. N* apelles *AF*, appelles *PN* seductus *scripsi*: inductus *libri et vulgo*, deductus *Prsch.* 21 heresin *A*, haeresim *PNF*

7. Hae sunt doctrinae hominum et daemoniorum, prurientibus auribus natae de ingenio sapientiae saecularis, quam dominus stultitiam vocans stulta mundi ⟨in⟩ confusionem etiam philosophiae ipsius elegit. Ea est enim mater sapientiae saecularis, temera⌊ria i⌋nterpres divinae naturae et dispositionis. Ipsae denique haereses a philo⌊soph⌋ia subornantur. Inde aeones et formae nescio quae infinitae et trinitas ⌊homi⌋nis apud Valentinum: Platonicus fuerat; inde Marcionis deus, melior ⌊de⌋ tranquillitate: a Stoicis venerat; et ut anima interire dicatur, ⌊et Epicur⌋us, observatur, et ut carnis restitutio negetur, de una omnium ⌊philo⌋sophorum scola sumitur; et ubi materia cum deo aequatur, Zenonis disciplina est, et ubi aliquid de igneo deo allegatur, Heracletus intervenit. Eadem materia apud haereticos et philosophos volutatur, idem retractatus implicantur: unde malum, et quare? et unde homo, et quomodo? et, quod proxime Valentinus proposuit: unde deus? ⌊scilicet⌋ de Enthymesi ἐκτέκνωμα. Arte inserunt Aristote-

---

7. 1 *et* 2 *cf.* Matth. 15, 9; Col. 2, 22 *cf.* II Tim. 4, 3 3 *cf.* I Cor. 3, 19 *cf.* I Cor. 1, 27

---

7. 2 saeculi *C* 3 in *add.* *R*³ (*B*), *om.* *APNFR*¹ 3*sq.* confusionem *AR*³*B*, confusione *PNFR*¹ 4 philosophiam *A* mater *Heumannus*: materia *libri omnes et vulgo* 6 et *A* (*Gel.*), *om.* *PNFRB* 7 aones *A* infinitae *om.* *P* (*Isid.*) *RBNF*, infinitae ⟨divinitatis⟩ *fort.* 8 et trinitas *om.* *A*, trinitas hominis] *cf. Adv. Valent. c. 29 = III p. 204, 17sqq.* aput *AP* 10 ut *A* (*Isid.*), uti *PNFRB* et Epicurus *scripsi*: et epicurius *N*, ... us *A*, epicurus *Isid.*, ab epicuris *PF*, ab Epicureis *R vulgo* 11 una] uana *Isid.* 11*sq.* una o. ph. scola] *i. e.* rerum natura 12 sumitur de] '*man macht eine Anleihe bei*' 14 allegatur *AR*³*B*, alligatur *PNR*¹, legitur *Isid.* heracletus *A*, heraclitus *PNF* eadem *A*, aedem *P*, eedem *NF*, eaedem *RB* materia *A*, materiae *PNFRB* 15 volutatur *A*, volutantur *PNFRB* iidem *R* 17 Valentinus *R*³*B vulgo*: valentinianus *libri omnes*, Valentinianus ⟨quidam⟩ *fort.* (*cf. Adv. Valent. c. 10 = III p. 188, 3*) 18 de *A*, et de *PNFRB* enthymesin *A* ἐκτέκνωμα. Arte inserunt *scripsi* (arte = *knapp, sparsam*): et tectomarte miserum *A*, et tectromate (cecitromate *N*) inserunt (serunt *P*) *PNF*, et ectromate sequitur *R*¹

len, qui illis ⌊dialectic⌋am instituit, artificem struendi et destruendi, versipellem ⌊in sent⌋entiis, coactam in coniecturis, duram in argumentis, operariam ⌊con⌋tentionum, molestam etiam sibi ipsam, omnia retractantem, ne quid non ⟨re⟩tractaverit. Hinc illae fabulae et genealogiae interminabiles et quaestiones infructuosae et sermones serpentes velut cancer, a quibus nos apostolus refrenans nominatim philosophiam contestatur caveri oportere, scribens ad Colossenses: *Videte, ne qui sit circumveniens vos per philosophiam* [*et inanem seductionem*], *secundum traditionem hominum*, praeter providentiam spiritus sancti. Fuerat Athenis et istam sapientiam humanam, affectatricem et interpolatricem veritatis, de congressibus noverat, ipsam quoque in suas haereses multipartitam varietate se⌊cta⌋rum invicem repugnantium. Quid ergo Athenis et Hierosolymis? quid academiae et ecclesiae? quid haereticis et Christianis? ⌊Nostra⌋ institutio de porticu Solomonis est, qui et ipse tradiderat dominum ⌊in⌋ simplicitate cordis esse quaerendum. Viderint qui Stoicum et Platonicum et dialecticum

23 *cf.* I Tim. 1, 4 24 *cf.* Tit. 3, 9 25 *cf.* II Tim. 2, 17 27 Col. 2, 8 30 *cf.* Act. 17, 15—34 35 *cf.* Act. 5, 12 36 *cf.* Sap. 1, 1

(inserunt R^1*mg*), et ectromate. miserum *B*R^3 *vulgo* de enthymesi ἐκτέχνωμα] *cf. Adv. Valent. c. 17 = III p. 196, 21 sqq. et c. 18 = p. 197, 10 sqq.*

18*sq.* aristotelen *A*, aristotilem *PNF* 21 contentionum *A*, contentionem *N*, contentione *PFRB* 22 ipsam *APN*, ipsum *F*, ipsi *RB* *vulgo* retractantem *AFB*R^3, tractantem *PN* ne quid non *A*, ne quid omnino *PNFRB vulgo* 23 retractaverit *scripsi*: tractaverit *PNFRB*, tractaverint *A* 23*sq.* interminabiles *A* (*Oehler, cf. III p. 337, 6*), indeterminabiles *PNFRB* 24 et (*alterum*) *om. N* (*fort. recte, cf. Lfst. Zur Spr. Tert. p. 29 sqq.*) 26 contestatur *ANRB*, contestatus *PF* 26*sq.* colonsenses *A* (n *del. m. 1*), colosenses *PN*, colenses *F* 27 qui *A*, quis *PNFR* sit circumveniens] circumveniat *C* 27*sq.* philosophiam *A*, filosophiam et inanem seductionem *PNFRB* 32 suas *om. A* heresis *A* multipartitam R^1*mgB*R^3, multiptitas *APNF*R^1 varietate *A*R^3, varietates *F*, varietatis *PN*R^1 34 acadamiae *A*, achademiae *PNF* 35 solomonis *A*, salomonis *PNFR* 37 et Platonicum et dialecticum *om. A*

Chr⌞istia⌟nismum protulerunt. Nobis curiositate opus non est post Christum ⌞Iesum⌟ nec inquisitione post evangelium. Cum credimus, nihil de⌞sid⌟eramus ultra credere. Hoc enim prius credimus, non esse qu⌞od ultra⌟ credere debeamus.

8. Venio itaque ad illum articulum, quem et nostri praetendunt ad ineundam curiositatem et haeretici inculcant ad importandam scrupulositatem. Scriptum est, inquiunt: *Quaerite et invenietis.* Quando hanc vocem dominus emisit, recordemur. Puto in primitiis ipsis doctrinae suae, cum adhuc dubitaretur ⌞apud omnes,⌟ an Christus esset, cum adhuc nec Petrus illum dei filium pronuntiasset, ⌞cum⌟ etiam Iohannes de illo certus esse desisset. Merito ergo tunc d⌞ictum e⌟st: *Quaerite et invenietis*, quando quaerendus adhuc erat, quia adhuc agnitus non erat, et hoc, quantum ad Iudaeos. Ad illos enim pertinet totus sermo suggillationis istius, qui habebant, ubi quaererent Christum: *Habent*, inquit, *Mosen et Eliam*, id est legem et prophetas Christum praedicantes, secundum quod et alibi aperte: *Scrutamini scripturas, in quibus salutem speratis; illae enim de me loquuntur.* Hoc erit † *quaerite et invenietis.*

---

8. 4 Matth. 7, 7 7 *cf.* Matth. 16, 16 8 *cf.* Matth. 11, 2 9 Matth. 7, 7 13 Luc. 16, 29 15 Ioh. 5, 39 16 Matth. 7, 7

---

38 christianismum *N*, chr ..... nismum *A*, christianismo *PR*[1], christianissimo *F*, christianis *GR*[3] (*in notis*) praetulerunt *GR*[3] (*in notis*) 39 post (*prius*) *om. F* 41 credimus] quaereremus *Bmg* 42 debeamus *A*, debemus *PNFRB*

8. 1 vestri *N* 3 scrupulositatem *A*, curiositatem *PNFRB* 7 cum *A*, et cum *PNFRB vulgo* nec *om. F* 8*sq.* merito ergo tunc dictum est *B*, merito ergo tunc d...... st *A*, *om. PNFR* 10 quia *A*, qui *B* (*Oehler Prsch.*) adhuc agnitus non erat *AB*, *om. PNFR*, *post* erat *virgulam posui*: et hoc = *atque id*, *scil.* agnitus non erat 13 mosen *A*, mosẽṣ (*corr. m. 2*) *N*, moysen *PFR vulgo* eliam *A*, heliam *PNFR* 14 et *om. N* 15 scrutamini inquit *B* 16 hoc *AB*, hic *PNFR* hoc erit] *locus mea sententia mutilus. Ex eis quae sequuntur, sic fere suppleo quae interciderunt*: hoc erit ⟨propter quod in illos competit⟩ *quaerite et invenietis* (*cf. l. 26. 27*)

Nam et sequentia in Iudaeos competere manifes⌞tu⌟m est: *Pulsate et aperietur vobis.* Iudaei retro penes deum fuerant, ⌞dehi⌟nc eiecti ob delicta extra deum esse coeperunt, nationes vero numquam ⌞pene⌟s deum, ** nisi *stillicidium de situla et pulvis ex area*, et foris semper. ⌞Ita qui⌟ foris semper quomodo pulsabit eo, ubi numquam fuit? Quam ia⌞nuam⌟ novit, in quam nec receptus nec eiectus aliquando? An qui scit se intus fuisse et foras actum, is potius pulsabit et ostium? [novit] Etiam *petite et accipietis* ei competit, qui scibat, a quo sibi esset petendum: a quo et erat aliquid repromissum, a deo scilicet Abraham, Isaac et Iac⌞ob⌟, quem nationes magis non noverant quam ullam repromissionem eius. Et adeo ad Israël loquebatur — *non sum*, inquit, *missus, nisi ad oves perditas domus Israël* — nondum canibus iactarat panem filiorum, nondum in †via nationum ire mandarat: siquidem in fine praecipit,

18 Matth. 7, 7 20 Es. 40, 15 25 Matth. 7, 7 30 Matth. 15, 24 31 *cf.* Matth. 15, 26 32 *cf.* Matth. 22, 10; *cf.* Luc. 14, 21

19 *post* coeperunt *virgulam posui* 20 *lacunam signavi*: ut nihil penes dominum *intercidisse puto* 21 ita qui *Oehler*: *lac. quattuor litterarum A*, itaq; *PNFR*[1], itaque qui *R*[3]*B*, qui *Rau.* (*erranter notat in A fuisse*: qui) 23 in quam *A Rau.*, in qua *PNFRB Prsch.* 24 an] = *nonne* se *om. N* foras *ARB*, foris *PNF* 25 pulsavit *A* novit *seclusi* 26 scibat *A Mart.*, sciebat *rell.* a quo — — petendum *AB*, *om. PNFR*, a quo sibi esset *scripsi*: aquoš ẽ& *A*, a quo esset *B* 27 et erat *B*, et *in A evanuit, ut vid.*, erat *PNFR Rau.* repromissum *A*, promissum *PNFRB* 28 magis non *A Rau.*, non magis *PNFRB et vulgo* 29 adeo *A* (*h. e. usque adeo, adhuc*), ideo *PNFRB et vulgo* *parenthesin indicavi* 30 perditas] quae perierant *N* isrł *A*, israelis *PNFRB* 31 iactarat *A Oehler Rau.*, iactabat *PNFRB Prsch.* 32 via] via *A*, viam *PNFRB et vulgo*: *at* 'via nationum' *quid sit, nescio*; *ego genetivum* nationum (*in P legitur*: nationum vel gentium) *interpretamentum ratus ex sequentibus compositum rescribi velim*: in via⟨s⟩ ire mandarat (*secundum Matth. 22, 10*: εἰς τὰς ὁδούς) mandarat *scripsi*: mandabat *libri et vulgo* *post* mandarat *vulgo gravius distinguitur* si quidem *Prsch.* fine *AP*, finem *NFRB* praecipit *A* (*Oehler Rau.*), praecepit *PNFRB* (*Prsch.*)

vaderent ad docendas et tinguendas nationes, consecuturi mox spiritum sanctum paracletum, qui illos deducturus esset in omnem veritatem. | Et hoc ergo illo facit. | Quodsi nationibus destinati doctores apostoli ipsi quoque doctorem consecuturi erant paracletum, multo magis vacabit erga nos *quaerite et invenietis*, quibus ultro erat obventura doctrina per apostolos, ⟨ut⟩ et ipsis apostolis per spiritum sanctum. Omnia quidem domini dicta omnibus posita sunt — per aures Iudaeorum ad nos transierunt — sed pleraque in personas directa non proprietatem admonitionis nobis constituerunt, sed exemplum.

9. Cedo nunc sponte de gradu isto. Omnibus dictum sit *quaerite et invenietis*; tamen et hic expe⟨diri expe⟩tit sensus certa re cum interpretationis gubernaculo: nulla vox divina ⌊ita⌋ dissoluta est et diffusa, ut verba tantum defendantur et ratio verb⌊orum⌋ non constituatur. Sed in primis hoc propono: unum utique et c⌊ertum⌋ aliquid insti-

33 *cf.* Matth. 28, 19   34 *cf.* Ioh. 16, 13   38 Matth. 7, 7
9. 2 Matth. 7, 7

33 vaderent *APN*, ut vaderent *FRB*   34 paraclitum *AN*
35 *post* veritatem *virgulam ponit Prsch.*   et hoc ergo illo facit] *interrumpi his verbis sententiarum nexum in aperto est; cessisse ea suo loco arbitratus, ubi bene se habeant video nusquam, nisi in fine capitis post* exemplum   ergo illo *A* (*Oehler Rau. Prsch.*), ergo illos *PNF*R^1, erga illos R^1*mg* R^3*B*   facit] fecit *Prsch.* (*interpretatus: er hat es also* **durch ihn** [?] *getan*)   et hoc (dictum) ergo illo facit] *auch dies* (*Wort*) *also gehört dahin, scil. quo reliqua dicta in personas directa*   37 vacabit *Prsch.*, vacabat *libri omnes*   38 ultra *F*   39 ut *addidi*   40 domini dicta *A*, dicta domini *PFRB*, domini *N*   *parenthesin indicavi*   41 per] quae per *B* (*Prsch.*)   42 persona *A*
9. 1 credo *AF*   2 expe⟨diri expe⟩tit *scripsi* (expedire *klarstellen cf. Ad nat. II 3 = I p. 97, 18*): expetit *APNF*R^1 *Gel.*, expedit R^3*B* (*Rig.*)   3 sensus] sensu *Urs.* (*Rig.*)   certa re *scripsi* (*cf.* verba tantum *et infra l. 6*: unum et certum aliquid): certare *libri et vulgo*, certae *Bmg* (*Gel.*)   cum (*h. e. non sine*) interpretationis gubernaculo *APNFRB*, interpretationis gubernaculum *Bmg* (*Gel.*)   5 defendantur] *malim* defundantur   constituatur] *per ipsam scil. s. scripturam cf. supra l. 42*
6 utique *Gel.* (*Rig.*), itaque *libri* (*Oehler Rau. Prsch.*)

tutum esse a Christo, quod credere omni modo debeant nationes et idcirco quaerere, ut possint, cum invenerint, ⌊cre⌋dere. Unius porro et certi instituti infinita inquisitio non potest esse. Quaerendum est, donec invenias, et credendum, ubi inveneris, et nihil amplius, nisi custodiendum quod credidisti, dum hoc insuper credas, aliud non esse credendum ideoque nec requirendum, cum inveneris et credideris, ⟨quam⟩ quod ab eo institutum est, qui non aliud tibi mandat inquirendum quam quod instituit. De hoc quidem, si qui dubitat, constabit ** penes nos esse id, quod a Christo institutum est. Interim ex fiducia probationis praevenio admonens quosdam nihil esse quaerendum ultra quae crediderunt, id est quod quaerere debuerunt, ⟨ne⟩ *quaerite et invenietis* sine disciplina rationis interpretentur.

10. Ratio autem dicti huius in tribus articulis constitit: in re, in tempore, in modo. In re, ut quid sit quaerendum consideres, in tempore, ut quando, in modo, ut quousque. Igitur quaerendum est quod Christus instituit, utique quamdiu non invenis, utique donec invenias. Invenisti autem

20 *ib.*

9 et] est *F* 10 non potest esse *PFRB*, esse non potest *AN* (*sed cf. Ho. Beitr. p. 60*) 12 credas *A* (*evanuisse erranter adnotat Rau. contra Rfd.*) *Rig. Oehler*, credis *PNFRB* (*Rau. Prsch.*) aliud] alium *PR* 13 inveneris *A*, id inveneris *PNFRB et vulgo* 14 quam *addidi* qui *A*, quis *PNFRB* 16 *lacunam signavi*: cum probabitur *intercidisse puto* (*cf. l. 17* interim ex fiducia probationis *et cap. 20 et sequentia; cf. etiam cap. 13, 17 sq.*: haec regula a Christo, u t p r o b a b i t u r, instituta) penes nos esse *om. A* 17 a christo institutum *PNFRB*, a christianis institutịṣ (is *ex* us *fec. m. 1*) *A*, *an* Christiani instituti? 18 praevenio admonens] *cf.* praevenit dicens *I 99, 8* 19 quae *A* (*Oehler*), quod *PNFRB Prsch. Rau.*, *an* quam? id est *scripsi*: id esse *libri et vulgo* ne *add. Gel.* (*sed cum verba* ne sine disciplina rationis interpretentur *plane novum aliquid inducant, de quo in sequenti capitulo amplius disseritur, valde dubito an plura interciderint; ob eam rem lacunam sic expleri malim* ⟨insuper alioquin admonendos, ne⟩

10. 2 et in modo *N* 4 *sq.* utique quamdiu non invenis *AB*, *om. PNFR*, *seclusit Prsch.*

cum credidisti. Nam non credidisses, si non invenisses, sicut nec quaesisses, nisi ut invenires. Ad hoc ergo quaerens, ut invenias, et ad hoc inveniens, ut credas, omnem prolationem quaerendi et inveniendi credendo fixisti. Hunc tibi modum sta⌊tuit⌋ fructus ipse quaerendi, hanc tibi fossam determinavit ipse, qui ⌊te n⌋on vult aliud credere quam quod instituit, ideoque nec quaerere. ⌊Ceter⌋um si quia et alia tanta ab aliis sunt instituta, propterea in ⌊tant⌋um quaerere debemus in quantum possumus invenire, semper quaeremus et numquam omnino credemus. Ubi enim erit finis quaerendi? ubi statio credendi? ubi expunctio inveniendi? Apud Marcionem? Sed et Valentinus proponit *quaerite et invenietis*. Apud Valentinum? Sed et Apelles hac me pronuntiatione pulsabit; et Ebion et Simon et omnes ex ordine non habent aliud, quo se mihi insinuantes me sibi adducant. Erit itaque nusquam, dum ubique convenio *quaerite et invenietis*, et velim, si numquam quaesi⟨ssem⟩ qui numquam apprehenderim illud, quod Christus instituit, quod quaeri oportet, quod credi necesse est.

10. 18 Matth. 7, 7 22 *ib.*

6 credisses *F* 7 quaesisses (ae *ex* i *m. 1*) *A* 7 *sq.* quaerens *A*, quaeris *PNFRB* 8 inveniens *A*, invenies *P* (e *alt. ex* a *m. 1*) R^1*NF*, invenis R^3*B* *post* credas *virgulam posuit Rau.* 9 *sq.* credendo fixisti. Hunc tibi modum *Bmg*, *om. APNFRB* 10 *sq.* statue fructus quaerendo. Fossam tibi determinavit *Bmg* fossam] forsan *A* 11 *sq.* quam — — quaerere *om. F* 12 *sq.* quia et alia *A*, quae talia *PNFRB* 15 quaeremus] credimus *A*, quaerimus *Oehler* credemus] credimus *A* (*Oehler*) 16 *sq.* expunctio ** inveniendi *P* 18 Apelles *R*, appelles *APNF* 19 pulsabit *Gel.*: pulsavit *APNFRB* 20 ex *om. A* (*Rig. Rau.*) mihi] mi *A* 21 sibi] si *A* addicant *A* erit itaque (*intell.* finis quaerendi) *Rau.*: eritaque *A*, et erit itaque *PF*R^1, et erito itaque *N*, et ero itaque *B*, ero itaque R^3 (*Gel. Pam. Rig. Oehler*) convenior R^3 *Gel.* 22 velim si numquam *A*, velint sic nusquam *PNRB*, velim sic nusquam *F*, velut si nusquam *Rig.* (*Oehler Prsch. Rau.*) quaesi⟨ssem⟩ *scripsi*: quasi *libri omnes et vulgo* 23 numquam] nusquam *N* apprehendiderim *N* 24 quod quaeri oportet, quod credi necesse est *ANF*, quod credi necesse est, quod quaeri oportet *PRB*

11. Impune erratur, nisi ⟨si⟩ delinquatur — quamvis et errare delinquere est — impune, inquam, vagatur qui nihil deserit. At enim, si quod debui credere credidi et aliud denuo puto requirendum, spero utique aliud esse inveniendum, nullo modo speraturus istud, nisi quia aut non credideram, qui videbar credidisse, aut desii credidisse. Ita fidem meam deserens negator invenior. Semel dixerim: Nemo quaerit, nisi qui aut non habuit aut perdidit. Perdiderat unam ex decem drachmis anus illa, et ideo quaerebat: ubi tamen invenit, quaerere desiit. Panem vicinus non habebat et ideo pulsabat: ubi tamen apertum est ei et accepit, pulsare cessavit. Vidua a iudice petebat audiri, quia non admittebatur: sed ubi audita est, hactenus institit. Adeo finis est et quaerendi et pulsandi et petendi. *Petenti enim dabitur*, inquit, *et pulsanti aperietur et quaerenti invenietur*. Viderit qui quaerit semper, quia non inveniet. ⌞Illic enim⌟ quaerit, ubi non invenietur. Viderit qui semper pulsat, quia num⌞quam⌟ aperietur. Illuc enim pulsat, ubi nemo est*. Viderit qui semper petit, ⌞quia⌟ numquam audietur. Ab eo enim petit, qui non audit.

12. Et nobis ⌞quaeren⌟dum est, adhuc et semper. Ubi tamen quaeri oportet? Apud haeret⌞icos, ubi⌟ omnia extranea et adversaria nostrae veritatis, ad quos ⌞vetamur⌟

---

11. 9 *cf.* Luc. 15, 8. 9   10 *cf.* Luc. 11, 5—8   12 *cf.* Luc. 18, 2—6   14 Luc. 11, 9
12. 3 *cf.* Tit. 3, 10

---

11. 1 si *addidi* et *A*, *om.* *PNFRB*   3 si quod *ABNF*, quod si *PR*   4 aliud] et aliud *Gel.* (*Rig.*)   9 didragmis *PNFRB*   11*sq.* et accepit] et ut accepit *F*   13 hactenus] *i. e. non amplius*   16 semper quaerit *N*   quia] qui *N*   inveniet *van der Vliet* (*Rau.*): invenit *libri et vulgo*   16*sq.* invenit ..... quaerit *A* (*aut* illic *aut* enim *defuit*)   18*sq.* pulsat — — semper *om. F*   illuc] illic *N Gel.*   19 *lacunam signavi*: aperturus (*vel* qui aperiat) *intercidisse puto*   20 audietur *A*, auditur *PNFRB*

12. 1 Et nobis *scripsi*: nobis et *APNFRB* (*in A post* et *lac. septem litt.; habuit igitur*: nobis et ⌞quaeren⌟dum), et ⟨si⟩ nobis *Gel. et vulgo post* semper *gravius distinxi*   3 veritatis *A*, veritati *PNFRB et vulgo* accedere? Quis servus cibaria ab extraneo, ne dicam ab in⌊imico domini⌋ sui sperat? Quis miles ab infoederatis, ne dicam ab hostibus ⌊regibus dona⌋tivum et stipendium captat, nisi plane desertor et transfuga et rebellis? Etiam anus illa intra tectum suum drachmam requirebat, etiam pulsator ille vicini ianuam tundebat, etiam vidua illa non inimicum, licet durum, iudicem interpellabat. Nemo inde instrui potest, unde destruitur; nemo ab eo inluminatur, a quo contenebratur. Quaeramus ergo in nostro et a nostris et de nostro, in quo ** dumtaxat quod salva regula potest in quaestionem devenire.

13. Regula est autem fidei, ut iam hinc quid defendamus profiteamur, illa scilicet, qua creditur unum omnino deum esse nec alium praeter mundi conditorem, qui universa de nihilo produxerit per verbum suum primo omnium emissum. Id verbum, filium eius appellatum, in nomine dei varie visum a patriarchis, in prophetis semper auditum, postremo, delatum ex spiritu patris dei et virtute in virginem Mariam, carnem ⌊fact⌋um, ut in utero eius et ex ea

---

12 *cf.* Ioh. 5, 39; Act. 17, 11
13. 4 *cf.* Ioh. 1, 3 8 *cf.* Ioh. 1, 14

---

4 qui *A* extranea *F* 7 repellis *P* 11 instrui *AC*, strui *PNFR* 13 in quo dumtaxat *APNF*, in quo? dumtaxat *R*, in quae? dumtaxat *B*, idque dumtaxat *Pam.*; *quem sequuntur editores omnes: ego malui lacunam signare, quam sic fere velim expleri*: in quo ⟨et quaerere iubemur,⟩ dumtaxat *cf. Act. 17, 11*; *Ioh. 5, 39 et supra cap. 8, 15* regula *A*, regula fidei *PNFRB vulgo*: *sed vocabulum* fidei *in recentioribus falso additum esse docemur proximis verbis*: regula est autem fidei (*sc.* regula)

13. 1 hinc] huic *P* 1 *sq.* defendamus *ABmg*, credamus *PNFRB* 2 illac *A* 3 conditorem *ANFR*^{1}*mg*, creatorem vel conditorem *P*, creatorem *RB* 5 emissum] emissum *PNFR vulgo*, demissum *A*, de ⟨se e⟩missum *fort.* (*ad praepositionem* de *cf. Adv. Prax. cap. 7 = III p. 236, 23*) filium *AC*, filius *PNFRB* 6 a *om. PNFRB* 7 dei patris *F* 8 ut *scripsi*: et *A*, *om. PNFRB* 8 *sq.* ut in utero eius et ex ea natum] *cf. De carne Christi cap. 20 et 21*; *praeterea infra c. 23, 31 sq.*

natum, ⟨non⟩ egisse hominem, ⟨s⟩ed esse, Iesum Christum. Exinde prae⌞dic⌟asse novam legem et novam promissionem regni caelorum, virtu⌞tes⌟ fecisse, cruci fixum tertia die resurrexisse, in caelos ereptum sedis⌞se ad⌟ dexteram patris, misisse vicariam vim spiritus sancti, qui credentes agat, ⌞ventur⌟um cum claritate ad sumendos sanctos in vitae aeternae et promis⌞sorum c⌟aelestium fructum et ad profanos iudicandos igni perpetuo, facta utriusque partis resuscitatione cum carnis restitutione. Haec regula a Chris⌞to,⌟ ut probabitur, instituta nullas habet apud nos quaestiones, nisi quas haereses inferunt et quae haereticos faciunt.

14. Ceterum manente forma eius in suo ordine quantumlibet quaeras et tractes et omnem libidinem curiositatis effundas, si quid tibi videtur vel ambiguitate pendere vel obscuritate ob⌞umbrari:⌟ est utique frater aliqui doctor gratia scientiae donatus, est ali⌞q⌟ui inter exercitatos conversatus, aliqui tecum curiosus, tecum tamen quaerens. Novissime ignorare melius est, ne quod non debeas noris qui quod debeas nosti. *Fides*, inquit, *tua te salvum fecit*, non exercitatio scripturarum. Fides in regula posita est;

---

14. 8 Luc. 18, 42

---

9 ⟨non⟩ egisse hominem, ⟨s⟩ed esse *scripsi*: egisse hominem et esse *Bmg*, egisse *APNFRB*, exisse *Urs.* (*Rig. Oehler*) 11 regnum *N* fecisse *ANR*³*B*, fecisse sedisse ad dextram patris *PFR*¹ cruci fixum *A*, fixum cruci *PNFRB* 12 sedisse *A*, sedere *PNRB* sedere ad dexteram patris *om. F* 14 in *om. F* 14*sq.* vita aeterna *N* 15 ad *om. F* 17 a *om. A* 19 haeresis *F*

14. 2 quaeres *F* 3 vel (*prius*) *om. F* 3*sq.* pendere vel obscuritate *om. A* 4 obumbrari *FRB*, obumbrare *PN* 4*sq.* aliqui (*bis*) *A*, aliquis (*bis*) *PNFRB* 5 gratiae *F* inter] aliquid inter *A* 6 aliqui *A*, aliquis *FRB*, aliquid *PN* tecum curiosus] *h. e. wißbegierig wie du*: curiosus *AF Prsch.*, curiosius *PNRB Rau.* tecum tamen *A* (*Prsch.*), tamen *PNFRB Rau.* tecum tamen quaerens *i. e.* qui saltem tecum quaerit *post* quaerens *gravius distinxit Prsch.*: quaerens novissime *Oehler* 7 melius est] ⟨te⟩ melius sciet *Oehler* ne *om. F* noris] ut noris *F* 8 qui *scripsi*: quia *AB* (*Oehler Rau.*), quam *Prsch.* quia quod debeas nosti *om. PNFR*

habet legem, et salutem de observatione legis: exercitatio autem in curiositate consistit, habens gloriam solam de peritiae studio. Cedat curiositas fidei, cedat gloria saluti: Certe aut non obstrepant aut quiescant. Adversus regulam nihil scire omnia scire est. Ut non inimici essent veritatis haeretici, ut de refugiendis eis non praemoneremur, quale est conferre cum hominibus, qui et ipsi adhuc se quaerere profitentur? Si enim vere adhuc ⌞quaerunt,⌟ nihil adhuc certi reppererunt; et ideo, quaecumque videntur interi⌞m te⌟nere, dubitationem suam ostendunt, quamdiu quaerunt. Itaque tu, qui perinde quaeris, spectans ad eos, qui et ipsi quaerunt, dubius a⌞d dubi⌟os, incertus ad incertos, caecus a caecis in foveam deducaris nec⌞esse est.⌟ Sed cum decipiendi gratia praetendunt se adhuc quaerere, ⌞ut nobis⌟ per sollicitudinis iniectionem tractatus suos insinuent, — d⌞enique ubi⌟ adierunt ad nos, statim quae dicebant quaerenda, esse defend⌞unt — iam⌟ illos sic debemus refutare, ut sciant nos non Christo, sed sibi negatores esse. Cum enim quaerunt adhuc, nondum tenent; cum autem nondum tenent, nondum crediderunt; cum autem nondum crediderunt, non sunt Christiani. At cum tenent quidem et

16 *cf.* Tit. 3, 10 22 *cf.* Matth. 15, 14

12 periti *F* 15 refugendis *P* 17 profitentur *C*, profiteantur *A*, confitentur *PNFRB* vere adhuc *PNFRB*, adhuc vere *A* (*sed conf. infra l. 23*: sed cum decipiendi gratia) 18 certe *A* repPererunt *A*, reprehenderunt *PNFR*, deprehenderunt *B* quaecumque *A*, quodcumque *PNFRB* 20 perinde *AN*, proinde *PFRB* spectans *AF*, spectas *PNRB* ad eos] ab eis *Bmg* 21 ad dubios] a dubiis *Bmg* 21*sq.* ad incertos] ab incertis *Bmg* 22 a caecis] ad caecos *F* ut in foveam *F* 23 praetendunt *Pam.* (*Rig.*) (*cf. infra l. 30*: at cum tenent), praetendant *libri* (*Oehler Prsch. Rau.*) adhuc] ad hoc *B* (*sed vide supra l. 17*) 24 sollicitudinis (i *ex* e *m. 1*) *A* 25 *parenthesin indicavit Prsch.* adierunt *PNRB*, audierunt *F*, audierint *A* statim quae NR^3B, statimque $APFR^1$ 26 *aliter distinxi*: quaerenda esse *vulgo* defendant *Oehler* 27 reputare *A* 28*sq.* autem nondum *A*, autem non *B*, autem *PNFR* 29*sq.* cum autem nondum crediderunt *B*, *om. APNFR*, *secludit Rau.*

credunt, quaerendum tamen dicunt, ut defendant, antequam defendant, negant quod credunt, confitentes se nondum credidisse, dum quaerunt. Qui ergo nec sibi sunt Christiani, quanto magis nobis? Qui per fallaciam veniunt, qualem fidem disputant? Cui veritati patrocinantur qui eam a mendacio inducunt? 'Sed ⟨et⟩ ipsi de scripturis agunt et de scripturis suadent.' Aliunde scilicet, loqui ⟨ut⟩ possent, suadere non possent de rebus fidei nisi ex litteris fidei.

15. Venimus igitur ad propositum. Huc enim dirigebamus et hoc praestruebamus allocutionis praefatione, ut iam hinc de eo congrediamur, de quo adversarii provocant. Scripturas obtendunt, et hac sua audacia statim quosdam movent. In ipso vero congressu firmos quidem fatigant, infirmos capiunt, medios cum scrupulo dimittunt. | Hunc igitur potissimum gradum obstruimus: non admittendi eos ad ullam de scripturis ⌞disp⌟utationem. | Si hae sunt illae vires eorum, uti ne eas habere possint, dispici ⌞debe⌟t, cui competat possessio scripturarum, ne is admit⌞tatur a⌟d eas, cui nullo modo competit.

---

15. 4 *cf.* I Tim. 6, 3

---

31 *post* defendant *virgulam posuit pro puncto van der Vliet* 32 quod credunt confitentes *PNFRB* (*Prsch.*): confitentur *A* (*Oehler Rig. Rau.*) 36 inducunt] conducunt *N* *verba adversarii indicavi* (*cf. infra c. 15, 4*) et *add. van der Vliet* 37 de ipsis scripturis *F* aliunde] unde *Bmg* 37*sq.* loqui ⟨ut⟩ possent, suadere non possent *scripsi* (ut = *zugegeben, daß*): loqui possent *AF* (*Oehler Rau.*), suadere non possent *PNRB*, loqui ⟨non⟩ possent *Prsch.*

15. 1 igitur] ergo *F* huc R^3B, hoc $APNFR^1$ 1*sq.* dirigebamus *A*, dirigebam *PNFRB* 2 et hoc *AB*, et *PNFR* praestruebamus *Bmg*, praestruebamur *A*, praestamus *PNFRB* praefatione *A*, praefationem *PNFRB* 7 admittendos *Pam.* 8 ullam *A*, illam *PNFRB* *verba*: hunc igitur potissimum gradum — — disputationem *transponenda censeo in finem huius capitis post verba*: cui nullo modo competit 9 uti ne *PNRB* (ut ne *pro simplici* ne *cf. Ho. Beitr. p. 132*), uti *AF* (*Rig. Oehler Prsch.*), anne *Gel.* 9*sq.* cui competat] cum nullo modo competat *A* 10 ne is] de his *A* eas *A Gel.*, eandem *PNRB*, eadem *F*, eam *Urs.*

16. Hoc de consilio dissidentiae aut ⌞de studi⌟o aliter ineundae constitutionis induxerim, nisi * ratio consti⌞terit: in⌟primis illa, quod fides nostra obsequium apostolo debeat, prohibenti qua⌞est⌟iones inire, novis vocibus aures accommodare, haereticum post unam correptionem convenire — non post disputationem; adeo interdixit disputationem, correptionem designans causam haeretici conveniendi, et hoc ⌞unam,⌟ scilicet quia non est Christianus, ne more Christiani semel et iterum et sub duobus aut tribus testibus castigandus videretur, cum ob hoc sit castigandus, propter quod non sit cum illo disputandum — dehinc, quoniam nihil proficiat congressio scripturarum, nisi plane ut aut stomachi quam ine⌞as⌟ eversionem aut cerebri.

17. Ista haeresis non recipit quasdam scripturas, et si quas recipit, non recipit integras, sed adiectionibus et detractionibus ad dispositionem instituti sui intervertit, et si aliquatenus integras praestat, nihilominus diversas expositiones commentata convertit. Tantum veritati obstrepit adulter sensus quantum et corruptor stilus. Vanae praesumptiones necessario nolunt agnoscere ea, per quae re-

---

16. 5 *cf.* Ebr. 13, 9; II Tim. 4, 3. 4. *cf.* Tit. 3, 10

---

16. 1 dissidentiae *scripsi*: diffidentiae *libri et vulgo* 2 constitutionis] *i. e. quaestionis* constitutio *F* *lacunam signavi*: potior *vel* melior *intercidit* constitit *F* 5 correctionem *N* ⌞non⌟ covenire *B* *parenthesin indicavi* 6 adeo] ideo *Bmg* 6 *sq.* correctionem *N* 7 causam *A*, causa *PNFRB* 9 aut] et *A* 11 dehinc *AN*, dein *PF*, deinde *RB* dehinc] *respicit ad* in primis *supra l. 3* quoniam] quõ *AF* (*i. e. quomodo*) nihil *om. F* 12 ut aut] aut *om. A* sthomaci *A* 13 quam ineas *van der Vliet* (*cf. infra c. 18, 1* et tu quidem *sqq.*): qua ina* *A*, quis ineat *PNFRB* eversionem *Gel.*: versionem *libri omnes* cerebri *PNRB*, celibri *F*, crebri *A*

17. 1 ista ⟨enim⟩ *fort.* 2 recipit, non recipit integras *Rig.* (*cf. l. 3 in notis*): recipit *APNFR* sed *scripsi*: et *A*, *om. PNFRB* 2 *sq.* detractationibus *F* 3 intervertit *Rig.*: intervertit, et si recipit, non recipit integras *PNRB*, *haec eadem in AF leguntur, nisi quod omittunt vocabulum* integras 4 aliquatinus *AF* 6 correptor *Bmg* vanae *Iun.*: variae *libri omnes* 6 *sq.* praesumptiones *ANRB*, praesumptionis *PF* 7 nolunt R^3B, volunt *libri omnes et* R^1

vincuntur; his nituntur, quae ex falso composuerunt et quae de ambiguitate ceperunt. Quid promovebis, exercitatissime scripturarum, cum si quid defenderis, negetur ex diverso, si quid negaveris, defendatur?

18. Et tu quidem nihil perdes nisi vocem in contentione, nihil consequeris nisi bilem de blasphematione. Ille vero — si quis est, cuius causa in congressum descendis scripturarum, ut eum dubitantem confirmes — ad veritatem an magis ad haere⌊ses de⌋verget? Hoc ipso motus, quod te videat nihil promovisse, aequo g⌊radu⌋ negandi et defendendi a diversa parte statutum, certe et de pari alterca⌊tione⌋ incertior discedet, nesciens quam haeresin iudicet. Haec utiq⌊ue et ipsi ha⌋bent in nos retorquere. Necesse est enim et illos dicere a nobis ⌊potius⌋ adulteria scripturarum et expositionum mendacia inferri, ⌊qui proinde⌋ sibi defendant veritatem.

19. Ergo non ad scripturas provocandum est, nec in his constituendum certamen, in quibus aut nulla au⌊t incer⌋ta victoria est aut parum certa. Nam etsi non ita eva-

---

17. 9 *cf.* Matth. 18, 15. 16

---

9 de] de ea *A* coeperunt *A* de ambiguitate ceperunt] *h. e. ex scripturarum aliquarum duplici sententia sibi allegaverunt caput* 17 *vulgo desinit in verba* de blasphematione (*l. 2*): *aliter haec distinxi*

18. 1 *sq.* contentione *A*, contentionem *PNFRB*, concione *Bmg* 2 bilem *A*, vilem *PNFRB* de *om. F* blasfematione *A*, blasphemationem *F*, blasphematione laudem *PNRB* illi *F* 3 congressum *NPRB*, congressu *AF* descendis *NRB*, discendis *PF*, dissides *A* 5 motu *A* 7 a diversa *scripsi*: adversa *A*, diversa *PNFRB* statutum *PNFRB* (*h. e. immotum factum, cf. Verg. Aen. XII 506; Prop. IV 9, 4*; *Arnob. I 50*), statu *A* adversa parte, statu certe pari, altercatione *vulgo distinguitur* et de pari *Bmg*, et pari *PNFRB*, pari *A*, pari, de *Prsch.* 10 et] ut *PR*¹ discere *F* a *AB*, *om. PNFR* 11 expositionum *A*, expositionum earum *NF*, expositionum eorum *PRB*

19. 2 in *A*, *om. PNFRB* 3 parum certa *RB*, parum incerta *APNF*, par incertae *Rig.* ita *om. F*

deret ⌞con⌟latio scripturarum, ut utramque partem parem sisteret, ordo rerum desiderabat illud prius proponi, quod nunc solum disputandum est: quibus ⌞com⌟petat fides ipsa, cuius sunt scripturae, a quo et per quos et quando et quibus sit tradita disciplina, qua fiunt Christiani. Ubi enim apparuerit esse veritatem disciplinae et fidei Christianae, illic erit veritas et scripturarum et expositionum et omnium traditionum Christianarum.

20. Christus Iesus, dominus noster — permittat dicere interim — quisquis est, cuiuscumque dei filius, cuiuscumque materiae homo et deus, cuiuscumque fidei praeceptor, cuiuscumque mercedis repromissor, quid esset, quid fuisset, quam patris voluntatem administraret, quid homini agendum determinaret, id, quamdiu in terris agebat, ipse pronuntiabat sive populo palam sive discentibus seorsum, ex quibus duodecim praecipuos lateri suo allegerat, destinatos natio⌞nibus⌟ magistros. Itaque uno eorum decusso reliquos undecim digrediens ad ⌞patre⌟m post resurrectionem iussit ire et docere nationes intinguendas ⌞in pat⌟rem et filium et spiritum sanctum. Statim igitur apostoli, quos haec appel⌞latio⌟ 'missos' interpretatur, assumpto per sortem duodecimo Mathia in lo⌞cum I⌟udae ex auctoritate prophetiae, quae est

---

20. 8*sq. cf.* I Tim. 2, 7 10*sq. cf.* Matth. 28, 19 13 *cf.* Act. 1, 26 14 *cf.* Act. 1, 20 (*cf.* Ps. 109, 8)

---

4 conlocatio *F* ut *om. F* 5 sistere *F* 7 sunt *APNF*, sint *RB vulgo* 10 et (*primo loco*) *A*, *om. PNFR vulgo* 11 christianarum *A* (*Pam. Rig. Oehler*): christianorum *PNFRB*

20. 1 permittar *Urs.* 4 repromissor *A*, promissor *PNFRB Prsch. Rau.* 6 id *scripsi* (*cf. idem mendum infra p. 25, 13*), et *APNF*, *om. RB vulgo* 7 sive (*prius*) *om. A* discedentibus *F* 10 digrediens *A*, regrediens *PNFRB* 11 intinguendas *A* (*sic invenitur* intinctio, intinctus *etiam De paen. cap. 6*), tinguendas *PNFRB vulgo* 11*sq.* et filium et spiritum *AN*, et in filium et spiritum *PRB*, et in filium et in spiritum *R*¹*mg CF* (*sed alt.* in *s. v. a m. 1*) 14 mathia *APNFB*, matthia *R vulgo* quae *ARB*, qua *PNF* 14*sq.* in psalmo est *F*

in psalmo David, consecuti ⌞promissa⌟m vim spiritus sancti ad virtutes et eloquium, primo per Iudaeam contest⌞at⌟a fide in Iesum Christum et ecclesiis institutis, dehinc in orbem profecti eand⌞em⌟ doctrinam eiusdem fidei nationibus promulgaverunt et perinde ecclesias apud unamquamque civitatem condiderunt. A quibus traducem fidei et semina ⌞do⌟ctrinae ceterae exinde ecclesiae mutuatae sunt et cottidie mutuant⌞ur, ut⌟ ecclesiae fiant, ac per hoc et ipsae apostolicae deputabuntur, ⌞ut su⌟boles apostolicarum ecclesiarum. Omne genus ad originem suam censeatur necesse est. Itaque tot ac tantae ecclesiae una est illa ab apostolis prima, ⌞ex⌟ qua omnes. Sic omnes primae et apostolicae, dum una omnes. Probant unitatem communicatio pacis et appellatio fraternitatis et contesseratio hospitalitatis, quae iura non alia ratio regit quam eiusdem sacramenti una traditio.

21. Hinc igitur dirigimus praescriptionem: si dominus Christus Iesus apostolos misit ad praedicandum, alios non esse recipiendos praedicatores quam Christus instituit, quia

---

15 *cf.* Act. 1, 8 *cf.* Act. 2, 1—5
21. 2 *cf.* Matth. 28, 19

---

15 consecuti *A*, consecutio *PNFR*, consecuta *B* ....m *A*, promissa *PNFRB* 16*sq.* contestata fide] contestatam fidem Iesu Christi *Bmg* 19 *aliter distinxi*: promulgaverunt. Et *vulgo* perinde *A*, proinde *PNFRB* aput *AP* 20 *aliter distinxi*: condiderunt, a quibus *vulgo* a *AB*, *om. PNFR* 21 ecclesiae *AF* (et *Hirsaugiensis teste Rhenano*) R^3B, doctrinae ecclesiae PNR^1 mutuatae *AB*, multae *PNFR* 22 cottidie *AF*, cotidie *P*, quotidie *NRB* ac fiant, ac per hoc R^1 23 deputabuntur] deputantur *B* soboles *NFR* 24 censeantur *F* 24*sq.* censeatur. Necesse est *PNRB* 25 itaque] ita quae R^3B una est illa *AF*, unam esse illam *PNRB* 26 prima *AF*, primae *PNRB* primae] prima *A* et *A*, et omnes *PNFRB vulgo* 27 una *A Oehler*, unam *PNFRB Prsch.* *post* omnes *gravius distinxit Rau.*: dum una(m) omnes probant unitatem *vulgo* omnes *seclusit Prsch.* unitate *Oehler* 28 contesseratio AFR^1mgR^3B, contestatio PR^1N
21. 1 hinc] hanc *B* dominus R^1mgR^3B, deus $APNFR^1$ 2 christus iesus *APNF*, Iesus Christus *RB* 3 quam *A*, quam quos *PNFRB*

nec alius patrem novit nisi filius et cui filius revelavit, nec aliis videtur revelasse filius quam apostolis, quos misit ad praedicandum, utique quod illis revelavit. Quid autem praedicaverint, id est quid illis Christus revelaverit, et hic praescribam non aliter probari debere nisi per easdem ecclesias, quas ipsi apostoli condiderunt, ipsi eis praedicando tam viva, quod aiunt, voce quam per epistulas postea. Si haec ita sunt, constat perinde omnem doctrinam, quae cum illis eccl˪esiis˩ apostolicis matricibus et originalibus fidei conspiret, veritati dep˪utan˩dam, id sine dubio tenentem, quod ecclesiae ab apostolis, aposto˪li a Christo˩, Christus a deo accepit: omnem vero doctrinam de mendacio praeiud˪icandam,˩ quae sapiat contra veritatem ecclesiarum et apostolorum et Christi ˪et dei.˩

22. Superest ergo, ut demonstremus, an haec nostra doctrina, ˪cuius re˩gulam supra edidimus, de apostolorum traditione censeat˪ur, et˩ ex hoc ipso ceterae de mendacio veniant. ** communicam˪us cum eccle˩siis apostolicis, quod nulla doctrina diversa; hoc est test˪imonium ve˩ritatis. Sed quoniam tam expedita probatio est, ut, si

---

4 *cf.* Matth. 11, 27

---

4 nec (*altero loco*) *A Gel.*, et nec *PNFRB* 5 revẹlasse (e *in ras.*) *A* 7 quid illis *PNRB*, quod illis *AF* illis christus] christus illis *F* 8 probari *ARB*, probare *PNF* 9 eis] enim *F* 10 quod aiunt] quidem audiunt *N* epistulas *A*, epistolas *PRB*, epl̄as *NF* 11 perinde *A*, proinde *PNFRB* 12 ecclesiis *om. N* 13 conspiret *RB*, conspirent *APNF* id *ABmg*, et *PNFRB* 14 tenentem *B*, tenentes *APNFR* 15 accepit *AC*, suscepit *PNFRB* omnem vero *A*, reliquam vero omnem *PNFRB* 17 apostolatum *N* et (*secundo loco*) *om. A Oehler Rau.*

22. 1 Superest ergo] *initium capitis 22 vulgo a verbis* sed quoniam tam expedita probatio est (*l. 6*) *incipientis hic statui* ut *AN*, uti *PFRB* haec *AB*, *om. PNFR* 3 ceterae *A*, an ceterae *PNFRB* *vulgo lacunam signavi; velim suppleri*: ⟨possumus dicere:⟩ *cf. infra l. 6* sed quoniam *sqq.* 5 nulli *Urs.* 6 quoniam tam *A*, quoniam tum *PRB*, quoniam cum *N*, quanta *F*

statim p⌞roferatur⌟, nihil iam sit retractandum, ac si prolata non sit a nobis, ⌞locum interim⌟ demus diversae parti, si quid putant ad infirmandam ⌞hanc nostram prae⌟scriptionem movere se posse. Solent dicere non omnia apostolos scisse, eadem agitati dementia, qua † susum rursus convertunt omnia quidem apostolos scisse, sed non omnia omnibus tradidisse, in utroque Christum reprehensioni inicientes, qui aut minus instructos aut parum simplices apostolos miserit. Quis enim integrae mentis credere potest aliquid eos ignorasse, quos magistros dominus dedit ⟨gentibus,⟩ individuos habitos in comitatu in discipulatu in convictu, quibus obscura quaeque seorsum disserebat, illis ⌞dic⌟ens datum esse cognoscere arcana, quae populo intellegere non liceret? ⌞Latui⌟t aliquid Petrum aedificandae ecclesiae petram dictum, clavis regni ⌞caeloru⌟m consecutum et solvendi et alligandi in caelis et in terris potestatem? Latuit et Iohannen aliquid, dilectissimum domino, pectori eius incubantem, ⌞cui⌟ soli dominus Iudam traditorem praemon-

---

22. 19 *cf.* Luc. 8, 10 20*sqq.* *cf.* Matth. 16, 18. 19 23 *cf.* Ioh. 20, 2; 21, 7. 20 23*sq.* *cf.* Ioh. 13, 23. 25 24 *cf.* Ioh. 13, 26

---

8 partis *F* 9 hanc nostram *scripsi*: hanc *PNFRB*, *sed in A lacuna est decem litt.* (hanc nrā pre|scriptionem) *cf. supra l. 1*, hanc etiam *Hildebrandus* 10 *post* posse *gravius distinxit Prsch.* apostolos non omnia *N* 11 clementia *NF* qua susum *AF*, quas usum *P*, quas susum *N* rursus *APNF*, *om. RB* qua susum rursus convertunt] *locus nondum sanatus*: qua susum rursus convert⟨entes contend⟩unt *fort.*, qua susum iusum convertunt *Rig.* 13 subicientes *Gel.* 14 qui aut *AR*^{2}*B*, quia ut *PNFR*^{1} instruct$\overset{o}{u}$s *P* (*corr. m. 1*) 15 enim *PNF RB* (*cf. supra l. 11*: eadem agitati dementia), igitur *A* (*Rig. Oehler Prsch. Rau.*) integrae mentis] inter amentes *F* 16 quos *ABFR*, *om. PN* gentibus *addidi* (*cf. cap. 20, 8; pro* 'nationibus' *scripsi* 'gentibus' *propter clausulam*) 17 habitos *PNFRB*, habens *A* (*Rig. Oehler Prsch. Rau.*) 18 seorsim *Gel.* (*Prsch. Rau.*) 19 archana *PNF* 20 aedificandi ecclesiam *F* 21 clavis *A*, claves *PNFRB vulgo* 23 iohannen *A*, iohannem *PNF*, Ioannem *BR vulgo* 24*sq.* praemonstravit *ABmg*, demonstravit *PNFRB*

stravit, quem loco suo filium ⌊Mariae⌋ demandavit? Quid eos ignorasse voluit, quibus etiam gloriam ⌊suam exh⌋ibuit et Moysen et Helian et insuper de caelo patris vocem? non ⌊quasi ceter⌋os reprobans, sed quoniam in tribus testibus stabit omne verbum. ⌊Ignoraver⌋unt itaque et illi, quibus post resurrectionem quoque in itinere ⌊omnes scripturas disserere dignatus est? Dixerat plane aliquando: ⌊*Multa hab*⌋*eo adhuc loqui vobis, sed non potestis modo ea sustinere*; ⌊tamen, ad⌋iciens: *Cum venerit ille spiritus veritatis, ipse vos deducet in omnem* ⌊*veritatem,*⌋ ostendit illos nihil ignorasse, quos omnem veritatem consecut⌊uros per⌋ spiritum veritatis repromiserat. Et utique implevit repromissum, probantibus actis apostolorum descensum spiritus sancti. Quam scripturam qui non recipiunt, nec spiritum sanctum possunt agnoscere discentibus missum; sed nec ecclesiam se defendere qui, quando et in quibus incunabulis institutum est hoc corpus, probare non habent. Tanti est enim illis non habere probationes eorum, quae defendunt, ne pariter admittantur traductiones eorum, quae mentiuntur.

---

25 *cf.* Ioh. 19, 26 26*sq. cf.* Marc. 9, 2—7; Matth. 17, 1—6; Luc. 9, 28—36 28 *cf.* Deut. 19, 15; II Cor. 13, 1; Matth. 18, 16 30 *cf.* Luc. 24, 27 31 Ioh. 16, 12 33 Ioh. 16, 13 37 *cf.* Act. 2, 2—4

---

27 helian *AF*, heliam *PNRB* 28 quasi voce ceteros *F* 30 in *om. A* 31 *post* est *sign. interrog. posui* disserere *A*, edisserere *PNF RB* 32 loqui vobis *A*, vobis loqui *PFRB*, loqui *N* ea modo *N* 32*sq. post* sustinere *gravius distinxit Prsch.* 34 deducet *AB*, ducet *C*, docet *PFR*, docebit *N* in omnem veritatem *B*, in omni .... *A*, in omni veritate *PNFR* *post* veritatem *virgulam posuit Prsch.*: veritatem. Ostendit *vulgo* 36*sq.* repromiserat *NFRB*, promiserat *AP* (*neglecta clausulae lege*) 38 quam scripturam qui non recipiunt *AB*, *om. PN FR* nec *A*, ne *F*, nedum *PNR*, nec ⌊spiritus sancti esse possunt⌋ nedum *B* nec spiritus sancti esse possunt, ⌊qui⌋ necdum *Urs.* (*Rig. Oehler Prsch. Rau.*) 39 possunt *A*, possint *PNFRB* discedentibus *F* 40 se defendere *AF Rau.* se dicant defendere *PNRB vulgo* et in *scripsi*: et *PNFRB vulgo*, in *A* incunabilis *F* 41*sq.* est enim *AF*, enim est *PNRB* 43 meciuntur *P*

23. Proponunt ergo ad suggillandam ignorantiam aliquam apostolorum, quod Petrus et qui cum eo reprehensi sunt a Paulo. 'Adeo', inquiunt, 'aliquid eis defuit', ut ex hoc etiam illud struant, potuisse postea pleniorem scientiam supervenire, qualis obvenerit Paulo reprehendenti antecessores. Possum et hic acta apostolorum repudiantibus dicere: prius est, ut ostendatis, quis iste Paulus et quid ante apostolum et quomodo apostolus, quatenus et alias ad quaest⸤iones⸥ plurimum eo utuntur. Neque enim si ipse se apostolum de persecutore profitetur, ⸤suf⸥ficit unicuique examinate credenti, quando nec dominus ipse de se testimoniu⸤m dixe⸥rit. Sed credant sine scripturis, ut credant adversus scripturas: tame⸤n doce⸥ant ex eo, quod allegant Petrum a Paulo reprehensum, aliam evangelii f⸤ormam⸥ a Paulo superductam citra eam, quam praemiserat Petrus et ceteri. Atqui⸤n demutatus⸥ in praedicatorem de persecutore deducitur ad fratres a fratribus ut unus ⸤ex fratribus,⸥ ad illos et ab illis, qui ab apostolis fidem induerant. Dehinc, sicut ipse enarra⸤t, * ascendit in Hierusolyma cognoscendi Petri causa, ex offic⸤io et iure scilicet⸥ eiusdem fidei

23. 2 *cf.* Gal. 2, 14 10 *cf.* Phil. 3, 6 (*cf.* Gal. 1, 23); *cf.* I Tim. 1, 13 11 *cf.* Ioh. 5, 31 17 *cf.* Act. 9, 27 19 Gal. 1, 18

23. 2 qui cum eo *AF*, qui cum eo erant *N*, qui cum eo *P* (*in mg. add. m. 1* erant) 3 sunt] sint *RB et edit. omnes praeter Oehler et Rau.* 6 possum *A*, possunt *PNF*, possumus *RB* hic *APRB*, hinc *NF* 7 ut *AF*, uti *PNRB* 8 quatinus *AF* aliis *F* 9 eo *om. P* 9*sq.* si ipse (ipsi *Bmg*) se apostolum *ABmg*, sub se apostolum sed *F*, ipse apostolum se *N*, pseudoapostolum se *PRB* 11 dominus ipse *A*, deus *PNFRB* de se] de eo *Bmg, sed cf. Ioh. 5, 31* 12 credant *AB*, credent *PNFR* sine *APNFR*[1], sane *R*[3]*B* ut credunt *fort.* 14 aliam *AFB*, aliis *P*, alius *R*, alii *N* 15 superinductam *Gel.* quam] quae *Oehler* (*typographi errore, ut vid.*) 16 atquin *CPNF*, atqui *RB*, qui .. (*lac. decem litt.*) *A* 18 ad illos et ab illis *A Rau.*, ab illo et ab illis *NFRB*, et ab illo ad illos *P*, et ad illos ab illis *Gel. vulgo* 18*sq.* dehinc *om. A* 19 sicut *A*, sicuti *PNFRB* enarrat .... *A*, enarrat, tertio año *fort.*, enarrat *PNFRB* ascendit *PR*, ascendi *ANF* in hierusolyma *ANF*, hierosolymam *PRB*

et praedicationis. Nam et illi non essent mirat⌊i de persecuto⌋re factum praedicatorem, si aliquid contrarium praedicaret, ⌊nec dominum praete⌋rea magnificassent quibus adversarius eius Paulus obvenerat. Ita⌊que et dex⌋tram ei dederunt, signum concordiae et convenientiae, et inter se d⌊istribu⌋tionem officii ordinaverunt, non separationem evangelii, nec ut aliud alter, sed ut aliis alter praedicarent, Petrus in circumcisionem, Paulus in nationes. Ceterum, si reprehensus est Petrus, quod ⟨cum⟩ convixisset ethnicis, postea se a convictu eorum separabat personarum respectu, utique conversationis fuit vitium, non praedicationis. Non enim ex hoc alius deus quam creator, et alius Christus quam ex Maria, et alia spes quam resurrectio annuntiabatur.

24. Non mihi tam bene est, immo non mihi tam male est, ut apostolos committam. Sed quoniam perversissimi isti illam reprehensionem ad hoc obtendunt, ut suspectam faciant doctrinam s⌊upe⌋riorem, respondebo quasi pro Petro: ipsum Paulum dixisse 'factum se esse ⌊omni⌋bus omnia, Iudaeis Iudaeum, non Iudaeis non Iudaeum, ut omnes lucrifica⌊ret'.⌋ Adeo pro temporibus et personis et causis quaedam reprehendebant, ⌊in quae⌋ et ipsi aeque pro temporibus et personis et causis committebant, quemad⌊modu⌋m si et

22 *cf.* Gal. 1, 23 23 *cf.* Gal. 1, 24 24 *cf.* Gal. 2, 9 25 *cf. ib.* 28 *cf. ib.* 29 *cf.* Gal. 2, 12

24. 5 *cf.* I Cor. 9, 19. 20

21 mirat⌊i⌋ *A*, admirati *NF*, ammirati *PRB* 23 praeterea] propterea *Heumann* (*van der Vliet Prsch. Rau.*) quibus *scripsi*: quia *libri omnes* 24 eius] eis *van der Vliet* ob ạdvenerat *N* (*corr. m. 1*) dextram *A*, dexteram *PNFRB vulgo* 27 aliis] alii *B* 29 cum *B*, *om. AP NFR* 30 a convictu se *F* 33 annuntiabat *F*

24. 1 tam (*alt. loco*) *AB*, *om. PNFR* 2 quoniam *A N R^3*, quomodo *P R^1*, quam *F* 3 ostendunt *N* 5 esse omnibus *AN*, omnibus esse *PRB*, esse pro omnibus *F* omnia *om. F* 6 non (*sec. loco*) *om. F* 6 *sq.* lucrifica ... *A*, lucrifaceret *PNFRB* 7 *sq.* quaedam — — causis (*l. 9*) *om. N* 9 promittebant *A*

Petrus reprehenderet Paulum, quod prohibens circumcisionem ⌞circumci⌟deret ipse Timotheum. Viderint qui de apostolis iudicant. Bene ⌞quod Petr⌟us Paulo et in martyrio adaequatur. Sed et si in tertium usque ⌞caelum ere⌟ptus Paulus et in paradisum delatus audiit quaedam illic, ⌞non possunt⌟ videri ea fuisse, quae illum in aliam doctrinam instructiorem praes⌞tarent, cum⌟ ista fuerit condicio eorum, ut nulli hominum proderentur. Quod⌞si ad alicui⌟us conscientiam emanavit nescio quid illud et hoc se aliqua hae⌞resis sequi affirm⌟at, aut Paulus secreti proditi reus est aut et alius postea in para⌞disum er⌟eptus debet ostendi, cui permissum sit eloqui quae Paulo mut⌞ire non⌟ licuit.

25. Sed, ut diximus, eadem dementia est, cum confitentur quidem nihil apostolos ignorasse nec diversa inter se praedicasse, non tamen omnia volunt illos omnibus revelasse. Quaedam enim palam et universis, quaedam secreto et paucis demandasse, quia et hoc verbo usus est Paulus ad Timotheum: *O Timothee, depositum custodi*, et rursum: *Bonum depositum serva.* Quod hoc depositum? est tacitum, ut alterius doctrinae deputetur? An illius

---

10 *cf.* Act. 16, 3 13 *cf.* II Cor. 12, 2. 4 17 *cf.* II Cor. 12, 4
25. 6 I Tim. 6, 20 7 II Tim. 1, 14

---

11 ⌞cirum⌟cideret *AF* (*Oehler*), cirumciderit *PNRB vulgo* 13 et si in *AN*, et in *PFRB* 14 et in *A*, est in *PNRB*, in *F* dilatus *PR*[1] 14 *sq.* non possunt *Gel.*, *lac. decem litt. A*, quae non possunt *PNFRB* 15 ea fuisse *C* (*cf. cap. 26, 23*): fuisse *APNFRB* 16 ista *A*, ita *PNFRB vulgo* 18 emanavit *A Rau.*, manavit *PNFRB vulgo* 21 muttire *PN*

25. 1 eadem] *s. script.* ĩde (= *inde*) *a m. 2 N* 3 non tamen *A*, sed non *PNFRB* 4 enim *AF*, *om. PNRB* 5 est] *post* est *in A tertia pars stichi vacua* 7 rursus *F* serva *ANF*, custodi *PRB* quid hoc depositum *Prsch.*: *sed intell.*: quod (depositum) hoc depositum (est)? *post* depositum (*l. 7*) *interrogationis signum posui*, *post* est (*l. 8*) *delevi* 8 tacitum *A*, tam id acrum *NF*, tam idoneum *PRB*, an idoneum *Prsch.*, tam tacitum *Gel.* (*Rig. Oehler*) tacitum] *scil. depositum: cf. infra l. 19* alterius] altiori *van der Vliet*, alteri *Rig.* doctrinae *in P bis scriptum*

denuntiationis, de qua ait: *Hanc denuntiationem commendo apud te, filiole Timothee?* item illius praecepti, de quo ait: *Denuntio tibi ante deum, qui vivificat omnia, et Iesum Christum, qui testatus est sub Pontio Pilato bonam confessionem, custodias praeceptum?* Quod au⌊tem⌋ praeceptum et quae denuntiatio? Ex supra et infra scriptis intelleg⌊i erat⌋ non nescio quid subostendi hoc dicto ⟨de⟩ remotiore doctrina, sed potius ⌊incul⌋cari de non admittenda alia praeter eam, quam audierat ab ipso, ⌊et puto⌋ ⟨palam:⟩ *Coram multis*, inquit, *testibus*. Quos multos testes si nolunt ecclesi⌊am intel⌋legi, nihil interest, quando nihil tacitum fuerit quod sub mu⌊ltis testi⌋bus proferebatur. Sed nec quia voluit illum 'haec fidelibus homin⌊ibus' deman⌋dare, qui 'idonei sint et alios docere', id quoque ad argument⌊um occulti⌋ alicuius evangelii interpretandum est. Nam cum dicit 'hae⌊c', de eis⌋ dicit, de quibus in praesenti scribebat. De occultis autem, ut de absentibus apud conscientiam, non 'haec', sed 'illa' dixisset.

---

9 I Tim. 1, 18 11 I Tim. 6, 13. 14 17 II Tim. 2, 2 21 *cf. ib.*

---

9 de qua *A* (*Gel.*), de quo *PNFRB* 10 filiole *PNRB*, filioli *F*, fili *A* 11*sq.* christum *om. F* 12 testatus *A*, testificatus *PNFRB* (*fort. recte*) ut bonam *F* 13 custodias *AN*, ut custodias *PRB Prsch.*, custodias et *F* et *om. Gel.* 14 ex supra et infra *AB*, supra et infra ex *PNFR* intellegi erat *scripsi*: intelleg.... *A*, intellegerat *PRB*, intellexerat *N*, intellegerunt *F* (*Prsch.*), intellegere erat *R*[1]*mg Rau.*, intellegetur *Gel.* (*Rig. Oehler*) 15 de *R*[3]*B*, *om. APNFR*[1] 15*sq.* remotionis doctrinae *R*[1]*mg* 16 inculcari] ..... care *A* 17 palam *add. Rig.*, *om. PNFRB*, *post* ipso *lac. quinque litt. A* (& puto *evanuisse arbitror*) 18 volunt *F* 19 quando *N Rig.*: quomodo *APFRB* 20 voluit *A*, volunt *Bmg*, monet *PNFRB* 22 id quoque *A cum reliquis libris, non* ideoque, *ut Rau. in A legisse se testatur* (*cf. Lfst. Zur Spr. Tert. p. 96*); *dubiam inde lectionem iterum inspiciendam curavi* ad argumentum *A* (*Rau.*), argumentum *PNFRB vulgo* 23 cum *A*, et cum *PNFRB* 25 *aliter distinxi*: ut de absentibus, apud conscientiam non *vulgo distinguitur*

26. Porro consequens er⌊at, ut cui de⌋mandabat evangelii administrationem, non passim nec inconsiderate administrandum adiceret secundum dominicam vocem. 'Ne margaritam porcis et sanctum canibus iactarent', dominus palam edixit, sine ulla significatione alicuius tecti sacramenti: ipse praeceperat, si quid in tenebris et in abscondito audissent, in luce et in tectis praedicarent; ipse per similitudinem praefiguraverat, ne unam mnam, id est unum verbum eius, sine fructu in abdito reservarent; ipse docebat lucernam non sub modium abstrudi solere, sed in candelabrum constitui, ut luceat omnibus, qui in domo sunt. Haec apostoli aut neglexerunt aut minime intellexerunt, si non adimpleverunt, abscondentes aliquid de lumine, id est de dei verbo et Christi sacramento. Neminem, quod scio, verebantur, non Iudaeorum vim, non ⌊eth⌋nicorum: quo magis utique in ecclesia libere praedicabant qui in syna⌊gog⌋is et in locis publicis non tacebant. Immo neque Iudaeos convertere neque ⌊eth⌋nicos inducere potuissent, nisi quod credi ab eis volebant ordine exponer⌊ent.⌋ Multo magis iam credentibus ecclesiis nihil subtraxissent, quod

26. 2 *cf.* Matth. 10, 11 3 *cf.* Matth. 7, 6 6 *cf.* Matth. 10, 27 8 *cf.* Luc. 19, 20–23 10 *cf.* Matth. 5, 15. Marc. 4, 21. Luc. 8, 16; 11, 33

26. 2 *post* administrationem *posuit, post* administrandum *delevit virgulam van der Vliet* 2*sq.* administrandum *AF*, administrandam *PNRB vulgo* 3 adiceret *AF*R^3*B*, adiecerit *N*, adiecerat et *P*R^1 *post* vocem *gravius distinxi, post* iactarent (*4*) *levius* 4 iactarent *scripsi*: iactaret *libri omnes* 5 tecti *A*, taciti *PNFRB* 6 et in *om. A* 7 luce *A*, lucem *PNFRB* 8 praefiguraverat] P̄ figuraverat (p̄ *s. v. a m. 2 ut vid.*) *N* mnan *APRB*, mnaam *F*, mirā *N* 10 modium *A*, modio *PNFRB* abstrudi *AF*R^1*mg*, obstrui *PN*R^1, abstrui R^3*B* 12 aut minime intellexerunt *AB*, *om. PNFR* 14 de dī verbo et xp̄i *A*, dei verbo, christi *PRB*, de verbo christi *N*, verbo christi *F* 15 iudaeorum vim *PNFRB*, iudaeorum *A* 16 in ecclesiam *NF* 16*sq. verba*: qui in synagogis — — tacebant *in cod. P post verba* immo neque iudaeos convertere (*17sq.*) *leguntur*: *corr. sua manu Rhenanus* 19 ordine *ABmg*: ordinari *PNF*R^1, ordinarie R^1*mg*R^3*B*

aliis ⌊paucis⌋ seorsum demandarent. Quamquam, etsi quaedam inter domesticos, ut ita ⌊dixerim,⌋ disserebant, non tamen ea fuisse credendum est, quae aliam regulam ⌊fidei superdu⌋cerent, diversam et contrariam illi, quam catholicae in medium proferebant, ut alium deum in ecclesia dicerent alium in hospitio, aliam Christi substantiam designarent in aperto aliam in secreto, aliam spem resurrectionis apud omnes annuntiarent aliam apud paucos, cum ipsi obsecrarent in epistulis suis, ut [id] ipsum et unum loquerentur omnes et non essent scismata et dissensiones in ecclesia, quia sive Paulus sive alii eadem praedicarent. Alioquin meminerant: *Sit sermo vester: est est, non non,* nam *quod amplius, hoc a malo est*, ne evangelium in diversitate tractarent.

27. Si ergo incredibile est vel ignorasse apostolos plenitudinem praedicationis vel non omnem ordinem regulae omnibus edidisse, videamus, ne forte apostoli quidem simpliciter et plene, ecclesiae autem suo vitio aliter acceperint quam apostoli proferebant. Omnia ista scrupulositatis incitamenta invenias praetendi ab haereticis. Tenent correptas ab apostolo ecclesias: *O insensati Galatae, quis vos fascinavit?* et: *Tam bene currebatis, quis vos impediit?* ipsumque principium: *Miror, quod sic tam cito transferimini*

29 *cf.* I Cor. 1, 10 32 Matth. 5, 37
27. 7 Gal. 3, 1 8 Gal. 5, 7 9 Gal. 1, 6

21 demandaret *F* demandarent] = *demandassent, ut supra* exponerent = *exposuissent* 23 aliam] altam *N* 24*sq.* catholicae *AN* (*cf. cap. 30, 4*), catholice *PFRB vulgo* 25 deum *A*, dominum *PNFRB* 26 hospitium *F* aliam *APRB*, et aliam *NF* ꝑsonam substantiam *P* (*exp.* ꝑsonam *m. 1*) 27 aliam in secreto *om. A* aliam *A*, et aliam *PNFRB* 29 obsecrarent *ABmg*, observarent *PNFRB* id *seclusi*: *cf. cap. 5, 18* 31 quia sive *ANFR*^{3}*B*, sive quia *PR*^{1} 33 nam *A*, *om. PNFRB* ne *APN*, nec *F*, ne scilicet *Pam.*

27. 2 ordinem *om. N* 3 ne forte *AC*, ne *PNFRB* 5 proferebant *A* (*Gel.*), praeferebant *PNFRB* 7 galatha *A* 8 et tam] item *Iun.* 9 ipsumque] ipsum *A*, et ipsum *Hildebrandus* *ab eo, qui vos vocavit in gratia, ad aliud evangelium*; item ad Corinthios scriptum, quod essent adhuc carnales qui lacte educarentur, nondum idonei ad pabulum qui putarent se scire aliquid, quando nondum scirent, quemadmodum scire oporteret. Cum correptas ecclesias opponunt, credant et emendatas. Sed et illa⌊s re⌋cognoscant, de quarum fide et scientia et conversatione apostol⌊us⌋ gaudet et deo gratias agit, quae tamen hodie cum illis correptis u⌊nius ins⌋titutionis iura miscent.

28. Age nunc omnes erraverint; deceptus sit ⌊et aposto⌋lus dei testimonium reddendo quibusdam; nullam respexerit spiritus sanctus, ut ⌊eam in veri⌋tatem deduceret, ad hoc missus a Christo, ad hoc postulatus de patre, ⌊ut esset doc⌋tor veritatis; neglexerit, ut aiunt, officium dei vilicus, Christi vicarius, sin⌊ens ecclesias⌋ aliter interim intellegere, aliter credere quod ipse per apostolos praedicab⌊at: ecquid ve⌋risimile est, ut tot ac tantae in unam fidem erraverint? Nullus int⌊er multos⌋ eventus iste unus est exitus: variasse

---

11 *cf.* I Cor. 3, 1 12 *cf.* I Cor. 8, 2 16 *cf.* I Thess. 1, 3—5; Col. 1, 3—5; Rom. 1, 8; I Cor. 1, 6

28. 3 *cf.* Ioh. 14, 26; 15, 26 5 *cf.* Tit. 1, 7

---

10 vos] suos *A* (*Rig. Oehler Prsch.*) 13 scire *A* (= γνῶναι), sciri *PNFRB* 14 proponunt *N* 15 et emendatas *Rhen.* (*R*[1] *mg*): ecce mandatas *F*, emendatas *APNRB vulgo* et illas *APNRB*, illas *F* 17 quae *AN*, qui *PRB*, quam *F* 18 commiscent *Gel.*

28. 1 erraverint *ARB*, erraverunt *PFN* 2 de⟨i,⟩ testimonium reddendo *scripsi*: de testimonio reddendo *libri et vulgo*; apostolus dei *cf. Gal. 1, 1*: ἀπόστολος οὐκ ἀπ' ἀνθρώπων, ἀλλὰ διὰ — — θεοῦ, *cf. infra l. s.*: spiritus, vilicus dei quibusdam *om. A* (*Rig. Oehler Prsch. Rau.*) nulla *F* 3 ut *F*, uti *PNRB*, *in A lac. octo vel novem litt.* . . . . tatem *A*, veritate *PNFRB* 5 neglexerit, ut aiunt *scripsi*: necglexitait *A*, neglexit ait *PN*, neglexit ut *F*, neglexerit *RB vulgo* villicus *PN* 6 christi *AR*[3] *B*, xpus *PNF*, Christus *R*[1] interim *om. A* 7 ⌊quam⌋ quod *B* (*Pam.*) praedicarat *fort.* ecquid *RB* (*cf. Ho. Beitr. 117*[2]), et quid *PNF* 8 tot ac tantae in] tot acta in *F* 9 iste unus est exitus *scripsi*: est, unus est exitus *B*, unus exitus *PNFR*, *om. A*, unus est. exitūs *Rig. Oehler*, est unus exitus. *Gel.*, unus est exitus *Prsch. Rau.*

debuerat error doctrinam ecclesiarum. Ceteru⌞m quod⌟ apud multos unum invenitur, non est erratum, sed traditum. Au⌞deat ergo⌟ aliquis dicere illos errasse, qui tradiderunt.

29. ⟨At,⟩ quoquo modo, sit erratum: ⌞tamdiu⌟ utique regnavit error, quamdiu haereses non erant. Aliquos Marcio⌞nitas et⌟ Valentinianos liberanda veritas expectabat. Interea perperam evan⌞gelizabatur,⌟ perperam credebatur; tot milia milium perperam tincta, tot opera fidei perperam ministrata, tot virtutes, tot charismata perperam operata, tot sacerdotia, tot ministeria perperam functa, tot denique martyria perperam coronata. Aut si non perperam nec in vacuum, quale est, ut ante res dei currerent quam cuius dei notum esset? ante Christiani quam Christus inventus? ante haereses quam vera doctrina? Sed enim in omnibus veritas imaginem antecedit, post rem similitudo succedit. Ceterum ⌞sati⌟s ineptum, ut prior [in] doctrina haeresis habeatur, vel quoniam ipsa est ⌞quae⌟ futuras haereses cavendas praenuntiabat. Ad eius ⟨enim⟩ doctrinae ecclesiam ⌞scrip⌟tum est, immo ipsa doctrina ad ecclesiam suam scri-

29. 9 *cf.* II Thess. 3, 1   14 *cf.* Matth. 7, 15; 24, 4. 5. 11. 24. *cf.* II Petr. 2, 1. *cf.* Tit. 3, 10

10 error *ABmg Prsch. Rau.*, ordo *F*, ordinem *PNRB*   doctrinam *scripsi*: doctrinae *libri et vulgo*   11 sed traditum *AB*, *om. PNFR*   12 *interrog. signum induxi*: qui tradiderunt? *vulgo*

29. 1 at *addidi et aliter distinxi*: quoquomodo sit erratum, tamdiu *vulgo*   quomodo *A*   2 regnavit *A*, erravit *PNFRB*   3 valentinos *A*   4 perperam credebatur *B*, *om. APNFR*   5 tincte *F*   6 administrata *Gel.* (*Pam. Rig. Oehler Prsch.*)   7 ministeria] mysteria *A*   functa — — non perperam (8) *om. F*   8 coronata. aut si non (aut sint *Bmg*) perperam *ABmg.*, *om. PNFRB*   nec *ABmgF*, et *PNRB*   9 dei res *N*   currerent *APNFGR*³*B*, curent *R*¹ (*typographi errore, ut vid.*)   12 post rem *Rig.*: postremo *APNFRB* (*Mart.*), post rem vero *Hild.*, post vero *Oehler Prsch. Rau.*   13 prior doctrina *Urs.*: prior in doctrina *PNFRB Prsch.*, proprior in doctrina *A Rau.*, pro priori doctrina *Oehler*   14 *sq.* et cavendas *PNFRB*   15 praenuntiavit *Gel.* (*nescio unde*)   enim *addidi*   ecclesiam] ecclesiae *A*   16 suam *om. A* (*Rig. Oehler Rau.*)

bit: *Et si angelus de caelo ⌞alite⌟r evangelizaverit, citra quam nos, anathema sit.*

30. Ubi tunc Marcion, Pon⌞ticus n⌟auclerus, Stoicae studiosus? Ubi tunc Valentinus, Platonicae sectator? Nam cons⌞tat illos⌟ neque adeo olim fuisse, Antonini fere principatu, et in catholicae pri⌞mo doctrin⌟am credidisse apud ecclesiam Romanensem sub episcopatu Eleutheri ⌞benedicti⌟, donec ob inquietam semper curiositatem, qua fratres quoque vitiabant, ⌞semel et ite⌟rum eiecti, — Marcion quidem cum ducentis sestertiis, quae ecclesiae ⌞intulerat,⌟ — ⌞n⌟ovissime in perpetuum dissidium relegati venena doctrinarum ⌞suarum dis⌟seminaverunt. Postmodum Marcion paenitentiam confessus, cum ⌞condicioni⌟ datae sibi occurrit, ita pacem recepturus, si ceteros quoque quos perditioni ⌞erudisset⌟ ecclesiae restitueret, morte praeventus est. | Oporte⌞bat enim⌟ haereses esse. Nec tamen ideo bonum haereses, quia esse eas oportebat. ⌞Quasi⌟ non et malum oportuerit esse.

17 Gal. 1, 8
30. 15 *cf.* I Cor. 11, 19

17 si *om. F*

30. 1 tunc *om. A* (*Rig. Rau.*) 4 catholicae primo doctrinam *Rig.*: catholicae pri......... am *A*, catholicam paene doctrinam *PNFRB* (*Rau.*) 5 eleutheri *NRB*, eleuteri *AF*, eluteri *P*, alterius Pii *Bunsen* (*Anal. Antenicaena I 105*), alius Pii *Lachmann* 6 semper *A*, eorum semper *PNFRB*, semper eorum *Pam.* (*Rig.*) 6*sq.* qua — — vitiabant *PNFRB*, quam — — vitabant *A Rig.* 7 *parenthesin indicavi* 8 sestertiis *APN*, sesternis *F*, S—H *RB*, sestertiis suis *Gel.* 9 dissidium *Wouwer*, discidium *libri et vulgo* relegati *A* (*Gel.*): relegatus *PNFRB* venena] veneratum *N* 10 ... seminaverunt *A* (*Gel.*): disseminavit *PNFRB* 10*sqq.* postmodum — — praeventus est] *haec verba ut spuria deleri vult Prsch., quia* enim (*l. 14*) *nisi post* disseminaverunt (*l. 10*) *intellegi nequeat. Ego hoc ipsum potius lemma*: oportebat enim — — defendat (*l. 17*) *ab hoc loco alienum iudicare malim, quippe quo nec retractata promoveantur et cohaerentia dirimantur; mira quadam ratione suo loco cessisse videtur, qui est locus cap. 39, 20* ⟨idem⟩ Marcion *Rig.* 11 condicioni NR^3B, condicione PFR^1 12 quoque *om. A* (*Rig. Oehler*) perditione *F* 13 mortem morte *A* 14 nec] ne *A* hereses *A*, heresis *PNF* 15*sq.* quasi — — oportebat *om. N*

Nam et dominum tradi oportebat, sed vae traditori, ne quis etiam hinc haereses defendat. | Si et Apellis stigma retractandum est, — tam non vetus et ipse quam Marcion institutor et praeformator eius est —: lapsus in feminam desertor continentiae Marcionensis ab oculis sanctissimi magistri Alexandriam secessit. Inde post annos regressus, non melior nisi tantum qua iam non Marcionites, in alteram feminam impegit, illam virginem Philumenen, [quam supra edidimus,] postea vero immane prostibulum et ipsam, huiusque energemate circumventus quae ab ea didicit 'φανερώσει' ascripsit. Adhuc in saeculo supersunt, qui me⌊mine⌋rint eorum, etiam proprii discentes et successores ipsorum, nec posteri⌊ores⌋ negare possint. Quamquam et de operibus suis, ut dixit dominus, revincu⌊ntur.⌋ Si enim Marcion novum testamentum a vetere separavit, posterior ⌊est eo⌋ quod separavit, quia separare non posset nisi quod unitum fuit. ⌊Unitum⌋ ergo antequam

---

16 *cf.* Marc. 14, 21   29 *cf.* Matth. 7, 16

---

16 et *om. A*   sed vae traditori] idua & raditori *A*   quis *ABmg*, quid *PNFRB*   17 heresis *APNF*, haeresim *Bmg*   si et *ANF* (*Gel.*), sed et *PRB* (*Prsch. Rau.*)   appelles *A*   stigma *A*, stemma *NFRBP* (*in ras. a m. 1*) *vulgo*   17 *sq.* * retractandum est *A*   18 *parenthesin indicavi*   18 *sq.* institutọr] or *ex* us *m. 1 A*, institor *F*   19 eius est *scripsi*: eius set *ANF*, eius sed *PRB vulgo*   feminam *AB*, femina *PNFR*   20 desector *A*   21 post ⟨aliquot⟩ annos *Wouwer*   22 meliūr *P*   qua] quam *P*, quia *N*   24 quam supra edidimus *seclusi*   quam] qua *N*, qua quam *F*   prostribulum *A*   25 ipsam *NFRB*, ipsa *P*, ipsis *A*, ipsius *Prsch. Rau.*   et ipsam] *hoc est*: ipsam quoque *ut priorem feminam*   huiusque *scripsi*: cuiusque *A*, *om. PNFRB Prsch. Rau.*, cuius *Gel.* (*Rig. Oehler*)   energemate *Gel.*: inergemate *PNF*, inergemata *A*   quae] quas *Urs.* (*Rig.*)   26 φανερώσει *scripsi*: phanerosis *AF*R^1*mg*R^3*B*, facinorosus *P*R^1, facinorosius *N*   ascripsit *scripsi* (*syll.* as *in* facinoro s i *us latere ratus quod praebet N* (*P*): scripsit *libri et vulgo*   27 earum *F*   28 nec *scripsi*: ne *libri omnes et vulgo*   ⟨se⟩posteriores *Rig.*   31 posterior est eo quod separavit *B*, posterior . . . . . quod separavit *A*, *om. PNFR*   separari *Bmg*   32 unitum (*prius*) *A*R^3*B*, unicum *NF*R^1 unitum (*posterius*) *FRB*, unicum *N*, unitantum *P*

separaretur postea factum separatum post⌊eriorem⌋ ostendit separatorem. Item Valentinus, aliter exponens et ⌊sine dubio emen⌋dans hoc nomine, quicquid emendat, ut mendosum retro, ⌊anterius fuis⌋se demonstrat.

Hos ut insigniores et frequentiores adulter⌊os veri⌋tatis nominamus. Ceterum et Nigidius nescio qui et Hermog⌊enes⌋ et multi alii adhuc ambulant pervertentes vias domini. ⟨Hi,⟩ cupio, ostendant ⌊mihi, ex qua⌋ auctoritate. [prodierint] Si alium deum praedicant, quomodo eius dei rebus et litteris, nominibus utuntur, adversus quem praedicant? si eundem, quomodo aliter? Probent se novos apostolos esse: dicant Christum iterum descendisse, iterum ipsum docuisse, iterum crucifixum, iterum mortuum iterum resuscitatum. Sic enim — apostolus descripsit — apostolos solet facere, dare praet⌊ere⌋a illis virtutem eadem signa edendi quae et ipse. Volo igitur et virtutes eorum proferri; nisi quod agnosco maximam virtutem eorum, qua apostolos

---

37 *cf.* II Cor. 2, 17 39 *cf.* Act. 13, 10 46 *cf.* I Cor. 15, 1—4 47 *cf.* Marc. 16, 17 48 *cf.* II Cor. 12, 12

---

33 factum *om. Rig.* 35 *post* nomine *virgulam posui* nomine] omnino *Urs.* (*Rig.*) 36 anterius *Urs.* (*Rig.*), alterius *libri et vulgo*; *quid in A fuerit, dignosci nequit* demonstrat *AF*, demonstret *PNRB* 37 hos] hoc *A* ut *Gel.*: utique *PNFRB*, *om. A* 38 qui] quiḍ *A* (d *litt. ind. m. 1*), quis *B* 39 ⟨qui⟩ adhuc *Urs.* 40 domini *A*, dei *PNFRB* hi *addidi* cupio *om. A* (*Oehler Prsch. Rau.*) ut ostendant *F* ex qua auctoritate] *i. e.* pervertant vias domini 41 prodierint *seclusi*: prodierint *A*, prodierunt *PNFRB* 42 nominibus *A* (*cf. Lfst. Zur Spr. Tert. p. 30*), et nominibus *PNFRB et vulgo* 43 eundem *ABmg*, eiusdem *PNFRB* nevos *F* 44 ascendisse *A* 45 iterum mortuum *B*, *om. APNFR* 46 *parenthesin indicavi*: *cf. I Cor. 15, 1—4* apostolus descripsit *A* (*Oehler*), *om. PNFRB Prsch. Rau.* apostolos *om. A* ⟨sic enim⟩ apostolos *Oehler* 47 praeter a illis *A*, illis praeterea *PNFRB* 48 quae] qua *A* ipse *ABmg*, ipsi *PNFRB* et *A*, *om. PNFRB* proferri *Rig.*: proferre *PNFRB* proferri — — eorum (*49*) *om. A*

in perversum aemulantur: illi enim de mortuis vivos faciebant, isti de vivis mortuos faciunt.

31. Sed ab excessu revertar ad principalitatem veritatis et posteritatem mendacitatis disputandam ex illius quoque parabolae patrocinio, quae bonum semen frumenti a domino seminatum in primore constituit, avenarum autem sterilis faeni adulterium ab inimico diabolo postea superducit. ⌞Propri⌟e enim doctrinarum distinctionem figurat, quia et alibi verbum dei sem⌞inis⌟ similitudo est. Ita ex ipso ordine manifestatur id esse dominicum et verum, quo⌞d sit⌟ prius traditum, id autem extraneum et falsum, quod sit posterius inmissum. Ea sententia manebit adversus posteriores quasque haereses, quibus nulla cons⌞tantia ex conscientia com⌟petit ad defendendam sibi veritatem.

32. Ceterum si quae audent intersere⌞re se aetati a⌟postolicae, ut ideo videantur ab apostolis traditae, quia sub apostolis fuerunt, ⌞possumus⌟ dicere: edant ergo origines ecclesiarum suarum, evolvant ordinem episcoporum ⌞suorum, ita per⌟ successionem ab initio decurrentem, ut primus

---

31. 3 *cf.* Matth. 13, 24—30 7 *cf.* Matth. 13, 19

---

50 de *om.* ***F*** 50*sq.* vivos faciebant ***A Gel.*** (***ex coniectura vid.***): suscitabant ***PNFRB***

31. 2 mendacitatis disputandam ***A***, mendacitati deputandam ***PNF RB*** 4 et a ***A***, ut a *fort.* in primore constituit ***A N C***, in primo reconstituit ***PFR***, primo constituit ***B*** 5 foeni ***R vulgo*** postea ***om. F*** 6 proprie ***Bmg*** (***Gel.***): pro parte ***PNFRB***, ... e ***A*** (***lac. septem litt.***) 9 sit ***om. N*** 11 heresis ***A*** 11*sq.* constantia ex conscientia ***scripsi***: constantia et conscientia ***PNFRB***, constantia de conscientia ***Gel.*** (***Oehler Prsch. Rau.***), de conscientia ⟨novitatis⟩ ***van der Vliet***, cons......... petit ***A*** (***omissa fuerunt in A verba*** et conscientia) 12 competit ***Bmg*** (***Gel.***), ... petit ***A***, concedit ***PNRB***, concepit ***FR***[1]***mg***: ***ego malim*** competet ad ***om. A***

32. 2 videant ***A*** 3 poss(i, u sscr.)mus ***P*** (***corr. m. 1***) 4*sq.* suorum ***om. A*** 5 successionem ***ARB***, successiones ***P***, successione ***NF*** decurrentem ***ARB***, decurrente ***PNF***

ille episcopus ali⌊quem⌋ ex apostolis vel apostolicis viris, qui tamen cum apostolis p⌊erseve⌋raverit, habuerit auctorem et antecessorem. Hoc enim modo ecclesiae apostolicae census suos deferunt, sicut Smyrnaeorum ecclesia Polycarpum ab Iohanne collocatum refert, sicut Romanorum Clementem a Petro ordina⌊tum e⌋dit. Perinde utique et ceterae exhibent, quos ab apostolis in episcopatum constit⌊utos⌋ apostolici seminis traduces habeant. Confingant tale aliquid haeretici. ⌊Quid enim illis⌋ post blasphemiam inlicitum est? Sed etsi confinxerint, nihil promovebunt. Ipsa enim doctrina eorum cum apostolica comparata ex diversitate et contrarietate sua pronuntiabit neque apostoli alicuius auctoris esse neque apostolici, quia sicut apostoli non diversa inter se docuissent, ita et apostolici non contraria apostolis edidissent, — nisi ⟨si⟩ illi, qui ab apostolis didicerunt, aliter praedicaverunt. Ad hanc itaque formam provocabuntur ab illis ecclesiis, quae, licet nullum ex apostolis vel apostolicis auctore⌊m⌋ suum proferant, ut multo posteriores — novae denique cottidie instituuntur — tamen in eadem fide conspirantes non minus apostolicae deputantur pro consanguinitate doctrinae. Ita omnes haereses ad

---

6 vel — — apostolis (*l. 7*) *om. A* 7 perseveravit *Oehler* 9 zmyrneorum *A*, smirneorum *PNF* 9*sq.* habens Polycarpum *B* 11 ordinatum edit *Gel.*: ordinatum et id. *PNFRB*, ordina .... dem *A*, ordinatum itidem. *Rig.* (*ex coniectura videlicet; repugnat evanidarum litterarum numerus*) *Oehler Prsch.*: perinde *seclusit Prsch.* (*Rau.*), *gravius distinguens post* ordinatum perinde *A*, proinde *PNFRB* 12 ab apostolis *AF*R^3*B*, apostoli *PN*R^1 13 habebant *N*, habent *Lat.* 14 haeretici .... post *A* (*interciderat igitur*: illis) 15 seddetsi *A* 16 apostolici *F* 17 pronuntiavit *F* apostolis *F* apostoli — — sicut (*18*) *om. A* 20 si *addidi* (*cf. Ho. Beitr. p. 129—131*) 21 didicerunt *A*, desciverunt *PNFRB*, discesserunt *C* aliter *A*, et aliter *NFRB*, *om. P* 22 probabuntur *A* (*Rig. Oehler*) nullam *PF* 23 proferebant *A* 24 *parenthesin indicavi* novae *scripsi* (*cf. cap. 20, 20—22*): quae *libri et vulgo* denique] *h. e.* enim 26 haereses *s. v. N* (*add. m. 1*)

utramque formam a n⌊ostris⌋ ecclesiis provocatae probent se quaqua putant apostolicas. Sed ad⌊eo⌋ nec sunt nec probare possunt quod non sunt, ⟨ut⟩ nec recipiuntur in pacem et comm⌊unica⌋tionem ab ecclesiis quoquo modo apostolicis, scilicet ob diversitat⌊em sacra⌋menti nullo modo apostolici.

33. Adhibeo super haec ipsarum doctrinar⌊um recog⌋nitionem, quae tunc sub apostolis fuerunt, ab isdem apostolis et demon⌊stratae⌋ et deieratae. Nam et sic facilius traducentur, dum aut iam tun⌊c fuisse de⌋prehenduntur aut ex illis, quae iam tunc fuerunt, seminia sumps⌊isse. Paulus⌋ in prima ad Corinthios notat negatores et dubitatores re⌊surrectionis:⌋ haec opinio propria Sadducaeorum; partem eius usurpat ⌊Marcion; et A⌋pelles et Valentinus et si qui alii resurrectionem carnis infr⌊ingunt;⌋ ad Galatas scribens invehitur in observatores et defens⌊ores circum⌋cisionis et legis: Hebionis haeresis sic est; Timotheum instruens ⌊nuptiarum⌋ quoque interdictores suggillat: ita instituunt Marcion et Ape⌊lles, eius secutor⌋; aeque tangit eos, qui dicerent factam iam resurrectionem: sic ⌊Valen-

33. 6 *cf.* I Cor. 15, 12 7 *cf.* Act. 23, 8. Matth. 22, 23 9 *cf.* Gal. 5, 2—12 11 *cf.* I Tim. 4, 3 14 *cf.* II Tim. 2, 18

27 a *om.* *PNFRB* 28 quaquam *F* quaqua putant] *subaudi* probare se posse: quaqua possunt *van der Vliet* apostolicasset adeo *F* nec sunt *om.* *A* 29 possunt probare *PNFRB* ut *addidi* 30 et *A*, et in *PNFRB* 32 apostolici *van der Vliet*: apostolicae *libri et vulgo*

33. 1 adhibe⟨b⟩o *fort.* 2 tunc *A*, *om.* *PNFRB* isdem *AP*, eisdem *NF* 3 sic] si *N* 4 deprehendentur *Rig.* 5 assumps⌊isse *A* (*Rau.*) 6 prima] prima epistola *F* ad corinthios *om.* *F* 7 propria *ABmgN*, prima *PF* sattuceorum *P*, saduceorum *NF* 9 carnis *AB*, *om.* *PNFR* ad *PNFRB*, et ad *A* (*Rig. Oehler Prsch. Rau.*) galathas *PNF* 10 observationes *A* 12 interdictore *PNF* 13 instituunt] instuunt *A*, institut *N* apelles *P*, appelles *ANF* secutor *om.* *F* 14*sq.* sic valentiniani *N*, sic se Val. *PFR*, id de se Val. *B et vulgo*, sic *lac. duodecim litt.* *A* (*non erat in A quod praebet B*: de se, *siquidem post voculam* sic *dignosci possunt syllabae*: vale

tiniani⸥ asseverant. Sed et cum genealogias indeterminatas nomi⸤nat, Valenti⸥nus agnoscitur. Apud quem Aeon ille nescio qui novi et n⸤on unius nominis⸥ generat ex sua Charite Sensum et Veritatem; et hi aeque procreant duo ex se Sermonem et Vitam, dehinc et isti generant Hominem et Ecclesiam. De qua prima ogdoade Aeonum exinde decem alii et duodecim reliqui Aeones miris nominibus oriuntur in meram fabulam triginta Aeonum. Idem apostolus, cum improbat elementis servientes, aliquid Hermogenis ostendit, ⸤qui⸥ materiam non natam introducens deo non nato eam comparat, et ita ma⸤trem⸥ elementorum deam faciens potest ei servire quam deo comparat. ⸤Iohann⸥es vero in Apocalypsi idolothyta edentes et stupra committentes ⸤iubetur⸥ castigare. Sunt et nunc alii Nicolaitae: Gaiana haeresis dicitur. ⸤At in epi⸥stula eos maxime antichristos vocat, qui Christum negarent in carnem ⸤venisse⸥, et qui non putarent Iesum esse filium dei: Illud Marcion, hoc Hebion ⸤vindicavit.⸥ Simonianae autem magiae disciplina angelis serviens utique ⸤et ipsa inter i⸥dololatrias deputabatur et a Petro apostolo in ipso Simone ⸤damnabatur.⸥

15 *cf.* I Tim. 1, 4 23 *cf.* Gal. 4, 3 27 *cf.* Apoc. 2, 14 28 *cf.* Apoc. 2, 15 29 *cf.* I Ioh. 4, 3 31 *cf.* I Ioh. 2, 22 32 *cf.* Act. 8, 14–24 34 *cf.* Act. 8, 20

16 aeon] adeo *A* 17 ex sua *A* (*Oehler*), e sua R^3B *Prsch. Rau.*, et sua $PNFR^1$ 18 Charite] caritate *FR* Veritatem] varietate *N* et (*sec. loco*) *om. N* hi aeque *APNR*, quae *F* 18*sq.* duo ex se *scripsi*: duo *PNFRB*, ex se *A* 20 prima *om. A* ogdoade Aeonum *Bmg* (*Gel.*), ogdo adae eonum *A*, haec ideo decas eonum *PNFRB* 21 et *om. A* 22 meram fabulam *PNFRB*, mira fabula *A* 23*sq.* aliquid hermogenis *A*, aliquid hermogenem *F*, aliquem Hermogenem *PNRB* 25 nato eam] notam *A* deam] eam *N* 27 vero *om. F* in *om.* R^3B idolotica *N* 28 iubetur *A* (*ut vid., est enim lac. septem litt.*) *PN* (*cf. Apoc. 2, 12*), iubet *FRB Prsch. Rau.* gaiana $APNFR^1$, cainana R^3B, eiana *Bmg* 29 at in *om. F* 30 quia *F* carnem *AN*, carne *PFRB* 31*sq.* haebion *A*, hebeion PR^1, ebion NR^3, abeon *F* 32 vindicabit *F* 33 idololatrias *PR*, idolatrias *ANF* disputabuntur *F* 34 damnabitur *F*

34. Haec sunt, ut arbitror, genera doctrinarum adulterinarum, ⌞quae sub apost⌟olis fuisse ab ipsis apostolis discimus. Et tamen nullam invenimus ⌞institutionem⌟ inter tot diversitates perversitatum, quae de deo creatore ⌞universorum⌟ controversiam moverit. Nemo alterum deum ausus est suspicari — ⌞facilius de f⌟ilio quam de patre haesitabatur — donec Marcion praeter ⌞creatore⌟m alium deum, solius bonitatis induceret, Apelles creatorem ⌞angelum⌟ nescio quem gloriosum superioris dei faceret, deum legis et Israë⌞lis illum⌟ igneum ** affirmans, Valentinus Aeonas suos spargeret et unius Aeo⌞nis viti⌟um in originem deduceret dei creatoris. His solis et his primis revelata est veritas divinitatis, maiorem scilicet dignationem et pleniorem gratiam a diabolo consecutis, qui deum sic quoque voluerit aemulari, ut de doctrinis daemoniorum, quod dominus negavit, ipse faceret: discipulos super magistrum. Eligant igitur sibi tempora universae ⟨hae⟩ haereses, quae quando fuerit — cum no⌞n⌟ intersit, quae quando, dum de veritate non sint —: utique sub apostolis non fuer⌞unt,⌟ fuisse

34. 1—10 *cf.* Isid. Orig. VIII 5. 12   15 *cf.* I Tim. 4, 1   16 *cf.* Matth. 10, 24

34. 2 fuisse ab *om. N* apostolis *om. N* 3 inter tot *A B*, ut *P N F R* 5 moverit *A F B*, moverint *P N R* 6 *parenthesin indicavi* 8 appelles *A P N F* angelum] angelorum *Rig.* 9 facere *F* 10 israelis *N F R*, israhe⌊lis *A P* *lacunam indicavi*: ⟨qui videbatur Moysi in senti igneo⟩ *intercidisse arbitror, etsi idem praebet Isidorus* (Orig. VIII 5, 12) 12 est veritas *P N F R*, et veritas *B*, est veritatis *A* 13 dignationem] dignitatem *A* 14 qui deum] quod eum *A* voluerint *A* 15 ut *A N R³ B*, et *P F R¹* daemoniorum *scripsi* (*cf. I Tim. 4, 1*: προσέχοντες διδασκαλίαις δαιμονίων *cf. cap. 7, 1*): venenorum *libri et vulgo* dominus *A R³ B*, dominum *P N F R¹* 16 *aliter distinxi*: faceret discipulos *vulgo* 17 hae *addidi* (*cf. infra l. 21*: quae vero sub apostolis fuerunt) 18 fuerit *A* (*Rau.*), fuerint *P N F R B et vulgo* *parenthesin indicavit Prsch.* cum (*h. e. etsi*) *I. M. Routh*: dum *libri et vulgo*, dummodo *Rig.*, tum *Iun.* dum (= *cum causale*) *A B R³*, *om. P N F R¹* 19 utique *P N F R B* (*Urs. Rig. Prsch.*), et utique *A* (*Oehler Rau.*) sub *A*, quae sub *P N F R B et vulgo* quae ab apostolis ⟨nominatae⟩ non fuerunt *Urs.* (*Rig.*) fuisse] ⟨sub apostolis⟩ fuisse *Urs.* (*Rig.*)

non possunt. Si enim fuissent, nominarentur et ipsae, ut et ipsae coër⌞cen⌟dae. Quae vero sub apostolis fuerunt, in sua nominatione damnan⌞tur.⌟ Sive ergo eaedem nunc sunt aliquanto expolitiores quae sub apostolis r⌞udes,⌟ habent suam exinde damnationem; sive aliae quidem illae fuerunt, alia⌞e autem⌟ postea obortae quiddam ex illis opinionis usurpaverunt, habend⌞o cum eis⌟ consortium praedicationis habeant necesse est etiam consortium damn⌞ationis,⌟ praecedente illo fine supradicto posteritatis, quo etsi nihil de ⌞damnaticiis⌟ participarent, de aetate sola praeiudicarentur, tanto magis ⌞adulterae⌟ quanto nec ab apostolis nominatae. Unde firmius constat has e⌞sse, quae ad⌟huc tunc nuntiabantur futurae.

35. His definitionibus provo⌞catae⌟ a nobis et revictae haereses omnes, sive quae posterae sive quae co⌞aetane⌟ae apostolorum, dummodo diversae, sive generaliter sive specialiter no⌞tatae ab⌟ eis, dummodo praedamnatae, audeant respondere et ipsae aliquas ⌞eius⌟modi praescriptiones adversus nostram disciplinam. Si enim negant v⌞er⌟itatem eius, debent probare illam quoque haeresin esse, eadem forma revic⌞tam,⌟ qu⌞a i⌟psae revincuntur, et ostendere

---

32 *cf.* II Petr. 3, 17; I Tim. 4, 1—3

---

20 possunt *PNFRB Rig. Prsch.*: possint *A* (*Oehler Rau.*) enim *PNFRB Rig. Prsch.*: autem *A Oehler Rau.* 21 coercendae *PNFRB Rig. Prsch.*: coercendae essent *A* (*Oehler Rau.*) 22 damnantur *ANF R¹mg R³ B*, dignantur *PR¹* eaedem] eadem *A* 23 explitiores *N* 24 illae *PNFRB*, *om. A* (*Rig. Oehler Prsch. Rau.*) 25 obortae ⌞sunt et⌟ *B* quiddam *A*, quasdam *PNFRB et vulgo* 25 *sq.* opinionis *Hildebrandus*: opiniones *libri et vulgo* 27 habeant *AR³B*, habent *PNFR¹* etiam *om. AF* 28 praecedente] *intell.*: *wiewohl freilich übergeordnet bleibt* fine] *h. e. definitione* supradicto fine *N* quo] quod *A* (*Oehler*) 29 participarent *AF*, participarentur *PNRB* 30 ab *om. B* 32 . . hunc *A* (*corr. m. 1*) tunc] nunc *F*

35. 2 quae (*utroque loco*) *AB*, qua (*utroque loco*) *PNFR* 7 haeresin esse *AB*, haeresim (*om.* esse) *PNFR* 8 formam *F* revic . . . *A* (*in lac. litt.* a *etiamnunc dignoscitur*): *malim*: revincendam

simul, ubinam quaerenda sit ⌊ver⌋ita⌊s,⌋ quam apud illas non esse iam constat. Posterior nostra res non est, immo omnibus prior est: hoc erit testimonium veritatis ubique occupantis principatum; apostolis non damnatur, immo defenditur: hoc erit indicium proprietatis. Quam enim non damnant qui extraneam quamque damnarunt, suam ostendunt ideoque et defendunt.

36. Age iam, qui voles curiositatem melius exercere in negotio salutis tuae, percurre ecclesias apostolicas, apud quas ipsae adhuc cathedrae apostolorum suis locis praesident, apud quas ipsae authenticae litterae eorum re⌊citan-t⌋ur, sonantes vocem et repraesentantes faciem uniuscuiusque. Proxima est ⌊tibi⌋ Achaia: habes Corinthum. Si non longe es a Macedonia, habes Philippos, habes Thessalonicenses. ⌊Si pote⌋s in Asiam tendere, habes Ephesum. Si autem Italiae adiaces, habes Romam, ⌊unde⌋ nobis quoque auctoritas praesto est. Ista tam felix ecclesia, cui totam ⌊doctrinam⌋ apostoli cum sanguine suo profuderunt, ubi

---

10 posterior] superior *A* non est] nomen R^1 (*nescio unde*) 11 et hoc *A* (*Oehler*) ubique] ubi *A* 12 apostolis *A*, ab apostolis *PNFR*, quod ab apostolis *B* non *PNFRB*, ubique non *A* (*Oehler*), utique non *Rig.* (*Prsch. Rau.*) 13 enim] etiam *N* 13*sq.* non damnant AR^1mg, damnant *PNFRB* 14 qui extraneam AFR^1, qui si extraneam *N*, qui ṣị ḷex tranṣ eam *P* (*corr. m. 1*), quasi extraneam GR^3B quamque AFR^1mg, quamque non *PNRB* damnarunt *A*, damnaverunt *PNFRB*

36. 3 adhuc ca- *in ras. A* 3*sq.* praesident *AF*, praesidentur *PNRB* 4 aput *AP* ipsae AFR^1mgB, *om. PNR* 5 et *AB*, *om. PNFR* praesentantes *A* 5*sq.* uniuscuiusque *AB*, *om. PNFR* 6 proxima *ARB*, proxime *PNF* acaia *A* 7*sq.* habes Thessalonicenses *B*, *om. APNFR*, *seclusit Prsch. Rau.* 9 italiae adiaces *AB*, italiae adiceris (-ieceris *N*) *PN*, italiae adiiceris *R*, itali adicies *F* romam *A* (*Gel.*), romanam *PNFRB* 9*sq.* quoque auctoritas *PFRB*, auctoritas quoque *A* (quoque *in ras.*), auctoritas *N* (*om.* quoque) 10 presto *A* (pres- *in ras.*) est. Ista tam *scripsi*: est ista quam *A* (*Oehler Rau. Prsch.*), est statū *F*, est statuta. *PNRB* est. (*om.* statuta) *Gel.* 11 apostoli cum] apostolicam *F*

Petrus passioni domi⌊nicae ada⌋equatur, ubi Paulus Iohannis exitu coronatur, ubi apostolus Iohannes, ⌊posteaquam⌋ in oleum igneum demersus nihil passus est, in insulam relega⌊tur, videa⌋mus quid didicerit, quid docuerit. Cum Africanis quoque ecclesiis contesse⌊ratis⌋ unum deum dominum novit, creatorem universitatis, et Christum Iesum, ex virgine Maria filium dei creatoris et carnis resurrectorem; legem et prophetas cum evangelicis et apostolicis litteris miscet: inde potat fidem; eam aqua sign⌊at,⌋ sancto spiritu vestit, eucharistia pascit, martyrium exhortatur; et ita ⌊adve⌋rsus hanc institutionem neminem recipit. Haec est institutio, non dic⌊o i⌋am, quae futuras haereses praenuntiabat, sed de qua haereses prodierunt. Sed ⌊non⌋ sunt ex illa, ex quo factae sunt adversus illam. Etiam de olivae nucleo, mi⌊ti⌋s et opimae, et necessarie asper oleaster exoritur, etiam de papavere ficus gratissimae et suavissimae ventosa et vana caprificus exsurgit. Ita et

---

36. 23 *cf.* II Petr. 3, 17; I Tim. 4, 1—3

12*sq.* Iohannis] *i. e.* baptizatoris 14*sq. aliter distinxi*: relegatur. videamus *vulgo* 15 didicerit *AB*, dierit *NF*, dixerit *PR* *post* docuerit *gravius distinxi* ⟨quid⟩ cum *Pam.* (*Prsch. van der Vliet*) 16 contesseratis *scripsi*: contesse..... *A*, contestatur *PNRB*, contestare *F*, contesserarit *Gel.*, contesseratur *Rig.*, contestetur *Prsch.* (*Rau.*) 16*sq.* dominum *om.* *PNFRB* 17 universitatis] in universitatem *A* 18 creatoris] creatorem *A* resurrectorem *A*, resurrectionem *PNFRB* *vulgo* 20 miscit *A* inde] et inde *B* potat *A* (*Gel.*): portat *PNFRB* eam *AB*, *om.* *PNFR* 21 vestiit *F* martyrium *APNFRB* (*Oehler Prsch. Rau.*), martyrio *Gel.*, ⟨ad⟩ martyrium *Urs.* exortatur *AN* 21 ita] *malim*: ita ⟨instituta⟩ (*cf. supra l. 15*: quid didicerit, quid docuerit) 23 heresis *A* 23*sq.* praenuntiabat — — haereses *om.* *F* pronuntiabat *N* haeresis *N* 24 sunt *ANF*, omnes *PRB*, fuerunt *Gel.* 26*sq.* et necessarie — — gratissimae *AB*, *om.* *PNFR* mitis et opimae, et necessarie *scripsi* (*malim quidem*: necessarie et, *sed positio coniunctionis* et = *etiam libera est*; nec. = *notwendigerweise*, *cf. De an. cap. 34, 3 = I p. 358, 20 et cap. 35, 10 = I p. 360, 10*): mitis et opimae et necessariae *AB et vulgo* 27 exoritur *PNFRB* (*cf. l. 28*: exsurgit; *praeterea melior clausula*), oritur *A* ficus] fici *B* 28 caproficus *A*

haereses de nostro frutice, non nostro genere, veritatis grano, sed mendacio silvestres.

37. Si haec ita se habent, ut veritas nobis adiudicetur, quicumque in ea regula incedimus, quam ecclesiae ab apostolis, apostoli a Christo, Christus a deo tradidit, constat ratio propositi nostri definientis non esse admittendos haereticos ad ineundam de scripturis provocationem, quos sine scripturis probamus ad scripturas non pertinere. Si enim haeretici sunt, Christiani esse non possunt, non a Christo habendo quod de su⌊a elec⌋tione sectati haereticorum nomine admittunt. Ita non Christiani nullum ius capiunt Christianarum litterarum, ad quos merito dicendum est: 'Qui estis? quando et unde venistis? quid ⌊in meo⌋ agitis, non mei? quo denique, Marcion, iure silvam meam caedis? qua licent⌊ia,⌋ Valentine, fontes meos transvertis? qua potestate, Apelles, limites m⌊eos commoves⌋? Quid hic, ceteri, ad voluntatem vestram seminatis et pascitis? ⌊Mea est⌋ possessio, olim possideo, prior possideo, habeo origines fir-

---

29 haeresis *F* f̣rutice *A* (*corr. m. 1*), fructificaverunt *PNFRB* nostro genere *A*, nostrae degeneres *PNFRB* veritatis *ANFGR*³*B*, varitatis *P*, varietatis *R*¹ 30 grano sed *Rig.*: granos eḍ (d *ex* t *fec. m. 1*) *A*, grano et *PNFRB* silvestres] *i. e. verwildert, entartet recepi inter verba Agobardini lectionem; suo autem iure aliquis dubitet, an verior sit recentiorum memoria, sic quidem paucis adhibitis medelis restituenda*: ita et haereses de nostro fru*tica*verunt, non nostrae genere sunt (genere sunt = generes̄), de veritatis grano, sed mendacio silvestres.

37. 1 se *om. F* 2 quam] quem *A* ecclesiae *APNF* (*Rau. Mart.*), ecclesia *R Oehler Prsch.* 3 a deo *om. F* 5 ad ineundam *A C*, adeundam *PNFR*¹, ad eandem *R*³*B* quos] quo *N*, quas *F* 7 haeretici sunt] haereticis *P* (*ortum videlicet ex* haeretici s̄) 8*sq.* nomine *PNF RB Prsch. Rau.*, nomina *A Oehler* 9 christiani nullum ius capiunt *om. A* 12 silvam meam *om. N* 13 transṿertis *A* (v *ex* f *fec. m. 1*) *NFRB*, transfertis *P* 14 apelles *A*, appelles *PNF* meos commoves *PNFRB*, m...... *A* (*lac. sex litt.*) quid hic *PNFR*, mea est possessio, quid hic *AB vulgo*: *verba* mea est possessio *ex versu insequenti hic irrepsisse ideo putaverim, quia post tres haereticos nomine nuncupatos vocativo* ceteri *qui supersunt omnes summatim compellantur* 15 vestram *PFRB*, nostram *N*, *om. A* 16 prior possideo *AB*, *om. PNFR*

mas ⌊ab ipsis auc⌋toribus, quorum fuit res. Ego sum heres apostolorum. Sicut caverunt testam⌊ento suo,⌋ sicut fidei commiserunt, sicut adiuraverunt, ita teneo. Vos certe exher⌊edaverunt⌋ semper et abdicaverunt ut extraneos, ut inimicos.'

38. Unde autem extra⌊nei et inimi⌋ci apostolis haeretici, nisi ex diversitate doctrinae, quam unusquisque de s⌊uo ar⌋bitrio adversus apostolos aut protulit aut recepit? Illic igitur et scrip⌊turarum et⌋ expositionum adulteratio deputanda est, ubi doctrinae diversit⌊as inveni⌋tur. Quibus fuit propositum aliter docendi, eis neçessitas institit aliter d⌊isponen⌋di instrumenta doctrinae. Alias enim non potuissent aliter docere, nisi alit⌊er ha⌋berent per quae docerent. Sicut illis non potuisset succedere corruptela doctrinae sine corruptela ⌊instrumen⌋torum eius, ita et nobis integritas doctrinae non competisset sine integritate eorum, per quae doctrina tractatur. Etenim quid contrarium nobis in nostris? quid de proprio intulimus, ut aliquid contrarium ei in scripturis deprehensum detractione vel adiectione vel

---

17 ab ipsis R^3 *B*, et ipsis *PNF* R^1: *an* ex ipsis? 18 caver̄ *A* (*ita et infra* commiser̄, adiuraver̄) 19 commiserim *F*

38. 1 *cap. 38 vulgo incipiens a verbis* illic igitur (*l. 4*) *hinc initium capere malui* autem *PNFRB Oehler Prsch.*, autem ut *A* (*Rau. Mart.*) 2 ex] a *N* 3 recepit *PFRB Oehler Prsch.* (*defenditur clausula*), recipit *AN* (*Rau. Mart.*) 4 igitur] enim *N* 5 doctrinae diversitas invenitur *A*, diversitas invenitur doctrinae *PNFRB* (*clausulae lege neglecta*) 6 eis *scripsi* (insistere alicui *cf. De res. carn. c. 24 = III p. 60, 6*): eos *AB*, *om.* *PNF* R^1 institit R^1 *Prsch.*, institu *P*, instituit *NF*, coegit *AB* R^3 *Oehler Rau.* 6*sq. verba* necessitas — — disponendi *in F bis comparent* 7 doctrina *F* 8*sq.* docerent] docerent haeresim *B* 9*sq.* doctrinae sine corruptela instrumentorum *NB* R^3, ...torum *A* (*om. igitur verba* doctrinae sine corruptela), sine corruptela instrumentorum *om.* *PF* R^1 10*sq.* eius — — doctrinae *om. P*, *in F haec verba bis comparent* et nobis et a nobis *A Rig.* 12 quid] qui *N* 12*sq.* nobis — — contrarium (*l. 13*) *om. A* 13 quid] qui *N* 14 ei in *scripsi*: et in *A*, ei et in *PNFRB*, ⟨quod ess⟩et in *Urs.* (*Rig.*)

transmutatione remediaremus? Quod sumus, hoc sunt scripturae inde ab initio suo. Ex illis sumus, antequam nihil aliter fuit quam sumus. Quid denique fuit, antequam a vobis interpolarentur? Cum autem omnis interpolatio posterior credenda sit, veniens utique ex causa aemulationis, quae ⌊neque⌋ prior neque domestica umquam est eius quod aemulatur, tam ⌊incre⌋dibile est sapienti cuique, ut nos adulterum stilum intulisse videamur ⌊script⌋uris, qui sumus a principio et primi et ex ipsis, quam illos non intulisse, qui sunt ⌊et⌋ posteri et adversi. Alius manu scripturas, alius sensus expositio⌊nibus in⌋tervertit. Neque enim si Valentinus integro instrumento uti videtur, ⌊non callidi⌋ore ingenio quam Marcion manus intulit veritati. Marcion ⌊enim exer⌋te et palam machaera, non stilo usus est, quoniam ad materiam suam ⌊caedem scr⌋ipturarum confecit; Valentinus autem pepercit, quoniam non ad materi⌊am scriptu⌋ras, sed materiam ad scripturas excogitavit. Et tamen plus abstulit et plus adiecit, aufe⌊rens propr⌋ietates singulorum quoque verborum et adiciens dispositiones non ⌊comparentiu⌋m rerum.

---

15 *sq.* scripturae inde *scripsi*: inde scripturae *PNFRB*, scripturae ⟨iam⟩ inde *Urs.*, scripturae *A* 16 nihil *om. A* (*Rig. Oehler Rau.*) 17 quam sumus — — fuit *om. A* (*Rig. Oehler Rau.*) quid denique fuit] *scil.* aliter

17 *sq.* a vobis *A*, nobis *PNFRB*, a nobis *Gel.* 19 utique *AR*¹*mg B*, itaque *PNFR* 20 quae *A* (*Gel.*), qua *PNFRB* 20 *sq.* domestica umquam est eius quod *Rig.*: domestica umquam est ceteris quod *A*, domesticarum est eius quam quod *PNFRB* 22 nos *AR*³*B*, non *PNFR*¹

23 simus *A* a principio *ABmg*, *om. PNFRB* (*Prsch.*) et ex ipsis *om. A* (*Gel. Rig. Oehler Rau.*) 24 aversi *N* manus *A* (*Rau.*) 25 sensus *A* (*Rig. Oehler Rau. Prsch.*), sensu *PNFRB Gel.* expositionibus intervertit *scripsi*: expositio .... tervertit *A*, expositiones intervertit *PNFRB* (*Rau.*), expositione intervertit *Urs.* (*Rig. Oehler Prsch.*) 26 instrumento *NRB*, strumento *APF* uti videtur *AR*¹*mgB*, et ut videtur *PNR*¹, et videtur *F*, et utitur *R*³ 27 calidiore *N* manus intulit veritati *AB*, *om. PNFR* 28 Marcion *om. F* exarte *P* et palam] quam palam *N* 29 caedem *ANR*, eaedem *PF* 31 sed materiam ad scripturas *PNRB*, *om. AF* 33 et *om. A* (*Rau.*)

39. Haec erunt ingenia de 'spiritalibus nequitiae', cum quibus ⌞luctatio est⌟ nobis, fratres, merito contemplanda fidei necessaria, ut electi ⌞manifes⌟tentur, ut reprobi detegantur. Et ideo habent vim et in excogitandis instruendisque ⌞erroribus⌟ facilitatem, non adeo mirandam quasi difficilem et inexplicabilem, ⌞cum de⌟ saecularibus quoque scripturis exemplum praesto sit eiusmodi fa⌞cilita⌟tis: vides hodie ex Virgilio fabulam in totum aliam componi, materia secundum versus versibus secundum materiam concinnatis. Denique Hosidius Geta Mediae tragoediam ex Virgilio plenissime exsuxit. Meus quidam propinquus ex eodem poëta inter cetera stili sui otia Pinacem Cebetis explicuit. Homerocentones etiam vocari solent qui de carminibus Homeri propria opera more centonario ex multis hinc inde compositis [in] unum sarciunt corpus. Et utique fecundior divina litteratura ad facultatem cuiusque materiae. Nec periclitor dicere ipsas quoque scripturas sic esse ex dei

---

39. 1 *cf.* Eph. 6, 12 3 *cf.* I Cor. 11, 19

---

39. 1 haec *om. A* (*Rig. Oehler Rau.*) erunt *scripsi*: erant *A* (*Rig. Oehler Rau.*), sunt *PNFRB* (*Prsch.*) spiritalibus] spiritibus *Bmg* 2 *post* contemplanda *virgulam a Rhenano positam et ab omnibus deinde receptam expunxi* contemplanda *A*, contemplandae *PNFRB* 3 ut *om. F* ut reprobi detegantur *om. A* 4 in *A*, *om. PNFRB* instruendisque] instruendis *F* 5 facilitatem] felicitatem *BmgF* 7 praesto] prae fato *N* vides *A*, quosvis *N*, suis *F*, quovis *P*, quo ius *RB*, uis *Gel.*, qua vides *Wouwer* 8 vergilio *FN* fabula *PN* materia AR^3, materiam $PNFR^1$ 9 versibus] et versibus *A* (*Rig. Oehler Rau.*), *om. F* materiam *A*, materias *PNFRB* 10 Hosidius *Rig.*: vosidius *A*, osidius *B*, ovidius *PNR*, offidius *F* geta *AB*, citra *PNFR* mediae *A*, mediam et *N*, mediam *F*, Medeae *RB vulgo* vergilio *R et vulgo* 11 exsuxit *A* (*Rig. Oehler Prsch. Rau.*), expressit *PNFRB* quidem *A* 12 caebytis *A* 13 homerocentones *AF* (*Oehler*), homericentonas *PN*, Homeri centonas *RB*, Homerocentonas *Prsch. Rau.* etiam AR^3B, sententiam $PNFR^1$ vocari *ANF* (*Oehler*), vocare *PRB Prsch. Rau.* 14 propria opera] *h. e. arte speciali* centonario *ARB*, centenario *PN*, centonamo *F* 15 in *seclusi* sarciunt *ANPRB*, faciunt *F* 16 cuiusque *AN*, cuiuscumque *PFRB*

voluntate dispositas, ut haereticis materias subministrarent, cum legam oportere haereses esse, quae sine scripturis esse non possunt.

40. Sed quaeritur: a quo intellectus interpretetur eorum, quae ad haereses faciant? A diabolo scilicet, cuius sunt partes intervertendi veritatem, qui ipsas quoque res sacramentorum divinorum in idolorum mysteriis aemulatur. Tingit et ipse quosdam, utique credentes et fideles suos: expositionem delictorum de lavacro repromittit et, si adhuc memini, [Mithra] signat illic in frontibus milites suos. Celebrat et panis oblationem et imaginem resurrectionis inducit et sub gladio redimit coronam. Quid, quod et summum pontificem in unis nuptiis statuit? habet et virgines, habet et continentes. Ceterum si Numae Popilii superstitiones revolvamus, si sacerdotalia officia et insignia et

---

19 *cf.* I Cor. 11, 19

---

18 haereticus *F* subministraverit *F* 19 haereses *om. N* 20 possunt *A*, possent *PNFRB*, *cf. quae adnotavi ad cap. 30, 13 sqq.*

40. 1 sed quaeritur *PNFRB* (*Prsch. Rau.*), sequetur *A* (*Rig. Oehler*) *post* quaeritur *gravius distinxi* interpretetur] *vi passiva: von wem sollte gedeutet werden? non igitur necessaria videtur Latinii coniectura* intervertatur, *quamvis commendetur verbis subsequentibus* 3 sunt *om. A* partes *AN*R^3*B*, pares *PF*R^1 4 in *om. A* (*Rig. Oehler Prsch. Rau.*) 6 expositionem *A* (*h. e. depositionem, abolitionem, cf. Ho. Synt. u. Stil p. 131, 2. 3*), expiationem *PNFRB* si] sic R^3*B Prsch.* 7 memini *AP*, meminit *NF*R^1, initiat R^3*B Prsch.* mithra *seclusi ut docti alicuius interpretationem* (*de diabolo enim hic sermo est, sicut et supra et infra*): mithra *A* (*Oehler*), mithrae *PNFRB* (*Prsch. Rau.*): *et abundat post verba* si adhuc memini (*wenn ich mich noch recht entsinne*) *genetivus* mithrae *neque aptus est, ut recte sentit Rau., qui mente suppleri vult* mysteriorum illic] *i. e. in lavacro* 8 et panes et *A* et imaginem *om. A* 9 quid quod *ANRB*, quit quo it *P*, quicq̄ *F* 10 in unis *scripsi* (*cf. p. 142, 25; 143, 30*): in unius *F*R^1*mg*R^3*B*, unius *A*, *om. PN*R^1, in unicis *Lfst.* (*Zur Spr. Tert. p. 68 in adnotat.*) 11 popilii *A* (*de hac huius nominis forma cf. adnot. Marxii ad Lucil. Sat. v. 621*), pompilii *PNRB*, pompili *F* 12 si *om. A* sacerdotia *A* et insignia *A*, insignia *PFRB*, insignata *N*

privilegia, si sacrificantium ministeria et instrumenta et vasa, ⟨si⟩ ipsorum sacrificiorum ac piaculorum et votorum curiositates consideremus, nonne manifeste diabolus morositatem illam Iudaicae legis imitatus est? Qui ergo ipsas res, de quibus sacramenta Christi administrantur, tam aemulanter adfectavit exprimere in negotiis idololatriae, utique et idem et eodem ingenio gestiit et potuit instrumenta quoque divinarum rerum et sacramentorum Christianorum sensus de sensibus, verba de verbis, parabolas de parabolis, profanae et aemulae fidei attemperare. Et ideo neque a diabolo inmissa esse spiritalia nequitiae, ex quibus etiam haereses veniunt, dubitare quis debet, neque ab idololatria distare haereses, cum et auctoris et operis eiusdem sint, cuius et idololatria. Deum aut fingunt alium adversus creatorem, aut si unicum creatorem confitentur, aliter eum disserunt quam in vero est. Itaque omne mendacium, quod de deo dicunt: vel †natio quodammodo sexus est idololatriae.

---

13 sacrificantium *Urs.* (*Rig.*): sacrificantia *APNFRB*, sacrificalia *Gel. et inde editores omnes* ministeria] *quae post hoc verbum sequuntur usque ad verba*: sed nunc quidem generaliter (*cap. 64, 33*) *in A desunt nulla lacuna signata; quam ob rem in archetypo Agobardini unum folium vel duo intercidisse verisimile est* 14 si *addidi* 15 curiositate *PN* 16 iudaicae *NFBmg*, iudai$\overset{c}{\text{ę}}$ *P* (*corr. m.1*), iudaeae *R* legis *F*, *om. PNRB* 18 idololatriae *RB*, idolatriae *PNF* 19*sq.* instrumenta] *h. e. vetus et novum testamentum* 20 sacramentorum *Gel.* (*Rig.*): sacrorum *PNFRB* (*Oehler Prsch. Rau.*) 21 sensus *scripsi* (*est enim* sensus *quod nostrum*: Schriftstelle), sensum *libri et vulgo* 22 attemperare *Gel.* (*Rig. Oehler Prsch. Rau.*), attentare *PNFRB* 23 inmisse se *F* 24 debet *Gel.*: debeat *PNFRB* 25 ⟨parum⟩ distare *van der Vliet* 26 idolatria *PNF* 27 si *s. v. a m. 1 P* 28 itaque *P Bmg*: ita *NFRB* 29 quod *Bmg*: *om. PNFRB* de deo] de eo *Bmg* dicunt *Bmg*: *om. PNFRB* vel natio *PNFR^1*, variatio *R^3B*, *om. Gel.* (*et editores seqq. fere omnes*), variato *Prsch.* (*deceptus coniectura Rhenani, quam pro lectione accepit*) quodammodo *PNFRB*, *om. Bmg Gel.* 30 sexus *PNFRB*, genus *Bmg* (*Gel. et vulgo*), servus *Prsch.* *libros mss. quam maxime secutus hunc locum sic velim restituere*: Itaque omne men-

41. Non omittam ipsius etiam conversationis haereticae descriptionem, quam futilis, quam terrena, quam humana sit, sine gravitate, sine auctoritate, sine disciplina, ut fidei suae congruens. Inprimis quis catechumenus, quis fidelis, incertum est; pariter adeunt, pariter audiunt, pariter orant; etiam ethnici si supervenerint, sanctum canibus et porcis margaritas, licet non veras, iactabunt. Simplicitatem volunt esse prostrationem disciplinae, cuius penes nos curam lenocinium vocant. Pacem quoque passim cum omnibus miscent. Nihil enim non verum est illis, licet diversa tractantibus, dum ad unius veritatis expugnationem conspirent. Omnes tument, omnes scientiam pollicentur. Ante sunt perfecti catechumeni quam edocti. Ipsae mulieres haereticae, quam procaces! quae audeant docere, contendere, exorcismos agere, curationes repromittere, fortassean et tingere. Ordinationes eorum temerariae, leves, inconstantes. Nunc neophytos conlocant, nunc saeculo obstrictos, nunc apostatas nostros, ut gloria eos obligent, quia veritate non possunt. Nusquam facilius proficitur quam in castris rebellium, ubi ipsum esse illic promereri est. Itaque alius hodie episcopus, cras alius, hodie diaconus qui cras lector, hodie presbyter qui cras laicus. Nam et laicis sacerdotalia munera iniungunt.

---

dacium, quod de deo dicunt: vel natio⟨ne et⟩ quodammodo sexu est idololatriae: *schon nach seiner Abkunft und sozusagen seinem natürlichen Geschlechte nach ist es eine Ausgeburt der Abgötterei*

41. 2 quam (*primo loco*) *NRB*, *om. PF* 2*sq.* terrena quam humana *om. F* 4 ut *R*[3]*B*, aut *PNFR*[1] cathecuminus *PNF* 7 veras *R*[3]*B*, versus *PNFR*[1] 9 lanocinium *P* 9*sq.* cum omnibus *om. F* 10 non verum est *scripsi*: in verum est *PNR*, verum est *F*, verum inest *Rmg*, interest *Gel. et vulgo* 12 omnes tument *B*, *om. PNFR* 13 edocti] educati *Bmg* 15*sq.* fortassean *PNFR*[1], forsitan *R*[3]*B et vulgo* 16 tinguere *NF* 17 nunc (*prius*) *R*[1]*mgR*[3]*B*, tunc *PNFR*[1] neofitos *PN* collocant *F* saeculo] sacculo *Bmg* 20 rebellum *P* 22 cras presbyter qui hodie laicus *fort.* laicis *R*[3]*B*, laici *PNFR*[1]

42. De verbi autem administratione quid dicam? cum hoc sit negotium illis, non ethnicos convertendi, sed nostros evertendi, hanc magis gloriam captant, si stantibus ruinam, non si iacentibus elevationem operentur. Quoniam et ipsum opus eorum non de suo proprio aedificio venit, sed de veritatis destructione, nostra suffodiunt, ut sua aedificent: adime illis ⟨in⟩ legem Moysi et prophetas et creatorem deum accusationem, et loqui non habent. [Ita fit, ut ruinas facilius operentur stantium aedificiorum quam exstructiones iacentium ruinarum.] Ad haec solummodo opera humiles et blandi et summissi agunt. Ceterum nec suis praesidibus reverentiam noverunt. * Et hoc est, quod scismata apud haereticos fere non sunt, quia, cum sint, non parent. Scisma est enim unitas ipsa. Mentior, si non etiam a regulis suis variant inter se, dum unusquisque proinde suo arbitrio modulatur quae accepit, quemadmodum de suo arbitrio ea composuit ille, qui tradidit. Agnoscit naturam suam et originis suae morem profectus rei. Idem licuit Valentinianis quod Valentino, idem Mar-

---

42. 1 quid ⟨di⟩cam *R^3B*, quid tam *PR^1*, quiddam *NF* *post* dicam *signum interrog. posui, post* evertendi (*l. 3*) *virgulam* 2*sq.* ethnicis convertendis sed nostris evertendis *C* 7 ⟨in⟩ legem *scripsi*: legem *PNF RB vulgo* ⟨in⟩ lege *Gel.* 8 deum, accusationem *vulgo distinguitur* et loqui *PNFRB*, eloqui *Gel. et vulgo* 8*sqq.* ita fit — — — iacentium ruinarum] *haec verba adeo similia sunt eis, quae supra* (*l. 3 et 4*) *leguntur, ut tolerabilia non videantur; accedit, quod hoc loco ipsis his verbis sententiarum nexus prorsus interrumpitur; nam quae sequuntur*: ad haec solummodo opera *sqq. aperte respiciunt ad ea, quae antecedunt*: nostra suffodiunt *sqq. Duplex autem eiusdem sententiae forma ipsius sine dubio auctoris est se ipsum corrigentis, librarii vero incuria utraque conceptio inter verba recepta esse videtur* 12 noverunt] *hic inserenda esse puto quae infra* (*l. 22*) *leguntur, quippe quae illic abundare, immo claudicare videantur, hic autem vel necessaria, ut sequentia intellegi possint*: et hoc est, quod scismata apud haereticos fere non sunt 14 scisma *Urs.*: scismata *PNFRB* enim *deleri voluit Urs., quem sequitur Rig.* ipsa] ipsis *Urs.* (*Rig.*) 16 quae] quem *F* 17 suo *B*, *om. PNFR* arbitrio ea *NRB*, arbitrio de ea *P*, arbitrio *F* 18 morem] more *R* 19 rei] re *Bmg*

cionitis quod Marcioni, de arbitrio suo fidem innovare. Denique penitus inspectae haereses omnes in multis cum auctoribus suis dissentientes deprehenduntur. | Plerique nec ecclesias habent: sine matre, sine sede, orbi fide, extorres quasi veritate vagantur. |

43. Notata sunt etiam commercia haereticorum cum magis, †quam pluribus, cum circulatoribus, cum astrologis, cum philosophis, curiositati scilicet deditis: *quaerite et invenietis* ubique meminerunt. Adeo et de genere conversationis qualitas fidei aestimari potest, ⟨ut⟩ doctrinae index disciplina est: negant deum timendum; itaque libera sunt illis omnia et soluta. Ubi autem deus non timetur, nisi ubi non est? Ubi deus non est, nec veritas ulla est. Ubi veritas nulla est, merito et talis disciplina est. At ubi deus, ibi metus in deum, qui est initium sapientiae. Ubi

---

43. 3 Matth. 7, 7 10 *cf.* Prov. 1, 7; Ps. 110, 10

---

20 de arbitrio suo fidem innovare] *fort. interpretatio vocabuli* idem suo *om. F* 21 haeresis *NF* 22 deprehendentur *Bmg* 23 sede *Bmg*: deo *PNFRB* orbi *Urs.*: orba *PNFRB* 23 *sq.* extorres R^3B, exteriores $PNFR^1$ 24 quasi *om. Gel.* (*Rig. Oehler*) veritate *scripsi* (*imitari videtur Hilarius Ep. ad Gal. 51*: ut ne a veritate extorres fierent): sibi late $PNFR^1$ (*quod mendum inde ortum videtur, quod syllaba* si *post* quasi *bis scripta concidit cum scriptura compendiaria* vi = *veri*), sibilatae R^3B, sua in vilitate *Oehler*, ⟨patria⟩ spoliati *Prsch.*, quasi viduati *Rau.*, quasi [sibi] late *Mart.* (*in testimonium advocans Cypr. Ep. 52, 1*: Euaristum ... cathedrae et plebis extorrem .. per alias longe provincias oberrare) *unde si rescribi malis*: extorres quasi veri⟨tate⟩ late vagantur, *ego refragari nolim*

43. 2 quam pluribus] *corrupta iudico: aut ab insulso quodam addita sunt, qui ablativum* magis *pro comparativo accepit, aut latet in ablativo* pluribus *substantivum aliquod reliquis simile*: *an* cum auguribus? (*augur = Wahrsager, ut etiam apud alios*) astrologiis *F* 3 dediti *F* 5 *post* potest *levius distinxi* ut *addidi* doctrinae *PNFR* (*Oehler Prsch. Rau.*), doctrina *B* (*Gel. Rig.*) 6 index *B*, inde *PNFR* disciplina est *PNFR* (*Oehler Prsch. Rau.*), disciplinae est *B* (*Gel. Rig.*) 8 ubi deus non est *FR* (*ex Hirsaugiensi sine dubio*) *B*, *om. PN*

metus in deum, ibi gravitas honesta et diligentia attonita et cura sollicita et adlectio explorata et communicatio deliberata et promotio emerita et subiectio religiosa et apparitio devota et processio modesta et ecclesia unita et dei omnia.

44. Proinde haec pressioris apud nos testimonia disciplinae ad probationem veritatis accedunt, a qua divertere nemini expedit qui meminerit futuri iudicii, quo omnes nos necesse est apud Christi tribunal adstare, reddentes rationem inprimis fidei ipsius. Quid ergo dicent qui illam stupraverint adulterio haeretico, virginem traditam a Christo? Credo, allegabunt nihil umquam sibi ab illo vel apostolis eius de scaevis et perversis doctrinis futuris pronuntiatum et de cavendis [et de] abominandisque praeceptum. 'Agnoscant', ⟨inquient,⟩ 'suam potius culpam et

44. 3*sq. cf.* II Cor. 5, 10 8 *cf.* Act. 20, 30; Rom. 16, 17; II Tim. 3, 1 *sqq.*

11 honesta *B*, honestas *PNFR* attonita *NF*, adtonita *PRB vulgo* 12 adlectio *B*, adiectio *PNFR* 13 promotio *Bmg*: promissio *PNFRB* 13*sq.* apparatio *Bmg* 14 processio *Bmg*, pressio *PNFRB Gel.* modesta] moderata *Gel.*

44. 1 pressioris *Urs.* (*Rig.*): pressiora *PNRB*, pressio *F*, *deleri voluit Gel.* 4 adstare *om. F* 5 fidei ipsius *F*, ipsius fidei *PNRB vulgo* (*sed melior est clausula*) fidei ipsius 6 stupraverunt *N* 7 credo *F R*[1]*mgR*[3]*B*, *om. PNR*[1] alligabunt *F* 8 apostolis *F*, ab apostolis *PNRB et vulgo* (*sed cf. Lfst. Zur Spr. Tert. p. 61/62*) scaevis *Iun.* (*Rig. Oehler*): saevis *PRB* (*Prsch. Rau.*) sevis *NF* 9 et de *seclusit Gel.* abominandisque *Gel.*: abominandis quid *PRB*, abhominandis quod *NF* 9*sq.* praeceptum est *N* 10 agnoscant *scripsi*: agnoscunt *PNFRB* agnoscent *Gel.* (*et omnes deinde editores*), agnoscet *van der Vliet* inquient *supplevi* (*cf. supra* quid dicent, allegabunt *et infra* adiicient) 10*sq.* et suorum *F Gel.* (*Oehler Rau.*), quam suorum *PNRB*, quam illorum *Rig.*, et illorum *Prsch.* *post* suorum *virgulam vulgo hic positam expunxi, ut relucescat relativam quae sequitur sententiam pro subiecto fungi totius huius enuntiationis, id quod fugit eos, qui cum PNR pro* et suorum *scribunt*: quam suorum. *Reprobanda igitur est coniectura Labriolli* (*Revue de phil. 31, p. 140*): agnoscent suam potius ⟨quam⟩ culpam et suorum ⟨culpam eorum,⟩ qui ... *neque vero magis Hoppio* (*Synt. u. Stil p. 102*) *qui textum a Gelenio constitutum defendit ratus ironice hic loqui*

suorum qui non antepraestruxerunt.' Adicient praeterea multa de auctoritate cuiusque doctoris haeretici: ⟨s⟩ignis illos maxime doctrinae suae ⟨fidem⟩ confirmasse, mortuos suscitasse, debiles reformasse, futura significasse, ut merito apostoli crederentur, — quasi nec hoc scriptum sit, venturos multos, qui etiam virtutes maximas ederent ad fallaciam muniendam corruptae praedicationis — itaque veniam merebuntur. Qui vero memores dominicarum et apostolicarum scripturarum et denuntiationum in fide integra steterint, credo, de venia periclitabuntur, respondente domino: 'Praenuntiaveram plane futuros fallaciae magistros in meo nomine et prophetarum et apostolorum, etiam et discentibus meis eadem ad vos praedicare mandaveram; semel evangelium et eiusdem regulae doctrinam apostolis meis delegaveram: sed cum vos non crederetis, et libuit mihi postea

---

13 *cf.* Matth. 24, 24 14 *cf.* II Cor. 11, 13; II Tim. 4, 3 21 *cf.* Matth. 24, 5

---

auctorem, adstipulari possum: tria enim haec enuntiata similem in modum ab auctore composita unum idemque habere subiectum contendo 11 non *scripsi*: nos *PNFR*, nos non *B et vulgo* (*sed verbum* praestruendi *cum personali obiecto iunctum nusquam occurrit*) antepraestruxerunt (*cf. antepraecursor, antepraedicare*) *NF*, ante praestruxerunt *PRB et vulgo* adient *F* 12 doctoris] dedoctoris *F* (*an* deductoris = καθηγητοῦ?) 12*sq.* haeretici: signis illos *scripsi*: haeretici ignis illos *F*, haeretici: illos *PNFR vulgo* 13 maxime *NF Gel.*: maxima *PRB* fidem *suppl. Gel.* 14 ut *F*, uti *PNRB* (*sed ubi variat memoria inter* ut *et* uti *in Agobardino plerumque* ut *legitur* 15 quasi NR^3B, quia si PR^1, qui *F* *parenthesin indicavi* 16 ederent R^3B, ederunt *NF*, ediderunt PR^1 17 itaque] *h. e. atque ita* 18 merebunt *F* qui *Urs.* (*Rig.*): si *PNFRB et vulgo* (*sed cf. supra l.* 5: qui illam stupraverint) 19 scripturarum et *B* (*Gel. Oehler Prsch.*), *om. PNFR* (*Rig. Ran.*) integri *Urs.* (*Rig.*) 19*sq.* steterint] steterunt *NF* 20 domino *C*, deo *PNFRB Gel.* 22 *virgulam posui post* apostolorum (etiam et *cf. Lfst. Zur Spr. Tert. p. 36*)

25 *verba*: sed cum vos non crederetis, *quae in libris omnibus et B paulo supra* (*l. 23*) *post* mandaveram *leguntur, huc transtulit Pamelius, quem secuti sunt editores omnes praeter Oehlerum, qui cum libris faciens pro* sed *rescripsit* scilicet cum *om. F* et libuit *scripsi* (*et coniungas cum mihi*): sed libuit *PNFRB* libuit *Pam. et abhinc editores posteri*

aliqua inde mutare. Resurrectionem promiseram, etiam carnis; sed recogitavi, ne implere non possem. Natum me ostenderam ex virgine; sed postea turpe mihi visum est. Patrem dixeram qui solem et pluvias facit; sed alius me pater melior adoptavit. Prohibueram vos aurem accommodare haereticis; sed erravi.' Talia capit opinari eos, qui exorbitant et fidei veritatis periculum non cavent!

Sed nunc quidem generaliter actum est nobis adve⌊rsus haere⌋ses omnes certis et iustis et necessariis praescriptionibus repelle⌊ndas a con⌋latione scripturarum. De reliquo, si dei gratia adnuerit, etiam ⌊speci⌋aliter quibusdam respondebimus.

---

30 melior *Gel.*: melius *PNFRB* 31 erravit *F* talia *Bmg*, alia *PNFRB* 32 et *om. N* exorbitant] *verbum* exorbitandi *absolute positum apud alios quoque ecclesiasticos invenitur* 33 *inde a verbis* sed nunc *pergit A* a nobis *F* 34 omnes *om. F* iniustis *A* 36 adnuerit *AN*, annuerit *PF* 37 *in vocabulum* respondebimus *desinunt PNF*; *liber Paterniacensis ita, ut uno versu vacuo relicto statim sine titulo sequantur verba prima libri* Adversus Haereses: Quorum haereticorum, *unde et apud Rhenanum et in editionibus antiquioribus coniuncti leguntur hi duo libri, quos separavit Oehler* respondebimus EXPLICIT DE PRAESCRIPTIONIBVS HERETICORVM *N*, respondebimus. EXPLICIT LIBER DE PRAESCRIPTIONE HERETICORVM *F*. — *In libro Agobardi post* respondebimus *haec leguntur*: Haec in fide veritatis cum oci...... legentibus pax et gratia dei nostri iesu $\overline{\chi\rho\iota}$ in aeternum. *CONTRA* HERETICOS EXPLICIT | INCIPIT SCORPIACE LEGE FELICITER. *lacunam sic explevit Oehler*: oti⌊o per⌋ legentibus

DE CVLTV FEMINARVM

LIBRI DVO.

LIBER PRIMVS.

1. Si tanta in terris moraretur fides, quanta merces eius expectatur in caelis, nulla omnino vestrum, sorores dilectissimae, ex quo deum vivum cognovisset et de sua, id est de feminae condicione didicisset, laetiorem habitum, ne dicam gloriosiorem appetisset, ut non magis in sordibus ageret et squalorem potius affectaret, ipsam se circumferens Evam lugentem et paenitentem, quo plenius id, quod de Eva trahit, — ignominiam dico primi delicti et invidiam perditionis humanae — omni satisfactionis habitu expiaret. In doloribus et anxietatibus paris, mulier, et ad virum tuum conversio tua, et ille dominatur tui: et Evam te esse nescis? Vivit sententia dei super sexum istum in hoc saeculo: vivat et reatus necesse est. Tu es diaboli ianua, tu es arboris

---

I. 1. 13 *cf.* Gen. 3, 16

I. 1. 1 DE CVLTV FEMINARVM LIBER I *sic inscripsit primus hunc librum Rigaltius secundum indicem libro Agobardi praefixum*: DE CVLTV FEMINARVM LIBRI DVO. *In ipso enim codice deest libri primi pars prior usque ad medium fere caput quintum; liber secundus habet a manu librarii ipsius hanc subscriptionem*: DE CVLTV FEMINARVM LIB̄ II EXPLICIT; *primi autem huius libri subscriptionem*: DE HABITV MVLIEBRI EXPLICIT *a manu recentiore scias additam in A* Incipit De Habitu Muliebri *N*, Incipit liber Tertulliani De Habitu Muliebri *F* 5 vestrum *NR*, nostrum *F* 7 de feminae *NFR*, feminae *Rig.* (*fort. recte cf. Lfst. Zur Spr. Tert. p. 62/63*) 9 ageret] *h. e. viveret* 12 omnis *Rig.* 13 paris] paries *Pam.* (*Rig.*) 14 dominatur *NG*R^3, dominabitur *F*R^1 (*Pam. Rig.*) 16 reatus] *h. e. sensus culpae* (*cf. supra l. 10*)

illius resignatrix, tu es divinae legis prima desertrix; tu es quae eum suasisti, quem diabolus aggredi non valuit; tu imaginem dei, hominem Adam, facile elisisti; propter tuum meritum, id est mortem, etiam filius dei mori habuit: et adornari tibi in mente est super pelliceas tuas tunicas? Age nunc, si ab initio rerum et Milesii oves tonderent, et Seres arbores nerent, et Tyrii tingerent, et Phryges insuerent, et Babylonii intexerent, et margarita canderent, et ceraunia coruscarent, si ipsum quoque aurum iam de terra cum cupiditate prodisset, si iam et speculo tantum mentiri liceret — [et] haec Eva concupiit de paradiso expulsa, iam mortua? ⟨Non⟩ opinor. Ergo nec nunc appetere debet aut nosse, si cupit reviviscere. Quae nec habuerat nec noverat, quando vivebat in deo, omnia ista damnatae et mortuae mulieris impedimenta sunt, quasi ad pompam funeris constituta.

2. Nam et illi, qui ea constituerunt, damnati in poenam mortis deputantur, illi scilicet angeli, qui ad filias hominum de caelo ruerunt, ut haec quoque ignominia feminae acce-

---

2. 1 *cf.* Gen. 6, 1. 2

---

18 quae eum suasisti] *gr.* ἢ τοῦτον ἔπεισας: persuasisti *Urs.* (*Rig.*) 19 hominem Adam *scripsi*: hominem, tam *NFR vulgo* facile] *scil. cum diabolus eum elidere non valuerit* 21 pellicias *F* tuas *om. N* 23 tiri *N* tingerent *N*, tinguerent *FR vulgo* friges *NF* 24 babillonii *NF* margarita *NFR*, margaritae *Gel. et vulgo* (*obstrepente clausulae lege*) 25 cerauniae *fort.* 26 ex speculo *Iun.* 27 et *ut dittographiam eiecit Rhenanus, quem recte sequuntur reliqui editores praeter Oehlerum* (*eiusque sectatores Ma. et Ko.*) concupiit *NFR*[1] (*Oehler*), concupisset *R*[3] (*Gel. Pam. Rig.*) *otiose* 28 iam mortua? ⟨non⟩ opinor *scripsi* (*'lugens enim et paenitens Eua'* [*l. 10*] *talia repudiare debuit*): iam mortua, opinor *NFR*, iam mortua, opinor? *Oehler* (*Ma. Ko.*) non opinor] *ita saepius, cf. e. g. Ad nat. I 7 = I p. 71, 14* 29 *post* reviviscere *gravius distinxi* 30 vivebat in deo, omnia *scripsi*: vivebat. ideo omnia *NFR vulgo* 31 impedimenta] *scil. quominus reviviscat* 31 *sq.* ad pompam funeris] *intellege: ut mortua et sit et maneat*

2. 3 quoque *FR*, q̄qʒ (*h. e. quaquam*) *N*

dat. Nam cum et materias quasdam bene occultas et artes plerasque non bene revelatas saeculo multo magis imperito prodidissent, — siquidem et metallorum opera nudaverant et herbarum ingenia traduxerant et incantationum vires provulgaverant et omnem curiositatem usque ad stellarum interpretationem resignaverant — proprie et quasi peculiariter feminis instrumentum istud muliebris gloriae contulerunt: lumina lapillorum quibus monilia variantur, et circulos ex auro quibus brachia artantur, et medicamina ex fuco quibus lanae colorantur, et illum ipsum nigrum pulverem quo oculorum exodia producuntur. Haec qualia sunt, interim iam ex doctorum suorum qualitate et conditione pronuntiari potest, quod nihil ad integritatem peccatores, nihil ad castitatem adamatores, nihil ad timorem dei desertores spiritus aut monstrare potuerunt aut praestare. Si doctrinae dicendae sunt, mali magistri male docuerint necesse est; si mercedes pro libidine, nullius rei turpis merces decora est. Quid autem tanti fuit ista monstrare sive conferre? utrumne mulieres sine materiis splendoris et sine

---

6—9 *cf.* librum Henoch 8, 1. 3

---

4 cum et *FR*, et cum *N* 6 nudaverat *F* 7 hebarum *N* 8 provolgaverant *F*, promulgaverant *Lat.* (*sed* provulgare *etiam Adv. Marc. IV 21 = III p. 489, 15; Ad nat. II 16 = I p. 129, 10*) curiositatem] *h. e. sciendi cupidinem, non res miraculosas, ut interpretatur Kok p. 110 in fine: supra enim l. 20 distinguit auctor materias et artes; postquam de materiis dixit l. 6, 7, exinde 7—9 de artibus agit* 9 resignaverant *scripsi* (resignare = *vinculis liberare*): designaverunt *NF*, designaverant *R*: *quod ego restitui etiam clausulae legi satisfacit* 12 medicamina *N*, medicamenta *FR vulgo* 13 lanae] genae *Ios. Scaliger* (*secundum locum similem Cypr. De habitu virginum 14 in fine*); *sed si quid hic mutandum est, potior mihi videtur haec coniectura*: la⟨bia et ge⟩nae (*cf. De paen. cap. 11*: si quid ficti nitoris, si quid coacti ruboris in labia aut genas urgeat) 14 exodia *Iun.*: exordia *NFR vulgo* (*sed cf. p. 79, 3 sq.*: oculos fuligine porrigunt) sunt *NF*, sint *R* 16 peccatores R^3, pectoris NFR^1 21 sive *Pam.* (*Rig.*): sicut *NFR Gel. Oehler* (*Ma. Ko.*): *possis etiam conicere*: monstrare ⟨e⟩is aut conferre (*confunduntur enim saepe* aut *et* ut, *sed melior clausula est Pamelianae coniecturae*)

ingeniis decoris placere non possent hominibus, quae adhuc incultae et incompositae et, ut ita dixerim, crudae ac rudes angelos moverant? anne sordidi et per gratuitum usum contumeliosi amatores viderentur, si nihil feminis in conubium allectis contulissent? Sed haec non capit aestimare. Nihil plus desiderare poterant quae angelos possidebant: magno scilicet nupserant. Enimvero, qui utique interdum cogitabant, unde cecidissent, et post libidinum vaporata momenta caelum suspirabant, illi id ipsum bonum feminarium naturalis decoris, ut causam mali, sic remuneraverunt; ne ei s⟨cilicet⟩ profuisset felicitas sua, sed ut devectum de simplicitate et sinceritate una cum ipsis in offensam dei perveniret. Certi erant omnem et gloriam et ambitionem et affectionem per carnem placendi deo displicere. Hi sunt nempe angeli, quos iudicaturi sumus, hi sunt angeli, quibus in lavacro renuntiamus, haec sunt utique, per quae ab homine iudicari meruerunt. Quid ergo facient apud iudices suos res eorum? quod est commercium damnaturis cum damnandis? opinor, quod Christo et Beliae. Qua constantia

---

29 *cf.* Gen. 6, 2 (acceperunt sibi uxores) 37 *cf.* I Cor. 6, 3 41 *cf.* II Cor. 6, 15

---

23 et hominibus *F* 26*sq.* conubium *FR* 27 cupit aestimare R^3, capita aestimare (extimare *N*) *NFR*^{1} 31 illi id *N*, illud *FR vulgo* feminarium *N*, feminarum *FR vulgo* feminarium] *recte vindicavisse auctori hoc adiectivum ex codice N mihi videor, quod etsi nusquam alibi occurrit tamen latinitati abiudicari non potest, si comparaveris similia*: mulierarius *et* femellarius 32 *post* remuneraverunt *gravius distinxi*: remuneraverunt, ⟨ut⟩ ne *Castiglione* (*Ma.*) 33 ei scilicet *scripsi* eis *NFR* (*quod mendum ortum est sine dubio ex compendiosa scriptione*: ei. s.) felicitas sua] *h. e. Glückserfolg*: *qua scil. angelos potuerat inretire decor ille* devectum *NFR*^{1}, devectae R^3 *et vulgo*, devictae *Urs.*, deiectae *La Cerda* 34 una cum ipsis] *scil. feminis* 34*sq.* perveniret *scripsi*: pervenirent *FR vulgo*, pervenirêt *N* (*corr. ex* pervenissêt) 36 affectionem] *h. e. studium, cupiditatem; non igitur opus videtur Semleri coniectura* affec⟨ta⟩tionem 37 quos quos *F*, quos nos *cod. Vind.* (*m. 2*) hi] hae *N* 39 quid] quod *F* facient *NR*, faciunt *F Pam. vulgo*

tribunal illud ascendemus decreturi adversus eos, quorum munera appetimus? Nam et vobis eadem tunc substantia angelica repromissa; idem sexus qui et viris eandem iudicandi dignationem pollicetur. Nisi ergo hic iam praeiudicaverimus res eorum praedamnando, quas in illis tunc damnaturi sumus, illi potius nos iudicabunt atque damnabunt.

3. Scio scripturam Enoch, quae hunc ordinem angelis dedit, non recipi a quibusdam, quia nec in armarium Iudaicum admittitur. Opinor, non putaverunt illam ante cataclysmum editam post eum casum orbis omnium rerum abolitorem salvam esse potuisse. Si ista ratio est, recordentur pronepotem ipsius Enoch fuisse superstitem cataclysmi Noë, qui utique nomine domestico et hereditaria traditione audierat et meminerat de proavi sui penes deum gratia et de omnibus praedicati⟨onibu⟩s eius, cum Enoch filio suo Mathusalae nihil aliud mandaverit, quam ut notitiam earum posteris suis traderet. Igitur sine dubio potuit Noë in praedicationis delegatione successisse, vel quia et alias non tacuisset tam de dei conservatoris sui dispositione quam de ipsa domus suae gloria. Hoc si non tam expedite haberet, illud quoque assertionem scripturae illius tueretur: proinde potuit abolefactam eam violentia cataclysmi in spiritu rursus reformare, quemadmodum et Hierosolymis

---

43 *cf.* Matth. 22, 30
3. 6 *cf.* Gen. 5, 21—28

---

42 ascendemus *Iun.*: ascendimus *NFR et vulgo* (*sed litterae* i *et* e *non minus saepe confunduntur quam* u *et* a) 44 eandem *NR*, eadem *F* 45 pollicet *F* 46*sq.* tunc damnaturi *FR*, damnaturi tunc *N*, damnaturi *Oehler* (*per typographi ut vid. errorem*) *Ma. Ko.*
3. 2 nec marmarium *F* 3*sq.* cataclismum *NF* 7 nomine domestico *N*, domestico nomine *FR vulgo* 9 praedicati⟨onibu⟩s *scripsi* (*cf.* earum *l. 11*): praedicatis *NFR vulgo* 11 earum *NFR*[1], eorum *R*[3] *vulgo* 15 haberet] = *se haberet* assertionem *R*[3], assertione *NFR*[1] 15*sq.* tueretur: proinde *Gel.* (*Ma.*), tueretur. proinde *Oehler* 16 cataclismi *NF* 17 ierosolimis *NF*

Babylonia expugnatione deletis omne instrumentum Iudaicae litteraturae per Esdram constat restauratum. Sed cum Enoch eadem scriptura etiam de domino praedicarit, a nobis quidem nihil omnino reiciendum est, quod pertineat ad nos. Et legimus omnem scripturam aedificationi habilem divinitus inspirari, ⟨et⟩ a Iudaeis postea — iam videri⟨s⟩ propterea — reiectam, sicut et cetera fere quae Christum sonant. Nec utique mirum hoc, si scripturas aliquas non receperunt de eo locutas, quem et ipsum coram loquentem non erant recepturi. Eo accedit, quod Enoch apud Iudam apostolum testimonium possidet.

4. Nulla nunc muliebri pompae nota inusta sit praedamnationis de exitu auctorum, nihil angelis illis imputetur praeter repudium caeli et matrimonium carnis: rerum ipsarum qualitates examinemus, ut consilia quoque concupiscentiae earum deprehendamus. Habitus feminae duplicem speciem circumfert, cultum et ornatum. Cultum dicimus, quem mundum muliebrem vocant, ornatum, quem immundum muliebrem convenit dici. Ille in auro et argento et gemmis et vestibus deputatur, iste in cura capilli et cutis et earum partium corporis, quae oculos trahunt. Alteri ambitionis crimen intendimus, alteri prostitutionis: ut iam hinc perspicias, dei ancilla, quid ex his disciplinae tuae conveniat, quae de diversis institutis censearis, scilicet humilitatis et castitatis.

---

22 *cf.* II Tim. 3, 16 26 *cf.* Ioh. 1, 11 27 *cf.* Iud. 14

---

19 hesdram *F* 21 pertineat *NR*, pertinet *F* 23 et (= *etiam*) *addidi* postea *NFR*, potest *Urs.* (*et omnes abhinc editores*) *parenthesin indicavi* videri⟨s⟩ (*h. e. intellexeris*) *scripsi*: videri *NFR vulgo* 24 reiectam *FR*, rectam *N*, reiecta *Urs.* (*Rig. Oehler Ma. Ko.*) 26 de eo *NF*, de deo *R* 27 accedit *NFR*[3], accidit *R*[1]

4. 1 muliebri *R*[3], muliebris *NFR*[1], *possis etiam*: mulieris inusta *R*, in usta *N*, iniusta *F* 3 praeter] propter *Urs.* (*Rig.*) 12 perspicias *Castiglione* (*apud Ma.; Ko.*): prospicias *NFR*

5. Aurum et argentum, principes materiae cultus saecularis, ea sint necesse est, unde sunt, terra scilicet, plane gloriosior, quoniam in maledictorum metallorum feralibus officinis poenali opere deplorata nomen terrae in igni reliquit atque exinde de tormentis in ornamenta, de suppliciis in delicias, de ignominiis in honores metalli refuga mutatur. Sed et ferri et aeris et aliarum vilissimarum materiarum par condicio est, et terreni generis et metallici operis, quo nihilo generosior iudicari possit auri et argenti substantia penes naturam. Quod si de qualitate usus gloria est auro et argento, atquin magis ferro et aeri, quorum ita disposita utensilitas, ut et proprias operas plures et necessariores exhibeant rebus humanis et nihilominus auri et argenti de suo vicem accommodent iustioribus causis. Nam et anuli ferro fiunt, ⟨et⟩ quaedam esui et potui vascula ex aere adhuc servat memoria antiquitatis. Viderit, si etiam ad spurca instrumentis auri et argenti demens copia deservit. Certe nec ager auri opere peraratur nec navis argenti vigore contexitur: nullus bidens aurum demergit in terram, nullus clavus argentum intimat tabulis. Taceo totius vitae necessitates ferro et aere innixas, cum ipsae illae divites

---

5. 2 ea sint *scripsi*: assint *NFR*, id sint *Lat.* (*Iun. Oehler Ma. Ko.*) 3 feralibus R^3, ferialibus NFR^1 4 opere *NF*, opera *R vulgo* deplorata] *i. e. lacrimis damnatorum rigata, ut vult Rigaltius; sed mihi ut Iunio, qui* depurata *voluit scribi, magnam dubitationem movet ea interpretatio* 8 condicio est *NR*, condiciōem *F* 11 adquin *NF* *inde a verbis* disposita utensilitas *incipit liber Agobardi, qui desierat in verba* per ecclesias quas *capitis quarti decimi libri De oratione* disposita *AN* (*Ma. Ko.*), disposita est *FR rell.* 12 prioprias *A* (i *eras.*) et (*alterum*) *om. A* 13*sq.* de suo vicem *Iun. A* (*Rig.*): de sua vice *NFR* 14 anuli *NF*, anulli (l *eras.*) *A*, annuli *R vulgo* 15 et *addidi* 16*sq.* ad spurca instrumentis] *sicut l. 15* esui et potui vascula 17 surca *F* instrumentis *A*, instrumenta *NFR* 18 peraratur *scripsi*: paratur *ANFR vulgo* 19 nullus *NFR*, nullum *A* (*Rig. Oehler Ma. Ko.*) bidens AR^3, videns NFR^1 20 nullum clavus *Cast.* 21 aere *A*, aeri *NFR* ipsae ille *A*, illae ipsae *NFR*

materiae, et de metallis refodiendae et in quocumque usu procudendae, sine ferri et aeris operario vigore non possint. Iam igitur aestimandum est, unde obveniat tanta dignitas auro et argento, cum et consanguineis, quantum ad genus, et potioribus, quantum ad utensilitatem, materiis praeferantur?

6. Sed et lapillos istos, qui cum auro superbiam iungunt, quid aliud interpreter, quam [lapillos et calculos] eiusdem terrae minutalia? nec tamen aut fundamentis demandandis aut parietibus moliendis aut fastigiis sustinendis aut tectis densandis necessaria: solum hunc mulierum stuporem aedificare noverunt, quia tarde teruntur ut niteant, et subdole substruuntur ut floreant, et anxie forantur ut pendeant et auro lenocinium mutuum praestent. Sed ⟨et⟩ si quid de mari Britannico aut Indico ambitio piscatur conchae, genus est, non dico conchylio aut ostreo, sed nec peloride gratius de sapore. Adhoc enim [conchas] noverim maris poma. Quod si concha illa aliquid intrinsecus pustu-

22 refodi *Rig.* in quo⟨s⟩cumque usu⟨s⟩ *fort.* 23 procudendae *A*, producendae *NFR*, procudi *Rig.* vigere *Lat.* non possint] *scil.* esse 24 extimandum *N* 25 cum] *malim* cur ad genus — — quantum *om. A* 27 *signum interrogationis posui*

6. 2 quid *NFR*, quod *A* quam *NFR*, nisi *A* lapillos et calculos *eiecit Salmasius*: *quod non probant Oehler Ma. Ko.*: nisi γ lapillos *A* (*in hoc signo memoriam superesse putaverim additamenti istius e margine inter verba recepti*) 3 eiusdem *NFR*, eiusdem et *A* (*Rig. Oehler Ma. Ko.*) 4 parietibus moliendis aut *om. A* substinendis *N* 5 necessaria] *scil.* sunt: *signum interrogationis vulgo hic positum supra posui l. 3 post* minutalia solum *NFR*, olim *A* 5*sq.* stuporem *NFR* (*cf. De idololatria cap. 10 = I p. 40, 24 et Adv. Marc. I cap. 8 = III p. 300, 1*): splendorem *A* 6 noverunt *NFR*, noverant *A* 7 subdole] sedulo *Scal.* 8 pendeant; et *vulgo distinguitur* praestent *scripsi*: praestant *ANFR* 8*sq.* sed ⟨et⟩ si *Rig.*: sed si *ANFR* (*Oehler Ma. Ko.*) 9 britannico *FR*, brittanico *A*, britanico *N* 9*sq.* piscatur, conchae genus est *vulgo distinguitur* 10 conchilio *NF* ostrio *N* 11 poride *A* adhoc] *intellego*: eatenus, in tantum, *ita ut* adhoc *idem sit quod* adhuc = *hucusque* conchas *seclusi* noverim] *scil. ut liceat mihi de hac re iudicare* 12 maris poma] *cf. frutta di mare* conca *NF* 12*sq.* pustulat R^3, postulat $ANFR^1$

lat, vitium magis eius debet esse quam gloria. Et licet margaritum vocetur, non tamen aliud intellegendum quam conchae illius aliqua dura et rotunda verruca. Aiunt et de frontibus draconum gemmas erui, sicut et in piscium cerebris lapidositas quaedam est. Hoc quoque deerat Christianae, ut de serpente cultior fiat. Sic calcabit diaboli caput, dum de capite eius cervicibus suis aut et ipsi capiti ornamentum struit?

7. Haec omnia de raritate et peregrinitate sola gloriam possident. Denique intra terminos patrios non tanti habentur. Semper abundantia contumeliosa in semetipsam est. Apud barbaros quosdam, quia vernaculum est aurum et copiosum, auro vinctos in ergastulis habent, et divitiis malos onerant, tanto locupletiores, quanto nocentiores. Aliquando revera inventum, quomodo aurum non ametur. Gemmarum quoque nobilitatem vidimus Romae de fastidio Parthorum et Medorum ceterorumque gentilium suorum coram matronis erubescentem. Nisi quod nec ad ostentationem fere habentur: latent in cingulis smaragdi, et cylin-

---

6. 18 *cf.* Gen. 3, 15

---

13 magis eius *AN*, eius magis *FR* 14 non] *om.* non *Oehler* (*typographi, ut vid., errore*), tamen ⟨non⟩ *Ma.* (*ex coniectura Cast.*) *Ko.* tamen aliud *A*, aliud tamen *NFR* 15 verruga *NF* 16 erui *A* 17 capidositas *A* deerat *A*, deerit *NFR* 19 & ipsi *A* (*Rig.*), ipsi *NFR* (*Oehler Ma. Ko.*) 20 ornamentum *AN* (*Rig.*), ornamenta *FR* (*Oehler Ma. Ko.*)

7. 1 rarietate *A* et de *N* 1*sq.* głam (= gloriam) *A* (*Ma. Ko.*), gratiam *NFR* (*Rig. Oehler*) 2 patrios *A* (*Rig. Ma. Ko.*), suos patrios *NFR* (*Oehler*), suos *C. Prinz, eiciens pro interpretamento* patrios 3 semetipsam *A* (*Oehler Ma. Ko.*), semetipsa *NFR* 7 inventum *A* (*Ma. Ko.*), inventum est *NFR* (*Oehler*) aurum *A* (*Rig. Ma. Ko.*), et aurum *NFR* (*Oehler*) 9 parthorum *A* (h *s. v. additum*) et medorum ceterorumque *om. A* 10 *pro virgula punctum, pro puncto* (*l. 11*) *colon posui* 10*sq.* ostentationem *A*, ostensionem *NFR* 11 cingulis *NFR* (*Oehler Ma. Ko.*), circulis *A* (*Rig. Salm.; sed recentioris memoriae lectio propterea una probabilis videtur, quia circuli in aperto feruntur*)

dros vaginae suae solus gladius sub sinu novit, et in peronibus uniones emergere de luto cupiunt. Nihil denique tam gemmatum habent, quam quod gemmatum esse non debet: si⟨c⟩ non comparet aut ideo comparet, ut neglectum quoque ostendatur.

8. Perinde et vestium de coloribus honorem servi etiam eorum terunt. Sed et parietes Tyriis et hyacinthinis et illis regiis velis, quae vos operose resoluta transfiguratis, pro pictura abutuntur. Vilior est apud illos purpura quam rubrica.*** Quis enim est vestium honor iustus de adulterio colorum iniustorum? Non placet deo quod non ipse produxit. Nisi si non potuit purpureas et aërinas oves nasci iubere. Si potuit, ergo iam noluit; quod deus noluit, utique non licet fingi. Non ergo natura optima sunt ista, quae a deo non sunt, auctore naturae. Sic a diabolo esse intelleguntur, ab interpolatore naturae. Alterius enim esse non possunt, si dei non sunt, quia aemuli sint necesse est, quae dei non sunt, alius autem praeter diabolum et angelos eius aemulus dei non est. Ceterum ⟨si⟩ materiae ex deo sunt, non statim et huiusmodi fructus illarum, qua in omnibus

---

12*sq.* peronibus AR^3, penioribus *N*, perionibus *F* (*sed* r *litterae superscripsit* n *m. rec.*), pernionibus R^1 13 nihil *om.* *NFR* tam] tantum R^3 14 quam *om.* *NFR* 15 sic *scripsi*: si *ANFR vulgo* aut ideo comparet *om.* *A*

8. 1 perinde *A*, proinde *NFR* vestiunt *A* coronibus *A* 2 gerunt *A* yacinthinis *AF*, iacinthimis *N* 3 regis *A* 5 *lacunam signavi totum stichum in librorum memoria intercidisse ratus, in quo haec fere fuisse suspicor*: Vana igitur et ista gloria deprehenditur, immo et fallax 6 colorum AR^3, locorum NFR^1 7 aerinas *AN*, arinas *G*, carinas *F*, earinas *R* 8 si ergo potuit *N* quod deus noluit *om.* *A*

9 optima] *h. e. bona* obtima *A* 12*sq.* quia — — non sunt *om.* *F* *post* sunt *levius distinxi* 12 aemulus] emuae *A* 14 dei non est — — materiae *om.* *A* si *add.* *Rig.* 15 illarum *A* (*Rig. Oehler*), latere *NFR* qua in *scripsi*: quae in *A*, in *NFR vulgo* omnibus (*i. e. fructibus materiarum*) *ANFR*, hominibus *Oehler* (*Ma.*), *qui coniungit ita*: illarum in hominibus; *huic interpunctioni adstipulatur Ko. rescribens*: illarum in omnibus .

quaeritur, et unde sint [conchae] et qua dispositione decurrant et ubi spem suam collocent. Nam et omnes istae profanae spectaculorum saecularium voluptates, sicut de illis suum volumen edidimus, ipsa etiam idololatria ex rebus dei constat. Non tamen ideo circi furoribus aut arenae atrocitatibus aut scenae turpitudinibus Christianum affici oportet, quod et equum et pantheram et vocem homini deus dedit, sicut nec ideo idololatrian impune faciat Christianus, quia dei conditio sunt et tus et merum et ignis qui vescitur et animalia quae victimae fiunt, cum et ipsa materia quae adoratur dei sit. Sic ergo et circa cultum materiarum census a deo descendens perperam excusatur, ut deo extraneum, ut reum scilicet gloriae saecularis.

9. Nam ut quaedam rerum, per singulas quasque terras et unamquamque regionem maris a deo distributa, sunt

---

16 conchae *seclusi: in hac potissimum voce iure offendit Rigaltius, cum totum hoc lemma eiciendum censeret, ut ex Pliniana lectione de margaritis et unionibus (H. N. XI 33) importune intersertum* 16*sq.* decurrant] decorent *Oehler* 17 spem suam collocent *A*, collocentur *NFR* spem] speciem *Oehler* (*Ma. Ko.*) 19 illis *A*, ipsis *NFR* idololatria *A*, ydolatria *NF*(*R*) 22 quod et equum *Ma.* (*Ko.*), et quod aequum *A*, quia deus et equum *NFR* (*Rig.*), et quod deus et equum *Oehler* (*defendit Agobardini scripturam* et quod *Lfst. Zur Spr. Tert. p. 45, cui adstipulari nequeo, cum in servando ordine verborum, praesertim minutalium et iuxta positorum, tantum obsequii libro illi deberi negare debeam pro indole eius, mendis, ut unaquaequae fere plagula docet, etiam in hac re scatentis*) 22*sq.* deus dedit *A*, dedit *NFR* 23 sicut *om. NFR* idololatrian *AR*, ydolatriam *NF* faciat *AF*, faciet *NR* 24 conditio sunt *scripsi*: conditọṣ ditos *A* (s = sunt), conditio est *NFR vulgo* thus *NF* ignis *NFR*, ignem *A* 25 materiaę *A* 26 ergo] ego *FR*[1] cultum (*i. e. muliebrem*) *scripsi*: actum *ANFR* 26*sq.* materiarum census] *h. e. materiarum origo* 27 perperam *scripsi*: propterea *ANFR* (*ortum est hoc mendum ex similitudine abbreviaturarum* (p̄p̄ = propterea *et* ppā = perperam), *om.* propterea *Rig.* excusatur, ut *scripsi* (*wird als Rechtfertigung vorgeschützt*): excusatus *ANFR*, excusat, ut *Oehler* (*Ma. Ko.*), accusat *Rig.* 28 reum] rerum *F* saecularis *A*, saeculum *NFR* *post* saecularis *signum interrogationis ponit Oehler* (*Ma. Ko.*)

9. 1 quaedam *A*, quaeque *NFR* *post* rerum *et* distributa (*l. 2*) *virgulas posui* 2 maris *A*, materiis *NFR*

invicem sibi peregrina et apud exteros mutuo rara, apud suos iure, si utique, vel negleguntur vel ⟨non⟩ appetuntur, quia non tantus est in illis gloriae fervor, inter domesticos frigidae. Sed enim ex possessionum distributione, quam deus ut voluit ordinavit, raritas et peregrinitas, apud extraneos semper gratiam inveniens de simplici causa non habendi quae deus alibi collocavit, concupiscentiam concitat habendi. Ex hac vitium aliud extenditur, immoderate habendi, quod, etsi forte habendum sit, modus tamen debetur: haec erit ambitio. Unde et nomen eius interpretandum est, quod concupiscentia apud animum ambiente nascatur ad ** gloriae votum — grande scilicet votum, quod, ut diximus, non natura nec veritas, sed vitiosa animi passio commendavit — et alia vitia ambitionis et gloriae. Sic et pretia rebus inflammavit, ut se quoque accenderet. Nam tanto maior fit concupiscentia, quanto magni fecit quod concupivit. De brevissimis loculis patrimonium grande profertur. Uno lino decies sestertium inseritur. Saltus et in-

3 et apud *A* (*Rig.*), apud *NFR Oehler* (*Ma. Ko.*) 4 suos *A*, uos *NFR* *inde a verbis* apud suos *incipit apodosis* si utique] *eodem fere sensu quo alibi saepissime* si forte, *de qua re bene disputavit Oehler De cor. cap. V I p. 427; falso igitur Iunius* (*quem sequitur Ma.*) *rescripsit* si⟨c⟩ utique, *falso etiam post* utique *virgulam expunxit Ko.* non *addidi* vel negleguntur vel appetuntur *A* (*Rig. Oehler*), vel appetuntur vel negleguntur *NFR* (*Ma. Ko.*) 5 gloriae fervor *AN*, fervor gloriae *FR* 9*sq.* ẹx̣citat *F* (*corr.* ex *s. v. in* con- *m. 1*) 11 *post* habendi *pro puncto virgulam posui, post* debetur (*l. 10sq.*) *colon* etsi forte *NFR*, si *A* 12 erit AR^2, erat NFR^1 13 est *om. Rig.* quod] = quia ambiente AR^2, ambigente NFR^1 nascatur] ambitio. *coniunctivus apud* quod (*ut apud* quia) *passim occurrit* 14 *lacunam signavi*: ad⟨flante illi ad⟩ gloriae votum *fort.* ad gloriae votum] *i. e.* praeter *gl. v.* *parenthesin indicavi* quod *NFR*, quae *A* 15 animi passio *A*, animi passio, concupiscentia *NFR vulgo* 16 commendavit. et alia vitia *Oehler* (*Ma. Ko.*), commendavit, ut alia vitia *Lat.*, commendavit, et *R rell.* alia] alta *N* 17 accenderet. nam *A*, accenderent. non *NFR* 18 fit] sit *N* magni *NFR* (*Rig. Ko.*), magno *A* (*Oehler Ma.*) 19 concupivit *Rig.*: concupiit *NFR*, cupivit *A* de *A*, *om. NFR* 20 saltus *NFR*, altus *A*

sulas tenera cervix circumfert. Graciles aurium cutes kalendarium expendunt, et sinistra per singulos digitos de saccis singulis ludit. Hae sunt vires ambitionis, tantarum substantiarum usuram uno et muliebri corpusculo baiulare.

LIBER SECVNDVS.

1. Ancillae dei vivi, conservae et sorores meae, quo iure deputor vobiscum, postremissimus omnium equidem, eo iure conservitii et fraternitatis audeo ad vos facere sermonem, non utique affectationi, sed affectioni procurans in causa vestrae salutis. Ea salus, nec feminarum modo, sed etiam virorum, in exhibitione praecipue pudicitiae statuta est. Nam cum omnes templum dei simus, inlato in nos et consecrato spiritu sancto, eius templi aeditua et antistita pudicitia est, quae nihil inmundum nec profanum inferri sinat, ne deus ille qui inhabitat inquinatam sedem offensus de-

---

II. 1. 3 *cf.* Eph. 3, 8 8 *cf.* I Cor. 3, 16; *cf.* II Cor. 6, 16

---

21 circumfert *A*, fert *NFR* 22 calendarium *A* et sinistra *A*, et in frustra *N*, et in sinistra *FR* 24 substantiarum usuram *A* (*Salm. Oehler Ma. Ko.*), usurarum substantiam *NFR* (*Rig.*) baiulari *N* De habitu muliebri Explicit. De cultu feminarum Incipit *in A add. m. alia recentior.* Tertulliani De Habitu Muliebri Explicit. Incipit De Cultu earum *N*, Q. Septimi Florentis Tertulliani explicit Liber de habitu muliebri. Incipit liber eiusdem de cultu feminarum *F*.

II. 1. 3 omnium *NFR* (*Ma. Ko.*), *om. A* (*Rig. Oehler*) equidem *A*, quidem *N*, qui de *FR* eo *Iun.*: meo *ANFR* 4 facere sermonem *A*, verba ista facere *NFR* 5 affectationi *FR* (*Ma. Ko.*), affectatio *N*, affectionis *A* (*Rig. Oehler*) 7 statuta est *NFR*, est *A* (*Rig. Oehler Ma. Ko.*): *malui recentiorem memoriam sequi motus et similibus verbis quae sunt infra l. 18—19 et melioris clausulae ratione* 9 aeditua *AN*, aeditu *F*, aedituus *R* antistita *A*, antistes *NFR* 11 inhabit *N*

relinquat. Sed modo nos non de pudicitia, cui indicendae et exigendae sufficiunt instantia ubique divina praecepta, verum pertinentibus ad eam, id est qualiter vos incedere oporteat. Pleraeque enim — quod ipsum mihi, utique reprehendendo in omnibus, reprehendere deus permittat — aut ignorantes simpliciter aut dissimulantes audaciter ita ingrediuntur, quasi pudicitia in sola carnis integritate et stupri aversatione consistat nec quicquam et extrinsecus opus sit, de cultus dico et ornatus dispositione. Sed enim perseverant in pristinis studiis formae et nitoris, eandem superficiem de †su circumferentes, quam feminae nationum, a quibus abest conscientia verae pudicitiae, quia nihil verum in his, qui deum nesciunt praesidem et magistrum veritatis. Nam et si qua in gentilibus pudicitia credi potest, usque adeo imperfectam et inconditam constat, ut, licet in animo aliquatenus tenax sui agat, in habitus tamen licentia sese dissolvat, pro perversitate gentilium appetendo cuius rei devitat effectum. Quota denique est, quae ne placere quidem extraneis concupiscat, quae [non] vel idcirco

---

14 *cf.* I Thess. 4, 1

---

12 nos *om.* *NFR* 14 pertinentibus *A*, de pertinentibus *NFR* *vulgo* (*sed cf. Lfst. Zur Spr. Tert. p. 61*) eam *A*, eandem *NFR* 15 *parenthesin indicavit Ma.* ipsum *om. A* utique *om. NFR* 17 audaciter *AN*, audacter *FR* 19 aversatione *A*, aversione *NFR* et *om.* *NFR* 20*sq.* sedenim perseverant in pristinis *NFR* (*Ma. Ko.*), *om. A* (*Rig. Oehler*) 22 superficiem (*h. e. 'das Äußere' cf. p. 91, 21; 94, 18*) *A* (*Rig. Oehler*), sui *FR*, sui curam *N*, sui speciem *Urs. Ma., quos sequitur Ko., qui tamen in notis probandam censet Agobardini lectionem*) †] de su *A*, *om. Rig. rell.*, incessu *Oehler*, de fuco *fort.* 23 constientia *A* 24 qui *A*, quae *NFR* deum] dominum *N* 26 adeo *A*, adeo eam *FR*, adeo eam et *N* ut *om. NFR* 27 in *prius om. NFR* habitus *NFR*, ambitus *A* 28 licentia sese *NFR*, licentias esse *A* licentias se *Rig.*, licentias sese *Oehler* (*cf. Ho. Beitr. p. 26*) pro perversitate *A*, propter veritatem *NFR* gentilium *A*, gentilium solatium *NFR* 29 quota *A*, tota *NFR* ne *A*, nec *NFR* 30 non *seclusi*: quae non vel *A*, quae non velit *NFR* vel idcirco *'gar deswegen'*

se expingi curet, ut neget appetita? Quanquam et hoc gentili pudicitiae familiare sit: non delinquere, at tamen velle, vel etiam nolle, at tamen non denegare. Quid mirum? perversa sunt omnia, quae dei non sunt. Viderint igitur quae non totum bonum obtinendo facile et quod obtinent malo commiscent. Vos ab eis, ut in ceteris, incessu quoque divertere necessarium est, quoniam perfectae esse debetis, sicut pater vester qui in caelis est.

2. Perfectae autem id est Christianae pudicae appetitionem sui non tantum non appetendam sed etiam exsecrandam vobis sciatis. Primo, quod non de integra conscientia venit studium placendi per decorem, quem naturaliter invitatorem libidinis scimus — quid igitur excitas in te malum istud? quid invitas cuius te profiteris extraneam? — tum, quod temptationibus viam aperire non debemus, quae nonnumquam quod deus a suis abigat instando perficiunt, certe vel spiritum scandalo permovent. Debemus quidem ita

37 *cf.* Matth. 5, 48
2. 9 *cf.* Matth. 18, 7

31 se expingi curet *A*, se expingere (*om.* curet) *NFR* ut *NFR*, et *A* (*Rig. Oehler Ma. Ko.*) appetita *scripsi* (*cf. infra*: appetitionem sui non tantum non appetendam): appetitam *A* (*Rig. Oehler Ma. Ko.*), appetitum *NFR* 32 velle vel etiam nolle, at tamen *om. A* 33 quid mirum *A*, mirum quid *N*, mirum quia *FR* 34 dei *A*, a deo *NFR* viderint *AN*, videant *FR* 34*sq.* non totum bonum *AR*, totum bonum non *NF* 35 optinent *AN* 35*sq.* commiscent *A*, permiscent *NFR* 36 nos *N* ab eis *A*, ab illis *NFR* ceteris *AR*, certis *NF* incessus *A* divertere *A*, devertere *NFR* 37 quoniam *A*, quam *F* 37*sq.* perfectae — — caelis *om. A* 38 in caelis est *N* (*cf. III p. 323, 1*), est in caelis *FR* est *A*

2. 1 perfettae *A* autem *post* perfectae *om. A* (*Rig. Oehler Ma. Ko.*) pudicae *NFR*, pudicitiae *A* (*Rig. Oehler Ma. Ko.*) 2 non (*alterum*) *om. N* appetendam] approbandam *Scal.* 3 vobis sciatis] *i.e. consciae vobis sitis* 5 *parenthesin indicavit Ma.* excitas in te *A*, in te (vite *F*) excitas *NFR* 6 quid *NFR*, quod *A* 8 quod deus a suis abigat] *haec sententia relativa nomen obiecti est pendens a verbo* perficiunt perficiuntur *A* 9 spiritum scandalo *A*, spiritu scandalum *NFR*

sancte et tota fidei substantia incedere, ut confisae et securae simus de conscientia nostra, optantes perseverare id in nobis, non tamen praesumentes. Nam qui praesumit, minus iam veretur, qui minus veretur, minus praecavet, qui minus praecavet, plus periclitatur. Timor fundamentum salutis est, praesumptio impedimentum timoris. Utilius ergo, si speremus nos posse delinquere, quam si praesumamus non posse. Sperando enim timebimus, timendo cavebimus, cavendo salvi erimus: contra si praesumamus, neque timendo neque cavendo difficile salvi erimus. Qui securus agit, non et sollicitus, non possidet tutam et firmam securitatem. At qui sollicitus est, is vere poterit esse securus. Et de suis quidem servis dominus pro misericordia sua curet, ut etiam praesumere illis de bono suo feliciter liceat. Quid autem alteri periculo sumus? quid alteri concupiscentiam importamus? quam si dominus ampliando legem a facto stupri non discernit in poena, nescio an impune habeat qui alicui

---

10 *cf.* II Tim. 2, 19 (?) 25 *cf.* Matth. 5, 17 26 *cf.* Matth. 5, 28. 30

---

10 sanctę *A* et] ex *Iun.* confisae *A*, confessae *NFR* 12 praesumentes *A*, praesumere *NFR* qui] que *A* 13 iam *om.* *NFR* (*Oehler*) qui minus veretur *om.* *NFR* 13*sq.* qui minus praecavet *om.* *NFR* 15 utilius *AR*, ut ilius *N*, ut illius *F* 16 speremus] *ut graecum* ἐλπίζειν *i. quod expectare* 16*sq.* quam si — — non posse *bis exstant in A, omittuntur in NFR* 17 timendo cavebimus *bis leguntur in A* 17*sq.* cavendo *NFR*, precando *A* (*Ma. Ko.*), praecavendo *Rig.* (*Oehler*) 19 difficile *NFR*, *om.* *A* (*Rig. Oehler Ma. Ko.*): difficile *pro* non facile, vix, aegre *et apud alios occurrit* 19*sq.* non et *A*, non est *NFR* 20 tutam] vitam *N* 22 dominus pro *NFR* (*Rig.*), dominus *Oehler* (*Ma. Ko.*), deus *A* ut *om.* *NFR* 23 illis *A*, illi *NFR* 24 quid illis alteri R^3 (*per errorem ut videtur*) 25 quam si *NFR* (*Rig. Oehler Ma.*), quasi *A* (*Ko.*) dominus *NFR* (*Rig.*), deus non *A* (*confusae sunt ligaturae* ds̄ n̄ *et* dn̄s̄ *ut vid.*) *Oehler Ma. Ko.* a facto *NFR* (*Rig.*), facto *A* (*Oehler Ma. Ko.*) stupri *NFR* (*Rig. Ma.*), stupri concupiscentiam *A* (*Oehler Ko.*) 26 discernit *NFR* (*Rig.*), discernat *A* (*Oehler Ma. Ko.*) habeat *ANFR*, abeat *B* (*fort. recte*) qui] quae *Rig.*

causa fuerit perditionis. Perit enim ille, simul in tuam formam concupierit, et admisit iam in animo quod concupivit, et facta es tu gladius illi, ut, etsi a culpa vaces, ab invidia non libereris. Ut, cum in alicuius agro latrocinium gestum est, crimen quidem dominum non continget, dum rus tamen ignominia notatur, ipse quoque infamia aspergitur. Expingamus nos, ut alteri pereant? Ubi ergo est: *Diliges proximum tuum sicuti te ipsum? Nolite vestra tantum curare, sed alterius?* Nulla enuntiatio spiritus sancti ad praesentem tantum materiam, et non ad omnem utilitatis occasionem dirigi et suscipi debet. Cum igitur et nostra et aliorum causa versetur in studio periculosissimi decoris, iam non tantum confictae et elaboratae pulchritudinis suggestum recusandum a vobis sciatis, sed etiam naturalis speciositatis * oblitterandum dissimulatione et incuria, ut perinde oculorum incursibus molestum. Nam etsi accusandus decor non est, ut felicitas corporis, ut divinae plasticae accessio, ut animae aliqua vestis bona, timendus est tamen

27 *cf.* Matth. 5, 28 34 Matth. 19, 19; 22, 39 (Lev. 19, 18) 34*sq.* I Cor. 10, 24

27 causa fuerit *A*, fuerit causa *NFR* simul in *NFR* (*Oehler Ma. Ko.*), simul ut *A* (*Rig.*) 27*sq.* tuam formam *A* (*Rig. Oehler Ma. Ko.*), tua forma *NFR* 28*sq.* et admisit — — concupivit *om. A* concupivit *FR*, concupiit *N* (*falso, ut docet clausulae lex*) 29 es *NFR*, est *A* ut etsi *A N* R^1, ut quam si *F*, ut R^3 30 libereris *A*, liberaberis *NFR* 31 continget *A*, constringit *NFR* 32 rus tamen *A*, res tamen eius *NFR* infamia *NR*, infamilia *A*, modo famia *F* 33 ergo est *A*, est ergo *NFR* 34 tuum *om. A* sicuti *A*, sicut *NFR* vestra] et tr̃a *N*: *fort.* et nolite vestra 34*sq.* vestra *NFR*, vestra tantum *A* (et *in loco laudato deest* tantum, *quod in A nescio an ex insequenti sticho irrepserit*) 36 et non *libri*: *fort.* non et 37 debet *A*, potest *NFR* 39 pulchritudinis *A*, cupidinis *NFR* 41 *lacunam signavi*: nitorem *vel* candorem *intercidisse arbitror* 42 perinde *A*, proinde *NFR* 44 vestis *A N G* R^3, vestitus *F* R^1 timendus est tamen *A*, timendum tamen est *NFR*

vel propter iniuriam et violentiam sectatorum. Quam etiam pater fidei Abraham in uxoris suae specie pertimuit et sororem ementitus [Saram] salutem contumelia redemit.

3. Nunc non sit timenda dignitas formae, ut nec possidentibus gravis, nec appetentibus exitiosa, nec coniunctis periculosa; non exposita temptationibus, non circumdata scandalis existimetur: sufficit, quod ancillis dei non est necessaria. Nam ubi pudicitia, ibi vacua pulchritudo, quia proprie usus et fructus pulchritudinis luxuria, nisi si quis aliam messem decori corporis arbitratur. Illae sibi formositatem et datam extendant et non datam requirant, quae quod ab illa flagitatur sibi quoque praestare se putant, cum alteri praestant. Dicet aliquis: Quid ergo? non et exclusa

---

45 *cf.* Gen. 12, 11—13 (*cf.* Gen. 26, 7)
3. 4 *cf.* Matth. 18, 7 4 *cf.* Luc. 1, 38. 48; Act. 2, 18

---

45 vel *om. A* sectatorum *ANF* (*Rig.*), spectatorum *R et editores usque ad Rigaltium omnes* *post* sectatorum *gravius distinxi* quam *N Rig. Oehler Ma. Ko.*, quem *A*, que *F*, quae *R* 47 et sororem *NFR* (*Rig.*), et isaac sororem *A* (*Oehler Ma. Ko.*) ementitus *A*, mentitus *NFR* Saram *seclusi*: Saram *NFR Rig.*, rebeccam *A* (*Oehler Ma. Ko.*): *quia ad* sororem *ex antecedentibus perfacile* uxorem *mente suppletur, et in Agobardino et in recentioribus nomina interpolata esse puto De Isaac Rebeccam uxorem sororem mentiente in sacra scriptura nusquam fit mentio*

3. 1 dignitas formae *NFR*, dignita me *A* 2 gravis nec appetentibus *om. A* 3 non exposita *AN*, nec exposita *FR* 4 ancillis *Lud. de la Cerda*: angelis *ANFR vulgo*; *defendit Rig., sed fideles aut sanctos angelos vocari nullo firmatur exemplo. qui in vindicandam codicum scripturam afferri solet locus De or. cap. 3 = I 182, 22*: proinde et nos, angelorum, si meruerimus, candidati, *non modo non tollet sed sustentabit viri docti emendationem* 5*sq. verba* quia proprie — pulchritudinis *bis leguntur in F, ita tamen ut priore loco pro* pulchritudinis *scriptum sit* pulchritudo 6 pulchritudinis *AN*, pulchritudo *R* (*F*) luxuria *A*, corporis luxuria *NFR* 7 aliam messem decori corporis *A*, alias esses (esse *R*) decorem *NFR* 8 requirant *A*, conquirant *NFR* 9*sq.* cum alteri *NFR* (*Oehler Ma. Ko.*), quod alteri *A* (*Rig.*) 10 *post* praestant *signum interrogationis expunxit, post* ergo *posuit Castiglione* dicet *AR*, dicet et *NF* non et *A*, non est *NFR*

luxuria et admissa castitate laude formae sola frui et de bono corporis gloriari licet? Viderit, quem iuvat de carne gloriari. In nobis autem primo quidem nullum gloriae studium, quia gloria exaltationis ingenium est, porro exaltatio non congruit professoribus humilitatis ex praescriptis dei. Dehinc si omnis gloria vana et stuporata, quanto magis quae in carne, nobis dumtaxat? Nam et si gloriandum est, in spiritu nobis, non in carne placere velle debemus, quia spiritalium sectatores sumus. Quibus operamur, illis gaudeamus; de his gloriam carpamus, de quibus salutem speramus. Plane gloriabitur Christianus etiam in carne, sed cum propter Christum lacerata duraverit, ut spiritus in ea coronetur, non ut oculos et suspiria adulescentium post se trahat. Ita quod ex omni parte in vobis vacat, merito et non habentes fastidiatis et habentes neglegatis.

4. Sanctae feminae, si naturaliter speciosa est **, non adeo sit occasio. Certe si et fuerit, non adiuvare, sed im-

---

12 *cf.* Phil. 3, 3 15 *cf.* Matth. 11, 29; *cf.* I Petr. 5, 6; Iac. 4, 10 18 *cf.* Rom. 8, 8. 9

---

11 laudes *A* 11*sq.* formae — — bono *om. A* 12 gloriari *NFR*, gloriam *A* iuvat de *NFR*, iucunde *A* 13 in nobis *A*, nobis *NFR vulgo* primo quidem *om. NFR* 13*sq.* studium *NFR*, studium est *A* (*Rig. Oehler Ma. Ko.*) 14 exultatio *A* 15 professoribus *A*, professionibus *NFR* praescriptis *A*, praeceptis *NFR* 16 dehinc *A*, deinde *NF*, dein *R* et *NFR*, est *A* 18 in spiritu nobis *scripsi*: in spiritu bonis *A*, in spiritus bono *NFR*, in spiritus bonis *Rig.* (*Oehler Ma. Ko.*) 19 quibus *A*, in quibus *NFR* illis *A*, in illis et *NFR* 19*sq.* gaudeamus *A*, gaudemus *NFR* 20 carpamus *A*, capiamus *NFR* 21 etiam *om. NFR* 22 christum *om. A* duraverat *F* ut *A*, ut et *NFR* 24 trahit *N* in nobis *A* 25 et habentes neglegatis *ANR*, *om. F*

4. *hic statui capitis quarti exordium vulgo paulo infra incipientis inde a verbis*: quasi gentilibus dicam 1 sanctae feminae si *A*, sancta femina sit *NFR* speciosa est *scripsi*: speciosae (*ortum videlicet ex* speciosa ē) *A* (*Rig. Oehler Ma. Ko.*), speciosa *NFR* *lacunam signavi*: ut et aliis se ostentet speciosam *vel similia intercidisse arbitror* 2 occasio *A*, occasioni *NFR*: *ex recentiorum lectione emendari voluit Scaliger*:

pedire debet. Quasi gentilibus dicam, gentili et communi omnium praecepto alloquens vos: solis maritis vestris placere debetis. In tantum autem placebitis eis, in quantum aliis placere non curaveritis. Securae estote, benedictae: uxor nulla deformis est marito suo. Satis placuit, cum electa est, seu forma seu moribus commendata, — ne qua vestrum putet, si temperaverit a compositione sui, odium et aversionem maritorum prosecuturam. Omnis maritus castitatis exactor est, formam vero fidelis quidem non expostulat, quia non isdem bonis, quae gentiles putant, capimur, infidelis contra etiam suspectam habet, vel ex illa scelerata in nos opinione gentilium. Cui ergo pulchritudinem tuam nutris? si fideli, non exigit, si infideli, nisi simplicem, non credit. Quid gestis aut suspecto aut non desideranti placere?

5. Haec utique non in crudam in totum et ferinam habitudinem insinuandam vobis suggeruntur, nec de bono squaloris et paedoris suademus, sed de modo et † cardine et iustitia corporis excolendi. Non supergrediendum ultra

---

sancta femina sit naturaliter speciosa, non ardoris occasioni si et *A*, si *NFR* adiuvare sed *A*, ignorare sed etiam *NFR*, adiuvare sed etiam *Rig.* (*Oehler Ma. Ko.*) 2*sq.* impedire *A*, impedire se *NFR* 3*sq.* gentili et communi omnium praecepto *A*, gentiles communionum praeceptis *NFR* 6 aliis *A*, alteris *NFR* 8 seu forma seu moribus *A*, seu moribus seu forma *NFR* ne qua *A*, neque *NFR*[1], ne quae *R*[3] 9 putet *A*, putent *NFR* 11 quidem *om. NFR* 11*sq.* expostulat *A*, expetat *N*, expectat *FR* 12 putant *NFR* (*Rig.*), bona putant *A* (*Oehler Ma. Ko.*) 13 etiam] euam *N* 13*sq.* ex illa scelerata — — opinione *A*, propter illam sceleratam — — opinionem *NFR* 15 nutris *A*, nutrias *NFR* fideli *AN*, fidelis *FR* infideli *A*, gentili *NF*, gentilis *R* 15*sq.* nisi simplicem *om. NFR* 16 gestis *A*, gestias *NFR* suspecto *ANGR*[3], suspecta *FR*[1] aut] ut *F*

5. 1 in (*prius*) *A*, ad *NFR* 2 insinuandam *NFR*, insinuanda *A* (*Rig. Oehler Ma. Ko.*) 3 squaloris et paedoris *A*, corporis squalorem sed de pudoris *NFR* modo] *hoc est iusto modo* cardine *AFR*, carne *N*, ordine *fort.* 4 iustitia] *cf. p. 68, 5sqq.*: vestium honor iustus — colores iniusti non supergrediendum *om. A*

quam simplices et sufficientes munditiae concupiscunt, ultra quam deo placet. In illum enim delinquunt quae cutem medicaminibus urgent, genas rubore maculant, oculos fuligine porrigunt. Displicet nimirum illis dei plastica, in ipsis se nimirum arguunt et reprehendunt artificem omnium. Reprehendunt enim, cum emendant, cum adiciunt, utique ab adversario artifice sumentes additamenta. Is est diabolus. Nam quis corpus mutare monstraret, nisi qui et spiritum hominis malitia transfiguravit? Ille indubitate eiusmodi ingenia concinnavit, ut in vobis pareat manus vos quodammodo deo afferre. Quod nascitur, opus dei est. Ergo quod infingitur, diaboli negotium est. Divino operi satanae ingenia superducere quam scelestum est! Servi nostri ab inimicis nostris nihil mutuantur, milites ab hostibus imperatoris sui nihil concupiscunt — de adversario enim eius, in cuius manu sis, aliquid usui postulare transgressio est —: Christianus a malo illo adiuvabitur in aliquo? Nescio an hoc nomen ei perseveret. Erit enim eius, de cuius instrui concupiscit. Quam autem a vestris disciplinis et professio-

---

5 quam *A*, quam quod *NFR* (*sed cf. Lfst. Zur Spr. Tert. p. 36*) 6 deo placet *A*, domino placere *NFR* 7 urgent *AN*, urguent *F*, unguent *R*[1], unguunt *R*[3] 8 porrigunt *A*, colligunt *NFR*[1], collinunt *R*[3] nimirum illis *AN*, illis nimirum *FR* dei plastica *N*, plastica dei *AFR vulgo* (*neglecta clausulae regula*) 9 se nimirum *A*, *om. NFR* arguunt *A*, redarguunt *FR*, regunt *N* et *A*, *om. NFR et vulgo* 11 additamenta *A*, additamenta ista *NFR et vulgo* 11 *sq.* is est diabolus *A*, id est diabolo *NFR* 12 mutare monstraret *A*, monstraret mutare *NFR* 12 *sq.* spiritum hominis *Rig.*: spiritum hominum *A*, hominis spiritum *NFR* 13 *sq.* eiusmodi *A*, huiusmodi *NFR* 14 *sq.* ut in vobis pareat (*h. e. appareat*) manus vos quodammodo dō afferre *A*, ut in nobis quodammodo manus deo inferret *NFR* 16 infingitur *A*, fingitur *NFR* negotium] opus *N* 18 hostibus *A*, hoste *NFR* 19 *parenthesin indicavi* 20 sis *Rig.*: vis *A*, sit *NFR* postulare *NFR*, postularit * *A* transgressio *ANR*, congressio *F* 21 in aliquo *om. NFR* an] in *A* 22 ei] et *A* de cuius *A* (*Ma. Ko.*) *cf. III p. 135, 2—4; vide etiam Lfst. Zur Spr. Tert. p. 5 sqq.*, de cuius doctrinis *NFR* (*Rig. Oehler*) 23 quam *A*, quantum *NFR*

nibus aliena sunt, quam indigna nomini Christiano, faciem fictam gestare quibus simplicitas omnis indicitur! effigie mentiri quibus in lingua non licet, appetere quod tuum non sit quibus alieni abstinentia traditur, adulterium in specie exercere quibus studium pudicitiae sit!† Credite, benedictae, quomodo praecepta dei custodietis, liniamenta eius in vobis non custodientes?

6. Video quasdam capillum croco vertere. Pudet eas etiam nationis suae, quod non Germaniae atque Galliae sint procreatae: ita patriam capillo transferunt. Male ac pessime sibi auspicantur flammeo capite, et decorum putant quod inquinant. Atquin et detrimentum crinibus medicaminum vis inurit et cerebro perniciem etiam cuiuslibet sinceri humoris assiduitas reservat, cum solis animando simul et siccando capillo exoptabilis ardor ** nocet. Quis decor cum iniuria? quae cum inmunditiis pulchritudo? Crocum capiti suo mulier Christiana ingeret ut in aram? Quodcunque enim immundo spiritui excremari solet, id nisi

---

24 sunt *NFR*, sint *A* nomini *ANF*R^{1}, nomine R^{3} 25 *sq.* effigie mentiri R^{3}, effigiem mentiri *F*R^{1}, effigiem ementiri *AN* 26 in lingua *A* (*Oehler Ma. Ko.*), lingua *NFR* (*Rig.*): *de usu praepositionis* in *iuxta ablativum instr. vide quae congessit Ko. p. 158* tuum *Mercerus* (*Oehler*): ad tuum *A*, datum *NFR* (*Rig. Ma. Ko.*) 27 alieni abstinentia *A*, alienum abstinentiam *NF*R^{1}, alienum abstinendum R^{3} traditur, adulterium *om. NFR* 28 sit *A*, est *NFR* credite *ANFR*, cĕdite *Iun.* (*quod placere posset, si haec forma ullo probaretur testimonio*), edite *Harrisius*, sit credi⟨tum! edi⟩te *fort.* 29 liniamenta *ANF*, lineamenta *R vulgo* eius in vobis *om. NFR*

6. 1 capillum *A*, et capillum *NFR* 2 suae *om. A* germaniae atque galliae *Rig.*: germania ea quae galliae *A*, germanae aut gallae *NFR* 3 patriam capillo *NFR*, iam capillos *NFR* (*Rig. Oehler Ma. Ko.*) transferunt] transfero = μεταφέρω '*verlege*', '*wechsle aus*' 4 flammeo — — putant *om. A* 5 atquin *A*, atque *NFR* 6 cerebro perniciem *sqq.*] *mutare volenti bene mihi in memoriam revocavit C. Prinz verba auctoris De an. cap. 51 = I p. 383, 23–26* 7 umoris *A* reservat] '*hält in Reserve*' cum *F*, tum *ANR vulgo* 8 exoptạbilis (a *ex* u) *A* ardor *NFR*, ardor nocet *A* (*Rig. Oehler Ma. Ko.*), *ego lacunam signavi*: *intercidisse puto*: ⟨quid iuvat, quod⟩ nocet? 10 ingeret *A*, ingerit *NFR* utnaram *A* 11 enim *om. A*

probis et necessariis et salutaribus usibus adhibetur, ad quod dei creatura prospecta est, sacrificium videri potest. Sed enim dominus ait: *Quis vestrum potest capillum album atrum facere aut album ex atro?* Itaque revincunt dominum: 'Ecce', inquiunt, 'pro albo vel atro flavum facimus, gratiae faciliorem.' Quamvis et atrum ex albo conantur quas paenitet ad senectam usque vixisse. Pro temeritas! Erubescit⟨e⟩! aetas exoptata votis furtim conficitur, adulescentia, in qua deliquimus, suspiratur, occasio gravitatis interpolatur. Absit a sapientiae filiabus stultitia tanta: senectus cum plus occultari studuerit, plus detinetur. Nec est aeternitas vestra de capilli iuventute: hanc incorrupti-

6. 14 Matth. 5, 36 23 *cf.* II Cor. 5, 2

12 salutaribus *A*, salubribus *NFR* adhibetur *A*, adhibeatur *NFR* 13 dei creatura *AN*, creatura *FR* prospecta est *AN*, est prospecta *FR* 14 dominus *NFR* (*Rig.*), deus *A* (*Oehler Ma. Ko.*) 14*sq.* album atrum *A*, atrum ex albo *NFR* 15 facere * *A* itaque revincunt *A*, hac quae revincunt *NR*, hec quae revincunt *F*, itaque, ⟨quo⟩ revincant *fort.* 15*sq.* dominum *A*, deum *NFR* 17 gratiae faciliorem *NFR* (*sic Claudianus, Laus Serenae 54*: Hispania frugum facilis), gratia faciliorem *A* (*Rig. Oehler Ma. Ko.*) conantur *A*, conantur facere *FR*, facere *N*: *de ellipsi verbi faciendi vide Ho. Synt. u. Stil p. 145*

18 paenitet ad *Ma.* (*Ko.*), paeniteat *A* (*Rig.*), paeniteat ad *Oehler*, paenituit ad *NFR* temeritas *A*, temeritate *NF*, temeritatem *R* 19 erubescite *scripsi*: erubescit *ANFR vulgo* etas *AN*, aetas *FR* *post* votis *virgulam a Rhenano positam expunxi* furtim *scripsi*: furtum *ANFR vulgo; non adstipulor Hoppio, qui* (*Beitr. 97*) *et haec verba et quae infra leguntur* (*haec* est aet. v. de cap. inventute) *a Rigaltio recte in dubium vocata defendere suscipit* conficitur *A*, confitetur *NFR* 20 deliquimus *A*, delinquimus *NFR* gravitatis *A*, pravitatis *NFR*

21 a *om. A* tanta *ANR*, tantum *F* 22 occultari studuerit plus *om. A* detinetur (detinere *idem quod Graecum* αἱρεῖν, *nostrum überführen, entlarven*) *A* (*Rig. Ma. Ko.*), detegetur *NFR* (*Oehler*) nec *scripsi*: hec *AN*, haec *FR* *vulgo*: *non ironice hic loqui auctorem, ut arbitratur Rig., quem sequuntur posteriores nec non Ho.* (*Beitr. 97*), *satis elucet vel ex verbis*: de capilli iuventute, *quae hac de causa virgula seiunxit ab antecedentibus Ko.* 23 aeternitas (*h. e. aeterni aevi habitus*) *NFR*, aeteritas *A* vestra *NF* (*cf. infra* bene properatis), nostra *R*, vera *A* (*Rig. Oehler Ma. Ko.*) capilli *A*, capilis *NFR* 23*sq.* incorruptibilem *NFR*

bilitatem habemus superinduere ad novum domin⟨i⟩um, quam monarchia acacia⟨s⟩ pollicetur. † Bene properatis ad dominum, bene festinatis excedere de isto iniquissimo saeculo, quibus ad finem propinquare deforme est.

7. Quid item tanta ordinandi crinis operositas ad salutem subministret? Quid crinibus vestris quiescere non licet, modo substrictis, modo relaxatis, modo suscitatis, modo elisis? Aliae gestiunt in cincinnos coërcere, aliae, ut vagi et volucres elabantur, non bona simplicitate. Affigitis praeterea nescio quas enormitates sutilium atque textilium capillamentorum, nunc in galeri modum quasi vaginam capitis et operculum verticis, nunc in cervicum retro sug-

25 *cf.* I Cor. 5, 8

24 superinduere *Rig.*: semper induere *ANFR* ad novum dominium *scripsi* (*ad* dominium *cf. II Tim. 2, 12*; *ad* novum *cf. Eph. 1, 19—23*): ad novum dominum *A*, ad donum domini *NF*, ad domum domini *R*, ad novam domum *Rig.*, ad novam domum domini *Oehler* (*Ma.*), ad novam domini domum *Ko.* quam] qua *A* 25 monarchia acacias (*h. e. die Alleinherrschaft der Leidlosigkeit, cf. Apoc. 21, 4*) *scripsi*: monarchia *A* (*Rig. Oehler Ma. Ko.*), acacia *NF*, ἀκακία *R*: *contaminandas putavi utriusque memoriae lectiones; altera enim talis est, ut per se ipsa non sufficiat sensui* (*quod enim Rig. censet 'monarchiam' hic dici pro 'deo domino' minime probari potest eis quos ex libro Adv. Praxeam affert locis*), *altera autem talis, ut a correctore quodam eam excogitatam esse nemo sanus possit credere* bene properatis *sqq.*] *Ironice haec dicta esse recte iudicat Hoppe* (*Beitr. 97*). *Sed eadem nimis subito et abrupte se applicare ad ea quae antecedunt, nemo, opinor, non senserit: nescio igitur, an totum lemma hic interciderit* properatis *NFR*, festinatis *A* 26 isto *om. A* 27 ad finem propinquare (*h. e. ad vitae finem accedere; cf. supra l. 18*) *A*, in fine appropinquare *NFR*

7. 1 item *A*, enim *NFR* ordinandi *A N* R^1, ornandi *F G* R^3 crinis *A*, capitis *NFR* operositas *A*, onerositas *NFR* ad *om. NFR* 2 subministret *A*, subministrat *NFR et vulgo* quid] quod *A* 3 modo substrictis *om. A* substructis *F* 4 cincinnos *A*, concinnis *NFR* coherceri *N* 6 enormitates *AR*, innormitates *N*, enormitas *F* sutilium R^3, subtilium *A N F* R^1 (*Oehler Ma. Ko.*) atque textilium *om. A* sutilium atque textilium *eiecit Rig.* 7 galeri *ANR*, galeris *F* 8 cervicum *A* (*Rig. Ma. Ko.*), *cf. Ho. Beitr. 79*, cervicem *NFR* (*Oehler*)

gestum. 'Quid mirum? non contra dominica praescripta contenditur: ad mensuram neminem sibi adicere posse pronuntiatum.' Vos vero adicitis ad pondus, colluras quasdam vel scuti umbilicos cervicibus adstruendo. Si non pudet enormitatis, pudeat inquinamenti, ne exuvias alieni capitis, forsan immundi, forsan nocentis et gehennae destinati, sancto et Christiano capiti supparetis. Immo omnem hanc ornatus servitutem a libero capite depellite; frustra laboratis ornatae videri, frustra peritissimos quosque structores capillaturae adhibetis: deus vos velari iubet; credo, ne quarundam capita videantur. Atque utinam miserrimus ego in illa die Christianae exultationis vel infra calcanea vestra caput elevem! videbo, an cum cerussa et purpurisso et croco et illo ambitu capitis resurgatis, an taliter expictas angeli in nubila sublevent obviam Christo. Si nunc bona et dei sunt, tunc quoque occurrent resurgentibus corporibus et sua loca agnoscent. Sed non potest resurgere nisi caro et spiritus

---

7. 10 *cf.* Matth. 6, 27

---

9 *Verba adversarii indicavi* quid mirum *scripsi*: mirum quod *A N F R vulgo* non *om. N F R* dominica praescripta *A*, domini praecepta *N F R* 10 addicere *F* 10*sq.* pronuntiatum *A* (*Ma. Ko.*), pronuntiatum est *N F R* (*Rig. Oehler*) 11 vero *A*, sane *N*, plane *F R* *post* pondus *virgulam posui* colluras (*h. e.* collyras) *A*, colliridas *N F* R^1, collyridas R^3 11*sq.* vel scuti *A*, vel sputorum *N F R*, vel scutorum *Pam.* 12 adstruendo *N F R* (*Rig. Ma. Ko.*), adstruendos *A* (*Salmasius, Oehler*) 13 alieni] alicui *F* 13*sq.* forsan *A F*, forsitan *N R* 14 nocentes *A* distinati *A* 15 supparetis *A*, separes *N F R* omnem *om. N F R* 16 depellite *A*, propellite *N F R* labora*tis *A* 17 quosque *N F R*, quoque *A* 17*sq.* capiliturae *A* 19 illa *A*, illo *N F R* 20 infra *A*, intra *N F*, inter *R* 21 videbo *A*, videre *N F R* illo *A*, in illo *N F R et vulgo* 22 expictas *A*, expictam *N F R* nubila] nebula R^1 23 sublivent *A F R*, elevent *N* obviam christo *N F R*, obviam christo in aere * (m *eras.*) *A* (*Rig. Oehler Ma. Ko.*): *secutus sum recentiorum memoriam clausula commendatam*; *quod praebet A* in aere(m) *iuxta* in nubila *tolerari posse negaverim*: *suspicari licet quod abundat in A olim ut correcturam verbis* in nubila *superscriptum fuisse*

solus ac purus. Damnatum est igitur quod in spiritu et carne non resurgit, quia dei non est. Damnatis hodie abstinete, hodie vos tales deus videat, quales tunc videbit.

8. Videlicet nunc vir ut sexu aemulus feminas a suis depello. An et nobis quaedam respectu obeundae gravitatis propter metum debitum deo detrahuntur? Siquidem et viris propter feminas, ut feminis propter viros, vitio naturae ingenita est placendi voluntas, propriasque praestigias formae et hic sexus sibi agnoscit: barbam acrius caedere, intervellere, circumradere, capillum disponere et decolorare, canitiem primam quamque subducere, totius corporis lanuginem pigmento quoque muliebri distringere, cetera pulveris cuiusdam aspritudine levigare, tum speculum omni occasione consulere, anxie inspicere, cum tamen cognito deo adempta placendi voluntate per luxuriae vacationem omnia illa ut otiosa, ut hostilia pudicitiae recusantur. Nam ubi deus, ibi pudicitia, ⟨ubi pudicitia,⟩ ibi gravitas, adiutrix et socia eius. Quo ergo pacto pudicitiam sine instrumento suo, id est sine gravitate, tractabimus? Quomodo autem

26 damnatum est igitur quod *A*, dampnata sunt igitur quae *NFR* 26*sq.* spiritu et carne *A*, carne et spiritu *NFR* 27 resurgit .. est *A*, resurgunt .. sunt *NFR* 27*sq.* damnatis hodie abstinete *om. A* 28 tales deus *A*, deus tales *NFR*

8. 1 nunc vir *A*, nunc (non *F*) et vir *NFR*, nunc ut vir *fort.* ut sexu (*cf. Ho. Beitr. p. 20*) *A*, et sexu *NFR*, et sexus *Leopoldus* 2 obaeunde *A*, obediendae *FR*, obedientię *N*, obiendae *fort.* gravitatis *NFR* (*Oehler Ma. Ko.*), gratuitatis *A* (*Rig.*) 3 deo *A*, domino *NFR* detrahunt *F* (*Pam.*) 7 circumradere *Rig.*: circum radere *A*, circumdare *NFR* et decolorare *A* (*Rig. Oehler Ma. Ko.*), et colorare *N*, etiam colorare *FR* *aliter distinxi*: disponere, et decolorare canitiem, primam quamque *Rig.* (*Oehler Ma. Ko.*) 9 distringere (*i. e.* ἀποψήχειν) *A* (*Rig. Oehler Ma.*), distinguere *NFR* (*Ko.*) 10 aspritudine *AF*, asperitudine *NR* 11 anxie inspicere *om. A* 12 per vacationem (*quia non iam locus est luxuriae*; per *pro abl. causae*: *cf. Ho. Synt. u. Stil p. 33*) *NFR* per occasionem *A* (*Rig. Oehler Ma. Ko.*) 13 ut] aut *A* (*Ko.*), *om. N* otiosa] vitiosa *N* ut] aut *Rig.* (*Ko.*) pudicitiae *om. A* nam * ubi *A* 14 ubi pudicitia *suppl. Ma.* 16 suo *ANF*, eius *R et editores usque ad Rig.*

gravitatem administrandae pudicitiae adhibebimus, nisi et in facie et in cultu et in totius hominis contemplatione severitas circumferatur?

9. Quamobrem erga vestitum quoque et reliqua compositionis vestrae impedimenta perinde vobis curanda est amputatio et decussio redundantioris nitoris. Nam quid prodest faciem quidem frugi et expeditam et simplicitate condignam divinae disciplinae exhibere, cetera vero corporis laciniosis pomparum et deliciarum ineptiis occupare? Hae pompae, quam de proximo curent luxuriae negotium et obstrepant pudicitiae disciplinis, dinoscere in facili est: quo⟨a⟩d gratiam decoris cultus societate prostituunt, adeo, si desinant, inritam et ingratam reddunt velut exarmatam et naufragam; contra si forma deficit, adminiculum nitoris quasi de suo gratiam supplet. Aetates denique requietas iam et in portum modestiae subductas splendor et dignitas cultus avocant* et severitatem appetitionibus inquietant, compensantibus scilicet per habitus inritamenta frigora aetatis. Ergo, benedictae, primo quidem ut lenones et prostitutores vestitus et cultus ⟨pompas⟩ ne in vos admiseritis, tum, si quas divitiarum vel natalium vel retro dignitatum

---

18 contemplatio] *h. e. figura, imago cf. Min. Fel. 1, 2*

9. 2 vestrae] nostrae *F* perinde *A*, proinde *NFR* 3 redundantionis *A* 4 simplicitate (*coniunge c. genet.* divinae disciplinae) *NFR*, simplicitatem *A* (*Rig. Oehler Ma. Ko., sed cf.* quod sequitur: cetera vero corporis) 7 current *A* 8 in facili *R*, in facile *ANF* (*de* in *c. abl. nominum adiectivorum cf. Ho. Synt. u. Stil p. 100*) 9 quo⟨a⟩d *scripsi*: quod *ANFR vulgo* quoad ... adeo] *ut alibi*: quatenus ... eatenus prostituunt (u *ex* a) *A*, prostituant *NFR vulgo* 10 si *om. N* desinant *A*, desint *NFR* exarmatam *A*, exornatam *NFR* 11 *post* naufragam *levius distinxi* deficit *A*, defecit *NFR* 12 supplent *Iun.* requietas *ANR*, inquietas *F* 14 *lacunam signavi*: a gravitate *intercidisse puto* (*cf. supra p. 84, 14 sqq.*) 15 per habitus inritamenta *scripsi*: habitus inritamest tam per *A*, habitus inritamento pro *NFR*, habitus inritamentum pro *Rig.* (*Ma. Ko.*), habitus inritamenta pro *Oehler* frigora *A*, frigore *NFR et vulgo* per] *cf. supra p. 84, 12* 17 pompas *addidi* 18 divitiarum *A*, vel divitiarum suarum *NFR* dignitatum *AR*, dignitatem *NF*

ratio compellit ita pompaticas progredi, ut sapientiam non videantur consecutae, temperare malum huiusmodi curate, ne totis habenis licentiam usurpetis praetextu necessitatis. Quomodo etenim humilitatem, quam nostri profitentur, implere poteritis, non repastinantes divitiarum vestrarum vel elegantiarum usum, quae ⟨tan⟩tum ad gloriam faciunt? Gloria autem exaltare, non humiliare consuevit. 'Non', inquitis, 'utemur nostris?' Quis autem prohibet uti? Secundum apostolum tamen, qui nos uti monet mundo isto, quasi non abutamur. *Praeterit enim*, inquit, *habitus mundi huius. Et qui *** emunt, sic agant, quasi non possidentes.* Cur ita? Quoniam praemiserat dicens: *Tempus in collecto est.* Si ergo uxores quoque ipsas sic habendas demonstrat, tamquam non habeantur, propter angustias temporum, quid sentiat de vanis his instrumentis earum? Non enim et multi ita faciunt et se spadonatui obsignant, propter regnum dei tam fortem et utique permissam voluntatem

9. 26*sq. cf.* I Cor. 7, 29 28 I Cor. 7, 30. 31 30 I Cor. 7, 29
34 *cf.* Matth. 19, 12

19*sq.* non videantur *om.* *NFR* 20 consecutae] persecutae *N* malum huiusmodi *A*, saltim ab huiusmodi *NFR*, saltim huiusmodi *fort.*
21 praetextu *A*, praetextato *NF*, praetexto *R* 22 etenim *ANF* (*Oehler Ma. Ko.*), enim *R* (*Rig.*) n͞ri *A*, x͞piani *NFR* profitentur *A*, profitemur *NFR* 23 poteritis *A*, poterimus *NFR* repastinantes *NFR* (*Oehler Ma. Ko.*), perpastinantes *A* (*Rig.*) 24 quae ⟨tan⟩tum *Oehler* (*Ma. Ko.*), quae tum *A*, quae *NFR* (*Rig.*) 25 exaltare, non humiliare consuevit *A*, reconsuevit *NFR*, regerere consuevit R^1*mg* 25*sq.* non, inquitis, utemur *scripsi*: non inquisitis utemur *A* (*quod ortum puto ex* inquis *et superscripta correctione* -itis), non enim utemur *NFR* (*Rig.*), non enim quaesitis utemur *Oehler* (*inter verba*), non enim, inquitis, utemur *Oehler* (*in notis*) *Ma. Ko.* 27*sq.* quasi ⟨qui⟩ non abutantur *fort.* (ὡς μὴ καταχρώμενοι) 28 inquit *om.* *A* (*Rig. Oehler Ma. Ko.*) mundi huius *A*, huius mundi *NFR* 29 *lacunam signavi*: ⟨uxores habent sic sint, atque si non habeant, et qui⟩ *supplenda esse probatur eis, quae infra* (*l. 30 sq.*) *sequuntur*: si ergo uxores quoque ipsas *sqq.* quasi **** non possidentes *A*
33 sentiat *om.* *NFR* his *om.* *A* 34 multi ita *A*, ita multi *NFR* obsignant *A*, assignant et *NFR* 35 voluntatem $ANFR^1$ (*cf. Ioh. 1, 13*), voluptatem R^3 (*Oehler Ma. Ko.*), virilitatem *B* (*Gel. Pam. Rig.*)

sponte ponentes? Numquid non aliqui ipsam dei creaturam sibi interdicunt, abstinentes vino et animalibus esculentis, quorum fructus nulli periculo aut sollicitudini adiacent, sed humilitatem animae suae in victus quoque castigatione deo immolant? Satis igitur et vos usae estis divitiis atque deliciis, satis dotum vestrarum fructus decidistis ante notitiam salutarium disciplinarum. Nos sumus, in quos decurrerunt fines saeculorum, nos destinati a deo ante mundum in extimatione temporali. Itaque castigando et castrando, ut ita dixerim, saeculo erudimur a deo. Nos sumus circumcisio omnium, spiritalis et carnalis; nam et in spiritu et in carne saecularia circumcidimus.

10. Nimirum enim deus demonstravit sucis herbarum et concharum salivis incoquere lanas — exciderat illi, cum universa nasci iuberet, purpureas et coccineas oves mandare —; deus et ipsarum vestium officinas commentus, quae, leves et exiles, solo pretio graves essent; deus et auri † tanta opera produxit, complectendis et distinguendis la-

36 numquid non *om. NFR* 37*sq.* esculentis *A*, exolentes *F*, exolantes *N*, exulantes *R* 38 aut sollicitudini *om. A* 40 *signum interrogationis posuit Ma.* et vos usae *A*, et usae *F*, et usurę *N*, usae *R* 41*sq.* fructus decidistis ante notitiam *A*, fructum cecidistis unde notitia *NFR* 43 decurrunt (er *s. v. a m. 1*) *A*, decurrerunt *NF*, decucurrerunt *R* 44 in extimatione *Rig.* (*Oehler Ma. Ko.*), in extimatione (is *s. v. a m. 1*) *A*, in extimationem *N*, in aestimationem *FR* temporali *A*, temporum *NFR* in extimatione temporali] *h. e. in extremitatibus temporum* itaque *A*, tamquam *NFR* 45 deo *A*, domino *NFR* 46 spiritalis *A*, et spiritalis *NFR* 46*sq.* et in spiritu *A*, et spiritu *N*, spiritu *F* 47 et in carne *A* (*Rig. Ma. Ko.*), et carne *NFR* (*Oehler*) saecularia circumcidimus *NFR* (*Oehler Ma. Ko.*), saeculo circumcidimur *A* (*Rig.*) (*quam Agobardini lectionem iure fortasse vindicaveris, si supra pro* omnium *rescribas*: hominum spiritalis et carnalis, *id est*: *spiritalis hominis et carnalis*)

10. 1 demonstravit *AR*, monstravit *NF* 2 salivis *A*, alveis *NFR* *parenthesin indicavi* 4 commentus] *scil.* est, *ut supra l. 43* nos destinati *scil.* sumus 5 quae *AN*, quod *FR*[1], quo *R*[3] lenes *N* 6 tanta] *an* tenuata? complectendis *A*, contemplandis *NFR* 6*sq.* lapillis scrupulosa; deus *Ma.* (*Ko.*): lapillis. scrupulosa deus *R* *vulgo*

pillis scrupulosa; deus et auribus vulnera intulit, et in ⟨hoc,⟩ — tanti habuit vexationem operis sui et cruciatus infantiae innocentis tunc primum dolentis — ut ex illis adferrum⟨i⟩nata corpor⟨e⟩is cicatricibus grana nescio quae penderent, quae plane Parthi peronibus quoque suis bullarum vice inserunt. Quamquam et aurum ipsum, cuius vos gloria occupat, cuidam genti ad vincula servire referunt gentilium litterae. Adeo non veritate bona sunt, sed raritate; artibus autem per angelos peccatores, qui et ipsas materias prodiderunt, inductis operositas cum raritate commissa pretiositatem et ex ea libidinem [possidenda de pretiositate] feminarum excitavit. Quod si idem angeli, qui et materias | et eiusmodi inlecebras | detexerunt, auri dico et lapidum inlustrium, et operas eorum tradiderunt, etiam ipsum calliblepharum vellerumque tincturas inter cetera docuerunt, damnati a deo sunt, ut Enoch refert, quomodo placebimus

10. 17 *cf.* Enoch 7, 1

7 scrupulosa] *satis audacter dictum de tenuibus auri filis: sorgsam bemüht, ängstlich bedacht* (*cf. Ko. p. 184*) et auribus *A*, auribus *NFR* et in ⟨hoc⟩ *scripsi:* et in *A*, et *NFR vulgo* in hoc] = *zu dem Zweck, cf. Ho. Synt. u. Stil p. 39* 8 *parenthesin indicavi* habuit *NFR*, habitu *A* cruciatis *F* 9 innocentis *om. NFR* ex illis] *scil.* ex vulneribus 9*sq.* adferrum⟨i⟩nata corpor⟨e⟩is *scripsi:* adferrum nati corporis *libri et vulgo*, adferruminati corporis *Mercerus*, iam ferruminati corporis *Lat.* 10 corporeus] *h. e.* carneus 11 peronib; quoq; suis *A*, per omnia quaeque sua *NFR* bulbarum *A* 13 ferunt *A* 14*sq.* artibus autem *om. NFR* 15 peccatores *A*, autem peccatores demonstrata sunt *NFR* 16*sq.* pretiositatem et ex ea libidinem *A*, pretiositate ex ea libidine *NFR* 17 possidenda de pretiositate (*sic A*) *seclusi:* possidendae pretiositatis *NFR et vulgo* 18 si *om. NFR* idem *ANF*R^1, iidem R^3 *vulgo* 18*sq.* et eiusmodi illecebras] *quae hastis derectis inclusi suo loco cessisse et inserenda esse puto paulo infra l. 20sq. post verba* ipsum calliblepharum et eiusmodi *NFR*, eiusmodi et *A* (*Rig. Oehler Ma. Ko.*) 19 auri dico et lapidum *A*, aurum et argentum *NFR* 20 operas (*Bearbeitung*) *A*, opera *NFR* etiam ipsum *A*, etiam *FR*, et *N* 20*sq.* calliblepharum *R*, calliblefarium *A*, caliblefarum *NF* 21 vellerumque *A*R^3, vel plerumque *NF*R^1 ceteras *N* 22 ut Enoch refert *om. N*

deo gaudentes rebus illorum, qui iram et animadversionem dei propterea provocaverunt? Nunc ut deus ista prospexerit, deus permiserit, nullam de conchylio vestem Eseias increpet, nullum botronatum retundat, nullas lunulas reprobet, tamen non ut gentiles, ita nos quoque nobis adolemur, institutorem solummodo deum existimantes, non etiam dispectorem institutorum suorum. Quanto enim utilius et cautius egerimus, si praesumamus omnia quidem a deo provisa tunc et in saeculo posita, ⟨at⟩ uti nunc essent in quibus disciplina servorum eius probaretur, ut per licentiam utendi continentiae experimenta procederent? Nonne sapientes patresfamiliae de industria quaedam servis suis offerunt atque permittunt, ut experiantur, an et qualiter permissis utantur, si probe, si moderate? Quanto autem laudabilior qui abstinuerit in totum, qui timuerit etiam indulgentiam domini? Sic igitur et apostolus, *Omnia*, inquit, *licent, sed non omnia expediunt*. Quanto facilius inlicita timebit qui licita verebitur?

25 *cf.* Es. 3, 18. 19   38 I Cor. 10, 23

24 dei propterea *om. NFR* ut *om. NFR* deus *om. A* 25 conchylio *R*, conchilio *NF*, concilio *A* eseias *A*, isaias *N*, esaias *FR* 26*sq.* nullum botronatum retundat, nullas lunulas reprobet *A*, nullas lunulas reprobet, nullum botronatum retundat *NFR* 27 nobis *om. N* adolemur *A*, adulemur *NFR* 28 solummodo deum *A*, deum solummodo *NFR* 28*sq.* dispectorem *Semlerus* (*cf. p. 121, Ad ux. II c. 8, 1*: dispectores sententiarum divinarum *et quae disserit auctor supra l. 29sqq.*): despectorem *libri et vulgo* (*damnat Oehler Semleri coniecturam interpretatus*: qui desuper inspicit; *sed* despector *etiam apud Tert. est* contemptor *cf. Adv. Marc. II 23 = III p. 366, 13; est autem* dispector institutorum suorum *qui plane perspicit instituta sua, hoc est: quid institutis suis intendat* 29 utilius *A*, melius *NFR* 30 praesummamus *A* omnia] *scil. ista* (*cf. supra l. 24*), *quod an addendum sit* (*post* quidem) *an mente supplendum incertus sum* 31 in (*priore loco*) *om. NFR* at *addidi*: quidem ... at *cf. Ad nat. I 16 = I p. 86, 21*) uti *ANF*, ut *R* essent *N Iun.*: esset *AFR* 32 ut *AN*, uti *FR* perlicentia * utendi *A* 33 experimenta procederent *A*, experientia procederet *NFR* 35 adque *A* et qualiter *AN*, equalem *F*, aequaliter *R* 36 moderate *A*, modeste *NFR* 38 et *om. A* 39 expediunt *A*, aedificant *NFR*: *dubito an secundum*

11. Quae autem vobis causa est extructius prodeundi, cum remotae sitis ab his, quae talium indigent? Nam nec templa circumitis nec spectacula postulatis nec festos dies gentium nostis. Propter istos enim conventus et mutuum videre ac videri omnes pompae in publicum proferuntur, aut ut luxuria negotietur aut gloria insolescat. Vobis autem nulla procedendi causa non tetrica: Aut inbecillis aliquis ex fratribus visitatur aut sacrificium offertur aut dei sermo administratur. Quidvis horum gravitatis et sanctitatis negotium est, cui opus non sit habitu extraordinario et composito ** et soluto. Ac si necessitas amicitiarum officiorumque gentilium vos vocat, cur non vestris armis indutae procedatis, tanto magis, quanto ad extraneas fidei? ut sit inter dei ancillas et diaboli discrimen, ut exemplo sitis illis, ut aedificentur in vobis, ut, quomodo ait apostolus, magni-

---

11. 4 *cf.* Ovid. Ars amat. I 99 *et* Tert. De spect. 25 14 *cf.* I Cor. 10, 23 15 *cf.* Phil. 1, 20

---

locum scripturae restituendum sit: omnia licent, sed non omnia expediunt, omnia licent, sed non omnia aedificant *cf. infra l. 15*: ut aedificentur in vobis. *attamen ubi in aliis libris hoc apostoli dictum laudatur* (*De exh. cast. cap. 8; De bapt. cap. 17*), *desideratur, ut hic, altera eius pars*

11. 1 causa est *NFR*, causae *A* (*Rig. Oehler Ma. Ko.; sed corruptelam esse iudico ex* causaē *ortam*) exstructius *A* (*cf. Ad ux. II 3*: exstructionem), structius *NFR* 2 remoti *A* talium *A*, ad aliud *NFR* 3 circuitis *NFR* gentium *A*, gentilium *NFR* 4 istos ... conventus *A*, ipsum ... conventum *NFR* mutuum *NFR Rig.* (mutua *et* mutuum *adverbialiter*: *wechselweise*), multum *A* (*Oehler Ma. Ko.*) 5 ut aut *Leopoldus*: aut ut *libri et vulgo* 5 *sq.* luxuriae *A* 6 aut ⟨ut⟩ *Iun.* 7 imbecillis aliquis *NFR*, imbecillus aliqui *A* (*Rig. Oehler Ma. Ko., sed nolui Agobardini lectionem inter verba recipere ut aperte librarii correctionem redolentem*) 8 visitatur *A*, visitandus *NFR* sermo *AN*, verbum *FR* 9 quid̶vis *A* (d *eras.*), quamvis *NFR*[1], quodvis *R*[3] 10 est cui *A*, et si cui *NFR*[1], et cui *R*[3] (*fort. recte*) 11 *lacunam signavi*: sed simplici *vel* solito *vel* ordinario *intercidisse arbitror*: extraordinario et soluto, sed composito *Aug. Neander* solutus] *h. e. liber* ac] hac *A* 13 procedatis *A*, proceditis *NFR* 14 inter dei ancillas et diaboli *A*, inter ancillas diaboli (diaboli ancillas *N*) et dei *NFR* 15 aedificentur — — — apostolus *om. A* 15 *sq.* magnificetur *A*

ficetur deus in corpore vestro. Magnificatur autem in corpore si per pudicitiam, utique et per habitum pudicitiae competentem. Sed enim a quibusdam dicitur: ne blasphemetur nomen in nobis, si quid de pristino habitu et cultu detrahamus. Non auferamus ergo ⟨a⟩ nobis et vitia pristina; simus et moribus isdem, si et superficie eadem: et tunc vere nomen blasphemabunt nationes. Grandis blasphemia, si ⟨de⟩ qua dicatur: 'Ex quo facta est Christiana, pauperius incedit.' Timebis pauperior videri, ex quo locupletior facta es, et sordidior, ex quo mundior? Secundum gentilium an secundum dei placitum incedere Christianos oportet?

12. Optemus tantummodo, ne iustae blasphemationis causa simus. Quanto autem blasphemabile, si, quae sacerdotes pudicitiae dicimini, impudicarum ritu procedatis cultae et expictae! Aut quid minus habent infelicissimae illae publicarum libidinum victimae? quas etsi quae leges a maritalibus et matronalibus decoramentis coërcebant, iam certe saeculi improbitas quotidie insurgens honestissimis quibusque feminis usque ad errorem dinoscendi coaequavit. Quamquam lenocinia formae numquam non prostituto corpori coniuncta et debita etiam scripturae suggerunt. Illa

---

16 in corpore *om.* *NFR* 17 si per *FR*, per *AN* (*Rig. Oehler Ma. Ko.*) 18 a quibusdam dicitur *A*, dicitur a quibusdam *NFR* 18*sq.* blasfemetur *AN* 19 nomen (*scil. Christianum*) *ANFR*[1], nomen eius *GR*[3] in vobis *N* 20 a *addidi* nobis et *NFR*, *om.* *A* (*Rig. Oehler Ma. Ko.*) 21 isdem *ANF*, iisdem *R vulgo* superficie (i *ex* a) *A* 22 nomen *scripsi* (*cf. supra l. 19*): non *ANFR et vulgo* blasfemabunt *AN* 22*sq.* si ⟨de⟩ qua *scripsi*: si qua *NFR*, est ex qua *A* (*Rig. Oehler Ma. Ko.*) 24 timebis *A*, timebit *NFR* 25 es *A*, est *NFR*

12. 1 et optemus *NFR* 2 quanta *F* blasphemabile *N*, blasphemabile est *FR*, magis blasfemabile est *A* (*Rig. Oehler Ma. Ko.*): *sed ellipsis comparativi* magis *iuxta* quanto *huic auctori sollemnis est; delevi autem codicem N secutus etiam copulam* est 3 dicimur *N* 4 et] aut *NFR* quid *NR*, quod *F*, qui *A* habent *NFR* (*Rig.*), habeant *A* (*Oehler Ma. Ko.*) 5 puplicarum *A*, pudicarum *N*, impudicarum *FR* etsi *A*, si *NFR* quae *NFR*, quas *A* 5*sq.* maritalibus *A*, matronis *NFR* 8 quoaequavit *AN* 9 numquam *NFR*, quam *A* 10 et] est *A*

civitas valida, quae super montes septem et plurimas aquas praesidet, cum prostitutae appellationem a domino meruisset, ⟨ae⟩quali habitu appellationi suae comparata est. Sedet certe in purpura et coccino et auro et lapide pretioso. Quam maledicta sunt sine quibus non potuit maledicta et prostituta! Thamar illa, quia se expinxerat et ornaverat, idcirco Iudae [suspicione] visa est quaestui sedere adeoque [sub velamento latebat, habitus qualitate quaestuariam mentiente] et fecit, ut quaestuariam et voluerit et compellarit et pactus sit. Unde addiscimus adversus congressus, etiam et suspiciones impudicas providendum omni modo esse. Quid enim castae mentis integritas alterius suspicione maculatur? quid speratur in me quod aversor?

---

12. 11 *cf.* Apoc. 17, 1 12 *cf. ib.* 14 *cf.* Apoc. 17, 4 16 *cf.* Gen. 38, 14. 15 20 *cf.* Gen. 38, 16

---

12 cum *NFR*, *om. A* (*Rig. Oehler Ma. Ko.*) 12*sq.* meruisset *NFR*, meruit sed *A* (*Rig. Oehler Ma. Ko.*) 13 ⟨ae⟩quali *scripsi*: quali *libri et vulgo post* est *signum interrogationis a Rhenano positum delevi: abundaret enim in insequenti sententia illud* 'certe', *si antecederet interrogatio* 14 et coccino *A*, cum coccino *NFR* 15 quam *A*, quae *NFR* 16 prostituta *A* (*Ko. Hoppium secutus Beitr. p. 45*) prostituta describi *NFR* (*Rig. Oehler Ma.*) 17 suspicione *seclusi* (*cf. infra*): suspitione *A* (*Oehler Ma. Ko.*), suspicioni *NFR* (*Rig.*) quaestui *NFR* (*Rig. Ma.*), *om. A* (*Oehler Ko.*) 18 adeoque *A*, adeo quia *NFR* 18*sq.* sub velamento — — mentiente *seclusi*: *discrepantia inter verba Tertulliani atque ea, quae legimus de muliere Thamar Gen. 38, 14. 15, in aperto est. istic enim nurum Iudae velamento solummodo se tegentem invenimus, Tert. autem* (*sicut verba eius nunc in libris leguntur*) *illam praeterea et expingentem se facit. atenim velamento obtecta cui bono id fecerit, intellegi nequit, quippe cuius faciem nemo potuerit cernere* (*cf. Gen. 38, 15*). *utrumque igitur fecisse illam cum credi non possit, alterum interpolatum esse liquet, id videlicet, quod cum sacra scriptura facit. is autem, qui additamento suo discrepantiam inter auctorem divinasque litteras oblitterare suscepit, idem, ne quis offenderet in verbis*: idcirco Iudae visa est quaestui sedere *interpolavit durissimum illud* suspicione 19 mentientem *NFR* et fecit *NFR*, *om. A* (*Rig. Oehler Ma. Ko.*) 19*sq.* voluerit et compellarit et pactus sit *A*, voluit et compellavit et pactus est *NFR* 21 *post* congressus *virgulam posui* etiam et (*cf. Lfst. Zur Spr. Tert. p. 36 sqq.*) *NFR* (*Ma. Ko.*); *om.* etiam *A* (*Rig. Oehler*) 22 alterius *A*, in alterius *NFR*

quid non meos mores meus habitus praenuntiat, ne spiritus per aures ab impudentia vulneretur? Liceat videri pudicam certe, impudico scilicet.

13. Aliqua fors dicet: Non est mihi necessarium hominibus probari: nec enim testimonium hominum requiro; deus conspector est cordis. Scimus omnes, dum tamen, quid idem per apostolum dixerit, recordemur: *Probum vestrum coram hominibus appareat.* Ad quid, nisi ut malitia accessum ad vos omnino non habeat, vel ut malis et exemplo et testimonio sitis? Aut quid est: *Luceant operae vestrae?* Quid item nos dominus lucem mundi vocat? quid civitati super montem constitutae comparavit, si non relucemus in tenebris et extamus inter demersos? Si lucernam tuam sub modio abstruseris, in tenebris derelicta a multis incurseris necesse est. Haec sunt, quae nos luminaria mundi faciunt, bona scilicet nostra. Bonum autem, dumtaxat verum et

---

13. 2*sq.* *cf.* I Reg. 16, 7 4 Phil. 4, 5 7 *cf.* Matth. 5, 16 8 *cf.* Matth. 5, 14 8*sq.* *cf.* Matth. 5, 15 (Mc. 4, 21; Luc. 8, 16; 11, 33)

---

24 quid non meos mores meus *Hildebrandus*: quid non meoferes meos *A*, cur non meos mores *N*, cur non mores meos *FR* praenuntiat *A*, pronuntiat *NFR* 25 liceat] iaceat *F* *aliter distinxi*: pudicam, certe imp. *vulgo distinguitur* 26 impudico *scripsi* (*pendet dativus de infinitivo* videri): impudicam *libri et vulgo* impudico scilicet] *animadverte clausulam huius modi*: ⊥◡⊥⊥ | ⊥◡⊥, *haud raro obviam, cf. e. g. p. 99, 23*: con]fessione excedere scilicet *A* (*Rig.*), non licet *NFR* (*Oehler Ma. Ko.*), si licet *Iun.*

13. 1 aliqua fors dicet *A*, licet (iacet *F*) aliqua forsan dicam *NFR*[1], licet aliqua forsan dicat *R*[3] 2 testimonium hominum *A*, humanum testimonium *NFR* 3 cordis est *FR* dum *A*, cum *NFR* 5 ut *om.* *NFR* 5*sq.* accessum ad vos *A*, ad vos accessum *NFR* 6 vel ut *Rig.*: velud *A*, et ut *NFR* et *om.* *A* (*Rig. Oehler Ma. Ko.*) 7 opere vestre *A*, opera vestra *NFR* 8 quid item *scripsi* (*cf. p. 82, 1*), quid autem *A*, aut quid *NFR* dominus lucem mundi vocat *A*, dominus lumen terrae vocavit *NFR* 9 super *AN*, sub *F*, supra *R* montes *N* 9*sq.* in tenebris *A*, in tenebrosis *N*, in tenebrosos *F*, inter tenebrosos *R* 10 demersos *A*, dimersos *NR*, diversos *F* 11 modio *AN*, modium *FR* obstruseris *F* derelicta *Rig.*: delicta *A*, relictae *NFR* incurseris *Rig.*: incuseris *NFR*, incluseris *A* 12*sq.* faciunt, bona *om.* *N* 13*sq.* autem — — — plenum *om.* *A*

plenum, non amat tenebras; gaudet videri et in ipsas denotationes sui exultat. Pudicitiae Christianae satis non est esse, verum et videri. Tanta enim debet esse plenitudo eius, ut emanet ab animo ad habitum et eructet a conscientia in superficiem, ut et a foris inspiciat quasi supellectilem suam, quae conveniat fidei continendae in perpetuum. Discutiendae sunt enim deliciae, quarum mollitia et fluxu fidei virtus effeminari potest. Ceterum nescio an manus spatalio circumdari solita in duritiam catenae stupescere sustineat; nescio an crus de periscelio laetatum in nervum se patiatur artari; timeo cervicem, ne margaritarum et smaragdorum laqueis occupata locum spathae non det. Quare, benedictae, meditemur duriora, et non sentiemus; relinquamus laetiora, et non desiderabimus; stemus expeditae ad omnem vim, nihil habentes quod relinquere timeamus. Retinacula ista sunt spei nostrae. Proiciamus ornamenta terrena, si caelestia optamus. Ne dilexeritis aurum, in quo iam prima delicta populi Israel denotantur. Odisse debetis quod patres perdidit, quod relinquentibus deum

31 *cf.* Exod. 32, 7 *sqq.* *cf.* Ios. 7, 10—26

14 hamat de tenebras *A* gaudet *A*, sed gaudet *NFR* 14*sq.* in ipsas denotationes *A* (denotatio *Beschimpfung*; *similiter De an. 33 = I p. 356, 20*: anima exultans adversus humana iudicia), ipsa denotatione *NFR* 15 sui *om. A* (*Rig. Oehler Ma. Ko.*) *sed cf. Ad nat. I 5 = I p. 65, 21*: maior boni portio modico malo ad testimonium sui utitur pudicitiae Christianae *Rig.*: pudicitia ex̄nae *A*, pudicitiam *NFR* 17 ad *A*, in *NFR* 18 a foris *A*, foris *NFR* 19 que *A*, ut *NFR* 20 sunt enim *AN*, enim sunt *FR* fluxu] luxu *Meursius* 22 in duritiam catenae *Rig.*: in duritia mea tenae *A*, in duritia catenae *NFR* 23 crux *N* de *NFR*, *om. A* (*Rig. Oehler Ma. Ko.*; *sed cf. Ho. Synt. u. Stil p. 34*) laetatum *A*, *om. NFR* 24 patitur *F* 25 spatae *N Rig.* 27 laeticiora *F* 28*sq.* timeamus] debeamus *N* 30 delexeritis *F* 31 in quo iam *scripsi*: in quo omnia *A* (*Rig. Oehler Ma. Ko.*), in quo *NFR* prima *NFR*, *om. A* (*Rig. Oehler Ma. Ko.*) iam prima delicta populi Israel] *scil. furtum auri ab Achan commissum* (*cf. Ios. 7, 10—26*) *et vituli aurei conflatio ab Aaron admissa* (*cf. Exod. 32, 1—20*) 32 patres *A*, iudaeos *NFR* relinquentibus *A*, relinquentes *NFR*, ⟨a⟩ relinquentibus *Rig.* (*Oehler Ma. Ko.*), *sed*

adoratum est et iam tunc [aurum] ignis est esca. Ceterum tempora Christianis semper, et nunc vel maxime, non auro sed ferro transiguntur: stolae martyrum praeparantur, angeli baiuli sustinentur. Prodite vos iam medicamentis et ornamentis exstructae prophetarum et apostolorum, | sumentes de simplicitate candorem, de pudicitia ruborem, depictae oculos verecundia et os taciturnitate | inserentes in aures sermonem dei, adnectentes cervicibus iugum Christi. Caput maritis subicite, et satis ornatae eritis. Manus lanis occupate, pedes domi figite, et plus quam in auro placebunt. Vestite vos serico probitatis, byssino sanctitatis, purpura pudicitiae. Taliter pigmentatae deum habebunt amatorem.

---

33 *cf.* Exod. 32, 20 (et 10) 35 *cf.* Apoc. 6, 11 39 *cf.* Hier. 9, 20 40 *cf.* Matth. 11, 29 41 *cf.* Eph. 5, 22. 23

---

dativus auctoris hic procul dubio agnoscendus est, sicut infra in verbis: Christianis tempora transiguntur 33 adoratum est *A*, adoraverunt *NFR* et iam tunc *A*, etiam tunc *Rig.* (*Oehler Ma. Ko.*), etiam nunc *Castiglione* aurum *seclusi et post* adoratum est *punctum induxi* est] *eiecit Ma.* esca *om. A* (*sed defenditur clausula*) ignis est esca] *cf. Exod. 32, 20 et Ios. 7, 25* 34 χ̄ρ̄ianis *A* (*Rig. Oehler Ma. Ko.*), Christianorum *NFR* 35 martyrum *ANR*^{3}, martyrorum *FR*^{1} 36 angeli baiuli *A*, angelis baiulis *NFR* sustinentur] *h. e. expectantur* iam *NFR*, *om. A* (*Rig.*) 37 prophetarum et *om. NFR* 37 *sqq. quae hastis derectis inclusi verba suo loco mota mihi videntur, qui locus est infra l. 44 post* purpura pudicitiae. *hoc inde probatur, quod quae leguntur in fine*: taliter pigmentatae *sine ulla dubitatione respiciunt ad verba*: sumentes — — — taciturnitate, *immo sine illis intellegi nequeunt* 39 os *A*, spiritus *NFR* 40 sermonem *NFR* (*cf. locum laudatum Hier. 9, 20*), sermones *A* (*Rig. Oehler Ma. Ko.*) 43 placebunt *NFR*, placebitis *A* (*Rig. Oehler Ma. Ko.*): *sequor recentiorum memoriam ut lectionem difficiliorem eandemque clausulae legi satisfacientem* vestite vos serico probitatis *om. A* 44 deum] deom *** (iae *fuisse videtur*) *A* 44 *sq.* habebunt *NFR*, habebitis *A* (*Rig. Oehler Ma. Ko.*): *hic quoque eisdem de causis de quibus supra sequi malui recentiores* DE CVLTV FEMINARV̄ LIB̄ II EXPLICIT *A*, *in reliquis libris deest subscriptio*

AD VXOREM

LIBRI DVO.

LIBER PRIMVS.

1. Dignum duxi, dilectissima mihi in domino conserva, quid tibi sectandum sit post discessum de saeculo meum, si prior te fuero vocatus, iam hinc providere, ut provisum observes, mandare fidei tuae. Nam ⟨si de⟩ saecularibus satis agentes sumus et ⟨ut⟩ utrique nostrum consultum volumus tabulis ordinamus, cur non magis de divinis atque caelestibus posteritati nostrae prospicere debeamus et legatum quodammodo praelegare: admonitionem et demonstrationem eorum, quae ex bonis immortalibus et hereditate caelorum deputantur? Tu modo ut solidum capere possis hoc meae admonitionis ac ⟨demonstrationis⟩ fideicommissum deus faciat, cui sit honor, gloria, claritas, dignitas et potestas et nunc et in saecula saeculorum.

I. 1. 12 *cf.* Ebr. 9, 15. I Petr. 1, 4   15 *cf.* Iudae epist. v. 25 (*cf.* Gal. 1, 5; Apoc. 4, 10)

I. 1. 1 INCIPIT AD VXORĒ LIB̄ I *A*, Incipit Liber Primus DE VXORE *N*, Incipit liber primus Tertulliani De Uxore *F*   4 dignum — — mihi *om. F* (nisi quod apparet D littera a rubratore exarata) R^1 dilectissimam *N*   conserva *AR*, conservam *NF*   7 si de *addidi*   satis agentes] satis ago *pro crebriore* satago = πολυπραγμονῶ; ⟨de⟩ saecularibus] *cf. Gell. N. A. IX 11, 4*   8 ut *addidi*   8*sq.* volumus] volibus *F*   9 tabulis *scripsi*: talibus NFR^1, talibus talibus *A* (*sed vocabulum iteratum mihi esse videtur, cum alterum in pede folii recti alterum in capite folii versi legatur, cf. simile mendum p. 98, 7*: fas fas fuit), ⟨si⟩ talibus tabulas *Leopoldus* (*Rig. Oehler*)   atque *R*, adque *A*, aeque *NF*   10 p*osteritati *A* (r *eras.*)   12 hereditate *A*, de hereditate *NF*   14 ac ⟨demonstrationis⟩ fideicommissum *scripsi* (*cf. l. 11*): ac fideicommissum *A*, fideicomissum *NFR vulgo*   15*sq.* et potestas et *A*, potestas *NFR*, et potestas *Oehler*   16 saeculorum] saeculorum, amen. *NFR*

Praecipio igitur tibi, quanta continentia potes, post excessum nostrum renunties nuptiis, nihil mihi isto nomine collatura, nisi quod tibi proderis, ne me putes propter carnis tuae integritatem mihi perservandam de contumeliae dolore suspectum insinuare iam hinc tibi consilium viduitatis. Nihil tunc inter nos dedecoris voluptuosi resumetur. Non enim tam frivola, tam spurca deus suis pollicetur. Ceterum Christianis saeculo digressis ⟨sicut⟩ nulla restitutio nuptiarum in die resurrectionis repromittitur, translatis scilicet in angelicam qualitatem et sanctitatem, proinde sollicitudo nulla, quae de carnis zelo venit. Etiam illa, quam septem fratribus per successionem nupsisse voluerunt, neminem tot maritorum resurrectionis die offendet, nec quisquam illam confusurus expectat. Quaestio Sadducaeorum cessit sententiae domini. Sed an tibi vel cuicumque alii feminae ad deum pertinenti proficiet quod suademus, licet pertractare.

---

24 *sq. cf.* Matth. 22, 30 (*cf.* Marc. 12, 25; Luc. 20, 35)   27 *cf.* Matth. 22, 23—30   30 *cf.* Matth. 22, 28

---

18 nostrum *AR*, nostrorum *NF*   in isto *N*   19 ne] nec *Rig.*   19 *sqq.* *verba*: ne me putes — suis pollicetur, *quae in libris mss. paulo infra l. 30 sq.* (*post* cessit sententiae domini) *leguntur, huc transposui: ut enim hoc loco aptissima sunt, ita eo, quo in libris leguntur, cum antecedentibus nihil habent commune* (*quare Rig. pro* ne *scribi voluit* nec). *Accedit, quod ita constitutis his verbis, ut supra edidi, etiam postrema huius capitis sententia*: sed an tibi .. *sqq. ad ea, quae nunc antecedunt*: Quaestio Sadducaeorum cessit sententiae domini *aptissime se applicant. In aperto enim est verba quae sunt*: licet pertractare *quid sibi velint non posse perspici nisi ex antecedentibus*: Quaestio Sadducaeorum cessit sententiae domini, *hoc est: talia post sententiam domini quaerere non iam fas est*   20 perservandam *A*, reservandam *NFR*   21 suspectant *F*   22 non *A*, nec *NFR*   23 frivula *A*   * spurga *A*, spurcha *N*   24 sicut *addidi*   25 in die *A*, in diem *NFR*   26 qualitatem *NFR*, quantitatem *A*   sanctitatem. proinde *vulgo distinguitur*   27 venit. Etiam illa *scripsi*: venit etiam illam *A*, vel in sententiam illam *NFR*[1], vel, ⟨domin⟩i sententia, illa *R*[3], venit etiam ⟨in⟩ illa *Oehler*   28 nupsisse voluerunt *R*[3], nuptiis evolverunt *NFR*[1]   28 *sq.* nupsisse — — tot *om. A*   32 pertineạnti *A* (*exp. litt.* a *m. 1*), pertinenti *R*, pertinentis *NF*   proficiet *A*, proficiat *NFR*   pertractare *A*, retractare *NFR*

2. Non quidem abnuimus coniunctionem viri et feminae benedictam a deo ut seminarium generis humani et replendo orbi et instruendo saeculo excogitatam atque exinde permissam, unam tamen. Nam et Adam unus Evae maritus et Eva una uxor illius: una mulier, una costa. Sane apud veteres nostros ipsosque patriarchas non modo nubere, sed etiam plurifariam matrimoniis uti fas fuit. Erant et concubinae. Sed licet figura tum in synagogam et ecclesiam intercesserit, ut tamen simpliciter interpretemur, necessarium fuit instituere quae postea aut amputari aut temperari mererentur. Superventura enim lex erat; item mox legi succedere habebat dei sermo circumcisionem inducens spiritalem. Igitur per licentiam tunc passivam — oportebat enim legis adimplendae causas praecucurrisse — materiae subsequentium emendationum praeministrabantur, quas dominus evangelio suo, dehinc apostolus 'in extremitatibus saeculi' aut excidit redundantes aut composuit inconditas.

3. Sed non ideo praemiserim de libertate vetustatis et posteritatis castigatione, ut praestruam Christum separandis matrimoniis, abolendis coniunctionibus advenisse, quasi

---

2. 2 *cf.* Gen. 1, 28; 2, 24 7 *sq. cf.* Gal. 4, 22—28 11 *cf.* Rom. 5, 20 12 *cf.* Rom. 2, 29 16 *sq. cf.* Act. Ap. 2, 17; *cf.* II Tim. 3, 1; *cf.* II Petr. 3, 3; *cf.* I Cor. cap. 7

---

2. 1 et *A*, ac *NFR* 2 deo *A*, domino *NFR* ut seminarium generis humani *A*, ut sciremus generi humano *NFR* 7 sed etiam *AR*, etiam *NF* fas fas fuit *A* (*alterum* fas *in fine folii recti alterum in initio folii versi*) 8 figura tum *scripsi*: figuratum *NFR*, figuraliter *A* (*Rig. Oehler*) 8 *sq.* in synagogam et ecclesiam *NFR*, in sinagoga ecclesia *A* (*Rig. Oehler*) 9 intercesserit *A*, cesserit *NFR* 10 aut (*altero loco*)] a$\overset{t}{\text{u}}$ (t *s.* u) *A* 11 item *A*, ·i· (= id est) *N*, idem FR^1, eidem R^3 12 succedere *A*, sucurrere *NFR* 14 *verba*: oportebat — — — praecucurrisse, *quae in libris mss. paulo supra* (*l. 11*) *post* lex erat *leguntur, huc transtuli* enim *om. NFR* 15 materiae *A*, materiam *NFR* 16 evvangelio *A* 17 excidet *A*

3. 2 castigatione *AR*, castigationem *NF* 3 matrimonii *N* abolendis *A*, et delendis *NFR*

iam hinc finem nubendi praescribam. Viderint qui inter cetera perversitatum suarum disiungere docent carnem in duobus unam, negantes eum, qui feminam de masculo mutuatus duo corpora ex eiusdem materiae consortio sumpta rursus in se matrimonii compactione compegit. Denique prohiberi nuptias nusquam omnino legimus, ut bonum scilicet. Quid tamen bono isto melius sit accipimus ab apostolo, permittente quidem nubere, sed abstinentiam praeferente, illud propter insidias temptationum, hoc propter angustias temporum. Qua ratione utriusque pronuntiationis inspecta facile dinoscitur necessitate nobis concessam esse nubendi potestatem; quod autem necessitas praestat, depretiat ipsa. Quod denique scriptum est *melius nubere quam uri*, quale hoc bonum est, oro te, quod mali comparatio commendat, ut ideo melius sit nubere, quia deterius est uri? Atenim quanto melius est neque nubere neque uri! Etiam in persecutionibus melius ex permissu fugere de oppido in oppidum quam comprehensum et distortum negare. At quae isto beatior res? ⟨Q⟩uae qui valent beat: a testimonii confessione excedere. Quid enim? Necesse est mori mihi, si † ploro, bonum esse: quid, si timeo? quod

3. 5 *cf.* Gen. 2, 24; *cf.* Matth. 19, 5. 6 11 *cf.* I Cor. 7, 1. 2; *cf.* I Cor. 7, 25. 26 16 I Cor. 7, 9 20 *cf.* Matth. 23, 34

4 praescribam *A* (m *in ras. ex* nt), praescriptam *NFR* 5 in *A*, de *NFR* 7 ex eiusdem *R*, et eiusdem *NF*, et eius *A* matheriae *A* 8 compactione *NFR*, computatione *A* (*Rig. Oehler*), coniugatione *Hild.* denique] *h. e. nam* 13 utriusque * *A* 16 melius *N*, melius est *AFR vulgo* (*sed cf. Lfst. Zur Spr. Tert. p. 57*) 20 etiam *A* (*Rig.*), sed etiam *NFR Oehler* (*sed cf. p. 98, 7, ubi vocula* sed *in his libris desideratur*) melius *N*, melius est *AFR vulgo* ex permisso *N* 21 in oppidum *om. A* comprehensum *A*, compressum *NFR* 22 at quae isto beatior res *scripsi* (isto *h. e. fugiendo de opp. in opp.*): atque isto beatiores *A* (*Rig. Oehler*), atque isto beata est idem NFR^1, at quae ista beatitas est? ideo R^3 ⟨q⟩uae qui valent beat: a *scripsi*: qui valent beata *A*, vae qui negant, beati NFR^1, ne qui negent R^3 23 confessionem *A* a confessione *i. e. protinus a conf.* excedere (*i. e. mori*) *A*, excidere *NFR*, ⟨non⟩ excidere *Rig.* 24 *aliter distinxi*: mihi. si *vulgo* si ploro] si pertolero *fort.* esse. quid

permittitur suspectam habet permissionis suae causam; possum dicere: quod permittitur, bonum non est. Quod enim [melius] est, nemo permisit, ut indubitatum et sua sinceritate manifestum. Non propterea appetenda sunt quaedam, quia non vetantur — etsi quodammodo vetantur, cum alia illis praeferuntur; praelatio enim superior⟨um⟩ dissuasio est inferiorum —, non ideo quid bonum est, quia malum non est, nec ideo malum non est, quia non obest. Porro plene bonum hoc antecedit, quod non modo non obest, sed insuper prodest. Namque malle debes quod prodest quam quod non obest. Ad primum enim locum certamen omne contendit; secundus solatium habet, victoriam non habet. Quod si apostolo auscultamus, obliti posteriorum et extendamur in priora et meliorum donativorum sectatores simus. Sic nobis, etsi laqueum non imponit, quid utilitatis sit ostendit dicens: *Innupta de dominicis cogitat, uti et corpore et spiritu sancta sit: nupta vero sollicita est, quomodo*

---

35 *cf.* I Cor. 9, 24 37 *cf.* Phil. 3, 13 38 *cf.* I Cor. 12, 31; *cf.* Ebr. 10, 34 39 *cf.* I Cor. 7, 35 40 I Cor. 7, 34

---

si timeo? *scripsi*: est. quod si timeo *A*, est. si timeo *NFR* *verba*: si ploro bonum est. Si timeo *deleri voluit Ios. Scaliger* 25 habet *om. A* 26 non bonum est *F* *verba*: possum dicere — non est, *quae in libris mss. paulo supra post* excedere *leguntur, huc transtuli* 27 melius *seclusi*: est (*intell. bonum*) 28 sinceritate sua *N* 29 quoddamodo *A* 30 cumlia illis *A* proferuntur *A* superior⟨um⟩ *Ios. Scaliger*: superior *ANFR* (*Rig.*) 31 inferiorum *Leidensis et Vindob.* (*m. 2*), infimorum *A* (*Rig. Oehler*), infirmorum *NFR*: *recepi inter verba recentissimorum codicum lectionem vel potius coniecturam quamquam ab Lfst. Zur Spr. Tert. p. 81 improbatam: superlativi pro comparativo usurpati apud Tert. exemplum novi nullum: clausulae autem heroicae satis multa adfert exempla Ho. Synt. u. Stil p. 158* 31*sq.* quia malum non est *om. A* 32 nec *om. NFR* 33 antecedit *A*, antecedet *NFR* 33*sq.* sed insuper — — obest (*35*) *om. N* 34 namque *A*, item quod *F*, item qui R^1, itaque R^3 35 locum] lętum *N* 36 solatium secundus *N* (*clausula melior*) 37 ascultamus *N* et *om. NFR* 38 meliora *N* donativorum *A*, dampnationum *NF*, donationum *R* sumus *F* 39 sic *A*, si *NFR* etsi *om. NFR* 40 et *om. NFR*

coniugi suo placeat. Ceterum nusquam ita nuptias permittit, ut non potius ad suum exemplum nos eniti malit. Felicem illum, qui Pauli similis extiterit.

4. Sed carnem legimus infirmam, et hinc nobis adulamur in quibusdam. Legimus tamen et spiritum firmum. Nam in uno sensu utrumque positum est. Caro terrena materia est, spiritus vero caelestis. Cur ergo ad excusationem proniores quae in nobis infirma sunt opponimus, quae vero fortia non tuemur? Cur caelestibus terrena non cedant? Si spiritus carne fortior, quia et generosior, nostra culpa infirmiorem sectamur. Nam disiunctis a matrimonio duae species humanae imbecillitatis necessarias nuptias faciunt. Prima quidem potentissimaque venit de concupiscentia carnis, sequens de concupiscentia saeculi. Sed utraque repudianda est a servis dei, qui et luxuriae et ambitioni renuntiamus. Carnis concupiscentia aetatis officia defendit, decoris messem requirit, gaudet de contumelia sua: dicit virum necessarium sexui, vel auctoritatis et solatii causa, vel ut a malis rumoribus tuta sit. Et tu adversus consilia haec eius adhibe sororum nostrarum exempla, quarum nomina penes dominum, quae nullam formae vel aetatis occasionem praemissis maritis sanctitati anteponunt.

44 *cf.* I Cor. 7, 7
4. 1 *cf.* Matth. 26, 41; Marc. 14, 38 2 *cf. ib.* 3*sq. cf.* I Cor. 15, 40. 47 12 *cf.* Tit. 2, 12 17*sq. cf.* Phil. 4, 3

44 exstiterit (ri *in ras.*) *A*
4. 2 in quibusdam *A*, impensius *NFR* (*dubitari potest, an et hic contaminandae sint utriusque memoriae lectiones, ut supra p. 82, 25*) 4 cur] cum *N* 5 infirma *AR*[3], infirmata *NR*[1], infirmata est *F* 6 fortia *A*, fortiora *NFR vulgo* 8 infirmiorem *A*, infirmiores *NR*[1], infamores *F*, infirmiora *R*[3] a *om. NFR* 9 speties *A* *necessarias *A* 10 potentissimaque *scripsi*: potentissima quae *NFR*, concupiscentia et potentissima quae *A* de *NFR*, ex *A* 11 carnis — — concupiscentia *om. A* sed] si *F* 12 qui et] quia *F* 15 vel *scripsi*: ut *ANFR* (*in codd. has voculas saepissime confundi notum*) 16 causam *A* vel ut] velit ut *A* et tu] *malim* at tu 18 formae *R*[3]: formam *ANFR*[1] 19 santitati *A*, sanctitatem *NFR*

Malunt enim deo nubere. Deo speciosae, deo sunt puellae. Cum illo vivunt, cum illo sermocinantur, illum diebus et noctibus tractant, orationes suas velut dotes domino assignant, ab eodem dignationem velut munera maritalia, quotienscumque desiderant, consequuntur. Sic aeternum sibi bonum, donum domini, occupaverunt, ac iam in terris non nubendo de familia angelica deputantur. Talium exemplis feminarum ad aemulationem te continentiae exercens spiritali affectione carnalem illam concupiscentiam humabis, temporalia et volatica desideria formae vel aetatis immortalium bonorum compensatione delendo. Ceterum saecularis concupiscentia causas habet gloriam cupiditatem ambitionem insufficientiam, per quas necessitatem nubendi subornat, videlicet caelestia repromittens: dominari in aliena familia, alienis opibus incubare, cultum de alieno extorquere, sumptum, quem non cedere in te sentias, caedere. Haec procul a fidelibus, quibus nulla cura tolerandae vitae, nisi si diffidimus de promissis dei, qui lilia agri tanta gratia vestit, qui volatilia caeli nullo ipsorum labore pascit, qui

21 *cf.* Ps. 1, 2   22 *cf.* Ebr. 5, 7   37 *cf.* Matth. 6, 28; Luc. 12, 24

23 maritalia *NFR*, dotalia *A* (*Rig. Oehler*)   25 bonum donum *A* (*Rig.*), bonum *NFR*, donum *Oehler*   hac *A*   26 nuben*do *A*   deputentur *N*   27 te *om. N*   27 *sq.* s͡pitalia affectionem *A*   28 humanis *A*   29 *sq.* immortalium *A*, inimicantium *NFR*   30 compensatione delendo *A*, compensas (compensans *R*[3]) delenda *NFR*   30 *sq.* saecularis *NFR*, haec saecularis *A* (*Rig. Oehler*): *transit autem auctor de carnali ad saecularem concupiscentiam cf.* 101, 10. 11; *ortam puto per dittographiam hanc vocem ex insequenti syllaba* saec-   31 concupiscentia] *syll.* con *s. v. A*   cupiditatem] *nescio an delendum*   33 suborna *N*   34 alienis *A*, in alienis *NFR*   operibus *N*   incubare *A*, incumbere *NFR*   35 torquere *F*   quem non cedere in te sentias, caedere *scripsi*: quem non sentias cedere in te *NFR*, quem non sentias, caedere *A Oehler* (*cuius interpretationem I p. 675 probare nequeo*), quem non sentias edere *Rig.* 36 hae *F*   37 diffidimus *R*, difidimus *A*, diffidemus *NF*   de promissis dei *A*, de promissis dei et cura et providentia *NFR vulgo*   agri tanta gratia *A*, agrestia *NFR*   38 vestit] nesciit *F*   pasci *N*

prohibet de crastino victu vestituque curare, spondens scire se quid cuique servorum suorum opus sit, non quidem monilium pondera, non vestium taedia, non Gallicos mulos, nec Germanicos baiulos, quae nuptiarum gloriam accendunt, sed sufficientiam, quae modestiae et pudicitiae apta est. Praesume, oro te, nihil tibi opus esse, si domino appareas, immo omnia habere, si habeas dominum, cuius omnia. Caelestia recogita, et terrena despicies. Nihil viduitati apud deum subsignatae necessarium est quam perseverare.

5. Addicunt quidem sibi homines causas nuptiarum de sollicitudine posteritatis et liberorum amarissima voluptate. Nobis otiosum est. Nam quid gestiamus liberos serere, quos cum habemus, praemittere optamus, respectu scilicet et imminentium angustiarum, cupidi et ipsi iniquissimo isto saeculo eximi et recipi apud dominum, quod etiam apostolo votum fuit? Nimirum necessaria suboles servo dei. Satis enim de salute nostra securi sumus, ut liberis vacemus; quaerenda nobis onera sunt, quae etiam a gentilium plerisque vitantur, quae legibus coguntur, quae par-

---

39 *cf.* Matth. 6, 34. *cf.* Matth. 6, 32 45 *cf.* II Cor. 6, 10 46 *cf.* I Cor. 15, 40

5. 6 *sq. cf.* II Cor. 5, 8. Phil. 1, 23

---

39 victu vestituque *A*, victuque *NFR* curare spondens *A*, curari respondens *NFR*, curari spondens *Rig. Oehler* 40 non] et homo *F* 41 vestiṭum (t *eras.*) *A* gallicos mulos R^1*mg*, *Ios. Mercerus*: calligos multos *A*, gallicos vultus *NFR* 42 *sq.* accedunt *A* 43 sufficientia *A* 44 praesume, oro te, nihil *NFR*, presumm&e nihil *A* esse *AR*, est *NF* 45 dominum] do$\overset{\bar{u}}{\bar{m}}$ *A* 46 dispecies *A* 47 necessariạ *A* (*corr. m. 1*)

5. 1 addicunt *scripsi* (*cf. De an. c. 52 = I p. 384, 11*): adiciunt *ANFR vulgo* quidem *om. F* 3 nobis otiosum est *A*, sed id quoque penes nos odiosum est *NFR* 4 serere *NR*, scire *F*, gerere *A* (*Rig. Oehler*) 5 et (*prius*) *A*, *om. NFR vulgo* 6 eximi *ANR*, excuti *F* apud *A*, ad *NFR* 7 notum *F* suboles *A*, soboles *NFR* 8 de salute *A*, desunt *NR*, desinit *F* 10 plerisque *A*, prophanis *NFR* coguntur *Ios. Mercerus* (*cf. De exh. cast. cap. 12*): coluntur *A* (*Rig.*), locuntur NFR^1, locantur R^3

ricidiis expugnantur, nobis demum plurimum importuna, quantum fidei periculosa. Cur enim dominus *Vae praegnantibus et nutricantibus* cecinit, nisi quia filiorum impedimenta testatur in illa die expeditionis incommodum futura? Ea utique nuptiis imputantur; istud autem ad viduas non pertinebit. Ad primam angeli tubam expeditae prosilient, quamcunque pressuram persecutionemque libere perferent, nulla in utero, nulla in uberibus aestuante sarcina nuptiarum. Igitur ⟨si,⟩ — sive carnis, sive saeculi, sive posteritatis gratia nubitur — nihil ex istis necessitatibus competit dei servis, ut non satis habeam semel alicui earum succubuisse et uno matrimonio omnem concupiscentiam huiusmodi expiasse? ⟨An⟩ nubamus quotidie et nubentes a die illo timoris deprehendamur ut Sodoma et Gomorra? Nam illic non utique nuptias et mercimonia solummodo agebant, sed cum dicit *nubebant et emebant*, insigniora ipsa carnis et saeculi vitia denotat, quae a divinis disciplinis plurimum avocent, alterum per lasciviendi voluptatem, alterum per adquirendi cupiditatem. Atenim illa tunc caecitas longe a finibus saeculi habebatur. Quid ergo

12 *cf.* Matth. 24, 19; Luc. 21, 23; Mc. 13, 17 16 *cf.* I Cor. 15, 52 (*cf.* I Thess. 4, 16) 26 *cf.* Luc. 17, 27. 28

11 expugnantur] *h. e. dissolvuntur* demum *A*, quidem *NFR* 12 vae] ut *F* 13 nutricantibus *AR*, nutriantibus *F*, nutrientibus *N* 14 incommodum *AR*, in eo modum *F*, incommoda *N* 15 ea *om. NFR* nuptiis *Rig.*: nuptias *ANFR* imputantur *A*, imputaturus *NFR* istud (*scil.* vae) *A*, tum *NR*, cum *F* 18 perferunt *F* 18 *sq.* nulla .. nulla .. sarcina *AR*, nullam .. nullam .. sarcinam *NF* 19 si *addidi* 20 nubitur *A*, nubebit *NF*, nubet *R* 21 competit *om. NFR* ut non] = *quin* (*warum nicht*) habeam *A*, habeant *NFR*, habeam⟨us⟩ *Lat.* (*otiose*) alicui *AR*, alicubi *NF* 22 concupiscentiae *A* 23 *signum interrog. posui* an *addidi* 24 timoris *om. NFR* sodomae *A* *signum interrog. posui* 27 denotat *A*, detinentes *NF*, definit *R* 28 avocet *F* 29 cupiditatem *A*, voluntatem *NFR* (*nescio an recte propter paronomasian*) atenim *scripsi*: et tamen *A*, et enim *NFR*

fiet? Si quae olim detestabilia sunt penes deum, ab iis nunc nos arceat ⟨tempus,⟩ — *tempus*, inquit, *in collecto est* —, *superest, ut qui matrimonia habent tamquam non habentes agant.*

6. Quodsi hi qui habent obliterare debent quod habent, quanto magis non habentes prohibentur repetere quod non habent? ut cuius maritus de re abiit, exinde requiem sexui suo nubendi abstinentia iniungat, quam pleraeque gentilium feminarum memoriae carissimorum maritorum parentant. Cum quid difficile videtur, difficiliora alios obeuntes recenseamus. Quot enim sunt, qui statim a lavacro carnem suam obsignant? quot item, qui consensu pari inter se matrimonii debitum tollunt, voluntarii spadones pro cupiditate regni caelestis? Quodsi salvo matrimonio abstinentia toleratur, quanto magis adempto? Credo enim difficilius salvum derelinqui quam amissum non desiderari. Durum plane et arduum satis continentia sanctae feminae post viri excessum dei causa, cum gentiles satanae suo et virginitatis et viduitatis sacerdotia perferant! Romae quidem quae ignis illius inextinguibilis imaginem tractant, auspicia poenae suae cum ipso dracone curantes, de virginitate censentur.

32 I Cor. 7, 29
6. 8 *cf.* I Cor. 7, 5

31 fiet?] *sign. interrog. posui pro virgula* deum *A*, dominum *NFR* iis *A*, his *NFR* 31*sq.* nunc nos *A*, nos nunc *NFR vulgo* 32 arceat ⟨tempus⟩ *Ios. Mercerus*, arceat *ANR vulgo* (*contra clausulae legem*), arcet *F* *parenthesin indicavi et aliter distinxi* 33*sq.* agant — — habentes (*l.* 2) *om. F*

6. 1 hi qui habent *A*, habent *NR*[1], habentes *R*[3] 3 de re (*i. e. matrimonii*) *A*, de rebus *NFR vulgo* abiit *R*[3], habiit *A*, habuit *NFR*[1] requiem *A*, quietem *NFR* 5 maritorum *om. F* parentant *AN*, parcant *FR* 7 quot *NR*, quod *AF* 8 quot *NR*, quod *AF* 9 voluntarii spadones *A*, voluntariis spadonibus *NFR* regni *om. NFR* 10 caelestis *AF*, caelesti *NR* quodsi *AF*, *om. NR* 11 ademptor *F* 11*sq.* derelinquendi *N* 12 admissum *N* 12*sq.* planee tardum *A* 13 sanctae *AN*, sancta *FGR* feminae *ANGR*[3], femina *FR*[1] 15 sacerdotio *Rig.* 16 auspici penae *A* 17 dracone curantes *om. A*

Achaicae Iunoni apud Aegium oppidum virgo sortitur; et quae Delphis insaniunt nubere nesciunt. Ceterum viduas Africanae Cereri adsistere scimus, durissima quidem oblivione a matrimonio allectas. Nam manentibus in vita viris non modo toro decedunt sed et alias eis — utique ridentibus — loco suo insinuant; adempto omni contactu usque ad osculum filiorum et tamen durante usu perseverant in tali viduitatis disciplina, quae pietatis etiam sancta solatia excludit. Haec diabolus suis praecipit, et auditur. Provocat nimirum dei servos continentia suorum, quasi ex aequo contine⟨a⟩nt etiam gehennae sacerdotes. Nam invenit, quomodo homines etiam in boni sectationibus perderet, et nihil apud eum refert alios luxuria alios continentia occidere.

7. Nobis continentia ad instrumentum aeternitatis demonstrata est a domino, salutis deo, ad testimonium fidei, ad commendationem carnis istius exhibendae superventuro indumento incorruptibilitatis, ad sustinendam novissime voluntatem dei. Super haec enim recogites, moneo, neminem non ex dei voluntate de saeculo educi, si ne folium quidem ex arbore sine dei voluntate delabitur. Idem qui nos mundo infert, idem et educat necesse est. Igitur de-

---

7. 7 *cf.* Matth. 10, 29

---

18 Achaicae *scripsi* (*cf. De monog. cap. 16 = Oehler I p. 787, 18*) achaię* *A*, acaeae *N*, acce *F*, Achaeae *R vulgo* unioni *N*, minoni *F* aegeum *A* 19 viduas] induos *F* 19*sq.* affricant *F* 21 a matrimonio *A*, matrimonio *NFR* in vita *A*, in aeternum *NFR* 22 toro *N*, choro *F*, *om.* *A* 23 *post* insinuant *gravius distinxi* 23*sq.* oscula *N* 25 sancta *F Iun.*: sanctae *ANR vulgo* 26 suis *om.* *NFR* praecipit *NFR Rig.*, praecepit *A* (*Oehler*) 27*sq.* ex aequo contineant etiam *scripsi*: ex aequo. continent etiam *A*, ex aequo continentiam *NF*, ex aeuo continentiam *R*[1], ex aequo. o continentiam *GR*[3] 28 sacerdotes *A*, sacerdotem *NFR* 29 boni *R*[3] (*cf. locum scripturae supra laudatum*), bonis *ANFR et vulgo* perderet *AR*, proderet *NF* 30 hoccidere *A*

7. 1 strumentum *NFR* 2 salutis deo *NFR*, salutis *A* 3 exibendae *A* 6 non *A*, *om.* *NFR*[1], nisi *R*[3] educi *A*, duci *NFR* si ne *A*, si nec *R*, sed nec *NF* 7 delabitur *AN*, dilabitur *FR* 8 deducat *N*

functo per dei voluntatem viro etiam matrimonium dei voluntate defungitur. Quid tu restaures cui finem deus posuit? Quid libertatem oblatam tibi iterata matrimonii servitute fastidis? *Obligatus es*, inquit, *matrimonio: ne quaesieris solutionem; solutus es matrimonio: ne quaesieris obligationem.* Nam etsi non delinquas renubendo, carnis tamen pressuram subsequi dicit. Quare facultatem continentiae, quantum possumus, diligamus, quam primum obvenerit, inbibamus, ut quod in matrimonio non valuimus, in viduitate sectemur. Amplectenda occasio est quae adimit quod necessitas imperabat. Quantum detrahant fidei, quantum obstrepant sanctitati nuptiae secundae, disciplina ecclesiae et praescriptio apostoli declarat, cum digamos non sinit praesidere, cum viduam adlegi in ordinem nisi univiram non concedat. Tota illa ecclesiae candida de sanctitate conscribitur. Aram enim dei mundam proponi oportet. ⟨Ceterum ut⟩ sacerdotium viduitatis, et caeliba-

---

12 *cf.* I Cor. 7, 27 14*sq.* I Cor. 7, 28 21 *cf. ib.* 21*sq. cf.* I Tim. 3, 2. 12. Tit. 1, 6 22 *cf.* I Tim. 5, 9

---

9 viro *om.* *NFR* 10 defungitur *AFR*, disiungitur *N* 11 oblatam *A*, collatam *NFR* 12 fatidis *A* es *om.* *N* inquid *A* (*pro more*) 12*sq.* ne quaesieris — — matrimonio *om.* FR^{1} 13 solutionem *AN*, absolutionem $R^{3}G$ solutus *A*, absolutus *NRG* ne quaesieris *NR*, neque sieris *A*, neque fieres *F* 16 diligamus *A*, non diligamus? *NFR* 17 valuimus *A*, valemus *NFR* 18*sq.* adimit *A*, ademit *NFR* 19 detrahant fidei *AN*, fidei detrahant $R^{3}G$, detrahant R^{1}, dethavit *F* 20 opstrepant *A* secundae *ANR*, secundum *F* disciplina AR^{3}, disciplinae NFR^{1} 21 et *AR*, *om.* *NFR* 22 adlegi *Rig.*, allegi *NFR*, ade (*sic*) *A* 23 ecclesiae *AN*, ecclesia *FR* candida] *h. e.* '*Anwärterschaft*' 24 conscribitur *A* (*Rig.*), describitur *NFR Oehler* 24*sq.* *verba*: aram enim dei mundam proponi oportet, *quae in libr. mss. paulo supra post* concedat (*l. 23*) *leguntur huc transtuli* 25 ceterum ut *addidi*: *de viduarum enim sacerdotio supra p. 105, 15sqq. disseritur* 25*sq.* caelibalium *scripsi* (*vox* caelibalis *etsi alibi non invenitur, tamen expressis verbis latinitati vindicatur a Prisciano Inst. gr. IV 23*): caelibatium *A* (*Rig.*), caelibatum *NF*, caelibatûm *Oehler*, celebratum *R*

lium est apud nationes, pro diaboli scilicet aemulatione: regem saeculi, Pontificem Maximum, rursus nubere nefas est. Quantum deo sanctitas placet, cum illam etiam inimicus affectat? non utique ut alicuius boni affinis, sed ut dei domini placita cum contumelia affectans.

8. Nam de viduitatis honoribus apud deum uno dicto eius per prophetam expeditum: *iuste facite viduae et pupillo, et venite disputemus, dicit dominus.* Duo ista nomina, in quantum destituta auxilio humano, in tantum divinae misericordiae exposita, suscipit tueri pater omnium. Vide, quam ex aequo habetur qui viduae benefecerit, quanti est vidua ipsa, cuius assertor cum domino disputabit! Non tantum virginibus datum, opinor. Licet in illis integritas solida et tota sanctitas de proximo visura sit faciem dei, tamen vidua habet aliquid operosius, quia facile est non appetere quod nescias et aversari quod desideraveris numquam. Gloriosior continentia quae ius suum sentit, quae quid viderit novit. Poterit virgo felicior haberi, at vidua laboriosior: illa, quod bonum semper habuit, ista, quod bonum sibi invenit; in illa gratia, in ista virtus coronatur. Quaedam enim sunt divinae liberalitatis, quaedam nostrae operationis. Quae a domino indulgentur, sua gratia guber-

---

8. 2 Es. 1, 17. 18

---

27 saeculi] sacrificulum *cod. Vind. m. 2* 28 illam *AR*[3], illum *NFR*[1] 28*sq.* inimicus *AR*[3], inimicum *NFR*[1] 29 ut (*prius*) *NFR*, ad *A*

8. 1 viduitatịs (i *ex* u) *A*, viduitatum *NFR* deum *A*, dominum *NFR* dictu *NF* 2 profetam *A* expeditum *NFR*, expeditum est *A* (*Rig. Oehler*), *sed cf. Ho. Synt. u. Stil p. 144* iuste facite *R*[3] *Rig.* (δικαιώσατε): iuste facito *ANFR*[1] (*Oehler*) 3 disputamus *F* 4 destituta auxilio *A*, de spe qui *NFR*[1], despectui *R*[3] 5 suscipit *A*, suscepit *NFR* 6 ex aequo] *h. e. tantidem* benefecerit *AF*, benefecit *R*, benedicitur *N* quantis *F* 7 cum domino *A*, dominus *NFR* disputabit *AR*[3], disputavit *NFR*[1] 8 virginibus *NFR*, virginis *A* 9 usura *F* 11 adversari *NF* desideraveris *NFR* (*Rig.*), desideres *A* (*Oehler*) 12 ius * suum *A* 13 at *AR*, aut *NF* 14 ista] ita *F* 15 eo coronatur *F*

nantur; quae ab homine captantur, studio perpetrantur. Stude igitur ad virtutem continentiae* modestiae, quae pudori procurat, sedulitati, quae vac⟨u⟩as non facit, frugalitati, quae saeculum spernit. Convictus atque colloquia deo digna sectare, memor illius versiculi sanctificati per apostolum: *Bonos corrumpunt mores congressus mali.* Loquaces, otiosae, vinosae, curiosae contubernales vel maxime proposito viduitatis officiunt. Per loquacitatem ingerunt verba pudoris inimica, per otium a severitate deducunt, per vinolentiam quidvis mali insinuant, per curiositatem aemulationem libidinis convehunt. Nulla huiusmodi feminarum de bono univiratus loqui novit. *Deus enim illis*, ut ait apostolus, *venter est*, ita et quae ventri propinqua. Haec tibi iam hinc commendo, conserva carissima, post apostolum quidem ex abundanti pertractata, sed tibi etiam solatio futura, quod meam memoriam, si ita evenerit, in illis frequentabis.

---

23 I Cor. 15, 33 29 Phil. 3, 19

---

18 quae ab homine captantur *om. A* 19 *lacunam signavi*: enisura *intercidisse puto* (*cf. p. 101, 43*) modestiae *NFR*, *om. A* (*Rig. Oehler*) 20 procupat *A* sedulitati *R*, sedhutilitati *A*, sed utilitati *NF* vacuas *scripsi* (*cf. infra l. 24 otiosae*): vacas *A*, nugas *NFR*, vagas *Ios. Mercerus* 21 convictus atque colloquia *A*, convictum atque commertia *NFR* 23 male *F* 24 odiosae *N* 24*sq.* maxime proposito *R*, maximi propositi *ANF* 25 officiunt *R*, officium *ANF* ingerunt *scripsi*: irrepunt *NFR* 25*sq.* per loquacitatem — — inimica *om. A* 26 a *om. NFR* severitate deducunt *AF*R^{1}, severitatem decludunt *N*, securitatem inducunt R^{3}*G* 27 vinulentiam *A*, violentiam *N* curiositatem *A*, curiositatis *NFR* 28 libidinis *A*, libidines *NFR* 30 quae] qui *F* 31 comendo *A* 32 habundanti *AN* p&ra*tata *A*, retractata *NFR* 34 AD VXORĒ LIB · I EXPLICIT; INCIPIT · II · FELICITER *A*, Tertulliani Ad Uxorem Liber Primus explicit. Incipit secundus *N* Explicit liber primus ad uxorem. Incipit liber secundus ad uxorem *F*

LIBER SECVNDVS.

1. Proxime tibi, dilectissima in domino conserva, quid feminae sanctae matrimonio quacumque sorte adempto sectandum sit, ut potui prosecutus sum. Nunc ad secunda consilia convertamur, respectu humanae infirmitatis, quarundam exemplis admonentibus, quae divortio vel mariti excessu oblata continentiae occasione non modo abiecerint opportunitatem tanti boni, sed ne in nubendo quidem disciplinae meminisse voluerunt, ut in domino potissimum nuberent. Itaque mihi confusus est animus, ne, qui nuper te ad univiratus et viduitatis perseverantiam hortatus sim, nunc mentione nuptiarum proclivium tibi labendi ab altioribus faciam. Quod si integre sapis, certe scis istud servandum tibi esse, quod sit utilius. Quod vero difficile est et non sine necessitatibus [et] hoc maxime propositum vitae, subresedi. Nec mihi de isto quoque referendi ad te causae fuisset, nisi graviorem in ea sollici⟨tudine sollici⟩tudinem comprehendissem. Nam quanto grandis est continentia carnis, quae viduitati ministrat, tanto, si non sustineatur,

---

II. 1. 2 *conserva *A* quid *AR*, quod *NF* 5 respectui *F* humana eius firmitatis *A* 5 *sq.* quarumdam *A*, quorundam *F* 7 abiecerint *A*, abiecerunt *NFR vulgo* 8 quidem *A* (*Rig.*): quidem rursum *NFR* (*Oehler*) 9 potissime *N* 10 ne] *i. e. ob nicht etwa* nuper te *A*, te nuper *NFR* (*Oehler*) 11 sim *A*, sum *NFR* 12 nunc *NFR*, non *A* mentionem *A* proclivium (*Geneigtheit*) *AN*, procliuum *FR* 12 *sq.* labendi ab altioribus *NFR*, cavendi ablationem *A* (*Rig.*), labendi oblationem *Oehler*: *sed defenditur recentior memoria et sententiae perspicuitate et meliore clausula* 13 sapis *NFR*, satis *A* certe scis istud *scripsi* (iste qui *pro* is qui *cf. Ho. Synt. u. Stil p. 105*): certes (certe) istud $ANFR^1$, certe scis id R^3 *vulgo* 14 tibi] ibi *A* quod vero] quoniam vero *Lat.* 15 et *eiecit Rig.* (*restituit iniuria Oehler*) maxime *scripsi*: maximum *ANFR vulgo* (maxime *ganz besonders, gerade, cf. e. g. p. 111,27*: in ista maxime specie) 16 subresedi *A*: supremi praesidii *NFR* nec] *aber — nicht* 17 fuisset *Ios. Scaliger* (*Rig.*): fuissent *ANFR* (*Oehler*) in ea *A* (*Rig.*), in eam *N*, meam *FR*, iam *Oehler* sollicitudi⟨ne sollicitudi⟩nem *scripsi*: sollicitudinem *ANFR*: *in Vind.* m^2 *coniecit*: gravior me sollicitudo comprehendisset 19 viduitati *A*, viduitatem *NFR*

ignoscibilis videri potest. Difficilium enim facilis est venia. Quanto autem nubere in domino perpetrabile est, uti nostrae potestatis, tanto culpabilius est non observare quod possis. Eo accedit, quod apostolus de viduis quidem et innuptis, ut ita permaneant, suadet, cum dicit: *Cupio autem omnes meo exemplo perseverare*, de nubendo vero in domino, cum adicit: *tantum in domino*, iam non suadet sed exerte iubet. Igitur in ista maxime specie, nisi obsequimur, periclitamur; quia suasum impune quis neglegat, ⟨nequa-⟩quam iussum, quod illud de consilio veniat et voluntati proponatur, hoc autem de potestate descendat et necessitati obligetur, illic libertas, hic contumacia delinquere videatur.

2. Igitur cum quaedam istis diebus nuptias suas de ecclesia tolleret ac gentili coniungeretur idque ab aliis retro factum recordarer, miratus aut ipsarum petulantiam aut consiliariorum praevaricationem, quod nulla scriptura eius facti licentiam profert, 'numquid', inquam, 'de illo capitulo sibi blandiuntur primae ad Corinthios, ubi scriptum est: *Si quis fratrum infidelem habet uxorem et illa matri-*

II. 1. 24 I Cor. 7, 7 26 I Cor. 7, 39
2. 7 I Cor. 7, 12—14

20 ignoscibilis *NFR* (*h. e. cui ignosci potest*), ignoscibile *A vulgo* (*clausula neglecta*) venia *NFR* (*Rig.*), tunc venia *A* (*Oehler*), *sed reprobatur sententia et clausulae lege* 22 potestatis *AR*, posteritatis *NF* 23 accedit *NFR*, accidit *A* 24 innuptis *Pam.*: innupti *A*, nuptis *NFR* 24 *sqq.* cupio autem — — adicit *om. N* 25 meo *AR*[3], ex eo *FR*[1] 26 adicit *A*, dicit *FR* 27 *sq.* nisi obsequimur, periclitamur *Rig.* (*non Oehler, qui per errorem videlicet hanc Rigaltii emendationem sibi vindicat*), nisi obsequium periclitatur *A*, nisi hoc sequimur periclitamur *NFR* 28 impone *A* quis neglegat *A*, quid negligas *NFR* 28 *sq.* ⟨nequa⟩quam *scripsi*: quam *ANFR* (*quae lectio propter sententiam et rei necessitatem nec ea ratione vindicari potest auctori, ut ad ellipsin comparativi* magis *confugias*) 29 illuc *F* 30 necessitati *A*, necessitate *NFR* 31 derelinquere *A*

2. 1 *sq.* de ecclesia] *coniungendum cum verbis* nuptias suas 2 ac *A*, id est *NFR* 3 retro] petro *A* recordarer *NR*, reordaret *F*, *om. A* 4 consiliorum *A* 5 facti *A*, factam *NFR* profert *A*, proferent *NFR*[1], proferrent *R*[3] 6 primae] primo *F* 7 fratrum *Rig.*: fratrem *A*, frater *NFR*

monio consentit, ne dimittat eam; similiter mulier fidelis infideli nupta, si consentaneum maritum experitur, ne dimiserit eum; sanctificatur enim infidelis vir a fideli uxore et infidelis uxor a fideli marito; ceterum immundi essent filii vestri'? Hanc monitionem fors de fidelibus in⟨fidelibus⟩ iunctis simpliciter intellegendo putent etiam infidelibus nubere licere. Qui ita interpretatur, absit, ut sciens se circumscribat, ceterum manifestum est scripturam istam eos fideles designare, qui in matrimonio gentili inventi a dei gratia fuerint. Secundum verba ipsa: *si quis*, inquit, *fidelis uxorem habet infidelem* — non dicit: uxorem ducit infidelem — ostendit iam in matrimonio agentem mulieris infidelis mox gratia dei conversum perseverare cum uxore debere, scilicet propterea, ne qui fidem consecutus putaret sibi divertendum esse ab aliena iam et extranea quodammodo femina. Adeo et rationem subicit: in pace nos vocari a domino deo et posse infidelem a fideli per usum matrimonii lucrifieri. Ipsa etiam clausula hoc ita intellegendum esse confirmat: *ut quisque*, ait, *vocatur a domino, ita perseveret.* Vocantur autem gentiles, opinor, non fideles. Quod si de fideli ante matrimonium pronuntiasset ab-

17 *cf. ib.* 19 *cf.* I Cor. 7, 15 24 *cf.* I Cor. 7, 16 26 I Cor. 7, 17

9 consentaneum *A*R^3, consentanea *NF*R^1 12 monitionem R^3, motionem *NF*R^1, mentionem *A* de *om. NFR* 12*sq.* in⟨fidelibus⟩ iunctis *scripsi*: iniunctis *NFR*, iunctis *A* (*Rig. Oehler*) 13 intellegendo *A*, intelligendum *NFR*, intelligendam *Gel.* infidelibus] *pendet de* nubere 14 licere *om. F* 14*sq.* se circumscribat] *h. e. se ipsum fallat* 17 fuerint *AN*, fuerunt *FR* *post* fuerint *gravius distinxi* si] sed *F* 18 *parenthesin indicavi* ducit *A*R^3, duci *NF*R^1 20 dei gratia *N* conversum *AR*, conversus *NF* 20*sq.* deberet *A* 22 divertendum *A*, evertendum *NF*, devertendum *R* 24 a domino deo *scripsi* (*cf.* I Cor. 7, 16 *et infra l. 26*): a domino *NFR*, ad dominum deum *A* (*Rig. Oehler*) 26 quisquis *F* 27 autem] *postulatur*: enim. *an coniunctione* autem (*ut apud Graecos* δέ) *Tertullianus uti possit pro* enim, *adhuc incertum mihi videtur esse, vel quod in libris mss. compendia coniunctionum* autem *et* enim *inter se simillima nonnumquam confunduntur* 28 fideli ante matrimonium *NFR* (*cf. p. 114, 51*): fideli tantum matrimonio *A* (*Rig. Oehler*)

solute, permiserat sanctis vulgo nubere. Si vero permiserat, nunquam tam diversam atque contrariam permissui suo pronuntiationem subdidisset, dicens: *mulier defuncto viro libera est; cui vult nubat, tantum in domino.* Hic certe nihil retractandum est; nam [de quo retractari potuisset, spiritus cecinit] ne quod ait *cui velit nubat* male uteremur, adiecit: *tantum in domino*, id est in nomine domini, quod est indubitate Christiano. Ille igitur [spiritus] sanctus, qui viduas et innuptas integritati perseverare mavult, qui nos ad exemplum sui hortatur, nullam aliam formam repetundarum nuptiarum nisi in domino praescribit, huic soli condicioni continentiae detrimenta concedit. *Tantum*, inquit, *in domino*; adiecit pondus suae legi [*tantum*]. Quo⟨quo⟩ sono et modo enuntiaveris dictum istud, onerosum est: et iubet et suadet, et praecipit et hortatur, et rogat et comminatur. Destricta et expedita sententia est et ipsa sui brevitate facunda. Sic solet divina vox, ut statim intellegas, statim observes. Quis enim non intellegere possit multa pericula et vulnera fidei

---

31 I Cor. 7, 39 34 *sq. cf. ib.* 36 *sq. cf.* I Cor. 7, 8 37 *sq. cf.* I Cor. 7, 7 39 *cf.* I Cor. 7, 39 40 I Cor. 7, 39

---

29 volgo *AF* vero *AN*, vcre *FR* 30 adque *A* 31 subdidis & *A* 33 tractandum *A* de quo retractari *A*, de eo quod tractari *NFR* 33 *sq. verba* de quo retractari potuisset, spiritus cecinit *seclusi, ut quibus sententiarum cohaerentia disturbetur; irrepsit hic, ut mihi videtur, inter verba marginalis vel lectoris vel librarii cuiusdam nota cum indignatione quaerentis*: de quo retractari potuisset? spiritus cecinit! 36 spiritus *seclusi*: s̅p̅s *A*, χ̅ρ̅s *NFR*[1], apostolus *R*[3] (*significari hic apostolum Paulum recte cognovit Rhenanus; sed idem apostolus verbis* ille sanctus *satis dilucide designatur* 37 et innuptas *AF*, innuptas *R*, nuptias *N* 38 ortatur *ANF* repetendarum *F* 39 conditioni *A* 41 adiecit *AR*[3], abiecit *NFR*[1] suae legi *N*, legi (legis *F*) suae *AF* (*contra clausulae legem*) tantum *seclusi* (*ut quod ex versu antecedenti irrepserit*) Quo⟨quo⟩ *Ho.*, quo *libri et vulgo* 42 istum *N* et onerosum *FR*[1] 43 et hortatur] et *eras. A* hortatur ergo et *A* 43 *sq.* destricta et expedita *Rig.*: destricte expeditae *A*, detractata et experta (exerta *R*[3]) *NFR*[1] 44 *an* ipsa sub brevitate? *cf. p. 124, 57*: sui *ANFR vulgo* facunda *A*, fecunda *NFR* 45 vox ut *A*, uxor *NFR* intellegas statim *om. NFR* 46 non *om. NFR* pericula multa *FR*

in huiusmodi nuptiis, quas prohibet, apostolum providisse et primo quidem carnis sanctae in carne gentili inquinamentum praecavisse? Hoc loco dicet aliquis: ‘quid ergo refert inter eum, qui in matrimonio gentili a domino allegitur, et olim id est ante nuptias fidelem, ut non proinde carni suae caveant, cum alter a nuptiis infidelis arceatur, alter in eis perseverare iubeatur? cur, si a gentili inquinamur, non et ille diiungitur, quemadmodum iste non obligatur’? Respondebo, si spiritus dederit, ante omnia allegans dominum magis ratum habere matrimonium non contrahi omnino quam disiungi: denique divortium prohibet, nisi stupri causa, continentiam vero commendat. Habet igitur ille perseverandi necessitatem, hic porro etiam non nubendi potestatem. Tunc, si secundum scripturam qui in matrimonio gentili a fide deprehenduntur, propterea non inquinantur, quia cum ipsis alii quoque sanctificantur, sine dubio isti, qui ante nuptias sanctificati sunt, si extraneae carni commisceantur, sanctificare eam non possunt, in qua non sunt deprehensi. †Dei autem gratia illud sanctificat

---

50 *cf.* I Cor. 7, 10 53 *cf. ib.* 57 *cf.* Matth. 5, 32 62 *cf.* I Cor. 7, 14

---

47 apostolum *A*, apostolus *NFR* 49 dicet R^3, dicit *ANFR vulgo* 50 eum *AR*, eam *NF* gentili *A* (*cf. p. 112, 16; et infra l. 61*), gentilis *NFR* 51 id est *om. F* nuptia *A* preinde *A* 52 cum *A*, *om. NFR* alter *AR*, aliter *NF* a nuptiis infidelis arceatur *A*, arceatur a nuptiis infidelis *NFR* 53 alter *AR*, aliter *NF* eis *A*, his *NFR* iubeatur *A*, videatur *NFR* 54 et ille *NFR*, ille *A* (*Rig. Oehler*) diiungitur *A*, disiungitur *NFR* 56 dominum *AR*, dominam *NF* magis ratum R^3 (*cf. p. 120, 4*) *Rig.*, magistratum AFR^1, magratum *N*, magis gratum *Ios. Mercerus* (*Oehler*) 57 omnino quam *scripsi*: quam omnino *ANFR* 58 habet *NFR*, habeat *A* (*Rig. Oehler*) 59 porro] vero *Iun.* 61 gentili *A*, gentilis *NFR* affide *A* deprehenduntur *NFR* (*Rig.*), deprehendentur *A* (*Oehler*) propterea *A*, erunt ac propterea NFR^1, ac propterea R^3 62 quia *om. NFR* 62 *sq.* sine dubio *AFR*, sane *N* 63 si *s. v. N* 64 ea *N* 64 *sq.* possunt, in qua non *om. NFR* 65 sunt *ANF*, sint *R* deprehensi *sqq.*] *gravius haec corrupta esse mihi quidem persuasum est. exorsus inde, quod illud* autem *quod exhibent A F in codice*

quod invenit. Ita quod sanctificari non potuit, immundum est: quod immundum est, cum sancto non habet partem, nisi ut de suo inquinet et occidat.

3. Haec si ita sunt, fideles gentilium matrimonia subeuntes stupri reos constat esse et arcendos ab omni communicatione fraternitatis, ex litteris apostoli dicentis cum eiusmodi ne cibum quidem sumendum. Aut numquid tabulas nuptiales die illo apud tribunal domini proferemus et matrimonium rite contractum allegabimus, quod vetuit ipse? Non adulterium est quod prohibitum est? non stuprum est extranei hominis admissio? minus templum dei violat? minus membra Christi cum membris adulterae commiscet? Quod sciam, non sumus nostri, sed pretio empti. Et quali pretio! sanguine dei! Laedentes igitur carnem istam deum laedimus de proximo. Quid * sibi voluit ille, qui dixit delictum quidem esse extraneo nubere, sed mini-

---

67 *cf.* Eph. 5, 5. I Thess. 4, 7

3. 4 *cf.* I Cor. 5, 11 8 *cf.* I Cor. 3, 16. 17 9 *cf.* I Cor. 6, 15 10 *cf.* I Cor. 6, 19. 20 10*sq.* *cf.* I Petr. 1, 19

N non comparet, sic velim restitui hunc locum: in qua non sunt deprehensi dei gratia. ⟨dei enim gratia⟩ illud (*i. e.* tantum illud) sanctificat, quod invenit autem *om. N*

3. 1 haec] et hoc *F* si ita sunt *Oehler*, si tria sunt *ANFR*^{1}, cum ita sint *R*^{3} (*Rig.*) 2 reeos *A* (e *eras.*) constat esse *N* (*Oehler*), constat se *A*, esse constat *FR* (*Rig.*) 3 ex litteris apostoli dicentis *om. N* literis *A* 4 ne cibum quidem *A*, nec cibum *NFR* aut *A*, at *NFR* 5 die illo *Rig.*, de illo *NFR* (*Oehler*), dillo *A* proferemus *AR*, proferamus *NF* 6 matrimonium rite contractum *NFR* (*Oehler*), *om. A* (*Rig.*) vetuit *ANR*, veniat *F* 7 prohibitum est *A*, prohibetur *NFR* *signum interrogationis posui* 7*sq.* *aliter distinxi*: stuprum est. extranei hominis admissio minus templum dei violat *vulgo* 9*sq.* *signa interrogationis posui* 10 sciam *FR*, sciat *A*, *om. N spatio vacuo relicto* nostris *A* empti empti *A* (*quod defendit Lfst. Zur Spr. Tert. p. 74 ita distinguens*: sed pretio empti, empti, et quali pretio? *sed quae adfert anadiploseos exempla non eiusdem sunt generis. veri similius igitur esse duco simplicem nos habere hic ut saepius dittographiam* 12 deum *scripsi*: eum *ANFR vulgo* *lacunam signavi*: ergo *sive* itaque *intercidisse apparet* volunt *A*

mum, cum alias — seposita carnis iniuria ad dominum pertinentis — omne delictum voluntarium in dominum grande est? Quanto enim potestas vitandi fuit, tanto contumaciae crimine oneratur. Recenseamus nunc cetera pericula aut vulnera, ut dixi, fidei ab apostolo provisa, non carni tantum, verum etiam et ipsi spiritui molestissima. Quis enim dubitet obliterari quotidie fidem commercio infideli? *Bonos corrumpunt mores confabulationes malae*: quanto convictus et individuus usus! Quaevis mulier fidelis deum observet necesse est. Et quomodo potest duobus dominis servire, domino et marito, adde gentili? Gentilem enim observando gentili exhibebit formam exstructionem munditias saeculares, blanditias turpiores, ipsa etiam matrimonii secreta maculosa, non, ut penes sanctos officia sexus cum honore ipsius necessitatis tamquam sub oculis dei modeste et moderate transiguntur.

4. Sed viderit, qualiter viro officia pendat. Domino certe non potest pro disciplina satisfacere, habens in latere diaboli servum, procuratorem domini sui ad impedienda fidelium studia et officia, ut, si statio facienda est, maritus

---

21 I Cor. 15, 33 23*sq. cf.* Matth. 6, 24; Luc. 16, 13

---

15 in dominum *A*, in domino *NFR* 16 est *ANF*R^1 (*cf. Ho., Synt. u. Stil p. 80*), sit R^3 (*Rig.*) 17 crimine *A*, crimen *NFR* 18 aut *A*, et *NFR* dixi *A*R^3, dixit *NF*R^1 19 carni *A*, carnis *NFR* etiam et *A Oehler* (*cf. Lfst. Zur Spr. Tert. p. 36*): etiam *NFR* (*Rig.*) ipsi spiritui *A*, ipsius spiritus *NFR* 21 more *N* 22 quanto *N* (*de ellipsi comparativi* magis *cf. Ho., Synt. u. Stil p. 77; Ho., Beitr. p. 47*), quanto magis *AFR* convictus *NFR*, et convictus *A* 23 deum *A*, dominum *NFR* 24 servire *A*, deservire *NFR* adde *ANR*, at de *F* 25 gentili *A*, gentilia *NFR vulgo* exhibebit] observabit *N* 26 saeculares — turpiores — maculosa *sensu praedicativo intellegenda sunt: vulgo distinguitur* exhibebit, formam 26*sq.* matrimonia *A* 27 offitia *A* 28*sq.* modeste est et *A* 29 transiguntur *NFR* (*Rig.*), transigantur *A* (*Oehler*)

4. 1 viro *A*R^3, vir *NF*R^1 pendat] *in F non liquet utrum* pendet *an* pendat 3 diaboli *A*R^3, diabolus *NF* 4 et *AR*, ut *NF*

de die condicat ad balneas, si ieiunia observanda sint, maritus eadem die convivium exerceat, si procedendum erit, numquam magis familiae occupatio obveniat. Quis autem sinat coniugem suam visitandorum fratrum gratia vicatim aliena et quidem pauperiora quaeque tuguria circuire? Quis nocturnis convocationibus, si ita oportuerit, a latere suo adimi libenter feret? Quis denique sollemnibus Paschae abnoctantem securus sustinebit? Quis ad convivium dominicum illud, quod infamant, sine sua suspicione dimittet? Quis in carcerem ad osculanda vincula martyris reptare patietur? Iam vero alicui fratrum ad osculum convenire, aquam sanctorum pedibus offerre, de cibo, de poculo invadere desiderare, in mente habere? | Si pereger frater adveniat, quod in aliena domo hospitium? si cui largiendum erit, horreum, proma praeclusa sunt. |

5. Sed aliquis sustinet nostra nec obstrepit. Hoc est igitur delictum, quod gentiles nostra noverunt, quod sub conscientia iniustorum sumus, quod beneficium eorum est, si quid operamur. Non potest nescire qui sustinet, aut si celatur, quia non sustinet, timetur. Cum autem scriptura

---

5 de die] *h. e. 'schon frühmorgens'* condicat (*h. e. vereinbart, scil.* cum uxore) *NFR*, concaedat *A* ad balneas] *scil.* eundum esse ∗ si *A* (& *eras. ut vid.*) sint *AN* (*in adhibendis modis variatio placet auctori*), sunt *FR vulgo* 7 obveniat *A*, adveniat *NFR* 9 circuire *AFR*, circumire *N* 11 adimi *A*, eximi *NFR* 12 adnoctantem *F* 13 sua] scaeva *Ios. Scaliger* dimittet *AR*[3], dimittit *NFR*[1] 14 osculanda ∗ *A*

17 invadere] *suppleas mente* sanctos. *invadere aliquem aliqua re* = *jem. mit etwas bestürmen, cf. Petr. Sat. 85*: invadere aliquem basiolis *et 91* invadere pectus amplexibus; *de praepositione* de *pro abl. instr. cf. Ho., Synt. u. Stil p. 34* desiderare, in mente habere] *scil.* quis patietur? habere *NR*, haberi *AF* *verba hastis derectis a me seclusa suo loco cessisse iudico, qui est locus supra l. 7 post verba* occupatio obveniat pereger *A*, et peregre *NFR* 19 poma *FR*[1]

5. 1 aliquis *A*, aliqui *NFR* sustinet — obstrepit *A*, sustinent — obstrepunt *NFR* 3 iniustorum *A*, iustorum *NFR*[1], istorum *R*[3] beneficium *AR*[3], beneficiorum *NFR*[1] 4 nescire *A*, edicere scire *NF*, se dicere nescire *R*

utrumque mandet, et sine alterius conscientia et sine nostra pressura operari domino, nihil interest, in qua parte delinquas, aut in conscientiam mariti, si sit patiens, aut in conflictationem tui, dum vitatur impatiens. *Nolite*, inquit, *margaritas vestras porcis iactare, ne conculcent eas et conversi vos quoque evertant.* Margaritae vestrae sunt etiam quotidianae conversationis insignia. Quanto curaveris ea occultare, tanto suspectiora feceris et magis scrutanda gentili curiositati. Latebisne tu, cum lectulum, cum corpusculum tuum signas, cum aliquid immundum flatu explodis, cum etiam per noctem exurgis oratum? et non magiae aliquid videberis operari? Non sciet maritus, quid secreto ante omnem cibum gustes? et si sciverit panem, non illum credet esse, qui dicitur? Et haec ignorans quisquam rationem simpliciter sustinebit? [sine gemitu, sine suspicione panis an veneni] Sustinent quidam, sed ut inculcent, ut inludant huiusmodi feminis, quarum 'arcana' in periculum, quod credunt, reservent, si forte laedantur ipsi sustinent⟨es⟩, quarum dotes obiectione nominis mercedem silentii

---

5. 6 *cf.* I Cor. 12, 29 9 Matth. 7, 6

---

6 manet *F* conscientia *NFR*, conscientiam *A* 8 patiens *A*, ut patiens *NFR* aut *om.NFR* 9 ţui (t *ex* s) *N* 10 margaritas vestras *A*, margarita vestra *NFR* ne *om.A*, nec *F* eas *Rig.*: ea *ANFR* 11 margaritae vestrae *A*, margarita vestra *NFR* etiam *om. NFR* 12 quotidiane *A*, quotidiana *NFR* 13 scrutanda *Hildebrandus*: castanda *A*, cavenda *FR*, cavendo *N*, captanda *Rig.* (*Oehler*) 14 lectulum, cum *om. A* 15 flatu *NFR*, flatis *A*, flantis *Rig.* explodis *A*, expuis *NFR* 16*sq.* aliquid *om. N* 17 videberis *A* R^3, videris *NF* R^1 18 gestes *F* sevirit *F* 19 credet *scripsi*: çredit (c *ex* & *ut vid.*) *A*, credit *NFR vulgo* quisquam *scripsi*: quisque *libri*, quis qua (ratione) *Iun.* 20*sq.* sine gemitu — — veneni *seclusi ut interpretamentum librarii cuiusdam idque stultum margini olim adscriptum* quidam *ANF*, quidem *R* inculcent] insultent *Ios. Scaliger* (*nescio an recte*) 23 reservent *A*, servent *NFR* laedantur] *h. e. infestentur* ipsi *om. A* (*Rig. Oehler*) sustinentes *scripsi*: sustinent *ANFR vulgo* 24 obiectione nominis (*scil. Christiani*) *NFR* (*Oehler*), obiectionem domini *A*, subiectione nominis *Rig.*

faciant, scilicet apud arbitrum speculatorem litigaturi. Quod pleraeque non providentes aut re excruciata aut fide perdita recognoscere consueverunt.

6. ⟨At⟩ moratur dei ancilla cum laribus alienis: et inter illos omnibus [hominibus] daemonum, omnibus sollemnibus regum, incipiente anno, incipiente mense, nidorem turis agitabit? Et procedet de ianua laureata et lucernata, ut de novo consistorio libidinum publicarum, discumbet cum marito in sodalitiis, saepe in popinis? et ministrabit nonnumquam iniquis, solita quondam sanctis ministrare? et non hinc praeiudicium damnationis suae agnoscet, eos observans quos erat iudicatura? De cuius manu desiderabit? de cuius poculo participabit? Quid maritus suus illi, vel marito quid ipsa cantabit? Audiet sane, audiet aliquid de

---

6. 9 *cf.* I Cor. 2, 15; 6, 2

---

26 pleraeque R^3, plerique *ANFR*[1] aut re] aure *A* 27 perdita *NFR*, perdit *A* recognoscere consueverunt *A*, recensuerunt *NFR*

6. 1 at *addidi* (*cf. supra cap.* 5, *11—13*) laribus *NFR*, laboribus *A Rig.* (*Oehler*) alienis] *cf. supra*: in aliena domo *p. 117, 18*; *lares mariti sunt, non ipsius dominae* 2 omnibus] *scil.* sollemnibus hominibus *A seclusi* (*ut ex dittographia ortum*), honoribus *NFR*, nominibus *Rig.* (*Oehler*) 2*sq.* sollemnibus regum] *exspectatur*: regum sollemnibus, *sed ordo verborum inversus est ex numerorum lege* 3 anno *AR*, an non *NF* mense *om. F* 3*sq.* nidorem turis agitabit *scripsi*: nidore turis (turris *A*, thuris *NF*) agitabitur *ANFR vulgo* 4 agitabit] *turibulum scilicet circumferens post* agitabit *signum interrogationis posui* procedet *AN*, procedit *FR* lugernata *A* 5 concistorio *N* discumbet *A*, discumbit *NFR* 6 marcio *F* in *NFR*, saepe in *A* (*Rig. Oehler*) solidaciis *A* popinis *A*, opinionis *NFR*[1], cauponis R^3 8 agnoscet *A*, adcognoscet *NFR*[1], adcognoscent R^3 8*sq.* observans *A*, observabt *N*, observabat *F*, observabit *R* 9 de cuius manu *NFR*, cuius manum *A* (*Rig. Oehler*) 11 ipsa *A*, illa *NFR* audiet *A*, audiat *NFR* audiet aliquid *scripsi* (*de hac anadiplosi adeas velim Lfst. Zur Spr. Tert. p. 74/75*): audiat aliquid *FR*, aliquid *AN* (*Rig. Oehler*) 11*sq.* de scaena sive *scripsi*: dī cenans de *A* (*quod probat Oehler absona usus interpretatione I p. 692*), dei coena de *FR*, dei coena *N*, de scaena *Urs.* (*Rig.*)

scaena sive taberna, gula dei gehennae. Quae dei mentio? Quae Christi invocatio? Ubi fomenta fidei de scripturarum interiectione? Ubi spiritus refrigerium? Ubi divina benedictio? Omnia extranea, omnia inimica, omnia damnata, adterendae saluti a malo immissa.

7. Haec si illis quoque evenire possunt, qui in matrimonio gentili fidem adepti morantur, tamen excusantur: ut in †ipsis deprehensi a deo, et iubentur perseverare et sanctificantur et spem lucrationis accipiunt. Si ergo ratum est apud deum matrimonium huiusmodi, cur non et prospere cedat, ut pressuris et angustiis et impedimentis et inquinamentis non ita lacessatur, habens iam ex parte divinae gratiae patrocinium? Nam et ad aliquam virtutem caelestem documentis dignationis alicuius vocatus ille de gentibus terrori est gentili, quo minus sibi obstrepat, minus ⟨in⟩stet, minus speculetur. Sensit magnalia, vidit experi-

---

7. 3 *cf.* I Cor. 7, 11. 13. *cf.* I Cor. 7, 14 4 *cf.* I Cor. 7, 16 11 *cf.* Act. 2, 11 (*Vulg. ad vocem* magnalia)

---

12 taberna, gula de⟨i⟩ gehenna⟨e⟩ *scripsi*: tabernacula de gehenna *N*, taberna de gehenna *AFR*, taberna, de ganea *Urs.* (*Rig.*) gula dei gehennae] *cf.* gula diaboli *Scorp. 6 = I p. 156, 7* 14 interiectione *A*, interfectione NFR^1, interlectione R^3 ubi *om. F* spiritus refrigerium *NFR*, spiritus? ubi refrigerium? *A* (*Rig. Oehler*) 16 adterendae *N* (*Vind. m. 2*) *Oehler*: atterrendae FR^1, atterandae *A*, abterrendae R^3 saluti AR^3, salutis NFR^1

7. 1 illis *A*, ei *NFR* possunt *A*, possint *NFR* qui $ANFR^1$, quae R^3 *vulgo* (*sed generaliter hic loquitur auctor masculino pro utroque usus genere, etsi in antecedentibus de solo feminino sermo est; cf. etiam infra l. 3*: deprehensi *et l. 9*: vocatus ille) 2 gentili *A*, gentilis *NFR* adepti AR^1, ademppti *NF*, adepta R^3, adeptae *Pam.* (*Rig. Oehler*) moratur FR^3 3 ipsis] ipso sunt *fort.* deprehensi $ANFR^1$, deprehensae R^3 *vulgo* 4 rarum *N* 5 non et *AN*, non *FR* 6 pressuris *A*, et a pressuris *NFR*, etiam pressuris *fort.* 6*sq.* et inquinamentis *om. A* 7 habens iam *AN*, iam habens *FR* 8 virtutem $ANGR^3$, quae virtutem FR^1 9 et dignationis *F* vocatus ille] vocata illa *Aug. Neander* (*sed cf. supra l. 1*) 9*sq.* ille de gentibus *om. NFR* 10 sibi — — minus (*l. 11*) *om. A* 11 ⟨in⟩stet *scripsi*: sit et NFR^1, sciat R^3, insidiet *Oehler* 11*sq.* experimenta AR^3, expedimenta NFR^1

menta, scit meliorem factum; sic et ipse dei candidatus est timore. Ita facilius huiusmodi lucrifiunt, in quos dei gratia consuetudinem fecit. Ceterum aliud est ultro et sponte in prohibita descendere. Quae domino non placent, utique dominum offendunt, utique a malo inferuntur. Hoc signi erit, quod solis petitoribus placet nomen Christianum. Ideo inveniuntur, qui tales non exhorreant ut exterminent, ut abripiant, ut a fide excludant. Habes causam, qua non dubites nullum huiusmodi matrimonium prospere decurri, dum a malo conciliatur, a domino vero damnatur.

8. Ad hoc quaeramus, an iure, quasi revera dispectores divinarum sententiarum. Nonne etiam penes nationes severissimi quique domini et disciplinae tenacissimi servis suis foras nubere interdicunt? scilicet ne in lasciviam excedant, officia deserant, dominica extraneis promant. Nonne insuper censuerunt servituti vindicandas quae cum alieno

---

12 meliorum *A* factam R^3 sic *NFR*, si *A* dei *om. NFR* 13 timore *A*, timoris *NFR* lucrifiunt R^3 (*Vind. m. 2*): lucro fiunt *libri* 14 ultro *AR*, intro *NF* 15 *sq.* non placent, utique dominum *om. A* 16 a malo inferuntur *A*, malo se inferunt *NFR* 17 quod solis *A*, ut solis quod solis *NFR* petitoribus *NFR*, petitioribus *A*, peritioribus *Ios. Mercerus*, peioribus *Rig.* petitoribus] *i. e.* tantum procis: *ubi enim mariti facti sunt, immutata mente uxores a fide Christiana abalienare conantur* ideo AR^3, deo NR^1, de *F* 18 exhorreant *N*, exorreant *A*, exhorrtant *F* exterminent AR^3, exhorta eminent *N*, exerta eminent FR^1 19 abripiant *Rig.*: abrapiant *A* (*Oehler*), arripiant *NFR* 21 dum *om. NFR*

8. 1 quaeramus *NFR*, queramur *A* an iure *R*, an in iure *A*, auire *N*, anime *F* dispectores *AN*, dispectatores *F*, despectatores *R* 3 domini *ANR*, deum *F* tenacissima *F* 4 nubere *om. N* lascivia *A* 5 dominica extraneis promant *om. A* 6 servituti *NFR*, uti *A* vindicandas, quae *Pam.* (*secundum S. C. Claudianum et Iuli Pauli ad hoc senatus consultum sententiam*: 'si mulier ingenua civisque Romana vel Latina alieno se servo coniunxerit, si quidem invito et denuntiante domino in eodem contubernio perseveraverit, efficitur ancilla'): vindicandos, qui *ANFR Rig. Oehler* (*qui iniuria recurrunt ad 120, 1, et 120, 9: ut enim illic de utroque genere sermo est, ita hic de solo feminino*) 6 *sq.* cum alieno servo *R*, cum alienos servos *NFR*, cum alienis servis *A* (*Rig. Oehler*)

servo post dominorum denuntiationem in consuetudine perseveraverint? Severiores habebuntur terrenae disciplinae caelestibus praescriptis, ut gentiles quidem extraneis iunctae libertatem suam amittant, nostrae vero diaboli servos sibi coniungant et in statu suo perseverent? Scilicet negabunt sibi a domino per apostolum eius denuntiatum. Quam huius amentiae causam detineam, nisi fidei imbecillitatem pronam semper in concupiscentias saecularium gaudiorum? Quod quidem plurimum in lautioribus deprehensum est. Nam quanto dives aliqua est et matronae nomine inflata, tanto capaciorem domum honoribus suis requirit, ut campum in quo ambitio decurrat. Sordent talibus ecclesiae: difficile in domo dei dives, ac si quis est, difficile caelebs. Quid ergo faciant? Unde nisi a diabolo maritum petant idoneum exhibendae sellae et mulabus et cinerariis peregrinae proceritatis? Christianus ista etiam dives fortasse non praestet. Quaeso te, gentilium exempla proponas tibi. Pleraeque et genere nobiles et re beatae passim ignobilibus et mediocribus simul coniunguntur aut ad luxuriam inven-

7 dominorum] *h. e. domini et dominae; nos: Herrschaft* consuetudine *A R*[3], consuetudinem *N F R*[1] 7 *sq.* perseveraverint *A*, perseveraverunt *N F R vulgo* 9 *sq.* iunctae *Pam.* (*Rig. Oehler*): iuncti *A N F R* 12 eius *Lat.*: eiusdem *A N F R* (*sed syllaba* -dem *sine dubio orta est ex insequentibus litteris*: den) 14 promam *F* concupiscentias *A*, concupiscentiam *N F R* 16 et matronae *A*, et matrona *N G R*[3] *R*[1]*mg*, commatrona *F R*[1] 17 capaciorem *A*, capacem *N F R* honoribus *F* (*cf. infra l. 20—22*): oneribus *A N R* (onus *et* honos, onerare *et* honorare *saepius confundi satis notum est*) ut *A*, *om. N F R* 18 decurrat *A R*, decurrit *N*, decucurrat *F* sordent talibus ecclesiae *om. A* 20 unde *N F R* 21 idoneum *A*, donum *N F*, bonum *R* cinerarijs *A* (i *s. v. a m. 1*) *N*, emerariis *F R*[1], onerariis *R*[3] 22 Christianus *R*, christianos *N F*, xpiano *A* 24 generis *N* nobiles *A R*, nobilis *N F* passim ignobilibus *A*, pessimis de ignobilibus *F R*, pessimis *N* 25 et mediocribus simul] *cf. Plaut. Truc. 47*: perit amator, ab re atque animo simul simul *N F R*, sibi *A et Oehler, qui hunc dativum cum insequentibus participiis coniungendum esse putat, qua in re assentiri viro docto non possum,* ibi *Rig.* (*intellegit:* apud gentiles) aut *om. A* (*Rig. Oehler*) 25 *sq.* inventis *A*, inventos *N F R*

tis aut ad licentiam se⟨le⟩ctis. Nonnullae se libere et servis suis conferunt, omnium hominum existimatione despecta, dummodo habeant a quibus nullum impedimentum libertatis suae timeant. Christianam fidelem fideli re minori nubere piget, locupletatiorem futuram in viro paupere? Nam si pauperum sunt regna caelorum, divitum non sunt, plus dives in paupere inveniet; maiore dote dotabitur de bonis eius, qui in deo dives est. Sit illa ex aequo in terris, quae in caelis forsitan non erit. Dubitandum et inquirendum et identidem deliberandum est, an idoneus sit invect⟨and⟩is dotalibus cui deus censum suum credidit?

Unde ⟨vero⟩ sufficiamus ad enarrandam felicitatem eius matrimonii, quod ecclesia conciliat et confirmat oblatio et obsignat benedictio, angeli renuntiant, pater rato habet? Nam nec in terris filii sine consensu patrum rite et iure nubunt. Quale iugum fidelium duorum unius spei, unius

---

8. 30*sq. cf.* Matth. 5, 3

---

26 ad licentiam] *h. e. ut quippiam facere sibi liceat (quippe quibus mariti mediocres obsistere non possint) cf. infra l. 28sq.*: dummodo habeant — — timeant) licentiam selectis] *ne offendas in clausula* (⏑́⏑⏑́– | ⏑́–) *vide supra c. 8, 4*: nubere interdicunt, *c. 8, 9*: cae]lestibus praescriptis *et passim alibi* se⟨lec⟩tis *scripsi*: sectis *A* (*Rig. Oehler, qui defendunt Agobardini lectionem interpretatione usi subtili magis et excogitata quam probabili*), exspectatos *NFR*[1], expetitis *R*[3], electis *Ios. Mercerus* nonnullae se *FR*, nonnullae *N*, noninulla esse *A* libere (*h. e. sine praeiudicio*) *A*, libertis *NFR vulgo* 27*sq.* despecta dummodo *A* (*Gel.*), dispectandum modo *NF*, despectandum modo *R* 28 habeant *ANFR*[3], habeatur *R*[1] 29 re minori nubere *R*[3], reminor inubere *A*, rerum minori nubere *FR*[1], iterum minori nubere *N* 30 locupletiorem *R* futuram *AR*[3], fugam *NFR*[1] 31 caelorum *A*, caelorum, quia *NFR* divitum *NFR*, divitium *A Rig. Oehler* (*sed nusquam alibi invenitur haec forma*) 32*sq.* dote — — dives est *om. NFR* 33 ex aequo *ANR*, ex quo *F* 35 identidem *NFR*, idem *A* idoneus *A*, ideo *NFR* invect⟨and⟩is *scripsi*: invectis *AN*, innectis *F*, investis *R* 37 *exodii initium intercepto sticho signavi* vero *addidi* sufficiamus *A*, sufficiam *NFR* enarrandum *F* 39 obsignat *Rig.*: obsignata *A*, obsignatum *NFR* benedictio *om. NFR* 40 rite *NFR*, recte *A* (*Rig. Oehler*) et iure *om. N* 41 nubunt *A*, nubent *NFR* duorum *AR*[3], tuorum *NFR*[1]

voti, unius disciplinae, eiusdem servitutis! Ambo fratres, ambo conservi; nulla spiritus carnisve discretio, atquin vere duo in carne una. Ubi caro una, unus et spiritus: simul orant, simul volutantur, simul ieiunia transigunt, alterutro docentes, alterutro exhortantes, alterutro sustinentes. In ecclesia dei pariter utrique, pariter in convivio dei, pariter in angustiis, in persecutionibus, in refrigeriis. Neuter alterum celat, neuter alterum vitat, neuter alteri gravis est. Libere aeger visitatur, indigens sustentatur. Elemosinae sine tormento, sacrificia sine scrupulo, quotidiana diligentia sine impedimento, non furtiva signatio, non trepida gratulatio, non muta benedictio. Sonant inter duos psalmi et hymni, et mutuo provocant, quis melius domino suo cantet. Talia Christus videns et audiens gaudet. His pacem suam mittit. Ubi duo, ibi et ipse: ubi et ipse, ibi et malus non est. Haec sunt, quae apostoli vox illa sub brevitate intellegenda nobis relinquit. Haec tibi suggere, si opus fuerit. His te ab exemplis quarundam reflecte. Non licet aliter fidelibus nubere, et si liceret, non expediret.

44 *cf.* Gen. 2, 24; Matth. 19, 6; I Cor. 6, 16 56 *cf.* Matth. 18, 20

42 moti *F* 43 adquin *A F* 44 unus est *A* 45 simul *A*, et simul *NFR* 46 docentes *A*, ducentes *NFR* exhortantes *A*, hortantes *NFR* alterutro sustinentes *om. NFR* 47 pariter utrique *om. NFR* convivio *A*, connubio *NFR* 48 in persecutionibus *om. NFR* 48 *sq.* alterum celat, neuter *om. A* 50 indigens sustentatur *om. A* elemosinae *A N F*, eleemosynae *R vulgo* 53 mutua *F* 54 hymni *R*, himni *A*, ymni *NF* provocavit *F* domino *A N*, deo *F* cantet *A*, canet *NFR* 55 Christus *NFR*, sps (*h. e. spiritus*) *A* 56 ubi et ipse *FR*, ubi ipse *A*, *om. N* ibi *om. A* 57 vox illa] *scil.*: *tantum in domino* brevitate *A*, benignitate *NFR* 58 relinquid *A*, reliquit *NFR* subgere *A* si*opus *A* 59 his te *FR*, iste *A*, hiis te *N* ad exemplis *F* quarundam *A R*, quorundam *NF* licet *A F*, liceret *N* 60 nubere, et si liceret, non expediret *NFR*, nubere, non expedit *A* (*Rig. Oehler; contra clausulae legem, quam in fine libelli a scriptore neglectam esse vix quisquam sibi persuadeat*) AD VXORĒ LIBER · II · EXPLICIT *A*, Tertulliani Ad uxorem Liber Secundus Explicit *N*, Q. Septimii Florentis Tertulliani Incipit liber de persecutione *F*

DE EXHORTATIONE CASTITATIS.

1. Non dubito, frater, te post uxorem in pacem praemissam ad compositionem animi conversum de exitu singularitatis cogitare et utique consilii indigere. Quamquam in huiusmodi cum fide sua conloqui debeat unusquisque eiusque vires consulere, tamen quoniam in ista specie carnis necessitas cogitatum movet, quae fere apud eandem conscientiam fidei resistit, opus est fidei extrinsecus consilio tamquam advocato adversus carnis necessitatem. Quae quidem necessitas facillime circumscribi potest, si voluntas potius dei quam indulgentia consideretur. Nemo indulgentia utendo promeretur, sed voluntati obsequendo. Voluntas dei est sanctificatio nostra. Vult enim imaginem suam nos etiam similitudinem fieri, ut simus sancti, sicut ipse sanctus est. Id bonum, sanctificationem dico, in species distribuit complures, ut in aliqua earum deprehendamur. Prima spe-

In instruendo huius libri apparatu critico eam rationem secutus sum, ut ea tantum, quae a lectione mihi probata et inter verba recepta discrepant, in apparatu notarem. **1.** 12*sq. cf.* I Thess. 4, 3   13 *cf.* Gen. 1, 27   14 *cf.* Lev. 11, 44; 19, 2 (*cf.* I Petr. 1, 16)

1. 1 INCIPIT DE EXHORTATIONE CASTITATIS *A*, Incipit De Exortacōe Castitatis *N*, Incipit Tertulliani de exhortacōe castitatis *F*. *Rhenanus* (*R^3*) *mutavit titulum ita, uti scriberet*: Exhortatio ad castitatem, *sed nihil mutandum esse alia titulorum exempla docere videntur, sicut* DE PRAESCRIPTIONE HAERETICORVM, DE SCORPIACE   2 pace *NFR Oehler Ho.*   2*sq.* remissam *A*   4 consilium digere *FR^1*, cons. eligere *N*, cons. dirigere *R^3 G*   in] et *NFR*   5 debet *A* (*Oehler*)   7 necessitatis *A*   monet *F*   quae fere *A*, quaerere *FR*, *om. N*   eandem quaerere *N*   8 fidei *Ios. Mercerus*: fidem *A*, quae fidei *NFR*   resistit — — fidei *om. N*   consilium *NFR*   9 advoçato *A* (c *ex* s *corr.*), advocatum *NFR*   carnem *N*   necessitates *A* (*Oehler*)   10 facillime *om. NFR*   11*sq.* indulgentiam audendo *NFR*   14 similitudine *Urs.*   s*imus (c *eras.*) *A*   et ipse *NFR*   15 est, inquit. *NFR*   distribuit (*scil.* deus) *NFR*, distribui *A*, distribuo *Rig.* (*Oehler*)   16 earundem de *A*

cies est virginitas a nativitate: secunda, virginitas a secunda nativitate, id est a lavacro, quae aut in matrimonio purificat⟨o⟩ ex compacto aut in viduitate perseverat ex arbitrio: tertius gradus superest monogamia, cum post matrimonium unum interceptum exinde sexui renuntiatur. Prima virginitas felicitatis est, non nosse in totum a quo postea optabis liberari; secunda virtutis est, contemnere cuius vim optime noris; reliqua species hactenus nubendi post matrimonium morte disiunctum praeter virtutis etiam modestiae laus est. Modestia est enim ablatum non desiderare, ut ablatum a domino deo, sine cuius voluntate nec folium de arbore delabitur nec passer assis unius ad terram cadit. **2.** Quam denique modesta illa vox est: *Dominus dedit, dominus abstulit, ut domino visum est, ita factum est.* Et ideo si nuptias ablatas restauremus, sine dubio contra voluntatem dei nitimur, volentes habere quod habere nos noluit. Si enim voluisset, minime abstulisset, — nisi si et hoc in volun-

28 *cf.* Matth. 10, 29
2. 2 Iob 1, 21

17 *sq.* a secunda nativitate *om.* *NFR* 18 id est a lava^{c}ro (c *corr.*) quae *A*, ut et arbitrio vidua maneat cum alibi dicat (dicas *F*) dampnandam si nupserit, id est lavacro aquae *NFR*[1] (*ita et R*[3], *nisi quod omittit verba* cum — — nupserit) 18 *sq.* purificato *scripsi*: purificat *libri omnes et vulgo* 20 monogamiae *NFR* 21 *sq.* prima felicitas prima virginitas est *NFR* 22 in totum] *haec verba in NFR post vocem* liberari (*l. 23*) *comparent* 23 secunda virtutis est] secundae virginitatis est *NFR* contempnere *A* cuius vim *A*, vim quam *NFR* 24 moris *F* reliquas *NF* hactenus *NFR* (*hoc est: non amplius*), sanctae (s̄c̄e) *A* 25 virtutes *NF* 26 modestia est enim *A*, *om.* *NF*, modestiae enim laus est *R* non] tamen non *N*, cum non *F* ut *scripsi*: et *ANFR* 27 *sq.* labitur *NFR* 28 fassis *F*

2. 2 denique] *h. e. namque: perperam igitur a verbis* quam denique *novum caput instituit Rhenanus* dominus dedit *R*, deus dedit *NF*, *om.* *A* 3 et *om.* *NFR* 4 sublatas *A* (*Rig. Oehler*) 5 habere (*priore loco*) *A*, habere rursus *NFR vulgo* quod haberetur *A* 5 *sq.* *verba* si enim voluisset *in A post vocabulum* abstulisset *leguntur* 6 minime *A*, non *NFR et vulgo* nisi si *A*, nisi *NFR* hoc in *scripsi* (interpretari aliquid in aliquid *cf. Adv. Hermog. 19 = III, p. 147, 1*, in hoc *NFR*, hoc *A*

tatem dei interpretamur, quasi et rursus nos voluerit habere quod iam noluit. Non est bonae et solidae fidei sic omnia et ⟨in⟩ voluntatem dei referre et ita adulari ⟨ei⟩ unumquemque dicendo nihil fieri sine nutu eius, ut non intellegamus esse aliquid ⟨et⟩ in nobis ipsis. Ceterum excusabitur omne delictum, si contenderimus nihil fieri a nobis sine dei voluntate, et ibit definitio ista in destructionem totius disciplinae, etiam ipsius dei, si aut quae non vult de sua voluntate producat aut nihil est, quod deus non vult. Sed quomodo vetat quaedam, quibus etiam supplicium aeternum comminatur, utique etiam quae vetat non vult, ut quibus et offenditur, sicut et e contrario quae vult et praecipit et accepto facit et aeternitatis mercede dispungit. Igitur cum utrumque ex praeceptis eius didicerimus, quid nolit et quid velit, iam in nobis est voluntas et arbitrium eligendi alterum, sicut scriptum est: '*Ecce posui ante te bonum et malum: gustasti enim de agnitionis arbore.*' Et ideo non debemus quod nostro expositum est arbitrio id domini referre in voluntatem, eo quod non ipse vult ⟨quod malum est, qui bonum vult⟩ aut

22 *cf.* Sir. 15, 17. 18. *cf.* Gen. 3, 17

7 et rursus nos voluerit habere *A* (et *coniunge cum* voluerit), rursus vellet in nos *NFR* 8 noluit deus *NFR* 9 et in *Hildebrandus* (*cf. infra l. 20 sq.*), et *A*, ad *NFR et vulgo* adhulari *A* ei *addidi*: sibi *suppl. Urs., quem secuti sunt et Rig. et Oehler* 10 nutu] iussione *NFR* 11 aliquid esse *NFR* et *addidi* 12 contenderimus] continuerimus *NFR* a nobis] in nobis *A* 13 hibit *A*, ibi *NFR* definito *NR*, diffinito *F* ista in] istam *NFR* distructionem *A* 14 aut que *A*, et quae *NR*, et me *F* 14 *sq.* producit *NFR* 16 etiam] enim *A* (*probavit Rig.* [*Oehler, sed indicata parenthesi*]) 17 ut quibus *scripsi*: a quibus *libri et vulgo* 18 sicut et *A*, sicuti et *NFR*, sic et *Oehler* et praecipit *A*, praecipit *NFR vulgo* accepto facit] accipit *NFR* 19 merce *F* pungit *N* igitur] itaque *NFR vulgo* 20 quid velit et quid nolit *NFR* iam in *scripsi*: tamen *A*, iam *NFR* 21 et arbitrium *om. NFR* 22 enim *om. A* 23 nostri *NFR* 24 id domini *scripsi*: in domino *A*, in domini *NFR* in *A*, *om. NFR vulgo* eo *scripsi*: ei *A*, *om. NFR vulgo* 25 quod non ipse vult *A*, nos quos vult ipse *NFR* quod malum est qui bonum vult *addidi* 25 *sq.* aut non vult quod bonum est *A*, et velle est *NFR* (*nisi quod* est *om. R*)

non vult quod bonum est qui malum non vult. Ita nostra est voluntas, cum malum volumus adversus dei voluntatem, qui bonum vult. Porro si quaeris, unde venit ea voluntas, qua quid volumus adversus dei voluntatem, dicam: ex nobis ipsis. Nec temere. Semini enim tuo respondeas necesse est: siquidem ille princeps et generis et delicti Adam voluit quod deliquit. Neque enim diabolus voluntatem ei imposuit delinquendi, sed materiam voluntati subministravit. Ceterum voluntas ⟨ei de⟩ dei inobaudientia venerat. Proinde et tu, si non obaudieris domino, qui te proposito praecepto liberae potestatis instituit, per voluntatis libertatem volens deverges in id, quod deus non vult, et ita te putas a diabolo subversum qui, etsi vult te velle quod deus non vult, non tamen facit ut et velis, quia nec protoplastos tunc invitos ad voluntatem delicti subegit, immo neque invitos neque ignorantes, quid deus nollet. Utique enim nolebat fieri cui admisso mortem destinabat. Ita diaboli opus unum est, temptare, an velis, qua in te est, ut velis. At ubi voluisti, sequitur, ut te sibi subigat, non operatus in te voluntatem, sed nactus occasionem voluntatis.

---

28 veniat *NFR* ea] ista *FR et vulgo*, ista bona *N* 29 dicam] ut dicam *NFR* 30 enim *om. NFR* tuo *om. N* 31 est] esse *A* et (*prius*) *om. NFR* 32 diabolu$\overset{s}{*}$ *A* ei] eis NR^3G, eius FR^1 33 voluntati *AF*, voluntatis *NR* 34 ⟨ei de⟩ dei inobaudientia *scripsi* (*cf. quae seq.*): dei in obaudientiam *A*, dei ob inaudientiam *NFR vulgo* 35 oboedieṛịs (ri *ex* n *corr.*) *A* domino] deo *NFR et vulgo* 37 deverges in id *A*, devergis in id *R*, devergi sinit *NF* non vult] non voluit *NFR* et ita *A*, ita *NFR* te putas] deputat R^3, te puta *Urs.* 38 submersum *N* vult] quid vult *A* (*Rig. Oehler*) te velle] evelle *A* 38*sq.* non tamen facit ut et *om. A* 39 nec protoplastos tunc invitos *scripsi*: nec tunc invitos (istos *A*) protoplastos *libri et vulgo* protopla*stos *A* (u *eras.*) 40 dilecti *A* 41 nollet ANR^3, nolit FR^1 cui *FR*, cum *AN* (*idem mendum p. 134, 43*) 43 qua in te *scripsi*: quante *A*, quod in te *NFR et vulgo* ut velis *om. NFR* adhubi *A* 44 te] et *A* subigat] subiungat *A* (*sed cf. l. 40*: subegit) 45 occasionem *A*, possessionem *FR*, *om. N*

3. Igitur cum solum sit in nobis velle et in hoc probetur nostra erga deum mens, an ea velimus quae cum voluntate ipsius faciunt, alte et impresse recogitandam esse dico dei voluntatem: quid etiam in occulto velit, — quae enim in manifesto, scimus, eaque ipsa qualiter — in manifestis intus inspiciendis perspiciendum est. Nam etsi quaedam videntur voluntatem dei sapere, dum ab eo permittuntur, non statim omne quod permittitur ex mera et tota voluntate procedit eius, qui permittit. Ex indulgentia est quodcumque permittitur. Quae etsi sine voluntate non est, quia tamen aliquam habet causam in illo, cui indulgetur, quasi de invita venit voluntate, passa causam sui quae cogit voluntatem. Vide, qualis sit voluntas, cuius alter est causa. Secunda item species consideranda est ⟨non⟩ purae voluntatis. Vult nos deus agere quaedam sibi placita, in quibus non indulgentia operatori patrocinatur, sed disciplina dominatur. Si tamen alia istis praeposuit, utique quae magis vult, dubiumne est ea nobis sectanda esse, quae ma-

---

3. 9*sq. cf.* I Cor. 7, 6

---

3. 1 sit] erit *NFR* et *om. NFR* 2 erga] in *NFR* 3 ipsius] eius *NFR* faciunt *Rig.*: faciant *A*, sapiant *NFR* alte et] alte *NFR* 4 *post* voluntatem *gravius distinxi parenthesin indicavi*: *initium capitis tertii a Rhenano post* faciunt (*l. 3*), *ab Oehlero post* velit (*l. 4*) *constitutum ego paulo supra esse volui* 5 enim *om. N* in *om. FR* scimus *A*, scimus omnes *NFR et vulgo* qualiter] *scil.* velit 5*sq.* manifestis *A*, manifesto *NFR et vulgo* 6 intus *A*, sint *NFR et vulgo* inspiciendis perspiciendum est *scripsi*: inspiciendum est *A*, perspiciendum est *NFR et vulgo* etsi] si *NFR* 7 ab eo] habeo *A*, a deo *NFR* 7*sq.* permittuntur] remittuntur *A* (*Oehler, sed cf. p. 125, 2* remissam *pro* praemissam) 10 quodcumque *AFR*, omne quod *N* permittetur *NF* etsi] est *A* 11 illo *AN*, loco *FR* 13 cuius] eius cuius *NFR* alter est] altera sit *NFR* 14 item] iterum *NFR* non *add. Urs.* (*quod probat Rig., improbat Oehler*) 15 agere quaedam *om. NFR* sibi placita] placita sibi *A* (*Oehler*; *sed hic ordo verborum refragatur clausulae legi*) 16 indulgentiam *A* operatori *R*, operatur *NF*, *om. A* (*Rig. Oehler*) 17 alia *ANGR*[3], talia *FR*[1] istis praeposuit] ista praeponit *NFR* 18 sectanda] taxanda *NFR*

vult, cum quae minus vult, quia alia magis vult, perinde habenda sunt atque si nolit? Nam ostendens quid magis velit, minorem voluntatem maiore delevit, quantoque notitiae tuae utramque proposuit, tanto definiit id te sectari debere quod declaravit se magis velle. Ergo si ideo declaravit, ut id secteris quod magis vult, sine dubio, nisi ita facis, contra voluntatem dei sapiendo, sapiendo contra potiorem eius voluntatem, magis offendis quam promereris, quod vult quidem faciendo sed quod mavult respuendo: Ex parte delinquis; ex parte, si non delinquis, non tamen promereris. Non porro et promereri nolle delinquere est? Secundum igitur matrimonium si ex illa dei voluntate, quae indulgentia vocatur, negabimus meram voluntatem, cui indulgentia est causa; si ex ea, cui potior alia praeponitur continentiae magis appetendae, didicerimus non potiorem a potiore rescindi.

Haec praestruxerim, ut iam apostoli voces decurram. Inprimis autem non videbor inreligiosus, si quod ipse profi-

---

35—135, 70 *cf.* De Monogamia cap. 3

---

19 cum quae minus vult *A*, *om. N*, quam quae vult ea quae minus vult *F*, quam ea quae minus vult *R* quia *A*, qui *NR*, *om. F* alia magis vult *om. F* perinde *Rig.*: prȩinde *A*, proinde *NFR* 20 adque *A* atque si nolit *om. NFR* ostendens] ostendendo *NFR* 21 maiorem *A* *post* delevit *levius distinxi* 22 definiit *A*, definivit *NR*, diffinivit *F* 23 declaravit se] paravit te NFR^1, paravit eum R^3 24 ut id secteris] ut a (a *om. F*) se ceteris *NF*, uti secteris *R* 25 dei sapiendo, sapiendo *A*, eius sapis, sapiendo *NFR vulgo* 26 magis *A*, magisque *NFR vulgo* 27 sed quod *scripsi*: et quod *A*, quod R^3, *om.* NFR^1 28 patre delinqui *A* non (*sec. loco*) *om. NFR* 30 *ante* secundum *ras.* 16 litt.: *fuit* nolle delinquere ē *ut vid. A* igitur] itaque *NFR* si ⟨est⟩ ex *Urs.* (*Rig. Oehler*): *sed copulae omissio auctori usitatissima est* 31 vocatur] cogitur *NFR* negavimus NFR^1 voluntatem *om. NFR* 31 *sq.* indulgenda NFR^1 32 ex *om. NFR* 34 rescindi *Rig.*: rescindit *A*, scindi *NFR* 35 praestruxerim *NFR*, praestrinxerim *A* (*Rig. Oehler*) voce *NFR* 36 si quid *NFR* 36 *sq.* profiteretur *F*
post profitetur *in NFR occurrunt repetita ex superioribus*: continentiae magis appetendae didicerimus

tetur animadvertam, omnem illum indulgentiam nuptiarum de suo, id est de humano sensu, non de divino praescripto induxisse. Nam et cum de viduis et innuptis definiit, uti nubant, si continere non possunt, quia melius sit nubere quam uri, conversus ad alteram speciem — *nuptis autem denuntio*, inquit, *non quidem ego, sed dominus* — ista ostendit ex translatione personae suae in domini id quod supra dixerat non ex domini persona, sed ex sua pronuntiasse. [Melius est nubere quam uri.] Quae voluntas licet ad eos pertineat, qui ⟨in⟩nupti vel vidui a fide deprehenduntur, quia tamen omnes eam ad nubendi licentiam amplectuntur, velim retractare, quale bonum ostendat quod melius est poena, quod non potest videri bonum nisi pessimo comparatum, ut ideo bonum sit nubere, quia deterius ardere. Bonum ita est, si perseveret nomen hoc obtinens in comparatione, non dico mali, sed etiam boni alterius, ut, etsi bono alii comparatur et alio adumbratur, nihilominus re-

38 *cf.* I Cor. 7, 6 39 *cf.* I Cor. 7, 9 41 I Cor. 7, 10

37 animadvertam] iam animadvertam *NFR* indulgentiarum *N* 38 praescriptu *NFR* 39 de viduis et innuptis *A*R^3, debuisses (debuisset *N*) in nuptiis *NF*R^1 definivit *NFR* 40 sit nubere] est nubi *NFR* 41 aliam *NFR* *parenthesin indicavi* 42 quidem *om. N FR* ista *AN*, ita *FR vulgo* 43 ex translatione] extra (ex *N*) rationem *NFR* in domini *scripsi*: in dn̄ō *A*, in dominum *NR*, in deum *F* id quod] et quod *NFR* 44 dixerant *A* non] id non *NFR* persona domini *NFR* 45 melius est nubere quam uri *seclusi* est nubere] esse nubi *NFR* voluntas *A* (*cf. supra l. 39*): vox *NFR et vulgo* 46 ⟨in⟩nupti *Rig.*: nupti *A*, sunt nupti *NFR* 46*sq.* a fide deprehenduntur *om. NFR* 47 qui *NFR* omnes eam ad *om. NFR* 48 retractare *NFR*, pertractare *A* (*Rig. Oehler; sed confunduntur praefixa* per- prae-re *cf. in hoc libro p. 125, 2; 129, 7sq.; 130, 1; de verbo retractandi Ho. Synt. u. Stil p. 138*) 50 deterius *N*, deterius sit *A* (*Oehler*), deterius est *FR* (*Rig.*) 50*sq.* ardere. Bonum ita est *om. A* 51 perseveret] per se *NFR* hoc *om. A* (*Oehler*) obtinens (persevero *cum participio more graeco*: διάγει τηρῶν) *A*, obtinet *NFR* in *scripsi*: sine *libri et vulgo* 52 et ut si *N* 53 alii] alio *NFR* alio] ab alio *NFR*

maneat in boni nomine. Ceterum si per mali conlationem cogitur bonum dici, non tam bonum est quam genus mali inferioris, quod a superiore malo obscuratum ad nomen boni impellitur. Aufer denique condicionem comparationis, ut non dicas [Melius est nubere] *quam uri*, et quaero an dicere audeas: *Melius est nubere*, non adiciens quid sit id, quo melius est. Ergo quod non melius, utique nec bonum, quia abstulisti et removisti condicionem comparationis, quae dum melius illud facit ⟨alio malo,⟩ ita bonum haberi cogit. Ita *melius est nubere quam uri* sic accipiendum est, quomodo melius est uno oculo quam duobus carere; si tamen a comparatione discedas, non erit melius unum oculum habere, quia nec bonum. Nemo igitur captet ex hoc capitulo defensionem, quod proprie ad innuptos et viduos spectat, quibus nulla adhuc coniunctio numeratur. Quamquam ostenderim etiam illis intellegendam esse permissi condicionem.

4. Ceterum de secundo matrimonio scimus plane apostolum pronuntiasse: *Solutus es ab uxore, ne quaesieris uxorem, sed et si duxeris, non delinquis.* Perinde tamen et

---

58 *et* 59 I Cor. 7, 9   63 *ib.*
4. 2 I Cor. 7, 27. 28   3 *cf.* I Cor. 7, 25

---

54 in] id *NFR*   nominis *NFR*   conlationem] condicionem *A* (*Rig. Oehler*)   55 bonum (*priore loco*) *om. NFR*   57 aufer denique *A* R^{3}, auferendique *NF* R^{1} 58 discas *A*   melius est nubere *seclusi*   59 dicicere *A*   quid sit id *A* R^{3}, quid sit fieri *NF* R^{1} 60 quo R^{3}, quod *A* (*Oehler*), *om. NF* R^{1} 61 quia] qui *A*   condicionem *AN*, indicionem *F*, dictionem *R*   62 facit] alio malo *addidi*: *in loco gemello libri De monogamia libri habent*: alio, *quod inde hic recepit* R^{3} ita bonum haberi *AR*, ita bonum ita habere *NF*   63 ita melius *scripsi* (*cf. duplicatum* ita *quod est in NF*) melius *libri*   est nubere *A*, esse (esses *F*) nubi *NFR*   64 quomodo] ac si *NFR*   melius est] melius *NFR*   66 habere] non habere *NFR*   quia *AN*, quam *FR*   nec] et *NFR*   67 nuptos *NFR*   69 intellegendam] numerandam *NFR*

4. 1 plane] tamen *NFR*   3 et *om. A* (*Rig. Oehler*)   delinquis (ἥμαρτες) *A Rig.* (*cf. p. 128, 37*): delinques *NFR Oehler*   proinde *NFR*

huius sermonis ordinem de consilio suo, non de divino praecepto introducit. Multum autem interest inter dei praeceptum et consilium hominis. *Praeceptum domini*, inquit, *non habeo, sed consilium do, quasi misericordiam consecutus a domino fidelis esse.* Ceterum neque in evangelio neque in ipsius Pauli epistolis ex praecepto dei invenias permissam matrimonii ⟨ite⟩rationem. Unde unum habendum confirmatur, quia quod a domino permissum non invenitur, id agnoscitur interdictum. Adde quod et haec ipsa humani consilii interiectio, quasi iam recogitationem excessus sui passa, statim se refrenat et revocat, cum subiungit: *Verumtamen huiusmodi pressuram carnis habebunt*, cum parcere se eis dicit, cum *tempus in collecto* esse adicit, quo oporteat etiam habentes matrimonia pro non habentibus agere, cum sollicitudinem nuptorum et innuptorum committit. Per haec enim docens, cur non expediat nubere, dissuadet ab eo, quod supra indulserat. Et hoc de primo matrimonio: quanto magis de secundo? Cum vero nos ad exemplum suum hortatur, utique ostendens quid nos velit esse, id est continentes, pariter declarat, quid nos esse nolit. Ita et ipse cum aliud vult, id quod non vult nec sponte nec veritate permittit. Si enim vellet, non permisisset, immo

6 I Cor. 7, 25 14 I Cor. 7, 28 15 *cf. ib.* 16 *cf.* I Cor. 7, 29 18 *cf.* I Cor. 7, 32—34 21 *cf.* I Cor. 7, 8

4 de (*priore loco*) *om. NFR* 5 introducit *A*, introduxit *NFR vulgo* autem] tamen *N* 6 domini] dei *NFR* inquid *A* (*pro more*) 7 *sq.* secutus *A* 8 a domino *om. NFR* fideles *A* caeterum *A*, quoniam *NR*, quam *F* in *om. NFR* 9 pervenias *A* 10 ⟨ite⟩rationem *Ios. Mercerus*: rationem *A*, separationem *NFR* 12 ignoscitur *A* interdictum *om. A* ad quod *N* haec *om. N* humani] huius *NFR* 13 interiectionem *A* quasi iam recogitationem *om. A* excessus *A N* GR^3, excussus FR^1 14 refrenat] frenant *A* 16 in collecto *NFR*, in collectum *A* 18 et innuptorum *om. NFR* 20 de] ne *NFR* 21 de *om. NFR* nos vero *NFR* 23 nolit ⟨id est incontinentes⟩ *Rig.* (*otiose mea quidem sententia*) 24 ita et ipse cum aliud vult *om. NFR*

imperasset. 'Sed ecce rursus mulierem marito defuncto dicit nubere posse, si cui velit, tantum in domino.' *At enim felicior erit*, inquit, *si sic permanserit secundum meum consilium. Puto autem, et ego dei spiritum habeo.* Videmus duo consilia: quo supra nubendi veniam facit, et quo postmodum continentiam nubendi docet. Cui ergo, inquis, adsentabimur? Inspice et lege: cum veniam facit, hominis prudentis consilium allegat, cum continentiam indicit, spiritus sancti consilium affirmat. Sequere admonitionem cui divinitas patrocinatur. Spiritum quidem dei etiam fideles habent, sed non omnes fideles apostoli. Cum ergo qui se fidelem dixerat adiecit postea spiritum dei se habere, quod nemo dubitaret etiam de fideli, idcirco id dixit, ut sibi apostoli fastigium redderet. Proprie enim apostoli spiritum sanctum habent, qui plene habent in operibus prophetiae et efficacia virtutum documentisque linguarum, non quasi ex parte, quod ceteri. Ita spiritus sancti auctoritatem ad eam speciem adire fecit, cui magis nos obsequi voluit, et factum est iam non consilium divini spiritus, sed pro eius maiestate praeceptum.

---

26 *cf.* I Cor. 7, 39   27 I Cor. 7, 40   32 *cf.* I Cor. 7, 25

---

26 hecce *A*   defuncto marito *NFR*   28 perman*serit *A*, perseveraverit *NFR*   29 dei spm̄ (spm̄ *in ras. a manu alia antiqua*) *A*, spiritum dei *NFR*   31 docet *Oehler*: docit *A*, indicit *NR*, inducit *F*   inquis *AR*, inquit *F*, *om. N*   31*sq.* adsentabimur *A*, consilio adsentabimur (adsentabimus *F*) *NFR*   32 inspici *A*   33 incidit *A*   35 patrocin*atur (i *eras.*) *A*   36 habent sed] habentes et *A*   36*sq.* apostoli. Cum ergo] apostolicum ergo quod fidelem dixerit *NFR*[1], apostoli. cur ergo cum fidelem dixerit *R*[3]   37 adiecit *AN*, adicit *FR*   spm̄ dī se *A*   se spm̄ dei *N*, spm̄ se dei *FR*   38 dubitat *NFR*   id] hoc *NFR*   40 qui plene habent *om. A*   ⟨ut⟩ qui *susp. Oehler*   profetię *A*   41 et *om. NFR*   efficaciam *NFR*   documentisque linguarum] atque documentorum linguam *NFR*   quasi *om. A* (*Rig. Oehler*)   42 spiritus sancti auctoritatem] spm̄ scm̄ auctoritate *NFR*   43 eam] eandem *NFR*   cui] cum *A*   nos magis *NFR*   44 consilium *AR*[3], consilii *NFR*[1]

5. Ad legem semel nubendi dirigendam ipsa origo humani generis patrocinatur, contestans quod deus in primordio constituerit in formam posteritati recensendum. Nam cum hominem figulasset eique parem necessariam prospexisset, unam de costis eius mutuatus unam illi feminam finxit, cum utique nec artifex nec materia defecisset. Plures costae in Adam et infatigabiles manus in deo, sed non plures uxores apud deum. Et ideo homo dei Adam et mulier dei Eva unis inter se nuptiis functi formam hominibus dei de originis auctoritate et prima dei voluntate sanxerunt. Denique *erunt*, inquit, *duo in carnem unam*, non tres neque quatuor. Alioquin, quoniam una caro, nec duo in unam carnem ⟨nisi⟩ tunc erunt, si coniunctio et concretio in unitatem semel fiat. Si vero rursus aut saepius, iam una esse desiit, et erunt iam non duo in unam carnem, sed una plane contra in plures. At ⟨et⟩ cum apostolus in ecclesiam et Christum interpretatur *erunt duo in unam carnem* secundum spiritales nuptias ecclesiae et Christi, — unus enim Christus et una eius ecclesia — agnoscere debemus dupli-

---

5. 5 *cf.* Gen. 2, 21 11 *cf.* Gen. 2, 24 (*cf.* Eph. 5, 31) 15 *cf.* Eph. 5, 31. 32 17 Eph. 5, 31

---

5. 1 dirigendam *AN*, dirigam *FR*[1] 2 quod *NF*, quid *AR vulgo* 2*sq.* in primordio] ab initio *NFR* 3 in formam] *h. e. in legem* posteritatis *NFR* recensendum *scripsi*: recensendam *libri et vulgo* nam *om. A* 4 figurasset *NFR* patrem *A* necessario *A* 5 minatus *N* femina *A* 7 infatigabiles *NGR*[3], infatigabilis *A*, infabricabiles *FR*[1] 8 homo] modo *A* mulier dei *om. A* 9 Eva] euha *A* functi] defuncti *F*, defuncti sunt *NR* hominis *NFR* dei de *AN FR*, de *Rig.* (*Oehler*) 10 primam dei voluntatem *NFR* 11 denique (*h. e.* enim) *A*, *om. NFR* duo inquit *NFR* carnem unam *scripsi* (*cf. l. 12 et 15*): carne una *A*, una carne *NFR* 12 quoniam *A*, iam non *NFR vulgo post* caro *virgulam posui* 12*sq.* unam carnem *A*, una carne *NFR* 13 nisi *addidi* 13*sq.* in unitatem *A*, dum in unitate *NFR*[1], duum in unitate *R*[3] 15 iam *om. A* una carne *NFR* 15*sq.* plane contra] *h. e. gerade umgekehrt* 16 contra *scripsi* (*i. e. e contrario*): costa *A*, caro *NFR* et *addidi* (*similiter* at et si *Ad nat. I 15 = I p. 85, 16*) aeclesiam *A* 17 una carne *NFR* 18 enim *om. R*

catam et exaggeratam esse nobis unius matrimonii legem tam secundum generis fundamentum quam secundum Christi sacramentum. De uno matrimonio censemur utrobique, et carnaliter in Adam et spiritaliter in Christo. Duarum nativitatum unum est monogamiae praescriptum. In utraque degenerat is, qui de monogamia exorbitat. Numerus matrimonii a maledicto viro coepit: Primus Lamech duabus maritatus tres in unam carnem effecit.

6. 'Sed et benedicti,' inquis, 'patriarchae non modo pluribus uxoribus, verum etiam concubinis coniugia miscuerunt.' Ergo propterea nobis quoque licebit in numerum nubere? Sane licebit, si qui adhuc typi futuri alicuius sacramenti supersunt, quod nuptiae tuae figurent, vel si etiam nunc locus est vocis illius: *Crescite et multiplicamini*, id est, si nondum alia vox supervenit, tempus iam in collecto esse, restare, ut et qui uxores habeant tamquam non habentes agant. Utique enim continentiam indicens et compescens concubitum, seminarium generis, abolefecit *Crescite* illud *et multiplicamini*. Ut opinor autem, unius et eiusdem dei utraque pronuntiatio et dispositio est, qui tum quidem in primordio sementem generis emisit indultis coniugiorum habenis, donec mundus repleretur, donec novae disciplinae materia proficeret, nunc vero sub extre-

---

26 *sq. cf.* Gen. 4, 19
6. 4 *cf.* Gal. 4, 21—26 6 Gen. 1, 22. 28 7 *cf.* I Cor. 7, 29 8 *cf. ib.* 11 Gen. 1, 22. 28

---

20 legem *om. NFR* 22 sacramentum] firmamentum *NFR* 22 *sq.* utrubique *A* utrum ubique *NF* 23 carnaliter et *NF* 25 is qui *Oehler*: u*que *A*, qui *NFR* (*an* aeque qui?) 26 lamen *A*

6. 2 coniugiạ (a *ex* s *fec.*) *A* 3 in numerum R^3, innumerum $ANFR^1$ 4 si qui *R*, si quia *NF*, si *A* (*Rig. Oehler*) alicuius futuri *NFR* 5 sacramenti] sacramenta *A* (*Rig. Oehler*) supersunt] *intellego*: edendi sunt quod *scripsi*: quos *libri et vulgo* vel *A*, quod (*ortum videtur ex correctione* quod *pro corrupto* quos) NFR^1, aut R^3 8 qui* *A* habent *NFR* 10 abolescit *NFR* 12 et dispositio *om. A* 13 tum] tunc *NFR* 15 proficeret. nunc *vulgo distinguitur* sub] cum *NFR*

mitatibus temporum compressit quod emiserat et revocavit quod indulserat, non sine ratione prorogationis in primordio et repastinationis in ultimo. Semper initia laxantur, fines contrahuntur. Propterea silvam quis instituit et crescere sinit, ut tempore suo caedat silvam. Erit vetus dispositio, quae ab evangelio novo deputatur, in quo et 'securis ad radices arboris posita'. Sic et *oculum pro oculo dentem pro dente* iam senuit, ex quo iuvenuit 'malum pro malo nemo reddat'. Puto autem etiam in humanis constitutiones atque decreta posteriora pristinis praevalere.

7. Cur autem de pristinis exemplis non ea potius agnoscamus, quae cum posterioribus communicant de disciplina et formam vetustatis ad novitatem transmittunt? Ecce enim in vetere lege animadverto castratam licentiam saepius nubendi. Cautum in Levitico: 'Sacerdotes mei non plus nubent.' Possum dicere etiam illud 'plus' esse quod semel non est. Quod non unum est, numerus est. Denique post unum incipit numerus. Unum autem est omne quod semel est. Sed Christo servabatur, sicut in ceteris, ita in isto quoque legis plenitudo. Inde igitur apostolus plenius

---

21 *cf.* Matth. 3, 10 22 Exod. 21, 24 (*cf.* Lev. 24, 20; Deut. 19, 21; Matth. 5, 38) 23 *cf.* Rom. 12, 17

7. 5 *cf.* Lev. 21, 13—15 10 *cf.* Matth. 5, 17

---

17 prorogationis *A* (*cf. Val. Max. III 4, 6*: familia prorogata, *h. e. propagata*), propagationis *NFR* 18 pastinationis *A* laxatur *A* 19 fines contrahuntur *om. A* (*Rig. Oehler*) 20 silvam. Erit *scripsi*: silverit *A*, silvam. erat *NFR*, silva erat *Oehler* 21 ab evangelio] in evangelio *NFR* deputatur] *h. e.* caeditur, amputatur 22 arboris *om. A* (*Rig. Oehler*): *teneo, etiam propter meliorem clausulam* et dentem *NFR vulgo* 23 pro malum *A* 24 in *AN*, *om. FR* humanis *scripsi*: humanas *A*, humanam *NFR* 24 *sq.* constitutionem *NFR* 25 adque *A* decreta posteriora] decretum postea *NFR* postera *Urs.* posteris *NFR*

7. 1 de *om. NFR* 2 *sq.* disciplinae formam *NFR* 3 trans*mittunt *A* 4 ⟨et⟩ in *fort.* veteri *NFR* legem *A* 5 cautum est in *NFR* 6 nubunt *A* possum *AR*, possunt *NF* 8 unam *A* est *om. NF* 9 in christo *NFR*[1], uni Christo *R*[3] 10 apostolus *scripsi* (*cf. infra l. 14* excipit, *et locos scripturae infra laudatos*): apud nos *libri et vulgo*

atque strictius praescribit unius matrimonii esse oportere qui allegant⟨ur⟩ in ordinem sacerdotalem. Usque adeo quosdam memini digamos loco deiectos. Sed dices: 'Ergo ceteris licet ⟨quod eis non licet,⟩ quos excipit.' Vani erimus, si putaverimus quod sacerdotibus non liceat laicis licere. Nonne et laici sacerdotes sumus? Scriptum est: *Regnum quoque nos et sacerdotes deo et patri suo fecit.* Differentiam inter ordinem et plebem constituit ecclesiae auctoritas et honor per ordinis consessus sanctificatos deo. Ubi ecclesiastici ordinis non est consessus, et offers et tinguis et sacerdos es tibi solus; scilicet ubi tres, ecclesia est, licet laici. Unusquisque enim, secundum quod et apostolus dicit, *vivit fide sua, nec est personarum acceptio apud deum,* quoniam *non auditores legis iustificantur a domino, sed factores.* Igitur si habes ius sacerdotis in temetipso ubi necesse est, habeas oportet etiam disciplinam sacerdotis

---

11 *cf.* I Tim. 3, 2; Tit. 1, 6 16*sq.* Apoc. 1, 6 21 *cf.* Matth. 18, 20 23 *cf.* Hab. 2, 4 (*cf.* Gal. 3, 11; Rom. 1, 17; Ebr. 10, 38) Chron. II 19, 7 (*cf.* Rom. 2, 11; Col. 3, 25; Eph. 6, 9) 24 Rom. 2, 13

---

11 strictius *Lat.*: structius *NFR*, instructius *A* (*Rig. Oehler*) praescribit *scripsi*: praescribitur *libri et vulgo* 12 qui allegantur *scripsi*: qui allegant *A*, quos alleget *NF*, quos allegi *R*, quos allegi liceat *Pam.* adeo] ad *NFR* 13 digamos] dicamus *NFR* deiactos *A* 14 quod eis non licet *addidi*: *om. A*, cum quibus non liceat *NFR* quos excipit *A*, excipit *NFR* 16*sq.* sumus — — sacerdotes (*l. 17*) *om. A* *ante* regnum *verba quae sunt* laici sacerdotes sumus *iterata inveniuntur in NF* 18*sq.* auctoritas, et honor *vulgo distinguitur* 19 honor] *idem quod Graecorum* ἀξίωμα consessus (*h. e.* συνέδρια) sanctificatos *scripsi*: consessum (consensum *N*) sanctificatus *libri et vulgo* deo *scripsi*: a dño *A*, a deo *NF*R^3, adeo R^1 (*Rig. Oehler*), *graviore distinctione adhibita post* sanctificatus ubi *A*R^3, est ibi *NF*R^1 20*sq.* offert et tinguit *NFR* inguis *A* 21 et *om. NFR* scilicet *scripsi* (scilicet *sensu causali primo loco positum saepius occurrit*): sed *A*, sed et *NF* 22*sq.* *verba* secundum quod et apostolus dicit *quae in libris mss. infra l. 24 post* iustificantur *leguntur, huc transtuli* et apostolus] *scil. sicut propheta Habacuc* 23 fide sua *A*, de sua fide *NFR* exceptio *A* (*Oehler*) 24 iustificantur *A*, iustificabuntur *NFR* 26 disciplina *F*R^1

nec ubi necesse est habere ius sacerdotis. Digamus tinguis? digamus offers? Quanto magis laico digamo quod ad salutem capitale erit agere pro sacerdote, cum ipsi sacerdoti digamo facto auferatur agere sacerdotem. Sed necessitati, inquis, indulgetur. Nulla necessitas excusatur quae potest non esse. Noli denique digamus deprehendi, et non committis in necessitatem administrandi quod non licet digamo. Omnes nos deus ita vult dispositos esse, ut ubique sacramentis eius obeundis apti simus. Unus deus, una fides: una sit et disciplina, usque adeo ** nisi et laici ea observent, per quae presbyteri alleguntur, quomodo erunt presbyteri, qui de laicis alleguntur? Ergo † pugnare debemus ante laicum iussum a secundo matrimonio abstinere, dum presbyter esse non alius potest laicus quam semel fuerit maritus.

---

35 *cf.* Eph. 4, 5

---

27 nec ubi necesse est *A* (*h. e. etiam illic ubi non necesse est*), necesse sit *NFR*, ubi necesse sit *Rig.* (*Oehler*) digamus *AR*, dicamus *NF* 28 digamo] dicat *NF* 28*sq.* quod ad salutem *Gel.*: quo apud salutem *NF*R^1, *om.* *A*R^3 *vulgo* 29 erit] est *A* (*Rig. Oehler*) sacerdote] salute *N* cum] quam R^3 sacerdoti *A*R^3, saluti *NF*R^1 30 digamo] dicitur quo ue *NF*R^1, dicitur qui eo R^3 auferatur agere sacerdotem] communicatur (excommunicatur R^3) actione sacerdotis *NF*R^1*G* 31 induligetur *A*, indulserit *NFR* 32 non esse necessitas *NFR* noli *om.* *NFR* digamus] dicamus *NF*R^1, digamos R^3 reprehendi R^3 32*sq.* non committis in *om.* *NFR* (committere in *idem quod* se committere in *vel* incidere in *cf. Apol. 24 = II 1 p. 68, 10*) 33 necessitate *NF*R^1 digamo] dicam *FR*, dicamus *R* 34 vult] voluit *NFR* ut *A*R^3, et *NF*R^1 34*sq.* sacramentis] sanctionis *NF*R^1, sanctiones R^3 35 obeundis] obeundi R^3 apti — — una *om.* *NFR* 36 sit et *scripsi*: sit *NFR*, et *A* disciplina. Usque adeo nisi *vulgo* usque adeo] *h. e.* usque adhuc, *ut supra p. 138, 2* *lacunam signavi*: usque adeo ⟨apud alios alia. Alioquin⟩ nisi *rescribi velim* et *om.* *NFR* 37 allegantur *NFR* 38 pugnare *A*, perferre *NF*R^1, proferre R^3: *rescribendum censeo aut* purgare (*cf. Apol. 4 = II 1 p. 13, 41, ubi idem mendum in codd. occurrit*) *aut ex recentiorum memoria* purificare 40 laicus quam *scripsi*: quam laicus *libri et vulgo* quam ⟨qui⟩ R^3 *et vulgo*: *sed de hac omissione pronominis relativi post* quam *conferas Lfst. Zur Spr. Tert. p. 35/36* maritatus *NFR*

8. Liceat nunc denuo nubere, si et omne quod licet bonum. Sed idem apostolus exclamat: *Omnia licent, sed non omnia prosunt.* Quod non prodest, oro te, bonum potest dici? Si licita sunt et quae non prosunt, ergo et quae non bona sunt licita sunt. Quid autem magis velle debebis: quod ideo bonum est, quia licet, an quod ideo, quia prodest? Multum existimo esse inter licentiam et utilitatem. De bono non dicitur 'licet', quia bonum permitti non exspectat, sed assumi. Permittitur autem quod an bonum sit in dubio est, quod potest etiam non permitti, si non habeat aliquam sui causam: †primam, quia propter incontinentiae periculum permittitur nubere, secundo, quia nisi licentia alicuius non bonae rei subiaceret, non esset in quo probaretur, quis divinae voluntati et quis potestati suae obsequatur, quis nostrum utilitatis praesentiam sectetur et quis occasionem licentiae amplexetur. Licentia plerumque temptatio est disciplinae, quoniam disciplina per temptationem probatur, temptatio per licentiam operatur. Ita fit, ut omnia liceant, sed non omnia expediant: dum

---

8. 2 *cf.* I Cor. 6, 12 19 *cf. ib.*

---

8. 1 et *om.* *A* (*Rig. Oehler*) 2 sed *scripsi*: et *A*, est *NFR et vulgo* exclamabat *NFR* 3 prosunt] pro salute *NFR* potest bonum *NFR* 4*sq.* et quae (*prius*) — — — licita sunt *om.* *A* 4 prosunt *scripsi*: pro salute *NFR et vulgo* (*idem mendum supra l. 3*) 6 ideo] ergo *NFR* (*bis*) 7 utilitatem *A* (*Rig.*), salutem *NFR* (*Oehler*) 8 dicitur] vincis *NFR* licet] scilicet R^3 permitti NR^3, permittit AFR^1 9 autem] aut NFR^1, ut R^3 10 dubio AR^3, dubium NFR^1 permitti] permisit *A* 11 *post* causam *gravius distinxi* primam, quia *libri*: *deleri voluit* quia *Rig.*: *ego corruptelam latius pertinere ratus sic velim restitui*: causam: ⟨sic⟩ primum quidem propter 12 secundo] secundum *NFR* (*sed* primum .... secundo *et apud alios occurrit ut Cic. pro Planc. 50, ubi falso addidit Hirschfeld* loco) nisi *AR*, non *N*, ů (*h.e.* vero) *F in ras.* (*fuit* n̄o) 14 quis (*priore loco*) *Urs.*: quid *A*, qui *NFR* quis *A*, qui *NFR* 14*sq.* suae potestati *NFR* 15 obsequeretur *A* (*Rig. Oehler*) praesentiam] praestantiam *Rig.* 16 *post* amplexetur *in NFR leguntur*: quis divinae voluntati et quis suae voluptati obsequatur 17 temptatio est AGR^3, tentatione NFR^1 18 temptatio] temptatur NFR^1

temptatur cui permittitur, et iudicatur, dum in permissione temptatur. Licebat et apostolis nubere et uxores circumducere, licebat et de evangelio ali. Sed qui iure hoc usus non est in occasione, ad exemplum nos suum scilicet et provocat, docens in eo esse probationem, in quo licentiae experimentum abstinentiae praestruxit.

9. Si penitus sensus eius interpretemur, non aliud dicendum erit [secundum] matrimonium quam quasi species stupri. Cum enim dicat maritos hoc in sollicitudine habere, quemadmodum sibi placeant, non ⟨autem⟩ utique de moribus — nam bonam sollicitudinem non suggillaret — sed de cultu et ornatu et omni studio formae ad inlecebras moliendas sollicitos intellegi velit, de forma autem et cultu placere carnalis concupiscentiae ingenium sit, quae etiam stupri causa est, ecquid videtur tibi stupri affine esse matrimonium, quoniam ea in illo deprehenduntur, quae stupro competunt? Interim ipse dominus: *Qui viderit*, inquit, *mulierem ad concupiscendum, iam stupravit eam in*

21 *cf.* I Cor. 9, 5 22 *cf.* I Cor. 9, 14. 15. *cf.* I Cor. 9, 12
9. 3*sq. cf.* I Cor. 7, 33. 34 11 Matth. 5, 28

20 iudicatur] vincatur *NFR* 22 evangelio *A*, evangeliis *NFR* ali] vivere *NFR* qui iure hoc usus] quibus reus *NFR*^{1}, qui his usus *R*^{3} 23 in occasione *scripsi*: in occasionem *NFR*, occasionem *A* suum *om. A* 23*sq.* scilicet et provocat] provocat *NFR vulgo* 24 licentia *A* (*Rig. Oehler*) 25 experimentum] *i. e.* πεῖρα praestruxerit *NFR*

9. 1 si penitus] superiorem ne *NFR* aliud] illud *NFR* 2 secundum *seclusi* (*cf. infra l. 9sq.*) quam quasi *scripsi* (*cf. infra l. 9*): quam *A*, quasi *NFR* speciem *NFR* 3 dicat] dicens *van der Vliet* sollicitudinem *NFR* 4 quemadmodum] quonam modo *NFR* autem *addidi* 5 nam ut bonam *NFR* sugilaret *A*, sublevaret *NFR* sed *NFR*, et *A* (*Rig. Oehler*) 7 moriendas *NF*, movendas *R* intellegi] iungi *NR*, unigi *F* velit] velut *R* autem *om. NFR* 9 causa — — stupri *om. A* ecquid *R*, eo quod *NF* affinem *A* 10 matrimonium *A*, secundum matrimonium *NFR et vulgo* deprehenduntur] reprehendo *NFR* 11 interim *NFR* (*cf. supra l. 1*: si penitus interpretemur): *om. A* (*Rig. Oehler*) ipse dominus] dominus ipse dicit *NFR*

11*sq.* inquit *om. N* 12 ad concupiscendum eam *NFR*

corde suo. Qui autem eam ad ducendum viderit, minus an plus fecit? Quid si etiam duxerit? quod non faceret, nisi et ad ducendum concupisset et ad concupiscendum vidisset, nisi si potest duci uxor quam non videris nec concupieris. Multum sane interest, maritus ⟨suam⟩ an [caelebs] aliam concupiscat, [omnis mulier etiam caelibi alia est, quamdiu aliena] nec per aliud tamen fit maritus nisi per quod et adulter. 'A⟨t⟩ leges videntur matrimonii et stupri differentiam facere.' Per diversitatem inliciti ⟨scilicet et liciti⟩, non per condicionem rei ipsius. Alioquin quae res et viris et feminis omnibus adest ad matrimonium et stuprum? commixtio carnis scilicet, cuius concupiscentiam dominus stupro adaequavit. 'Ergo', inquit, 'iam et primas, id est unas nuptias destruis?' Nec immerito, quia et ipsae ex ipso eo constant pro⟨bro,⟩ quo et stuprum. Ideo *optimum est homini*

15 *cf. ib.* 24 *cf.* Matth. 5, 28 27 I Cor. 7, 1

13 eam *om.* *NFR* adducendam *NFR*^{1} 13*sq.* an plus *Rig.*: amplius *A*, par *NFR*^{1} (perfecit *R*^{3}) 14 nisi] non *N* et *om.* *NFR* 15 adducendam *N* et ad concupiscendum vidisset *om.* *NFR* 16 nisi si] si *om.* *NFR* non] et si non *NFR* videris nec concupieris] videris et (at *R*^{3}) concupieris saltem, cum ipsam ducere coeperis *NFR* 17 interest] abest *NFR* maritos *NFR* suam *addidi* caelebs *seclusi* 17*sq.* an caelebs aliam concupiscat] apud coelum non concupiscentes *NFR*^{1}, a. c. concupiscens sed *R*^{3} 18 etiam *om.* *NFR* caelibi alia] caeli via *NFR*^{1}, zelivira *R*^{3} 19 alium *NFR* tamen *om.* *NFR* *quae seclusi interpretamentum esse iudico ab eo conceptum, qui in antecedenti versu erranter supplevit* caelebs quod] quem *NFR* maritus *scripsi*: marita *libri et vulgo* 20 adulter. A⟨t⟩ *scripsi*: adultera *libri et vulgo* leges *Ios. Mercerus*: leces *A*, legis *NFR* videtur *NFR* 20*sq.* differentia *NFR* 21*sq.* facere — — rei ipsius (*l. 22*) *om.* *NFR* 21 scilicet et liciti *addidi* 22 quae *om.* *NFR* 23 omnibus adest ad] eandem bonitatem *NFR*^{1}, eadem imponit: est enim et *R*^{3} 24 scilicet] sed *A* cuius] certandum cuius *NFR*: *quid lateat in voce* certandum, *haud facile quis dicat*; *an* exsecrandam? dominus] non *NFR*^{1}, nos *R*^{3} 25 inquit (inquid *A*) *ANF*, inquis *R* 26 quia] quoniam *NFR* ex ipso eo *scripsi*: ex ipso *N*, ex eo *AFR vulgo* 27 pro⟨bro⟩ quo et *scripsi*: pro quo et *A*, quod est *NFR vulgo* est] et *A*

mulierem non attingere, et ideo virginis principalis est sanctitas, quia caret stupri affinitate. Et cum haec etiam de primis et unis nuptiis praetendi ad causam continentiae possint, quanto magis secundo matrimonio recusando praeiudicabunt? Gratus esto, si semel tibi indulsit deus nubere. Gratus autem eris, si iterum indulsisse illum tibi nescias. Ceterum abuteris indulgentia, cum sine modestia uteris. Modestia a modo intellegitur. Non tibi sufficit de summo illo immaculatae virginitatis gradu in secundum recidisse nubendo? sed in tertium scilicet adhuc devolveris, et in quartum, et fortassis in plures, postquam in secunda statione continens non fuisti, quia nec praebere plures nuptias noluit qui de secundis provocandis ⟨non⟩ retractavit. Nubamus igitur quotidie, et nubentes ab ultimo die deprehendamur, tamquam Sodoma et Gomorra? quo die 'vae' illud super praegnantes et lactantes adimplebitur, id est

---

41 *cf.* Matth. 24, 38 42 *cf.* Ep. Iudae 7. *cf.* Luc. 17, 28. 29. 42*sq.* *cf.* Matth. 24, 19

---

28 non attingere] iungere *NF*, ⟨non⟩ tangere $R^1 R^3$, ⟨non⟩ contingere R^1*mg* 28*sq.* et ideo — — sanctitas *om.* *NFR* est sanctitas *Oehler*, et sanctitas *A*, sanctitas *Rig.* 29 caret] cara est *NFR* et] set *NF*, sed *R* 31*sq.* praeiudicabunt] praevidebuntur *NFR* 32 si semel] si*inel *A* deus indulsit *NFR* 33 si] si et *NFR* illum *om.* *NFR* tibi* *A* 34 abuteris] uteris *NFR* sine] ne *NFR* modestia uteris *om.* *N* 35 modo AR^3, ammodo NFR^1 intellegitur] iungitur NFR^1, dicitur R^3 36 immaculatae] iunxere etiam NFR^1, inuxorie etiam R^3 gradu in secundum] gradum secundum *F*, gradum *NR* recidisse] deliquisse *NFR* 37 *signum interrog. posui* sed ⟨qui⟩ in R^3 scilicet adhuc *scripsi*: sed adhuc *A*, adhuc *NFR* 37*sq.* et in quartum *om.* *NFR* 38 fortassis in plures, postquam] futuris impellis post enim quam NFR^1, impelli potes qui R^3 39 prebere *A*, prohibere *NFR et vulgo* (*ad* 'nuptias praebere' *cf.* sponsalia praebere *Cic. ad Q. fratr. II* 6 [5], *2*) 40 noluit *scripsi*: voluit *libri et vulgo* provocandis] revocandis *A* (*cf. simile mendum p. 12, 5sq.*) non *addidi* retractavit] *h. e. haesitans dubitavit* (*cf. Ho. Synt. u. Stil p. 138*) 42 *signum interrog. posui* quo die] quo die adimplebitur *NFR* 43 supra *A* et lactantes *om.* *A* (*Rig.*) adimplebitur *AF*, *om.* *NR* (*cf. l. 42*)

maritos et incontinentes; de nuptiis enim uteri et ubera et infantes. Et quando, ⟨quibus⟩ finis nubendi credo post finem vivendi, **(10)** renuntiemus carnalibus, ut aliquando spiritalia fructificemus? Rape occasionem, etsi non exoptatissimam, attamen opportunam, non habere cui debitum solveres et a quo exsolvereris. Desisti esse debitor. O te felicem! Dimisisti debitorem: sustine damnum. Quid si, quod diximus damnum, lucrum senties? Per continentiam enim negotiaberis magnam substantiam sanctitatis, parsimonia carnis spiritum adquires. Recogitemus enim ipsam conscientiam nostram, quam alium se homo sentiat, cum forte a sua femina cessat. Spiritaliter sapit: si orationem facit ad dominum, prope est caelo; si scripturis incumbit, totus illic est; si psalmum canit, placet sibi; si daemonem

---

44 maritos] supra maritos *A*, super maritos *Rig.* (*Oehler*) et incontinentes] incontinentiae *NFR* 44*sq.* ubera et infantes] ubera infantis *NFR* 45 quibus *addidi* *post* nubendi *signum interrog. a Rhenano positum sustuli et coniunxi cum antecedentibus quae sequuntur, perperam videlicet novi capitis initio ab illis separata* 46 vivendi] nubendi *NFR*^{1}, subandi *R*^{3}

10. 1 renuntiemus] renuntient tandem *NFR* 1*sq.* carnalibus fructibus *NFR* 2 fructificemus] retractemus *NFR* *signum interrog. posui* 2*sq.* exoptatissimam *AR*^{3}, exortatissimam *NFR*^{1} 3 attamen opportunam, non habere] attamen desisti habere *NFR* 4 solvere sed *A* solveres] *scil. si haberes etiamtum coniugem* et a quo — — — debitor *om. NFR* exsolvereris] *h. e. a quo tibi exsolveretur, ut videtur: malim quidem:* cui debitum solvere sit et a quo exsolvi 5 dimisisti] amisisti *NFR* sustine damnum. quid *Rig.*: sustinendam numquid *A*, simile damnum quod (quid *R*^{3}) *NFR* 5*sq.* quid si, quod] quod si non *NFR*^{1}, quid *R*^{3} 6 senties] sentientem *NFR* 7 negotiaberis *AR*^{3}, negotiaverimus *NFR*^{1} sanctitatis] necessitatis *NFR* 7*sq.* parcimonii carni *NFR*^{1}, parsimoniae carnis *R*^{3} 8 spiritum adquires] sentientis acquirens *NFR*^{1}, servientis acquirens *R*^{3} 9 alium] alius alium *NFR* 10 forte a *om. NFR* spiritaliter sapit *om. NFR* 11 facit ad dominum] faciat a dño *A* prope] in prope *NFR*: prope est in caelo *Urs.* (*sed cf.* prope culpae est *De pallio cap. 4*) si *om. A* scripturae *NFR* 12*sq.* si daemonem adiurat, confidit sibi *om. NFR*

adiurat, confidit sibi. Ideo apostolus temporalem purificationem orationum commendandarum causa adiecit, ut sciremus, quod ad tempus prodest semper nobis exercere esse, ut semper prosit. Si quotidie, omni momento oratio hominibus necessaria est, utique et continentia, post quam oratio, necessaria est. Oratio de conscientia procedit: si conscientia erubescat, erubescit oratio. Spiritus deducit orationem ad deum: si spiritus reus apud se sit conscientiae erubescentis, quomodo audebit orationem deducere ab alia re⟨a⟩, qua erubescente et ipse suffunditur? Sanctus minister etenim est, et prophetica vox veteris testamenti: *Sancti eritis, quia deus sanctus*, et rursus: *Cum sancto sanctificaberis*, et *cum viro innocenti innocuus eris* et *cum electo electus*. Debemus enim ita ingredi in disciplina domini, ut deo dignum fructum *, non secundum carnis squalentes

---

10. 13 *cf.* I Cor. 7, 5 24 Lev. 19, 2 (*cf.* Luc. 1, 49; *cf.* I Petr. 1, 16); Lev. 20, 7. 26 24*sq.* II Reg. 22, 26. 27 27 *cf.* Rom. 7, 4 *cf.* II Petr. 2, 10

---

13 temporalem *om.* *NFR* 13*sq.* purificationi orationem *NFR* 14 commendandarum *Rig.*: commendarum *A*, commendavit *NFR* 14*sq.* causa adiecit, ut sciremus, quod] causantes id quod NFR^1, causatus id quod R^3 15 ad *s. v. add. A* prodest] permiserat NFR^1, promiserat R^3 exercere NFR^1 (*cf.* Ho. *Synt. u. Stil p. 47*), exercendum $A\,R^3$ *Rig. Oehler* 16 ut] quod *NFR* si *om. A* (*Oehler*) 17 necessaria] necesse *A* *aliter distinxi et scripsi*: postquam oratio necessaria est *vulgo* 17*sq.* post quam oratio] quae orationi *NFR* 18 necessaria i *s. v. add. A* est] sit *NFR* 19 erubescat, erubescit] erubescit, erubescat *FR* deducit] ducit *FR* 19*sqq.* erubescit — — erubescentis (*l. 21*) *om. N* 20*sq.* conscientiae erubescentis *A*, conscientia erubescit *NFR* 21 ducere *NFR* 21*sq.* ab alia re⟨a⟩, qua *scripsi*: ab alia re qua *A*, ad altare *NFR* *Oehler*, ab illa, de qua *Rig.* 22*sq.* qua erubescente — — sanctus minister *om. NFR* *aliter distinxi*: suffunditur sanctus minister? etenim *vulgo* 23 etenim] sic etenim *NFR* est, et *scripsi*: est *NFR*, et *A* prophetica] *h. e. veram Christiani sanctitatem praedicans* (*cf. infra*: debemus enim *et sqq.*) 24 erimus *NFR* 25 sanctificaris *NFR* innocente *NFR* innocuus *A*, innocens *NFR vulgo* 26 electus eris *NFR* 27 deo *NFR*, *om. A* dignum fructum *NFR*, dignum est *A* *lacunam signavi*: faciamus *intercidit vel* feramus *sive* edamus 27*sq.* squalentes concupiscentias] exsqualentiae concupiscentiam *NFR*

concupiscentias. Ita enim et apostolus dicit, quod sapere secundum carnem mors sit, secundum spiritum vero sapere vita aeterna sit in Christo Iesu domino nostro. Item per sanctam prophetidem Priscam ita evangelizatur, quod 'sanctus minister sanctimoniam noverit ministrare'. *Purificantia* enim *cum cor dat*, ait, *et visiones vident et ponentes faciem deorsum etiam voces audiunt salutares, tam manifestas quam et occultas.*

11. Si haec obfusio, etiam cum in unis nuptiis res carnis exercetur, spiritum sanctum avertit, quanto magis, cum in secundo matrimonio agitur? Duplex enim iste rubor est, quia in secundo matrimonio duae uxores eundem circumstant maritum, una spiritu, alia in carne. Neque enim pristinam poteris odisse, cui etiam religiosiorem reservas affectionem, ut iam receptae apud dominum, pro cuius spiritu postulas, pro qua oblationes annuas reddis. Stabis ergo ad dominum cum tot uxoribus, quot in oratione commemores? et offeres pro duabus et commendabis illas duas

---

28 *cf.* Rom. 8, 6 29 *sq. cf.* Rom. 6, 23

---

29 mor*s (e *eras.*) *A* sit *AF*, est *NR* 30 sit] est *N* 30 *sqq. verba quae sunt* item per sanctam — — — quam et occultas *l. 34 solus habet A* 31 profetidem *A* evvangelizatur *A* 33 *sq.* cum cor dat *scripsi* (*h. e. sapere facit*): concordat *A et vulgo* fatiem *A* 34 salutares, tam manifestas *scripsi*: manifestas tam salutares *A*

11. 1 *capitis undecimi initium vulgo a verbis* duplex enim iste rubor *incipientis hic statui* obfusio *Semlerus* (*idem hoc interpretatus quod* suffusio *est: cf. l. 3:* iste rubor): obtusio *libri et vulgo* res] in nos *NFR* 2 cum *om. A* 3 secundo (o *ex* u) *A* iste *om. A* (*Rig. Oehler*) 5 in carne] carne *NFR* neque] nec *NFR* 5 *sq.* pristinam *AR*, pristina *NFR* 6 religiosiorem] clariorem (*an corruptum ex* cariorem?) *NFR* 7 ut iam receptae] etiam (et *N*) repete *NFR*, repertae *Scal.* dominum *AN*, deum *FR* 8 postules *R* reddis] reddas *NFR* 9 ad dominum *N*, adño *A*, ad deum *FR* uxoribus *A*R^3, uxores *NFR* quot *Urs.*: quod *ANFR* in oratione] illas orationi (oratione R^3) *NFR* (*voc.* illas *ex versu insequenti irrepsit*) 9 *sq.* commemores *A*, commemoras *NFR vulgo* 10 et offeres pro duabus] *haec verba an suo loco exstent, admodum dubito: melius certe se haberent, si legerentur l. 12 ante verba*: et ascendet sacr. tu. lib. fronte offeres *AR*, offers *NF* commendabis] commemorabis *NFR* 10 *sq.* duas per] duas et per *NF*

per sacerdotem de monogamia ordinatum aut etiam de virginitate sancitum, circumdatum viduis univiris? et ascendet sacrificium tuum libera fronte? et inter cetera, volutans, ⟨si⟩ bonae mentis, postulabis tibi et uxoris castitatem?

12. Scio, quibus causationibus coloremus insatiabilem carnis cupiditatem. Praetendimus necessitates adminiculorum: domum administrandam, familiam regendam, loculos claves custodiendas, lanificium dispensandum, victum procurandum, curas communicandas. Scilicet 'solis maritorum domibus bene est. Perierunt caelibum familiae, res spadonum, fortunae militum aut peregrinantium sine uxoribus'. Non enim et nos milites sumus — eo quidem maioris disciplinae, quanto tanti imperatoris —; non et nos peregrinantes — in isto saeculo — sumus. Cur autem ita dispositus es, o Christiane, ut sine uxore non possis? ⟨Sit⟩ nunc et

12. 8 *cf.* II Tim. 2, 3 9 *cf. ad vocem* peregrinantes I Petr. 2, 11

11 ordinatum aut etiam] ob pristinum *NFR* 12 viduis univiris] virgis univiris *NF*, virginis univiris R^1, virginibus ac univiris R^3 *et G* (*teste Rhenano*) 12*sq.* ascendit *NF* 13*sq.* volutans, ⟨si⟩ bonae mentis (*sit uxor*) *scripsi*: voluntas bonae mentis NFR^1, fronte ne mentis *A* (fronte *ex versu antecedenti irrepsisse apertum est*), inter cetera bonae mentis *Oehler*, inter ceteras voluntates bonae mentis R^3 14 uxoris] uxori R^3 *et vulgo*

12. 1 excausationibus *F*, excusationibus *NR* coloremur *NF* 1*sq.* insatiabilem carnis cupiditatem *AR*, insatiabili carnis castitate *NF* 2 praetendimus] ex quibus *NFR* 2*sq.* admiculorum *A* 3 domum] descendunt *NFR* regendos R^3 *G* 4 lanificium dispensandum R^3, lanificandis pensandum *NF*, *om. A* 5 communicandas (*cf. p. 148, 12*) *Oehler* (*in notis*): communiendas *A*, domesticas *NFR*, comminuendas *Oehler* (*inter verba*) 6 caelibum AR^3, caelestibus NFR^1 6*sq.* familiae, res spadonum, fortunae] familiares spadonum familiae NFR^1, familiae spadonum R^3 8 et nos] nos et *A* (*Rig. Oehler*) quidem] *h. e.* sane (*freilich*) 9 quanto] quo et *NFR* *post* imperatoris *et* sumus (*l. 10*) *quae vulgo habentur interrog. signa sustuli, ut quibus obumbretur huius sententiae ironia* non] nonne *A* 10 isto] hoc *N* 11 es, o Christiane] est Christianus *NFR* possis] *scil.* esse (*cf. Ho. Synt. u. Stil p. 144*), possit R^3 ⟨sit⟩ nunc *scripsi* (*cf. p. 140, 1*): nunc *libri*, num R^3

consors tibi onerum domesticorum necessaria: est habe⟨re.⟩ Aliquam uxorem spiritalem assume de viduis, fide pulchram, paupertate dotatam, aetate signatam. Bonas nuptias feceris. Huiusmodi uxores etiam plures haberi deo gratum est. 'Sed posteritatem recogitant Christiani, quibus crastinum non est; heredes dei servus desiderabit, qui semetipsum de saeculo exhereditavit. Et ideo quin repetat matrimonium, si de pristino non habeat liberos?' Habebit itaque hoc primum bonum, ⟨secundum,⟩ ut diutius velit vivere ipso apostolo festinante ad dominum, certe expeditissimus in persecutionibus, constantissimus in martyriis, promptissimus in communicationibus rerum, temperantissimus in acquisitionibus; postremo securus morietur, relictis filiis forsitan, qui illi parentent. Numquid ergo huiusmodi et rei publi-

---

16*sq.* *cf.* Iac. 4, 14   17 *cf.* Col. 2, 20   20*sq.* *cf.* Phil. 1, 23

---

12 consors tibi *scripsi*: consortium *NFR*, consors *A*   12*sq.* necessaria: est habe⟨re⟩. Aliquam *scripsi*: necessaria (-ium *NFR*) est. habe aliquam *libri et vulgo*   13 spiritalem. assume *vulgo distinguitur*   14 dotatam, aetate *om. A*   14*sq.* feceris] fecerit R^3 15 uxores] uxor *NFR*   etiam plures haberi *A*, has (habes *N*) te plures habere (*om.* etiam) *NFR*: *an rescribendum* abs te? *sed forma* abs *apud Tert. nusquam occurrere videtur*   deo] do *A*   16 *verba adversarii indicavi*   posteritatem recogitant] posteriori (de posteriori R^3) tempori (tempore R^3) cogitant *NFR*   Christiani] χ̄ρι *A*   17 desideravit *NF*   18 exereditavit *A*, exheredavit *NFR*   et ideo quin *scripsi*: et ideo quis *A* (*Rig. Oehler*), ut ergo quis NFR^1, ut ergo quid (ut quid = ἵνα τί *i. e. quem ad finem*) R^3 repetat *A*, repetit R^3, repetis NFR^1 19 si *A*, *om.* NFR^1, cum R^3 habeat] habebat *A*   hoc] *scil. habere liberos*   19*sq.* primum bonum] *ironice videlicet dictum*   20 bonum *om. NFR*   secundum *addidi* (*cf. infra l. 24* postremo)   ut diutius velit] diutius uti volunt *NFR*   vivere *om. NFR*   21 ad dño *A*   *post* dominum *levius distinxi*   certe expeditissimus *sqq.*] *animadverte ironice et haec dici*   certe expeditissimus *om. NFR*   21*sq.* persecutionibus — — — promptissimus in *om. A*   22*sq.* constantissimum — promptissimum — temperantissimum *NFR*   23 rerum] recum *A*, *om. Rig.*   24 securus morietur] vesurus morte *N*, usuris morte *FR*   relictis] relinquendis *NR*, delinquendis *F*   forsan *NFR*   25 qui illi — — huiusmodi et *om. NFR*

cae prospectu aguntur? ne civitates deficiant, si suboles, ne non exerceantur legis iura, ne commercia delabantur, ne templa derelinquantur, ne non sint qui acclament: Christianis leonem? Haec enim audire desiderant qui filios quaerunt. Sufficiat ad consilium viduitatis vel ista, praecipue apud nos, importunitas liberorum, ad quos suscipiendos legibus compelluntur homines, quia sapiens quisque numquam libens filios desiderasset. Quid ergo facies, si nolens uxorem de tua conscientia impleveris? dissolvas medicaminibus conceptum? Puto nobis magis non licere nascentem necare quam et natum. Sed fortasse in illo tempore praegnantis uxoris remedium tantae sollicitudini a deo petere audebis.*** quod in te positum recusanti? Aliqua, opinor, sterilis prospicietur iam, vel frigidioris aetatis. Satis consulte et inprimis fideliter! Nullam enim credidimus deo

---

26 ne civitates] nec (ne R^3) divites *NFR* sub*oles *A*, soboles non habent *NFR* 27 ne non exerceantur *scripsi*: non exerceantur ne *libri* legis iura *A*, leges ne iura *NFR* commertia *A* delabentur *NF* 28 nec non *NF* exclament *NFR* 29 Christianis leonem] christiani illius nescio *NF*R^1, Christiani ad bestias R^3 (*erat in archetypo ut videtur*: christianis illis bestias) 30 suffiɵiat *NFR*, sufficiant *A* (*Oehler*) ad *A*R^3, *om.* *NF*R^1 31 precipuae *A*, praecipua *NFR* apud nos] aut nos *NF*R^1, causa R^3 31*sq.* suspiciendos *NFR* 33 libens] habens *F* faties *A* 34 nolens *Ciacconius*: nolis *NFR*, novam *A* (*Rig. Oehler*) uxorem] si uxorem R^3 dissolvas] dissoluturus es *NFR* 35 medicamine *NFR* magis non *A*, non magis *Rig.* (*Oehler*), non *NFR* 36 necare *NFR*, nocere *A* (*reprobanda est Agobardini lectio a Rig. et Oehler recepta: de dissolutione enim, id est de occisione conceptus, sermo est, non de laesura eius*) quam et] quam *Rig.* sed *A*R^3, seu *NFR* fortasse in illo *A*, forte illo *NFR*, fortasse illo *Rig.* (*Oehler*) 36*sq.* in illo tempore praegnantis uxoris] *cf. De an. c. 1 = I p. 298, 8*: an opportuno in tempore magistri 37 tantae sollicitudini] tantam sollicitudinem *NF*R^1, tanta sollicitudine R^3 38 *lacunam signavi*: quid? si non recusabit tibi *intercidisse puto. remedium illud in morte uxoris constabit, qua defuncta iam novae uxori vacuus sit locus* in te positum] interpositum *NFR* recusanti *A*, recusasti *NFR et vulgo* 38*sq.* oppinor aliqua *NFR* 39 iam, vel] vel etiam *NFR* 39*sqq.* frigidioris — — — sterilem *om.* *NFR* 40 credidimus] *cf. Lfst. Zur Spr. Tert. p. 91*

volente sterilem aut anum enixam. Quod adeo magis evenire potest, si quis praesumptione huius providentiae suae dei aemulationem provocarit. Scimus denique quendam ex fratribus, cum propter filiam suam secundo matrimonio sterilem captasset uxorem, tam iterum patrem factum quam et iterum maritum.

13. Ad hanc meam cohortationem, frater dilectissime, accedunt etiam saecularia exempla, quae saepe nobis etiam in testimonium posita sunt, cum quid bonum et deo placitum ab extraneis quoque agnoscitur et testimonio honoratur. Denique monogamia apud ethnicos ita in summo honore est, ut virginibus legitime nubentibus univira pronuba adhibeatur — et si auspicii causa, utique boni auspicii est — item, ut in quibusdam sollemnibus et officiis prior sit univirae locus. Certe Flaminica non nisi univira est. Quae ⟨si⟩ et Flaminis lex est — nam ipsi Pontifici Maximo iterare matrimonium non licet — utique monogamiae gloria est. Cum autem dei sacramenta satanas affectat, provocatio est

---

13. 1 *ad hoc caput cf. quae leguntur in libri De monogamia cap. sextodecimo*

---

41 aut anum enixam] etiam anus quis enixa *NFR*^{1}, vel etiam anus saepius enixa *R*^{3} quod adeo] quod (quidem *N*) a dn̄o *NFR*^{1}, quid a domino *R*^{3} adeo] *h. e. sogar* 42*sq.* praesumptionem eius pro dei aemulatione provocaret *NFR* 44 fratribus] patribus *NFR* filiam] familiam *NFR* 45 tam terum *A*

13. 1 cohortationem] contentionem *NFR* 2 accedunt] videmus *NFR* saecularia *AN*, saeculi *FR* 3 in testimonium *scripsi* (*cf. p. 151, 24*): in testimonio *libri et vulgo* quid *AN*, quod *FR* placitum] placitum videtur *NFR* 4 ab extraneis quoque agnoscitur et *om. NFR* honoratur *Oehler*: oneratur *libri* 5 denique (*h. e. namque*) *om. NFR* ita *om. NFR* 6 ut] ut et *NFR et vulgo* 7 et si auspici initium est. item *NFR* 8 ut *om. NFR* et officiis] auspiciis *NFR* 8*sq.* ut prior sit univirae locus *FR*, univirae ut prior sit locus *N* 9 Flaminia *R* *post* est *gravius distinxi* si *addidi* 10 Flaminis] flamina *N*, flaminina *F*, Flaminia *R* *parenthesin indicavi* ipsi] quod ipsi *FR*^{1} (*Oehler*), et quod ipsi *N*, duo ipsi *R*^{3}, dum ipsi *Rig.* pontifice *A* 10*sq.* matrimonia *NFR* 11 utique] quod *NFR* 12 dei sacramenta] deus summus tantum *NFR* satuas *F* affectat] ad perficiendum

nostra, immo suffusio, si pigri simus ad continentiam deo exhibendam, quam diabolo quidam praestant nunc virginitate nunc viduitate perpetua. Novimus virgines: Vestae, et Iunonis apud Achaiae oppidum, et Apollinis apud Delphos, et Minervae et Dianae quibusdam locis. Novimus et continentes: et viros quidem tauri illius Aegyptii antistites, feminas vero Cereris Africanae, cui etiam et sponte abdicato matrimonio assenescunt, aversantes exinde contactum masculorum usque ad oscula filiorum. Invenit scilicet diabolus post luxuriam etiam castitatem perditricem, quo magis reus sit Christianus, qui castitatem recusaverit conservatricem. Erunt nobis in testimonium et feminae quaedam saeculares ob univiratus obstinationem famam consecutae: aliqua Dido, quae profuga in alieno solo, ubi nuptias regis ultro optasse debuerat, ne tamen secundas experiretur, maluit e contrario uri quam nubere, vel illa Lucretia, quae etsi semel per vim et invita alium virum passa est, sanguine

NFR 12*sq.* provocatio est nostra *AR*, provocationem nostram *NF* 13 suffusio AR^3, suffuso NFR^1 pigri simus] pigrissimum NFR^1, pigrissimorum R^3 14 quam] quà *NFR* quidam praestant] quidam stant NFR^1, qui antistant R^3 15 perpetua] per iurant NFR^1, evirant R^3 novimus] noveram *NFR* virgines Vestae *vulgo distinguitur* 16 et Iunonis *om. NFR* Achaiae] achanum *NFR* oppidum *om. NFR* Apollinis] atrocis *NFR* 16*sq.* Delphos] Ephesos *A* 17 et Dianae *om. A*: *nescio an restituendum sit*: et Apollinis apud Delphos et Dianae apud Ephesum et Minervae quibusdam locis quibusdam] quibus *NFR* 18 et viros *scripsi*: viros et *libri et vulgo* 18*sq.* *post* antistites *levius distinxi* 19 Cereris *scripsi*: ceteris *F*, cereri *ANR* affricanae *ANF* etiam et *N*, eṭiam *AFR vulgo*: *sed de usu iteratae coniunctionis vide Ho. Beitr. p. 118* 20 aversantes *om. NFR* 20*sq.* contactum] quo pacto NFR^1, ⟨adempto⟩ contactu R^3 21 mascọlorum (o *in* u *corr.*) *A* scilicet *Rig.*: set *A*, *om. NFR* 22 etiam *om. NFR* castitatem] castitate NFR^1, castitatis R^3G 22*sq.* quo magis] quo modo *NFR* 23 $\chi\overline{\mathrm{ns}}$ *A* 24 et *AR*, ut *NF* 25*sq.* famam consecutae AR^3, femina consequetur NFR^1 26 aliqua Dido *A*, aut divino NFR^1, ut Dido R^3, ut aliqua Dido *fort.* profọga (o *in* u *corr.*) *A* 27 ultro AR^3, solo ultro NFR^1 obtasse *A* 28 e AR^3, *om.* NFR^1 uri quam AR^3, *om.* NFR^1 29 etsi] et NFR^1, ut R^3

suo maculatam carnem abluit, ne viveret iam non sibi univira. Plura exempla, curiose, si vis, de nostris invenias, et quidem alteris tanto potiora, quam maius est vivere in castitate quam pro ea mori. Facilius animam ponas, quia bonum amiseris, quam vivendo serves id, ⟨ob⟩ quod emori malis. Quanti igitur et quantae in ecclesiasticis ordinibus de continentia censentur, qui deo nubere maluerunt, qui carnis suae honorem restituerunt, — quique se iam illius aevi filios dicaverunt, occidentes in se concupiscentiam libidinis et totum illud, quod intra paradisum non potuit admitti. Unde praesumendum est hos, qui intra paradisum recipi volent, tandem debere cessare ab ea re, a qua paradisus intactus est.

---

30 maculatam *A*R^3, maculata *NF*R^1 vivere *A* iam non sibi *om. N* 31 curiose, si vis, de nostris invenias *scripsi* (*cf. De an. 10 = I p. 313, 6*): curiosius de nostris invenias *A*, curiosius ⟨inquirens⟩ *C. Prinz* certa inveniam *NFR vulgo* 32 alteris tanto potiora *scripsi*: aliter potiora *A*, tanto potiora *NFR*, alteris potiora *Oehler* tanto potiora, quam] quam maius est *scripsi*: quam in anima est *NF*R^1, quia facilius est *A*, quanto maius est R^3, quia maius est *Oehler*, qua maius est *C. Prinz, cf. Alcimus Avitus, Hom. I 1* (*p. 103, 14 Peiper*). *Sed cf. Lfst. Zur Spr. Tert. p. 34* 33 pro ea mori R^3, pro amori *A*, pro ea mereri *NF*R^1 33*sq.* facilius animam ponas quia bonum amiseris] in cuius animam id bonum (bonis *N*) amiseris *NF*R^1, hoc est animae id bonum misceri R^3 34 serves id, ⟨ob⟩ quod emori malis *Oehler* (*nisi quod* id *omisit*): serves id quod amori malis *A*, separati omni a malo *NF*R^1 separari animam a malo R^3 35 quantae] quae *NFR* in ecclesiasticis ordinibus] in ecclesiis ordinari *NFR* 35*sq.* de continentia censentur] in ecclesia solent *NFR* 37 restituerunt *Rig.*: restituere *A* (*sed formae in* -āre *et* -ēre *exeuntes apud Tert. non occurrunt excepto uno libro* De pallio), instituerunt *NFR* quique] *h. e. singuli omnes*: quaeque R^3 aevi filios] pudoris filios *NFR* 39 inter R^1 amitti *A* 40 volunt *NFR* 41 intactus] instructus *NF*R^1, obstructus R^3 DE EX^{h}ORTATIONE (h *s. v. add. m. rec.*) CASTITATIS EXPLICIT *A*, ERGO cū īdulgenti haec memento orationibus tuis Tertullianum ad haec exercentes. DE EXORTACIONE CASTITATIS EXPLICIT *N*, Gratia. Ergo cum indulgenti haec memento orationibus tuis Tertullianum ad haec exercentes. Explicit Tertulliani De exhortatione castitatis *F* (*hoc est*: gratia⟨e⟩ ergo cum indulgenti haec memento ⟨in⟩ orationibus tuis Tertulliani ad haec exhortantis)

DE CORONA.

1. Proxime factum est: liberalitas praestantis⌞simorum⌟ imperatorum expungebatur in castris, mil⌞ites lau⌟reati adibant. Adhibetur quidam illic magis dei miles ⌞ceteris con-s⌟tantior fratribus, qui se duobus dominis servir⌞e posse praesump⌟serant, solus libero capite, coronamento in manu ⌞otioso. Vul⌟gato iam et ista disciplina Christiano, relucebat. ⌞Denique⌟ singuli designare, eludere eminus, infrendere comminus. Continuo murmur: tribuno ⟨nomen⟩ defertur et persona. Iam ex ordine accesserat. ⌞St⌟atim tribunus: 'Cur', inquit, 'tam diversus habitus?' Negavit ille sibi cum

1. 5 *cf.* Matth. 6, 24; Luc. 16, 13

1. 1 INCIPIT LIBER DE CORONA FELICITER *A*, *vacat titulus in NF; in fine*: DE CORONA EXPLICIT *N* (*add. m. recentior s. v.* MILITIS), Explicit liber De corona militis *F*, DE CORONA MILITIS *R* (*ex Hirsaugiensi videlicet codice*) *B*   2 factum est *AFR*¹, facta est *NGR*³*B*   liberalitate *FR*¹   3 imperatorum expungebatur *A*, imperatorum. expungebantur *NFRB*   3*sq.* adibant. Adhibetur *scripsi*: adibant *A* (*Rig. Oehler*), adhibetur *NFRB*   4 illici *F*   5 posse] non posse *F*   6 praesumpserant *AN*, praesumpserat *FRB*   7 *post* otioso *gravius distinxi*   ...gato *A* (*Rig. Oehler*), vulgata *NFRB*   vulgato ... Christiano] *hoc est: quia etiam ista disciplina iam inter omnes notus est Christianus*   χ̅ρ̅iano *A* (*Rig. Oehler*), christianorum *NFRB*   7*sq.* relucebat] *scil. miles ille non coronatus: er fiel auf*   8 eludere *NFRB Oehler*, et ludere *A Rig. Lfst.* (*Zur Spr. Tert. p. 30*)   9 comminus. Continuo *scripsi*: comminus *A*, cominus *FR*¹, continuo *NGR*³*B et lib. Divionensis apud Rigaltium*   *post* murmur *gravius distinxit R*³   nomen *addidi*: nomen deferre alicui *idem quod nostrum 'denunzieren bei jem.'*

9*sq. aliter distinxi*: defertur; et persona *vulgo*, defertur. ut persona *Iun.*   nomen et persona] *der Name und sein Träger, cf. persona nominis der Träger des Namens: Marc. IV 14* (*= III p. 463, 7*)   10 accesserat *NFRB* (*cf. supra*: milites laureati adibant), decesserat *A* (*Rig. Oehler*)   11 tam diu diversus *N*   habitus *A*, habitu *NFRB*   11*sq.* sibi cum ceteris *A*, cum ceteris sibi *NFRB*, quod ceteris sibi *Lat.*

ceteris licere. Causas expostulatus 'Christianus sum' respondit. O militem gloriosum in deo! Suffragia exinde, et res ⌞apud ac⌟ta, et reus ad praefectos. Ibidem gravissimas paenulas ⌞posuit,⌟ relevari auspicatus, speculatoriam morosissimam de ⌞pedib⌟us absolvit, terrae sanctae insistere incipiens, gladium nec dominicae defensioni necessarium reddidit, laurea et de ⌞manu carui⌟t: et nunc rufatus sanguinis sui spe, ⌞calce⌟atus de evangelii paratura, succinctus ** acutiore verbo dei ac ⌞totus⌟ de apostolo armatus, ut de martyrii candida laurea melius ⌞coronandus do⌟nativum Christi in carcere expectat. Exinde sententi⌞ae super illo⌟, — nescio an Christianorum; non enim aliae ethnicorum — ⌞ut de abrup⌟to et praecipiti et mori cupido, qui de habitu inter⌞rogatus no⌟mini negotium fecerit, solus scilicet fortis inter

16 *cf.* Exod. 3, 5; Act. 7, 33 17 *cf.* Ioh. 18, 11 19 *cf.* Luc. 22, 35 19*sq. cf.* Ebr. 4, 12 20 *cf.* Eph. 6, 14—16 20*sq. cf.* Apoc. 14, 13. 14; 4, 4

13 gloriosum in deo *A*, in deo (deum R^1) gloriosum *NF*R^3*BG* 14 apud acta *NFRB*, ... ta *A*, ampliata *Rig.* (*Oehler*) ad praef..... *A*, apud praefectos *NFRB* 15 revelari *B* auspicatus] *idem quod* incipiens 15*sqq.* speculatoriam — — caruit *om. N* 16 de *AN*, *om. FRB* 18 et de manu] *cf. supra l. 6; praepositio* de (*ut multo saepius* ab) *pro ablativo qui dicitur limitationis cf. cap. 15, 27 et Ho. Synt. u. Stil p. 33* manu caruit *B*, ... uit *A*, manu claruit *FR*, manu deruit *Oehler*, manu corruit *Rig.* et nunc ...] *animadverte quatuor antecedentis sententiae membris quatuor respondere huius sententiae membra* rufatus *A*, rufatu *F*R^1, russatus R^3*B* rufatus] *h. e. rufa veste vestitus* (*cf. vulgatum illud* purpuratus), *ut captivus morte multandus ab ipso sperata* 18*sq.* rufatus sanguinis sui spe *om. N* sanguinis sui spe] sanguine suo *B* 19 calciatus *N* succintus *N* *lacunam signavi*: omni gladio (*sive* ense *vel* machaera) *intercidit, quod sequitur ex loco hic laudato scripturae Ebr. 4, 12*: ὁ λόγος θεοῦ τομώτερος ὑπὲρ πᾶσαν μάχαιραν 20 dei ac totus *scripsi*: dei .... *A*, dei, totus *NFRB vulgo* ut *scripsi*: et *libri omnes et vulgo* de] *pro abl. instrum. cf. Ho. Synt. u. Stil p. 33* 21 candida laurea *NG*R^3*B*, candida *AF*R^1 candida laurea] *pro corona aurea cf. Apoc. 14, 13. 14; 4, 4* coronandus donativum *Rig.*: .... nativum *A*, coronatus donativum *NFRB Oehler* 22 *parenthesin indicavi*

tot ⌊fratres comm⌋ilitones, solus Christianus **. Plane superest, ut etiam mar⌊tyria re⌋cusare meditentur qui prophetias eiusdem spiritus sancti res⌊puerunt.⌋ Musitant denique tam bonam et longam pacem peri⌊clitari⌋ sibi. Nec dubito quosdam ⟨secundum⟩ scripturas emigrare, sarcinas ⌊expedire, f⌋ugae accingi de civitate in civitatem. Nullam enim ali⌊am evange⌋lii memoriam curant. Novi et pastores eorum in pa⌊ce leones⌋ et in proelio cervos. Sed de quaestionibus confessionum ⌊alibi docebi⌋mus. At nunc, quatinus et illud opponunt: 'ubi ⌊autem prohibem⌋ur coronari?' hanc magis localem substantiam ⌊causae pra⌋esentis aggrediar, ut et qui ex sollicitudine igno⌊rantiae q⌋uaerunt instruantur et qui in defensionem delic⌊ti contendu⌋nt revincantur, ipsi vel maxime Christiani laureati, quibus id solum in solatium: 'quaestio est', quasi aut nullum aut incertum salt⌊em ha⌋beri possit delictum, quod patiatur quaestionem. Nec null⌊um⌋ autem nec incertum hinc interim ostendam.

---

31 *cf.* Matth. 10, 23

---

26 *lacunam signavi*: inter tot electos spiritus sancti *vel similia intercidisse necesse est propter id quod statim sequitur*: eiusdem spiritus sancti 28 mussitant *FRB* 29 pacem periclitari sibi *N*, pacem periclitari is *F*, pacem peri .... *A*, sibi pacem periclitari *R* (*ex Hirsaugiensi?*) *B vulgo* 30 secundum *om. ANFRB vulgo*, *addidit super versum hanc voculam in cod. Vindobonensi man. rec. ex coniectura videlicet, sed eadem et emendatione* emigrare] *ex aedibus scil.* 32 aliam evangelii *RB*, ali ...... liọ *A* (o *ex* i *corr. m. 1*), aliam evangelio *F*, aliam de evangelio *N* memoria evangelii] *h. e. testimonium evangelii cf. Adv. Iud. cap. 1*: scripturarum divinarum memoriae 33 et in *A NF*, *om.* et *RB vulgo*, sed *fort.* 34*sq.* quatinus *AN*, quatenus *FR vulgo* 37*sq.* in^{s}truantur (s *s. v. a m. 1*) *A* 38 defensionem *ANR*^{3}, defensione *FR*^{1} 39 ipsi *A*, ipsius *NFRBG* maxime christiani *AFR*, maxime exemplo christiani *NGB* 39*sq.* id solum in solatium *scripsi*: id solum *A*, in solatium *NFRB* 40 quaestio est] *adversarii verba indicavi* 41 haberi possit *N*, **bere possit *A*, haberi posset *FRB*

2. Neminem dico fidelium coronam capite nosse alias extra tempus temptationis eius⌊mo⌋di. Omnes ita observant a catechumenis usque ad confes⌊sores⌋ et martyras, vel negatores. Videris, unde auctoritas moris, de qua cum maxime quaeritur. Porro, cum quaeritur, cur quid observetur, observari inte⌊rim cons⌋tat. Ergo nec nullum nec incertum videri potest delic⌊tum, quod⌋ committitur in observationem, suo iam nomine vindicandam et satis auctoratam consensus patrocinio. Plane, ut ratio quaer⌊enda sit,⌋ sed salva observatione, nec in destructionem eius, sed ⌊in aedi⌋ficationem potius, quo magis observes, cum fueris et⌊iam de ra⌋tione securus. Quale est autem, ut tunc quis in quaest⌊ionem pro⌋vocet observationem, cum ab ea excidit? et tunc requirat, unde habuerit observationem, cum ab ea desiit? quando, etsi id⌊eo ve⌋lit videri ad quaestionem vocare, uti ostendat se non del⌊iquisse⌋ in observationis destitutione, nihilominus deli⌊quisse eum cons⌋tet retro in observationis praesumptione. Si enim ⌊non de⌋liquit hodie suscepta corona, deliquit aliquan⌊do recusa⌋ta. Et ideo non ad eos erit iste tractatus, quibus ⌊non competit⌋ quaestio, sed ad illos, qui studio discendi non quaes⌊tionem⌋ deferunt sed consultationem. Nam nec semper quaeritur de isto, et laudo fidem, qu⌊ae ante cre⌋didit observandum esse quam didicit.

---

2. 1 capiti *Urs.* 3 martyras *A*, martyres *NFRB vulgo* 4 videris *A*, viderit quis *N*, viderint *FRB* 4*sq.* cum maxime (*h. e.* ipso hoc tempore) *FRB*, quam maxime *NG* (quam *corruptum ex* quum, *ut opinor*), nunc maxime *A Rig. Oehler* 5 porro cum quaeritur *FRB*, *om. AN* 5*sq.* cur quid observetur, observari *NFRB*, quid observari (*ceteris omissis*) *A* 6 nullum *NRB*, ullum *AF* 8 nomine *om. A* 9 ut *AFR*^{1}, sic tamen ut *NGR*^{3}*B* 10 sed] = tamen salva *om. N* 13*sqq.* excidit — — ab ea (*l. 15*) *om. A* 15 desciit *Hildebrandus* (*sed cf. Adv. Herm. 43 = III p. 173, 13* desinere potuit a natura) 16 uti *A*, ut *NFRB* 17 nihilhominus *A* eum] cum *F* 18 deliquid *A* 21*sq.* deferunt sed consultationem *om. A* 22 nec *scripsi*: et *libri et vulgo* de isto] *scil.* de studio discendi (de studio *ut ante* studio) 23 . . . didit *A*, credit *NGR*^{3}*B*, cedit *FR*^{1}

Et facile ⌊est statim⌋ exigere, ubi scriptum sit, ne coronemur. At enim ubi scriptum est, ut coronemur? Ex⌊po⌋stulantes enim scripturae patrocinium in parte diversa praeiudicant suae quoque parti scripturae patrocinium adesse debere. Nam ⌊si ide⌋o dicetur coronari licere, quia non prohibeat scriptura, ae⌊que re⌋torquebitur ideo coronari non licere, quia scriptura non iubeat. Quid faciet disciplina? Utrumque recipiet, quasi ⌊neutrum p⌋rohibitum sit? an utrumque reiciet, quasi neutrum prae⌊ceptum sit⌋? 'Sed quod non prohibetur, ultro permissum est.' Im⌊mo prohib⌋etur quod non ultro est permissum. **3.** Et quamdiu per hanc ⌊lineam serr⌋am reciprocabimus, habentes observationem inve⌊teratam,⌋ quae praeveniendo statum fecit? Hanc si nulla scrip⌊tura d⌋eterminavit, certe consuetudo corroboravit, quae ⌊sine du⌋bio de traditione manavit. Quomodo enim usur⌊pari qui⌋d potest, si traditum prius non est? 'Etiam in traditionis obtentu exigenda est', inquis, 'auctoritas scripta.' Er⌊go quae⌋ramus, an et traditio nisi scripta non debeat reci⌊pi. Pla⌋ne negabimus recipiendam, si nulla exempla prae⌊iudicent⌋ aliarum observationum, quas sine ullius scripturae ins⌊trumento⌋ solius traditionis titulo et exinde consuetudinis ⌊patrocin⌋io vindicamus. Denique, ut a baptismate ingrediar, ⌊aquam a⌋dituri ibidem, sed et aliquanto prius in eccle⌊sia sub an⌋tistitis manu, contestamur nos renuntiare dia⌊bolo et pomp⌋ae et angelis eius. Dehinc

---

25 exigere] eligere *N* (*corr. m. 1*) 26 at enim — — coronemur *om. N* ubi *om. A* ut coronemur *om. A* 26*sq.* expostulantes *NFRB*, ex..stulant *A* 27*sq.* in parte — — patrocinium (*l. 28*) *om. A* 28 parti R^3B, partis NFR^1 31 liceri *F* 34*sq.* permissum — — ultro (*l. 35*) *om. F* 35 ultro non *N*

3. 2 serram R^3, seram NFR^1 (*etiam A, ut iudicat Reiff.*) reciprocavimus FR^1 8 traditio nisi *A*, traditionis FR^1, traditio non NGR^3B 9 negavimus FR^1 10 praeiudicent *NFRB*, re........ *A* 10*sq.* quasi neullius *A* 11 et *om. NFRB* 12 denique] *i. e.* namque; *post* vindicamus *enim mente supplendum*: praeiudicant autem 12*sq.* ut baptismater ingrediar *A* 13 adituri *NFRB*, *dditur *A* sed et *om. N*

ter mergitamur amplius aliquid respondentes quam dominus in evangelio det˪er˩minavit. Inde suscepti lactis et mellis concordiam praegust˪a˩mus, exque ea die lavacro quotidiano per totam ebdomadem abstinemus. Eucharistiae sacramentum, et in tempore victus et omnibus mandatum a domino, etiam antelucanis coetibus nec de aliorum manu quam praesidentium sumimus. Oblationes pro defunctis, pro nataliciis annua die facimus. Die dominico ieiunium nefas ducimus vel de geniculis adorare. Ea˪de˩m imm˪u˩nitate a die Paschae in Pentecosten usque gaudem˪us.˩ Calicis aut panis etiam nostri aliquid decuti in terram a˪n˩xie patimur. Ad omnem progressum atque promotum, ad om˪nem a˩ditum et exitum, ad vestitum, ad calciatum, ad lavacra, ad ˪mensas,˩ ad lumina, ad cubilia, ad sedilia, quacumque nos conversatio exer˪cet, fron˩tem signaculo terimus.

4. Harum et aliarum eiusmodi di˪sciplina˩rum si legem expostules scripturam, nullam leges. Tradit˪io tibi˩ prae-

---

3. 17 *cf.* Matth. 28, 19 17*sq.* *cf.* Es. 7, 15; I Cor. 3, 2; I Petr. 2, 2; Ebr. 5, 12—14 19*sq.* *cf.* I Cor. 11, 23—25. *cf.* Matth. 26, 27. Marc. 14, 23

---

16 mersitamur *Iun.* aliquid] non aliquid *FR*¹ 18 concordian *F* exque ea die *ARB*, ex ea quoque die *N*, ex quo ea die *F* 19 quọtidiano (o *ex* u *corr.*) *A* ebdomadem *ANF*, hebdomadem *RB* 20 in tempore victus] *zur Essenszeit* et ab omnibus *N* 21 domino] dn̄o (n *ex* m *corr.*) *A* etiam *AFR*, et *N* cętibus *NF* 22 sumimus] summimus *N*, summus *F* 23 annua] anima *F* 24 nefas ieiunum *N* de *om.* *FR*¹ 26 nostri] *h. e. profani* 28 ad (*ex* aut *corr. m. 2*) calciatum *A*, et calciatum *NFRB vulgo* 29 ad lumina *om.* *A* 30 conversatio] *scil. cotidiana* signaculo] crucis signaculo *NGR*³*B* (*sed recte iam reiecit ut interpretamentum vocabulum* crucis *Pam.*)

4. 2 scripturam *A* (*recepi, etsi* expostulare *c. duplici accusativo nusquam alibi inveniri videtur, sed cf. cap. 1, 12*: causas expostulatus), scripturarum *NFRB vulgo* nullam leges *A*, nulla legis *FR*¹, nullam invenies *NGR*³*B* (*receperunt hanc lectionem etiam Gel. et Rig., fort. recte, quia rhythmicae clausulae legi non Agobardini sed recentior memoria melius respondet*)

tendetur auctrix et consuetudo confirmatrix et fides observatrix. Ra⌊tionem traditioni⌋ et consuetudini et fidei patrocinaturam aut ipse per⌊spicies, aut⌋ ab aliquo qui perspexerit disces. Interim non nulla⌊m esse cre⌋des cui debeatur obsequium. Adicio unum adhuc ex⌊emplum,⌋ quatinus et de veteribus docere conveniet. Apu⌊d Iudaeos⌋ tam sollemne est feminis eorum velamen capitis, ut i⌊nde nos⌋cantur. Quaero legem. Apostolum differo. Si Rebec⌊ca conspecto proc⌋ul sponso velamen invasit, privatus pudor legem facere non potuit. Aut, ⟨ut⟩ causae suae fecerit, tegantur virgines solae, et ⌊hoc n⌋uptum venientes nec antequam cognoverint sponsos. Si et Susanna in iudicio revelata argumentum velandi praestat, p⌊ossum dic⌋ere: et hic velamen arbitrii fuit. Rea venerat, erubes⌊cens de infa⌋mia sua, merito abscondens decorem, vel quia timens ⌊iam placer⌋e. Ceterum in stadio mariti non putem velatam de⌊ambulasse q⌋uae placuit. Fuerit nunc velata semper: in ipsa ⌊quoque legem⌋ habitus requiro, vel in quacunque alia. Si legem ⌊nusquam reper⌋io, sequitur, ut traditio consuetudini morem hunc ⌊dederit, ha⌋biturum quandoque apostoli auctoritatem ex interpre⌊tatione⌋ rationis. His igitur exemplis renuntia-

4. 10 *cf.* I Cor. 11, 5   10*sq.* *cf.* Gen. 24, 64, 65   14 *cf.* hist. Sus. 32   18 *cf.* hist. Sus. 4. 7, 15—20; 25. 26. 36. 38   22 *cf.* I Cor. 11, 4—15

3 et consuetudo *A*, consuetudo *NFRB vulgo*   fides *N*R^3*B*, fidei *F*R^1 3*sq.* et fides observatrix *om. A*   4 rationem traditionis et *FR*, ra . . . . . et *A* (*fuisse igitur videtur*: rationi), rationem traditioni (*om.* et) *NGB*   consuetudinis *F*   et fidei] *om.* et *NFRB*   5 perspexeris *N*   6 non nullam *Iun.*: nonnullam *libri omnes et vulgo*   7 quatinus *A*, quatenus *FR vulgo*, quantus *N*   8 veteriṛịbus *A*   conveniet *ANB*, conveniat *FR*   solempne *AN*   10 rebecha *N*   11 velamine *F*   12 ut *addidi*   causae suae] *h. e. virginitati*   fecerit] *scil.* pudor legem ⟨si⟩ fecerit *Iun.*   15 velandi *A*, velatae *NFRB*   praestant *A*   16 ⌊infa⌋mia sua *ARB*, infamio suo *NF* (infamium *pro* infamia *etiam Isid. Et. V 27, 26*)   17 ascondens *N*   18 stadio] pomario *N*   19 velatā *A*   19*sq.* . . . . habitus *A*, quoque legem habitus *NG*R^3*B*, quoque lege habitum *F*R^1 21 mortem *F*   23*sq.* renuntiatum] *h. e. responsum, ut renuntiatio = responsio De carn. Chr. cap. 1*)

tum erit posse ⌞etiam n⌟on scriptam traditionem in observatione defendi, confir⌞matam co⌟nsuetudine, idonea teste probatae tunc traditionis ex ⌞perseve⌟rantia observationis. Consuetudo autem etiam in ⌞civilibu⌟s rebus pro lege suscipitur, cum deficit lex, nec differt, ⌞scriptura⌟ an ratione consistat, quando et legem ratio commen⌞det. Porr⌟o si ratione lex constat, lex erit omne iam quod ⌞ratione con⌟stiterit a quocunque productum. An non putas ⌞omni fideli⌟ licere concipere et constituere, dumtaxat quod deo congruat, quod disciplinae conducat, quod saluti pro⌞ficiat, dicente⌟ domino: *cur autem non et a vobis ipsis quod iustum iudicatis?* Et non de iu⟨sti iu⟩dicio tantum, sed de omni sententia re⌟rum examinandarum dicit et apostolus: *** *Si quid ignora⌞tis;⌟ deus vobis revelabit*, solitus et ipse consilium subministra⌞re,⌟ cum praeceptum domini non habebat, et quaedam edicere a semetipso, scilicet et ipse ⌞spiritum⌟ dei habens deductorem omnis veritatis. Itaque consilium et edictum eius di⌞vini iam⌟ praecepti instar obtinuit de rationis divinae patro⌞cinio. H⌟anc nunc expostula salvo traditionis respectu, quo⌞cumque tra⌟ditore censetur, nec aucto-

---

34 *cf.* Luc. 12, 57 36 *sq. cf.* Phil. 3, 15 37 *sq. cf.* I Cor. 7, 25 39 *cf.* I Cor. 7, 40 40 *cf.* Ioh. 16, 13

---

24 in *fort. delendum* 24 *sq.* observationem *N* 26 tradionis [ti] *A* (*corr. m. 1*) 29 *sq.* ratione lex *AN*, lex ratione *FRB* 30 constituerit *F* 34 a nobis *F* iustum *A*, iustum est *NFRB* 35 et non *A*, ut non *NFRB* iusti iudicio *scripsi*: iudicio *libri omnes et vulgo* sententia] *an* substantia? 36 dicat *N* *lacunam signavi: laudavit sine dubio auctor locum scripturae I Thess. 5, 21 (cf. De praescr. haer. 4)*: omnia examinate, quod bonum est tenete. *Interciderunt praeterea haec fere*: sicut et alibi idem dicit apostolus 38 non *AR*³*mgB*, nostri *NFR* 38 *sq.* et quaedam edicere *NFRB Rig.*, et dicere *A* (*Oehler*) 39 scilicet et ipse *scripsi*: sed et ipse *NFRB*, *om. A* (*Rig. Oehler*) 40 veritatis. Itaque] veri statim itaque *A* 40 *sq.* consilium et edictum *R*³*B*, consilium et dictum *N* (dictum *ex* delictum *corr. m. 1*) *FR*¹, consilium *A* (*Oehler*) 41 eius] enim *N* optinuit *AN* 42 expostulo *A* salva *F* 43 ... ditore *A*, traditore *NRB*, traditio *F*

rem respicias, sed auctori⌊ta⌋tem, et inprimis consuetudinis ipsius, quae propterea ⌊colend⌋a est, ne non sit rationis interpres, ut, si et hunc deus dede⌊rit, tun⌋c discas non an observanda sit tibi consuetudo, sed ⌊cur.

5. Maior⌋ efficitur ratio Christianarum observationum, cum il⌊las etiam na⌋tura defendit, quae prima omnium disciplina est. Ideo⌊que haec pr⌋ima praescribit coronam capiti non convenire. Puto ⌊autem, natura⌋e ⟨dominus,⟩ deus noster, qui figuravit hominem et fructibus rerum ⌊appetendi⌋s, iudicandis, consequendis certos in eo sensus ordi⌊navit, p⌋ropria membrorum quodammodo organa auditum in auribus fodit, visum in oculis accendit, gustum in ore conclusit, odoratum in naribus ve⌊n⌋tilavit, contactum in manibus extimavit. Per haec exterioris hominis ministeria interiori homini administrantia fructus munerum divinorum ad animam deducuntur a sensibus. Quis igitur fructus ex floribus? Substantia enim propria, certe praecipua, coronarum flores agri. 'Aut odor', inquis, 'aut color, aut pariter utrumque.' Qui erunt sensus ⌊colo⌋ris et odoris? visus, opinor, et odoratus. Istos sensus qua⌊e mem⌋bra sortita sunt? oculi, nisi

---

5. 13*sq. cf.* Matth. 6, 28

---

45 ipsius *in ras. F* rationis] trationis *A* 46 hunc *scripsi* (*scil. interpretem; significat autem se ipsum auctor*): hanc *libri omnes et vulgo* non an *A*, quod non *NFR*, cur nam *B* *recte haec distinxit Oehler*: sed cur maior efficitur (*A*) *NFRB*

5. 3 praescribit *A*, praescribet *NFRB* 4 dominus *add. Rig.* (*cf. p. 162, 35*) noster *A*, noster est *NFRB Rig. vulgo* 5 appetendis *NF RB*, ...si *A* 6 in eos *F* ordinavit propria *F*, ordi...... ropria *A*, ordinavit per propria *NR* (*ex Hirsaugiensi, ut vid.*) *B vulgo* 7 *aliter distinxi*: organa: auditum *vulgo* 8 visum — — accendit *om. A* 9 extimavit *AN* (*h. e. extremum collocavit*), estimavit *F*, aestimavit *RB* 10 ministeria interiori homini *om. A* 10*sq.* administrantia *A*, ministrantia *NRB*, ministranti *F* 11 fructus *om. A* 11*sq.* ad animam deducuntur a sensibus *NFRB*, ab anima deducuntur ad sensus *A*, ad animam deducuntur ac sensus *susp. Oehler* 15*sq.* et odoris *A*, odoris *NFRB vulgo*

fallor, et nares. Utere itaque fl⌊oribus⌋ visu et odoratu, quorum sensuum fructus est, utere p⌊er oculos et⌋ nares, quae eorum sensuum membra sunt. Substantia tibi a ⌊deo tradita est,⌋ habitus a saeculo. Quamquam nec habitus extraordina⌊rius ordina⌋rio usui obstrepit: hoc sint tibi flores et inserti et innexi et in filo et in scirpo, quod liberi, quod soluti, spectaculi ⌊sci⌋licet et spiraculi res. Coronam, si forte, fascem existima florum per seriem conprehensorum, u⌊t plu⌋res semel portes, ut omnibus pariter utaris. Iam vero et in s⌊inum c⌋onde, si tanta munditia est, et in lectulum sparge, si tanta mollitia est, et in poculum crede, si tanta innocentia est; tot mo⌊dis fruere,⌋ quot et sentis. Ceterum in capite quis sapor floris, ⌊quis coronae⌋ sensus, nisi vinculi tantum, quo neque color cernitur, ⌊neque odor⌋ ducitur, nec teneritas commendatur? Tam contra nat⌊uram est flo⌋rem capite sectari, quam cibum aure, quam sonum nar⌊e. Omne⌋ autem, quod contra naturam est, monstri meretur n⌊otam penes⌋ omnes, penes nos vero etiam elogium sacrilegii in deum, naturae dominum et auctorem.

6. Quaerens igitur dei legem habes communem istam in publico mundi, in naturalibus tabulis, ad quas et aposto-

---

19 quae eorum *Hildebrandus*: quorum *ANFRB vulgo* sensuum *NFRB*, sensus *A* 20 quamquam *AFR*, quam *N* quamquam] *animadverte breviloquentiam: intellegere enim debes: qui habitus, quamquam non ordinarius est, tamen nec extraordinarius etc.* 21 usui *AR*, usu *N*, uisui *F* (*corr. m. 1*) opstrepit *A* 21 *sq.* et inserti] et *om. N* 22 scirpo *NRB*, scripo *AF* 23 *sq.* si forte — — florum *om. A* 24 existima *scripsi*: existimas *NFRB vulgo* compraehensorum *A* 25 semel (= ἅπαξ *simul, eodem tempore*) *ANFRB*, simul *Urs.* (*Rig.*) portes *ARB*, fortes *NF* 26 et (*alt.*) *om. NFRB* 27 mollities *N* et *om. FRB* 28 tanta innocentia (*Unschädlichkeit*) est] *scil. ut florum nihil inde detrahatur aut colori aut odori* 29 flores *A* 30 vinculi *ANRB*, vincula *F* quo *A*, quia *NFRB* 32 cybum *A* 34 notam *ARB*, notas *F*, naturam *N* omnes, penes *om. A* 35 dominum *NFRB*, dño *A*

6. 1 quaerens *NF Oehler*, quaeres *ARB*, quaeris *Rig.* *post* legem *signum interrog. posuit Rig.* habes *ARB Rig.*, habens *NF* 2 tabulis *NFRB*, talibus *A*

lus solet provocare, ut cum in velamine feminae *nec natura,* inquit, *vos docet?* ut cum ad Romanos, natura facere dicens nationes ea quae sunt legis, et legem naturalem suggerit et naturam legalem. Sed et in ⌞priore⌟ epistolae ⟨parte,⟩ naturalem usum conditionis in non natura⌞lem m⌟asculos et feminas inter se demutasse affirmans ex retributione erroris in vicem poe⌞nae, utiqu⌟e naturali usui patrocinatur. Ipsum deum secundum na⌞turam prius⌟ novimus, scilicet deum appellantes deorum et bonum ⌞praesum⌟entes et iudicem invocantes: quaeris, an conditio⌞ni eius⌟ fruendae natura nobis debeat praeire, ne illa rapiamur, qua ⌞dei ae⌟mulus universam conditionem certis usibus homini ⌞mancipat⌟am cum ipso homine corrupit, unde eam et apostolus in⌞vita⌟m ait vanitati succidisse, vanis primum usibus, tum ⌞turpibus⌟ et iniustis et impiis subversam? Sic itaque et circa vo⌞luptates⌟ spectaculorum infamata conditio est ab eis, qui natur⌞a quidem⌟ omnia dei sentiunt ex quibus spectacula instruuntur, scientia autem deficiunt illud quoque intelle-

3 I Cor. 11, 14 4 *cf.* Rom. 2, 14 6 *cf.* Rom. 1, 25—27 15 *cf.* Rom. 8, 20

4 inquit vos *N*, vos inquit *FRB*, inquit (*om.* vos) *A* 6 legalem *ARB*, regalem *NF* in priore *NFRB*, in ...... *A* (*etiam in Agob. igitur fuisse videtur* priore), primore *Rig.*, primo *Oehler* epistolae *AF Oehler*, epistola *NRB Rig.* parte *addidi*: *in dem* (*der vorher zitierten Stelle*) *vorangehenden Teile des Briefes* 8 inter — — affirmans *om. A* 9 naturali usui *RB* (*Rig.*), naturalium sui *NF*, naturalibus *A* (*Oehler*) 10 deum *NFRB*, dño *A* scilicet *N Oehler* (*ex coniectura*): sed *AFR*[1], et *R*[2]*mg Rig.*, *om. R*[3]*B* 11 et bonum *AN*, *om.* et *FRB vulgo* 13 ne illa rapiamur] *supplendum mente ut videtur ex antecedentibus*: conditione. *atenim nusquam alibi de conditione h. e. creatura diaboli aliqua creatoris adversaria sermo est apud Tertullianum. nescio igitur, an et hic interciderit vocabulum, quod secundum locum huius libri qui est cap. 8, 26* (*cf. Rom. 8, 21*) *fuisse existimaverim*: corruptela 16 unitati* *A* vanis *B*, variis *ANFR* primum *A*, plurimum *NFRB* tum *AR*[3]*B*, tunc *NFR*[1] 17 et iniustis] timiustis *A* 19 quidem *om. N* dei *om. NB* 20 ịnstruuntur *A* (i *ex* s *corr. m. 1*) *post* deficiunt *graviter distinxit RB* 20*sq.* intellegere *A*, intelligere *NF*, intellege *RB*

gere, omnia ⌊a diabolo⌋ esse mutata. Sed et huic materiae propter suaviludi⌊os nostros Grae⌋co quoque stilo satisfecimus.

7. Proinde coronarii ⌊isti agnosca⌋nt interim naturae auctoritatem communis sapientiae nomine, qua homines, sed et propriae religionis pignore, qua ⌊deum⌋ naturae de proximo colentes, atque ita velut ex abundant⌊i ce⌋teras quoque rationes dispiciant, quae nostro privatim capit⌊i co⌋ronamentis et quidem omnibus interdicunt. Nam et urguemur a communione naturalis disciplinae con⌊verti ad⌋ proprietatem Christianae solam iam defendendam per cetera⌊s quas⌋que species coronarum, quae aliis usibus prospectae v⌊identur,⌋ ut aliis substantiis structae, ne, quia non ex floribu⌊s con⌋st⌊ant,⌋ quorum usum natura signavit, ut ipsa haec laure⌊a militaris,⌋ non credantur admittere sectae interdictionem, q⌊uia evase⌋rint naturae praescriptionem. Video igitur et curio⌊sius et ple⌋nius agendum ab originibus usque ad profectus et exces⌊sus rei.⌋ Litterae ad hoc saeculares necessariae. De suis enim ins⌊trumen⌋tis saecularia

---

21 a diabolo esse mutata *NFRB*, esse .... mutata *A* (*Rig. Oehler*); *sed recentior memoria defenditur clausulae rhythmicae lege*

7. 1 coronarii *A*R^3*mg B*, de coronari *N*, dedecorari *F*R^1, dedecorati R^3 2 communis] munis *A* sapientiae *A*, patientiae *NFR*, parentis *B* 2*sq.* sed et *scripsi*: set *A*, et *NFRB vulgo* 3 pignore *Iun.*: pignora *AFR vulgo*, pignera *N* de proximo *Rig.*: de proxime *A*, proxime *NF*, proximo *RB* 4 velunt *A* habundanti *NF* 5 dispiciant *B*, despiciant *ANFR* privati in capitę (*utrum* e *an* i *non dignoscitur*) *F* 6 et urguemur] *coniunctionem* et *coniunge cum verbis*: per ceteras quasque species coronarum urguemur *A*, urgemur *NFR* 8 christianae *NFRB Rig.*, χ̄p̄ianam *A Oehler* solam *scripsi*: totam *libri omnes et vulgo* per ceteras] *pro* ceteris *dictum* (*cf. Ho. Synt. u. Stil p. 33*) *coniunge cum verbis* urguemur converbi 8*sq.* ceteras quasque *scripsi*: cetera .....que *A* (*quinque litt. evanuerunt*), ceteras quoque *NFRB vulgo* 9*sq.* prospectae videntur *ARB*, prospectis evidenter *N*, prospectit$\overset{e}{a}$ videntur *F* 10 aliis *A* (*cf. Ho. Synt. u. Stil p. 138*), ex aliis *NFRB* 11 usum *ARB*, usu *NF* 12 credantur *om. N* 13 quia] qui *N* 15 littera *F*

probari necesse est. Quantulas attig⌊i, credo⌋ sufficient. Si fuit aliqua Pandora, quam primam femi⌊narum⌋ memorat Hesiodus, hoc primum caput coronatum est ⌊a Chari⌋tibus, cum ab omnibus muneraretur, unde Pandora. ⌊Nobis⌋ vero Moyses, propheticus, non poëticus pastor, p⌊rincipem fe⌋minam Evam facilius pudenda foliis quam tempora ⌊floribus in⌋cinctam describit. Nulla ergo Pandora. Sed ut ⌊de mendacio⌋ erubescenda est coronae origo, iam nunc et de ⌊veritatibus⌋ suis. Certe enim ⟨in⟩certos fuisse constat auctore⌊s rei vel illumina⌋tores. Saturnum Pherecydes ante omnes refert coronatum, Iovem ⌊D⌋iodorus, post devictos Titanas hoc munere a ceteris honoratum. ⌊Dat⌋ et Priapo taenias idem, et Ariadnae sertum ex auro et Indicis ⌊gemm⌋is, Vulcani opus, Liberi munus, postea sidus. Iunoni vitem Call⌊ima⌋chus induxit; ita et Argi signum eius palmite redimitum sub⌊iecto⌋ pedibus corio leonino insultantem

---

7. 19 *cf.* Hesiod. Ἔργα καὶ ἡμέραι 69—82 22 *cf.* Gen. 3, 7 27*sq.* Diod. Bibl. VI 4 29 *cf.* Ovid. Fast. III 459; 513—516. Metam. VIII 175—180. Serv. ad Verg. Georg. I 222 30*sq.* *cf.* Plin. H. N. XXI 12 (*sed rectius sine dubio Carolus Prinz poetae Callimacho haec vindicat quam Oehlerus medico C. apud Plinium nominato*) 31 *cf.* Plin. H. N. XIV 9

---

17 probari] *h. e.* δοκιμάζεσθαι examinari quantulas quantulas *Hildebrandus* 18 fuit *A*, fuerit *NFRB* 23 sed ut *Iun.*, sed et *libri et vulgo*
24 iam nunc] ita nunc *Iun.* 24*sq.* et de veritatibus] *animadverte ironiam in adhibito de industria plurali numero* 25 ⟨in⟩certos *scripsi*: ceteros *ANFRB*, certos *Urs.*, Graecos *Rig.*, veteres *Hildebrandus*, caecos *Lat.* 26 ferecides *NF*, pherestides *A* 28 dat et *N et Hirsaug. lib.* (*teste Rhenano*) *RB*, sat et *F*, ... et *A* 28*sq.* Priapo taenias idem, et Ariadnae *RB*, priapotem ianias idem et ariadne *A*, priapotemasi de metariañe *N*, pria potencia si de metarianne *F* 30 vulcani opus, liberi *NFRB Rig.*, vulcani ac post liberi *A Oehler*, Vulcani opus, ⟨Veneris⟩ ac post Liberi *fort.* (*cf. Ovid. Fast. III 514*) postea sidus *A*, post thesidus *NGFR*[1], post Thesei *R*[3], post et sidus *B* *post vocabulum* sidus *in A comparent verba* sanguinis sui *quae leguntur in capite primo p. 154 l. 18sq.*
31 callimachus *FRB*, callimacus *N*, cal ... acus *A* itạ eṭ] a et *in ras. a m. 2 A* argi* *A* (s *eras.*), argis *NFRB vulgo* eius *om. A* 31*sq.* palmitem remitum *A* 32 pedibus *AN*, pedibus eius *FRB*

ostentat novercam ⌊de ex⌋uviis utriusque privigni. Hercules nunc populum capite prae⌊fert,⌋ nunc oleastrum, nunc apium. Habes tragoediam † Cerberi, habes Pindarum atque ⌊Callima⌋chum, qui et Apollinem memorat interfecto ⌊Del⌋-phin⌊e draco⌋ne lauream induisse, qua supplicem. Erant enim supplices corona⌊ti apud ve⌋teres. Liberum, eundem apud Aegyptios Osirim, Harpocration industria ederatum argumentatur, quod ⌊ederae⌋ natura sit cerebrum ab heluco defensare. Sed et alias Liberum principem coronae — plane ⌊laureae,⌋ in qua ex Indis triumphavit — etiam vulgus agnoscit, cum dies in illum sollemnes Magnam appellat Cor⌊o-nam. Si et Le⌋onis Aegyptii scripta evolvas, prima Isis repertas spicas c⌊apite cir⌋cumtulit, rem magis ventris. Plura quaerent⌊ibus⌋ omnia exhibebit praestantissimus in hac quoque ma⌊teria⌋ commentator Claudius Saturninus. Nam est illi '⌊de co⌋ronis' liber, et origines et causas et species et sollem⌊nitates earum⌋ ita edisserens, ut nullam

---

34 *cf.* Serv. ad Verg. Eclog. VII 61; Ovid. Her. IX 64 35 *cf.* Pind. Ol. III 11*sq.*, 23; IV 19; XI 45. Nem. I 26; Ol. XIII 33 *alibi*; Plut. Quaest. conv. V 3, 3 36 Call. frgm. 364 38 *cf.* Plin. H. N. XVI 9; XVI 144; XXIV 75

---

33 ostentat *A*, ostentam *NF*, ostentans *RB* exuviis] eximiis *F* herculis *NF* 34 oleastro *F* 35 habes tragoediam Cerberi *om. A* Cerberi] Cebetis *Scal.*; *ego nescio an delendum sit* Cerberi *ut additamentum docti cuiusdam non nescientis Herculem ob Cerberum obtruncatum populi foliis esse redimitum* pyndarum *A* 36*sq.* delphine *N*, ...phin. *A*, delphyne *F Oehler*, delphino *R*[1], Delphico *R*[3]*B* 37 qua] quã *A* 38 coronati *Urs.*, corona.. *A*, coronarii *NFRB*
39 osirim *A*, osirin *NFRB vulgo* arpocration *ANF* ederatum *AN*, hederatum *FRB* 40 ederae *NF*, ... *A*, hederae *R* naturae *A* 40*sq.* ab heluco — — Liberum *om. A* 41 *parenthesin indicavi* 43 sollempnes *A*, solempnes *NF* 44 aegyptii *A*, aegiptus *N*, egypciis *F* scripta evolvas *R*, scriptạ (a *ex* e *corr. m. 2*) *A*, scripte volvas *NF*, scripta volvas *Oehler* ysis *A* 45 repertas *om. A* repertas spicas *RB*, reperta spitas *N*, reperta picas *F* spicas *A* capite cumtulit *F* 47 commentator *ARB*, commendator *NF* 48 illi *scripsi*: illic *ANF*, illius *RB vulgo* 49 solempnitates *F*

gratiam floris, null⌊am laetitiam fron⌋dis, nullum caespitem aut palmitem non alicuius capiti invenias consecratum; quo satis instruamur, quam ali⌊enum⌋ iudicare debeamus coronati capitis institutionem ab eis ⌊prolatam⌋ et in eorum deinceps honorem dispensatam, quos saeculum de⌊os c⌋redidit. Si enim mendacium divinitatis diabolus ope⌊ratus⌋ est ⟨a primordio,⟩ in hac etiam specie a primordio mendax, sine dubio et eos ipse prospexerat, in quibus id mendacium divinitatis ageretur. Quale igitur habendum est apud homines dei veri quod agentibus candidatis diaboli introductum et ipsis a primordio dicatum est, quoque iam tunc idolis latriae initiabantur ab idolis et in idolis adhuc vivis? non quasi ⌊aliqui⌋d sit idolum, sed quoniam quae idolis ⟨ab⟩ aliis fiunt ad dae⌊monas⌋ pertinere*. Porro si quae alii idolis faciunt ad daemo⌊nas perti⌋nent, quanto magis quod ipsa sibi idola fecerunt, ⌊cum advi⌋verent? Ipsi scilicet sibi

---

56 *cf.* Ioh. 8, 44 62 *cf.* I Cor. 10, 19

---

52 instruamur *NFRB*, instruatur *A Oehler* alienum *RB*, ali.... *A*, aligenum *F*, alienam *N* 54 inceps *F* honore *A* saeculum *A*, sc̣ḷ'ṃ scdm *N*, scdm *F* 55 mendatium *A* 55 *sq.* operatus est *scripsi*: ope..... est *A*, operatur *NFRB vulgo* 56 a primordio *addidi* 57 id mendacium *FRB*, in mendacium *A*, mendacium *N Oehler* 58 quale *A R¹mg R³B*, qua *FR¹*, quạ quid *N*, quale quid *fort.* 59 dei veri *A N*, veri dei *FRB* agentibus candidatis *scripsi*: a genṭịḅ (tib *in ras. a m. 2*) datis *A*, a candidatis *NFRB*, a gentibus candidatis *Rig. Oehler* 60 ipsi *Iun.* quọque (*hoc est*: et quo) *A* (o *in* ę *corr. m. 2*), quodque *NFRB vulgo* 61 idolis latriae *scripsi*: idolislatrie *A*, idololatriae *NFRB vulgo* latriae] = λατρεῖαι initiabantur *A*, initiabatur *RB vulgo*, undabatur *N* (*sed deletum a libr. ipso*), iniciebatur imitabatur *F* idolis — — ab idolis] *cf. infra l. 64 sq.* et in idolis] *auch in den Götzenbildern*, et id idolis *Gel.* 62 sit *om. A* ab *addidi* 63 alii (s above) *A* (s *add. m. 2*), alii *NFRB vulgo* fiunt *ANF*, faciunt *RB vulgo* daemonas *N*, daemones *FR vulgo* pertinere *A*, pertinent *NFR vulgo* * *lacunam signavi*: scimus *vel* didicimus *sive tale aliquid intercidit* 64 daemonas *N*, daemones *FR vulgo*

procuraverunt daemones, ⌊et per ea,⌋ in quibus et usuri erant [ante] quod procuraverant.

8. ⌊Tene inte⌋rim hunc finem, dum incursum quaestionis excutio. ⌊Iam en⌋im audio dici et alia multa, ab eis prolata, quos saeculum deos credidit, tamen et in nostris hodie usibus et in pristinorum sanctorum et in dei rebus et in ipso Christo depreh⌊en⌋di, non alias scilicet hominem functo quam per communia ista instrumenta exhibitionis humanae. Plane ita ⌊sit, nec⌋ antiquius adhuc in origines disceptabo. Primus litteras Mercurius enarraverit: necessarias conf⌊itebor⌋ et commerciis rerum et nostris erga deum studiis. Sed et si ⌊nervos⌋ idem in sonum strinxit, non negabo et hoc ing⌊enium⌋ eius sanctis fecisse et deo ministrasse, audiens

---

66 procuraverunt *Urs.*, procuraverant *libri et vulgo* et per ea *scripsi* (*scilicet idola*): per eas *N*, per eos *FRB vulgo*, ... *A* (*septem vel octo litteras evanuisse testatur Reiff.* in quibus] *scil. in idolis, ut quae coronis ornentur* et usuri erant *scripsi*: ecsurierant *N*, esurierant *AFRB vulgo*, et haesuri (*vel* laesuri) erant *R²mg* *Hoppio* (*Beitr. p. 17*) *codicum memoriam* esurierant *defendenti non adstipulor, vel quia non de sacrificiis hic sermo est, sed de sola corona* 67 ante *seclusi ut ex dittographia ortum* (*cf. simile mendum p. 169, 15*) quod *A*, quam *NFRB* quod procuraverant] *scil. coronarum apparatum*

8. 1 hunc finem *A*, hc (*i. e.* hunc) fidem *N*, hanc fidem *FRB vulgo* hunc finem] = τοῦτον τὸν ὅρον, *i. e. hanc lineam, ad quam scilicet dimicando progressus est auctor* (*cf. quod sequitur* incursum) incursum (s *ex* c *corr. m. 1*) *A* 3 saeculum] secundum *F* 4 et in pristinorum — — dei rebus *om. A* in ipso] in *om. N* 5 hominem *NFRB* (*cf. Ho. Synt. u. Stil p. 16*), homine *A* (*Oehler*) 6 ista (s *eras.*) *A* 7 antiquius (ius *in* as *corr. m. 2*) *A* origines *A*, originem *NFRB* 8 mercurius litteras *FRB* enarraverit *NFRB* (*cf. infra l. 15* molita sit), enarravit *A* (*Oehler*) 9 commerciis rerum *A*, commerciis rebus *NF*, commercii rebus *RB* erga (e *ex* a *corr. m. 2*) *A* 10 nervos] *sex vel septem litt. evanuisse in A testatur Reiff.* idem *NFRB*, dent idem *A* (*sed m. 2 ante* dent *addidit litteram* i *et coniunxit* dent *et* idem) 11 ingenium] *h. e.* inventum eius *scripsi*: eum *A* (e *ex* c *corr. m. 1*), cum *FRB vulgo*, tum *N* sanctis *NFRB*, satis *A* fecisse] facere *cum dativo* = *conducere, convenire, adiumento esse alicui cf. De pat. cap. 5 = III p. 6, 21, ubi non debebam cum Ew. Bruhn rescribere* alterius *pro* alteri, *quod codd. praebent*

David. P⌊ri⌋mus medelas Aesculapius exploraverit: meminit et Esaias Ezechiae languenti aliquid medicinale mandasse, scit et Paulus stomacho vinum modicum prodesse. Sed et Minerva prima molita sit navem: videbo navigantem Ionan et apostolos. Plus est, quod et Christus vestitur: habebit etiam paenulam Paulus. Si et uniuscuiusque supellectilis et singulorum vasorum aliquem ex diis saeculi auctore⌊m⌋ nominaris, agnoscam necesse est et recumbentem in lec⌊tu⌋lo Christum, et cum pelvem discipulorum pedibus offert, ⌊et cum⌋ aquam ex urceo ingerit, et cum linteo circumstring⌊itur,⌋ propria Osiridis veste. Huiusmodi quaestioni sic ubi⌊que res⌋pondeo, admittens quidem utensilium communionem, ⌊sed provo⌋cans eam ad rationalium et inrationalium distinction⌊em, quia⌋ passivitas fallit obumbrans corruptelam condition⌊is, qua⌋ subiecta est vanitati. Dicimus enim ea demum et nostris et superiorum usibus et dei rebus et ipsi Christo competisse, ⌊quae me⌋ras utilitates et

---

8. 13 *cf.* Es. 38, 21 14 *cf.* I Tim. 5, 23 17 *cf.* II Tim. 4, 13 19 *cf.* Matth. 9, 10; Mc. 2, 15; 14, 3. 18. Luc. 7, 36. 37; 11, 37; 24, 30 20—22 *cf.* Ioh. 13, 5

---

12 medellas *A* medellas ṣẹ expl. *A* (se *erasum, recte ut ex dittographia ortum*) exploraverit *NFRB*, exploravit *A* 12*sq.* meminit *AF*, memini *NRB* 13 esaias *A*, esaiam *FRB*, Isaiam *N* eczechiae *A* 13*sq.* mandasse] *scil.* se 15 navigantēgantem *A* 16 ionam *N* apostolus *F* Christus *NFRB*, spṣ *A* (*alterum* s *additum, sed utrum a prima an a secunda manu non dignoscitur*) vestitur *A* (*cf. Ho. Beitr. p. 39*), vestietur *NFRB vulgo* 16*sq.* Plus est, quod et Christus vestitur, hab. et. p. Paulus] *memento, id quod non expressis verbis in antecedentibus dictum est, Minervam textrinae quoque artis inventricem esse* 17*sq.* suppellectilis *NFRB* 18 vasorum *A*, vasculorum *NFRB* dis *N* 19 agnoscam] agnoscant *A* (*Rig.*) 21 urgeo *A* 23 admittens] *pro* ut admittam, *ut saepius post* sic *et* ita *occurrit participium apud Tertullianum pro ut consecutivo* 25 quia *F*, qua *N*, distinction ...... passivitas *A* passivitas *AN*R^3*mgBmg*, passibilitas *FRB* 26 qua *F* quam *N* 27 superiorum *NFRB* (*cf. supra l. 3—4*), superioribus *A* (*Oehler*) 28 meras] veras *Hildebrandus*

certa subsidia et honesta solatia ⌊neces⌋sariis vitae humanae procurant, ut et ipso ⌊deo inspi⌋rante dantur, priore prospectore et instructore et oblectatore, si forte, ⌊homin⌋is sui, quae vero hunc ordinem excesserunt, ea non conven⌊ire u⌋sibus nostris, praesertim quae propterea scilicet [nec ⌊apud saeculum⌋] nec in dei rebus nec in conversationibus Christi reco⌊gnosci est.⌋

9. ⌊Quis⌋ denique patriarches, quis prophetes, quis levites aut s⌊acerd⌋os aut archon, quis vel postea apostolus aut evangel⌊izator⌋ aut episcopus invenitur coronatus? Puto nec ipsum ⌊dei templ⌋um nec arca testamenti nec tabernaculum martyrii nec altare nec candelabrum, quibus utique et in prima d⌊edica⌋tionis sollemnitate et in secunda restitutio⌊ni⌋s gratulatione competisset coronari, si dignum deo esset. At⌊quin si figurae⌋ nostrae fuerunt — nos enim sumus et templa dei ⌊et altaria et⌋ luminaria et vasa —, hoc quoque figurate portendebant, ⌊homines dei⌋ coronari non oportere. Imagini veritas respon⌊dere d⌋ebebit. Si forsitan opponis ipsum Christum coronatum, ad ⌊hoc brevi⌋ter interim audies: 'Sic et tu coronare; licitum est.' Ta⌊men nec i⌋llam impietatis contumeliosae coronam populus cons⌊civit.

8*sq.* *cf.* I Cor. 3, 16; 6, 19; II Cor. 6, 15

29 solatio *F* .....sariis *A*, necessariis necessitatibus *NFRB*: necessitatibus *interpretamentum esse docet De pat. 5 = III p. 6, 10*: de necessariis fidei 30 procurant *A*, procurent *NFRB* ut et ipso deo inspirante dantur *scripsi*: ut et ipso ....rante dantur *A*, ut ab ipso deo inspirata credantur *NFRB vulgo* priore *A*, propiore *NRB*, propriore *F* 31 et instructore *om. A* 32 excesserunt *A*, excesserint *NFRB* 32*sq.* convenire usibus *AFRB*, cum usibus (*om.* convenire) *N* 33*sq.* nec apud saeculum *seclusi*: *tolerari haec nequeunt propter argumentum in subsequenti sententia allatum*: quis d e n i q u e patriarches (denique = *namque*) 35 est] *est c. Acc. c. Inf. cf. Ho. Synt. u. Stil p. 47*

9. 4 archa *NF* 6 sollempnitate *ANF* 6*sq.* restitutionis R^3B, praestitutionis AR^1, prostitutionis *NF* 7 gratulatione] *h. e. gaudio* competisse *F* 9 luminaria et vasa *NFRB*, lumina sua *A* 11 si *AF*, sed *NRB* 12 opponis *A*, oppones *NFRB* 12*sq.* brevi⌋ter interim *ANRB*, interim breviter *F* 13 licitum *A*, et licitum *NFRB*

Ro⌟manorum militum fuit commentum, ex usu rei saecularis, ⌞quem popu⌟lus dei nec publicae umquam laetitiae nec inge⌞nitae lu⌟xuriae nomine admisit, facilius cum tympanis et ⌞tibiis et⌟ psalteriis revertens de captivitate Babyloniae ⌞quam cum⌟ coronis, et post cibum et potum exsurgens ad ludendum sine coronis. Nam neque laetitiae descriptio neque lux⌞uriae⌟ denotatio de coronae decore aut dedecore tacuisset. ⌞Adeo⌟ et Esaias: *quoniam*, inquit, *cum tympanis et psalteriis et tibiis ⌞vinum⌟ bibunt*, dicturus etiam 'cum coronis', si umquam hic usu⌞s fu⌟isset et in dei rebus.

10. Ita cum idcirco proponis deorum saec⌞ularium⌟ commenta etiam apud deum deprehendi, ut inter h⌞aec c⌟oronam quoque capitis communi usui vindices, ipse tibi iam praescribis non habendum in communione usus quod ⌞non in⌟veniatur in dei rebus. Quid enim tam ⟨in⟩dignum deo quam quod dignum idolo? Quid autem tam dignum idolo quam quod et mortuo? Nam et mortuorum est ita coronari,

---

9. 17 *cf.* I Esdras 5, 2 19 *cf.* Exod. 32, 6 (I Cor. 10, 7) 22 Es. 5. 12

---

15 fuit commentum *AN*, commentum fuit *FRB* ex usu rei *NFRB*, luxuria *A* (*sed in ras. a m. 2; quid antea fuerit, dignosci nequit*) 15*sq.* saecularis (i *ex* e *a m. 2*) *A* 16 dei *NFRB*, dedit *A* 17 nomine *NFRB*, nomen *A* (*ex correctura m. 2*) 19 et post] quod post *F* cybum *A* potum (p *ex* t) *A* 21 denotio *A* aut dedecore] aut decore *F* 22 quoniam *ANFR*[1], quando *GR*[3]*B* *quoniam*, inquit *scripsi*: quoniam inquit *vulgo* 23 et tibiis et psalteriis *FRB* vinum bibunt *scripsi*: .... bibunt *A*, bibunt vinum *NFRB vulgo* dicturus *A*, dicturus es *N*, dicturus esset *FRB vulgo* 24 et in dei] et *om. A* (*Oehler*)

10. 2 commenta *NFRB* (*cf. cap. 7, 53*), ornamenta *A* (*Rig. Oehler*) 3 vendices *F* 4 praescribes *F* communionem *A* (*Rig. Oehler*) usus *A*, usus apud nos *NFRB vulgo* 5 non inveniatur *B*, ... veniatur *A*, inveniatur *NFR* in dei rebus *A*, in rebus *N*, in rebus dei *FRB* indignum *Urs.*: dignum *ANFRB* 6 quid autem tam dignum idolo *FRB*, *om. AN* (*recepi et ego inter verba, ut reliqui omnes editores, quod una tantummodo praebet lectionis memoria, quamquam haec abesse possunt*) 7 ita] *scil.* capite

quoniam et ipsi idola statim fiunt et habitu et cultu consecrationis, quae apud nos secunda idololatria est. Igitur qui careant sensu, illorum erit perinde uti ea re, cuius carent sensu, atque si abuti ea vellent, si sensu non carerent. Nulla vero distantia est ⟨utendi et⟩ abutendi, cum veritas cessat utendi cessante natura sentiendi. Nobis autem abuti apud apostolum non licet, facilius non uti docentem. Nisi quod nec abutuntur qui nihil sentiunt, — qua⟨qua⟩ vult, quis abutatur, cum non habeat, qua utatur? — sed vacant totum et est ipsum quoque opus mortuum, quantum in idolis, vivum plane, quantum in daem⌊oniis,⌋ ad quae pertinet superstitio: *Idola nationum*, inquit Dav⌊id,⌋ *argentum et aurum. Oculos habent nec vident, nares ne⌊c odorantur,⌋ manus nec contrectabunt.* Per haec enim floribus frui est. ⌊Quod si⌋ tales edicit futuros qui idola fabricantur, tales iam sunt ⌊qui⌋ secundum idolorum ornatum quid

---

10. 14 *cf.* I Cor. 7, 31 18 *cf.* I Cor. 10, 19. 20 19 Ps. 113, 12—15 (*verba decurtata sunt*) 22 *cf. ib.* 16

---

8 quoniam *A*, vel quem *F*, vel quoniam *NRB vulgo* (vel *ortum putaverim ex* ut *superscripto olim coniunctioni* quoniam *propterea reprobatae, quia antecedens* ita *relativum adverbium* ut *desiderare videbatur*) et ipsi] et *om. N* 9 apud nos] *i. e. in unseren Augen* idololatria *A*, idolatria *NFRB* 10 careant sensu *AN*, sensu careant *FRB* perinde *AN*, proinde *FRB* 11 carent sensu *N*, careant sensu *A*, sensu careant *F*, sensu carent *R* (*ex Hirsaugiensi?*), sensu carerent *B* atque si] ac quasi *R²mg*, aeque si *B* ea *N* (*Rig.*), eo *A*, *om. RFB* 12 vero] *h. e.* re vera utendi et *addidi* utendi. cessante *vult distingui Oehler* 13 natura] *h. e.* naturalis facultas 14 facilius] *h. e.* potius 14 *sq. post* docentem *gravius distinxi* 15 nisi quod] = sed enim *parenthesin indicavi* 15 *sq.* quaqua — — utatur] *haec verba, quae in libris mss. supra* (*l. 13*) *post* natura sentiendi *leguntur, huc transposui* qua⟨qua⟩ *scripsi*: qua *ANFRB vulgo* 16 vult] *scil.* abuti 17 vacant *scripsi*: vacat *ANFRB vulgo*: vacant = *otiosi, nihil agentes sunt* totum] *pro* in totum *ut et alibi* ipsum quoque opus] *scil.* coronandi idola 18 ad quae] atque *F* 19 inquid *A* (*pro more*) 20 nares *A*, nares habent *NFRB* 21 contrectabunt] contrectant *Rig.* (*sed conferas graeca*: καὶ οὐ ψηλαφήσουσιν) 22 tales edicit *ARB*, tale se dicit *NF*

utuntur. *Omnia munda mu⌊ndis:⌋* ita et immunda omnia immundis. Nihil autem im⌊mun⌋dius idolis. Ceterum substantiae mundae, ut dei res, et hac sua condicione communes usui. Sed ipsius usus administratio interest. Nam et ego mihi gallinaceum macto, non minus quam Aesculapio Socrates, et si me odor alicuius loci offenderit, Arab⌊iae a⌋liquid incendo, sed non eodem ritu nec eodem habitu neç eodem apparatu, quo agitur apud idola. Si enim verbo nudo dei conditio polluitur, ut apostolus docet: *si quis autem dixerit, 'hoc idolothytum est', ne contigeris*, multo magis, cum saltitaveris habitu et ⌊ritu⌋ et apparatu idolothytarum, contaminatur. Ita et corona idolothytum efficitur. Hoc enim ritu et habitu et apparatu idolis immolatur a cultoribus suis, quorum eo vel maxime proprius est usus, ne in communionem possit admitti quod in dei rebus non invenitur. Propterea apostolus clamat: *Fugite idololatriam!* Omnem utique et totam. Recogita silvam et quantae lati-

---

24 Tit. 1, 15 25 *cf. ib.* 32 I Cor. 10, 28 39 I Cor. 10, 14

---

26 ac *A* (*litt.* h *s. v. add. m. 2*) 27 sed *NFR*, sed et *A* (*Rig. Oehler*) 28 gallinacẹum *A* (*litt.* e *in* i *corr. m. 2*) 29 socratis *NF* offenderit *NFRB*, defenderit *A* 30*sq.* nec eodem habitu *om. A* 31 quo] quod *F* idolum *N* si enim *NR*, sic enim *F*, sedenim *A* 32 dei conditio *scripsi*: dei *om. ANFRB*: *in archetypo Agobardini* si dei enim nudo verbo conditio *fuisse videtur* autem *ANRB*, non *F* 33 idolothytum *RB*, idolotitum *N*, idolothicum *AF* ne *A*, non *NFRB* 34 saltitaveris *A* (*Rig.*), *om. NFRB Oehler*: *de saltatione militari* (*Arnobius Adv. nat. II 42*) *hic sine dubio loquitur auctor, quamobrem iniuria Agobardini lectionis memoriam reiecit Oehler* idolothytarum *scripsi* (θύτης *apud Graecos occurrit iuxta* θυτήρ), *loci rationem secutus et codicum deteriorum memoriam, e quibus Vindobonensis* (*V*) *praebet* idolytharum *et Laur. 26, 12*: idoloticarum: idolothytorum *A*, ydoloticorum *N*, idolotnicorum *F* 35 contaminatur] *scil.* conditio dei 36 idolis] idolo* *A* (s *eras. ut vid.*) 36*sq.* a cultoribus *scripsi*: auctoribus *libri omnes et vulgo* 39 clamat *A*, inclamat *NFRB vulgo* idololatriaṇ *A* (n *in* m *corr. m. 2*), idolatriam *NFR* 40 omnem *AGR*[3]*B*, in omnem *NFR*[1] utique] itaque *N* et totam *AR*[3]*B*, et eo tam *FR*[1], ex eo totam *N*

tant spinae. Nihil dandum idolo, sic⟨ut⟩ nec sumendum ab idolo. Si in idolio recumbere alienum est a fide, quid in idoli habitu videri? *Quae communio Christo et Beliae?* Et ideo fugite lon⟨ge! lon⟩gum enim divortium mandat ab idololatria. In nullo proxime agendum: draco etiam terrenus de longinquo homines spiritu absorbet. Altius Iohannes, *fil⌊ioli,⌋* inquit, *custodite vos ab idolis!* non iam ab idololatria qu⌊asi⌋ officio, sed ab idolis, id est ⌊⌊ab ipsa⌋⌋ effigie eorum. Indignum enim, ut imago dei vivi imago idoli et mortui fias. Usque adhuc proprietatem istius habitus ⌊⌊et ex⌋⌋ originis censu et ex superstitionis usu idolis vindicamus, ex eo praeterea, quod dum in rebus dei non refertur, magis [magis⌊⌊que] illorum deput⌋⌋atur, in quorum et antiquitatibus et sollemnitatibus et o⌊ffi⌋ciis ⌊⌊con⌋⌋venitur. Ipsae denique fores et ipsae hostiae et arae, ipsi ministri ac

---

42 *cf.* I Cor. 8, 10 43 II Cor. 6, 15 44 *cf.* II Cor. 6, 17 (*cf.* Hier. 51, 45; Ez. 20, 34. 41; Es. 52, 11) 47 I Ioh. 5, 21 49 *cf.* Gen. 1, 27

---

41 idolo — — sumendum *om. A* sic⟨ut⟩ *scripsi*: sic *NFR vulgo* (*sic̄ = sicut*) 42 idoliọ *A* (o *add. m. 2*) *NR*, idoli *F* 44 lon⟨ge! lon⟩gum *scripsi*: longum *libri omnes et vulgo* mandatạ ab *A* (a *eras.*) 44 *sq. aliter distinxi*: ab idololatria, in nullo proxime agendum. Draco *vulgo* 45 in nullo ANR^3B, ni in nullo FR^1, qui in nullo R^2mg etiam] enim *N* 46 de longinquo] deliquio *N* homines spū *A*, hominis spiritus *NFR*, non minus spiritu *B* absorbet. altius *ANFR*, absorbet alites *B*, absorbet. aliter *Scal.* altius] *i. e.* clamat 47 *quae leguntur inde a verbis* ab idolatria *usque ad verba* etenim, ut ipsam causam coronae *cap. 11, 1 bis comparent in libro Agobardi:* A^1 *notat prioris,* A^2 *posterioris memoriae lectiones, A earum consensum; uncinae simplices* ⌊ ⌋ *significant quae in prioribus verbis, duplicatae* ⌊⌊ ⌋⌋ *quae in iteratis evanuerunt* 47 *sq.* idololatria A^2 48 officia A^2 sed ab idolis *NFRB*, sed idolis A^1, sed diabolis A^2 effigie] efficiae A^2 49 vivit mago A^2 50 fias *A*, fiat *NFRB* usque adhuc proprietatem is- *om.* A^1, *non desunt in* A^2 istius] ipsius *F* (*in ras.*) 51 censu] consu A^1 52 ex eo *ARB*, et eo *NF* non *A*, nostri NFR^1, nostri non R^3B refertur $ANFR^1mgR^3B$, infertur R^1 53 magisque *seclusi* et *om. A* 54 solempnitatibus *ANF* et (*alt.*) *om. F* (*fort. recte cf. Lfst. Zur Spr. Tert. p. 29sqq.*) 55 fores A^2NRB, furis A^1, fortes *F* et (*prius*) *om. NFRB*, fores et ⟨postes⟩, ipsae *fort.* hotiae A^1 arae AR^3B, areae NFR^1 ac *A*, et *NFRB*

sacerdotes eorum coronantur. Habes omnium collegi⌊⌊orum⌋⌋ sacerdotalium coronas apud Claudium. Sed et illam interstru⌊xi⌋mus distinctionem differentium rationalium et irrationalium eis occurrentem, qui communionem in omnibus de quorundam exemplorum occasione def⌊⌊en⌋⌋dunt. Ad hanc itaque partem causas iam ipsas coronar⌊ias⌋ in⌊⌊spi⌋⌋ci superest, ut, dum ostendimus extraneas, immo et cont⌊rari⌋as disciplinae, nullam earum rationis patrocinio fulta⌊m ⌊⌊pr⌋⌋obemus,⌋ quo posset habitus huiusmodi quoque ⌊⌊communioni⌋⌋ ⌊vindicari, si⌋cut et * quidam, quorum exempla nobis ⌊⌊obiectant⌋⌋ur.

11. Eten⌊im, ut ipsam causam⌋ coronae militaris ag⌊grediar,⌋ puto prius conquirendum, an in totum Christianis militia ⌊conveni⌋at. Quale est alioquin de accidentibus retractare, cum a praeceden⌊tibus cul⌋pa sit? Credimusne humanum sacramentum divino super⌊duci lic⌋ere, et in alium dominum respondere post Christum, et eierare ⌊patrem⌋ ac matrem et omnem proximum, quos et lex honorari et ⌊post deum⌋ diligi praecepit, quos et evangelium, solum Christum pluris ⌊faciens,⌋ sic quoque honoravit? Licebit in

---

11. 7 *cf.* Exod. 20, 12 8 Matth. 15, 4; Marc. 7, 10; Luc. 18, 20; *cf.* Matth. 5, 43; Marc. 12, 31. 33; Luc. 6, 27 9 *cf.* Matth. 10, 37

---

56 coronantur eorum *F* con .... orum A^1 57 aput *A* 58 differentium *A*, differentiae *NFRB* 58*sq.* et irrationalium *om. A* 60 corundam *A* exemplorum *om. N* occansione *A*, occaxione *N* 62 dum A^1*NFRB*, cum A^2 63 rationis] rationi es A^1 64 quo *Iun.*: quod *ANFRB* (*Oehler*) huiusmodi *A*, eiusmodi *NFRB* 64*sq.* communionius A^1 65 *lacunam signavi*: alii (*scil.* habitus) *intercidisse puto* (*cf. quae supra cap. 8, 2sqq. proferuntur*) 66 nobis] bis A^2

11. 1 *in verba* causam coronae *desinit* A^2 2 cum quirendum *F* 3 est alioquin *om. A* 3*sq.* retrac cum a *A* 4 credimusne *NFRB*, credimus nec *A* 6 dominum] dño *A* 7 ac] aut *A* quos et *NFRB*, quos *A* 8 quos *A*, hos *NFRB* 8*sq.* solum Christum *scripsi*: solo χpm *A*, solo christo *NFRB* 9 pluris *AN*R^2*B*, pluê (*h. e.* pluere) *F*, plure R^1 faciens *scripsi*: *in A litterae septem evanuerunt*, non faciens *NFRB* quoque] quorum *F*

gladio conversari, ⌞domino pro⌟nuntiante gladio periturum qui gladio fuerit usus? Et proelio opera⌞bitur fi⌟lius pacis, cui nec litigare conveniet? Et vincula et car⌞cerem⌟ et tormenta et supplicia administrabit, nec suarum ultor iniuriarum? Iam et stationes aut aliis magis faciet qua⌞m Christo,⌟ aut et dominico die, quando nec Christo? Et excubabit pro ⌞templis,⌟ quibus renuntiavit? Et cenabit illic, ubi apostolo non ⌞pla⌟cet? Et quos interdiu exorcismis fugavit, noctibus defen⌞sa⌟bit, incumbens et requiescens super pilum, quo perfossum ⌞est latus⌟ Christi? Vexillum quoque portabit aemulum Christi? Et signum postula⌞bit a p⌟rincipe, qui iam a deo accepit? Mortuus etiam tu⌞ba⌟ inq⌞uieta⌟bitur aeneatoris, qui excitari a tuba angeli expec⌞tat? Et⌟ cremabitur ex disciplina castrensi Christianus, cui cre⌞mare⌟ non licuit, cui Christus merita ignis indulsit? Quanta al⌞ia ⟨ia⟩m de⌟licta circumspici possunt castrensium munium transgressioni interpretanda! Ipsum de castris lucis in castra tenebrarum nomen de⌞ferr⌟e transgressionis est. Plane, si quos militia praeventos fide⌞s⌟ posterior invenit, alia condicio est, ut illorum, quos Iohanne⌞s⌟ admittebat ad

10 *cf.* Matth. 26, 52 12 *cf.* I Cor. 6, 7 13 *cf.* Matth. 5, 39; Luc. 6, 29 17 *cf.* I Cor. 8, 10 19 *cf.* Ioh. 19, 34 22 *cf.* I Cor. 15, 52; I Thess. 4, 16 29 *cf.* Luc. 3, 14

10 gladio periturum *om.* *A* 11 operabit *F* 13 et supplicia *ANB*, supplicia *FR* administravit *F* 14 et *om.* *A* stationis *NF* aliis *AN*, alii *FRB* 15 et (*alt.*) *om.* *A* 15 *sq.* excuṣabit *F* (s *in ras. a m. 2*) 16 cenabit *ARB*, coenavit *NF* 17 exhorcismis *A* 19 pilum *A*, lumbos *NFGRB* quo *AFR*¹, pro quo *NGR*³*B* est latus christi *NFRB*, l....... χ̄p̄i *A* (*erat igitur in A*: latus est χ̄p̄i, *quod obstrepit clausulae legi*) 20 portabit *ARB*, portavit *NF* postulabit *ARB*, postulavit *NF* 24 merita ignis] *h. e. quae ignem* (*scil. infernum*) *merebantur, cf.* nullum meritum odii, reperietur = *nihil quod odium merebitur Ad nat. I, cap. 1 = I p. 59, 17 sq.* (*corr. haec editio Iani Ph. Borleffs* [*1929*] *p. 1, 16* indulsit] inclusit *N* 25 alia ⟨ia⟩m delicta *scripsi*: al......licta *A*, alia in delicta *F*, alia delicta *N*, alia in delictis *RB*, alia inde delicta *Oehler* 27 deferret *F* transgressionis *A*, transgressio *NFRB* 28 invenitur *N*

lavacrum, ut centurionum fidelissim⌞orum, quem Christus⌟ probat et quem Petrus catechizat, dum tamen suscepta ⌞fide at⌟que signata aut deserendum statim sit, ut a multis actum, ⌞aut⌟ omnibus modis cavillandum, ne quid adversus deum ⌞committa⌟tur, quae nec extra militiam permittuntur, aut nov⌞issime⌟ perpetiendum pro deo, quod aeque fides pagana condixi⌞t. Nec⌟ enim delictorum impunitatem aut martyriorum i⌞mmunitatem⌟ militia promittit. Nusquam Christiano aliud est unum evangelium et idem: Iesus negaturus omnem negatorem et confessurus omnem confes⌞so⌟rem et salvam facturus animam pro nomine eius amissam, perditurus autem de contrario adversus nomen eius lucri habitam. Apud hunc tam miles est paganus fidelis, quam paganus ⌞est miles fidelis. Non admittit status fidei allegationem necessitatis. Nulla est ne⌟cessitas delinquendi, quibus una est necessitas non delinquendi. Nam et ad sacrificandum et directo ⌞neg⌟andum necessitate quis premitur tormentorum sive poenarum. ⌞Tam⌟en nec illi necessitati disciplina conivet, quia potior est necessitas timendae negationis et obeundi martyrii quam evadendae

---

30 *cf.* Matth. 8, 10; Luc. 7, 9 31 *cf.* Act. 10, 28—36 39 *cf.* Matth. 10, 33. 32; Luc. 12, 9. 8 40 *cf.* Matth. 10, 39; Marc. 8, 35; Luc. 9, 24

---

31 cathecizat *A*, catetizat *N*, cathezizat *F* 32 a *om.* *NFRB* 34 extra militiam *A*, ex militia *NFRB* 35 perpaetiendum *A* 37 promittit *A*, promittet *NFRB* 38 Christiano *scripsi*: christianos *F*, christianus *ANRB et vulgo* aliud est. Unum evangelium et idem Iesus *vulgo distinguitur* iesus *NFR*, ihs *A* 39 confessurus omnem AR^3B, *om.* NFR^1 40 & salvam *A*, et dei salvam NFR^1, dei et salvam R^3B *vulgo* 41 amissam *ARB*, admissam *NF* proditurus *F* 42 luchri *A* 42 *sq.* est paganus — — est miles *om.* *N* paganus] *h. e. non militaris, civilis* 43 quam pagus est *F* miles fidelis] fidelis $ANFR^1$, infidelis R^3B *et reliqui omnes edd. praeter Oehler* non *ANR*, nunc *F* statu *N* 44 fidei allegationem necessitatis *NFRB*, fide in necessitates *A* (*om.* allegationem), fidei necessitates *Rig. Oehler* 44 *sq.* deliquendi *A* 45 quibus — — delinquendi *om.* *A* 46 directo NFR^3B, directio AR^1 47 *post* poenarum *gravius distinxi* 48 necessitati AR^3B, necessitate NFR^1 conivet AR^3, conibet NFR^1

passionis et implendi officii. Ceterum subvertit totam substantiam sacramenti causatio eiusmodi, ut ⟨quae⟩ etiam voluntariis delictis fibulam laxet. Nam et voluntas poterit necessitas contendi, habens scilicet, unde cogatur, vel ipsam. Haec praestruxerim et ad ceteras officialium coronarum causas, quibus familiarissima ista advocatio necessitatis, cum idcir⌊co aut⌋ officia fugienda sunt, ne delictis incidamus, aut mar⌊tyria t⌋oleranda sunt, ut officia rumpamus.

12. De prima specie quaes⌊tionis,⌋ etiam militiae ipsius inlicitae, plura non faciam, ut se⌊cunda⌋ reddatur, ne, si omni ope expulero militiam, frustra ⌊iam de⌋ corona militari provocarim. Puta denique licere militiam ⌊usque ad⌋ causam coronae. †Sed et de corona prius dicamus. Laurea ⌊ista Apo⌋llini vel Libero sacra est, illi ut deo telorum, huic ut ⌊deo triumphorum.⌋ Sic docet Claudius. Cum et myrto ait milites redimiri solere, 'Veneris enim' ⟨inquit⟩ 'myrtus,

---

50 officii] *scil. saecularis, quod repugnat fidei* 51 ut *NFRB*, *om. A* quae *addidi* 52 voluntas *A*R^3*B*, voluptas *NF*R^1 53 habens *AN*R^3*B*, habes R^1, et habes *F* 53*sq. aliter distinxi*: cogatur. vel ipsam *vulgo* 54 ipsam. Haec *scripsi*: ipsam *A*, ipse haec *NFRB* et ad ceteras *A*R^2*mgNB*, et ceteras *FR* 55*sq.* causas — — cum *om. A* ista *NFRB*, est *Lat.* advocatio *Lat.*: ducatio *NFRB Oehler* (*sed cf. Ho. Synt. u. Stil p. 118 et supra l. 44*: allegationem necessitatis) 56 cum] *während doch* (*cf. Ho. Synt. u. Stil p. 80*) sunt *A*, sint *NFRB* delictis *A*, in delictis *NFRB* 57 indicamus *A* aut *A*, aut et *NFRB* sunt *A*, sint *NFRB*

12. 1 De prima] *Initium capitis duodecimi vulgo infra a verbis* sed et de corona *incipientis hic statui* 2 plura] *scil. verba* faciam *Urs.*: faciunt *ANFRB* ne si *A*, nisi *NFRB*, nae si *Oehler* 3 omni *ARB*, omne *NF* ope *om. N* 4 militia *N* 5 Sed et — dicamus] *locus corruptus nondum sanatus* dicam^{s} *A* (*h. e. dicamus*), dicam *NFRB vulgo* 6 sacra *AN*, sacrata *FRB* illi ut *RB*, illut *A*, illud *NF* telorum *ARB*, celorum *NF* 6*sq.* ut deo *ARB*, iudeo *N*, video *F* 7 triumpharum *A* *post* Claudius *gravius distinxi* cum *A*, quamquam *NFRB* et myrto *Iun.*: et murto *A*, et mirthe *N*, et morte *F*, ex myrto *RB* 8 redimiri] redi *A* *post* solere *virgulam posui et verba Claudii signavi* inquit *addidi* myrtum R^3*B*

matris Aeneadarum, et⌞iam amicu⌟lae Martis, per Iliam et Romulos et Romanae'. Sed ego ⌞Venerem⌟ non credo ex hac parte cum Marte Romanam, quae paelicis .... dolor est. Cum et olea militia coronatur, ad Minervam est ⌞idolo⌟-latria, armorum aeque deam, sed et paci cum Neptuno ⌞initae⌟ ex hac arbore coronatam. In his erit serti militaris superstitio, ubique polluta et polluens omnia. Quae iam pol⌞lua⌟tur et causis. Ecce annua votorum nuncupatio quid videtur? ⌞Prima in⌟ principiis, secunda in Capitoliis. Accipe post loca et verba: 'Tunc tibi, Iuppiter, bovem cornibus auro decoratis vo⌞vemus⌟ esse futurum.' Cuius sententiae vox est? Utique negationis. Etiamsi tacet illic Christianus ore, coronatus capite respondens. ⌞Eadem⌟ laurea in dona-

---

9 matris *ARB*, matri *NF* aeneadarum *A*, ęneę ad aurum *NFR*¹, Aeneae, non laurum *R*³*B* per iliam *ANRB*, in illam *F* 10 Romulos *R*³*B*, romulus *ANFR*¹ Romuli = *Romulus et Remus, sicut Castores* = *Castor et Pollux* et (*h. e.* etiam) Romanae *scripsi*: et romani *A*, romani *NR*³*B*, Romam *FR*¹ sed *AB*, sed et *NFR* 11 marte romanam *AR*³*B*, marte romana *FR*¹, matre romana *N* 11*sq.* quę pelicis .... dolor est *A*, quae paelicis ⌞tumor, deae⌟ dolor est *fort.*, qua pelicis (pellicis *N*) dolor est *NFRB vulgo* 12 cum — coronatur] quin et olea militiam coronari *B* ad minervam *AN*, a minerva *FRB* 12*sq.* ..... latria *A*, idolatria *NF* 13 armorū aeque deā *A*, marmorumeque deam *N*, marmoreaque dea *FR*¹, armorum quoque dea *R*³, ⟨non solum artium, sed⟩ *add. B* paci *ANFR*¹, pacem *R*³*B*, pace *Iun.* 14 initae *Rig.*, ... *A*, ineitae *R*¹*F*, mente *N*, inisse *R*³*B*, inita *Iun.*, iniendae *fort.*

15 ubique *om. Rig.* polluta] polluata *A*, pollutata *Hildebrandus* omniaque iam *Rig.* 16 pol ... tur *A* polluatur *de la Cerda*, polluantur *NFRB*, polluentur *Rig.* et causis *om. A* 18 tunc *ANF* (*scil.* cum exaudiveris preces nostras), hunc *RB Iun.*, nunc *Urs.* tibi] ter *F* bove *Urs.* (*Rig.*) 19 decoronatis *A* vovimus *Urs.* (*Rig.*) esse facturum (*Iun.*, *Lipsius* [*ad Tac. Ann. XVI Exc. A p. 541*]; *sic et in Vindobonensi codice adscripsit margini m. 2*) sentiae *A* 20 illic *AR*³*B*, illi *NFR*¹ 21 respondens (*scil.* est). Eadem *scripsi* (*cf. Ho. Synt. u. Stil p. 60*): respondens .... *A* (& do *sive* eadē *in evanidis fuisse testatur Reiff.*; serio *agnoscere sibi videbatur Hildebrandus*), respondit. eadem *NFRB vulgo* 21*sq.* donativi *NFRB*, donatis *A*

tivi dispensationem denuntiatur; plane, ⟨ne⟩ gratuita. Idololatra tu, aliquibus aureis venditans Christum, ut argenteis Iudas, hoc erit *non potestis deo servire et mammonae*, mammonae manum tradere et deo adsistere? Hoc erit *reddite quae ⌊sunt⌋ Caesaris Caesari et quae dei deo*, nec hominem deo reddere et denarium Caesari auferre? Triumphi laurea foliis struitur, an cadaveribus? lemniscis ornatur, an bustis? unguentis delibuitur, an lacrimis coniugum et matrum? fortasse ⌊quorundam⌋ et Christianorum; et apud barbaros enim Christus. Qui hanc ⌊portaverit⌋ in capite ⟨gloriae⟩ causa, nonne et ipse pugnavit? Est et alia ⌊militia: regiar⌋um familiarum. Nam et castrenses appellantur, munificae ⌊et ipsae s⌋ollemnium Caesarianorum. Sed [et] tu proinde miles ac servus ⌊alteri⌋us, et si duorum, dei et Caesaris, certe tunc non Caesaris, cum te deo debes, etiam in communibus, credo, potiori.

---

12. 25 Matth. 6, 24; Luc. 16, 13 26 Matth. 22, 21; Marc. 12, 16; Luc. 20, 25 36 *cf.* Matth. 6, 24; Luc. 16, 13

---

22 dispensationē *A*, dispensatione *NFRB vulgo* denuntiatur] *h. e. edicitur*; *post* denuntiatur *vulgo graviter distinguitur* plane, ⟨ne⟩ gratuita (*scil.* sit donativi dispensatio) *scripsi*: plane gratuita *A*, plane non gratia *NFR*, plane non gratuita *B* plane non gratuita idolatria *B vulgo* 22*sq.* idololatra tu *scripsi*: idolata ta *F*, idolatria *NR*, ...latria *A* 23 christum *om. A* 24 Iudas. hoc erit *vulgo distinguitur* mamonae *A* 25 deo *AN*, ab eo *F*, a deo *RB* adsistere *scripsi*: absistere *libri et vulgo* hoc erit *A*, hoc est *NR*, vocem *F* 26 nec] et hęc *F* 28 struitur] instruitur *F* an cadaveribus *Rig.*: .. cadeveribus *A*, hanc adverbis *NFRB* lemniscis] lemnis *A*, lamnis *Rig.* ornatur *Rig.*: ornatus *A*, inornatura *NFR*, inoratur *B*, inauratur *Gel.* 29 an bustis *A*, ambustis *NFRB*, ambitur lamnulis *Bmg* delibitur *F* lachrimis *A* 31 enim christus. qui *ANB*, christus enim, qui *FR* 32 ⟨gloriae⟩ causa *scripsi*: causam *libri et vulgo* ipse] ipsi *Oehler* (*sed tollitur clausula*) nonne et ipse pugnavit?] *pugnando scilicet et ipse reus factus est occisorum hominum*, oppugnavit *Urs.* (*Rig.*) 34 sollempnium *ANF* et *seclusi*: sed et tu *NFRB*, sed (*om.* et tu) *A*, sed et tum *Oehler* 35 alterius *A*, alterius es *NFRB vulgo* 36 certe — — Caesaris *om. A*

13. Coronant et publicos ordines laureis publicae causae, magistratus vero insuper aureis. [ut Athenis, ut Romae] Superferuntur etiam illis Etruscae. Hoc vocabulum est coronarum, quas gemmis et ⌊foliis⌋ ex auro, quercinis ab Iove, insignes ad deducendas ten⌊sas cum p⌋almatis togis sumunt. Sunt et provinciales aureae: imagi⌊num iam nu⌋merant capita maiora quaerentes. Sed tui ordines et tui magistratus et ipsum curiae nomen ecclesia est Christi. Illius es, con⌊scrip⌋tus in libris vitae. Illic purpurae tuae, sanguis domini, et clavus latus in cruce ipsius; illic secures, ad caudicem iam arboris positae; illic virgae, ex radice Iesse. Viderint et public⌊i e⌋qui cum coronis suis. Dominus tuus, ubi secundum scripturam Hierusalem ingredi voluit, nec asinum habuit privatum. *Isti in curribus et isti in equis, nos autem in nomine domini dei nostri invocabimus.* Ab

---

13. 9 *cf.* Apoc. 17, 8 (*cf.* Ps. 69, 29) 11 *cf.* Matth. 3, 10; Luc. 3, 9. *cf.* Es. 11. 1 13 *cf.* Zach. 9, 9; *cf.* Matth. 21, 1. 2 14 Ps. 20, 8 (*cf.* Matth. 21, 8)

---

13. 1 publicos ordines laureis *om. A* 2 magistra *F* ut Athenis, ut Romae *delevit Rig., quem non sequitur Oehler* 3 superferuntur] praeferuntur *B* etiam *NG³RB*, enim *AFR¹* illis] eis *N* 4 quercinis] quęcernis *A* 4*sq.* ab iove insignes *A*, ob iovem insignis *NFRB*, insignes, ab Iove (*h. e. ex templo Iovis*) *legi vult Ludovicus Deubner* (*cf. Hermes LXIX* [*1934*] *p. 319, adnot. 4*), *quem ego libenter sequerer, si non et is, qui in Agobardino traditur ordo verborum* (*satis quidem coactus*), *defendi posset* 6 aureae *NFRB*, aure *A* 6*sq.* imaginum iam numerant *scripsi*: imaginum iam numerum *NFR*, imagi........mero *A*, imaginum iam, non virorum *B et vulgo* imaginum (*effigies intellege avorum*) iam numerant capita] *ut dignos scilicet se probent addictione aureae* 7 maiora quaerentes] *die höher hinaus wollen* *ab A exorsus ita hunc locum emendandum censet C. Prinz*: aureae, imagi⌊num pro nu⌋mero capita maiora quaerentes ordines *A*, ordinis *NFRB* 8 ipsum curiae nomen] curia *et* κυρία *aequantur ab auctore* 9 domini *NFRB*, dño *A* in cruce *NFRB*, inicū *A* secures *AF*, securis *NRB vulgo* 11 caudicem *A*, caudices *NFRB* iam *om. NFRB* positae *ANF*, posita *RB vulgo* virgae *A* (*Rig.*), virga *NFRB reliqui, etiam Oehler* 12 viderunt *N* publici equi *R³B*, public..qui *A*, publici et qui *NFR¹* 15 domini dei nostri *NFRB*, dñi non *A* invocavimus *A*

ipso incolatu Babylonis illius in Apocalypsi Iohannis submovemur, nedum a suggestu. Coronatur et vulgus nunc ex principalium prosperitatum exultatione, nunc ex municipalium sollemnitatum proprietate. Est enim omnis publicae laeti⌊tiae lu⌋xuria captatrix. Sed tu, peregrinus mundi huius et civis civitatis supernae Hierusalem, — *noster*, inquit, *municipatus in caelis* — habes tuos census, tuos fastos, nihil tibi cum gaudiis saecul⌊i, immo⌋ contrarium debes. *Saeculum enim gaudebit, vos vero* ⌊*lugebi*⌋*tis.* Et, puto, *felices* ait *lugentes*, non coronatos. Coronant et nuptiae spo⌊nsos. Et⌋ ideo non nubemus ethnicis, ne nos ad idololatrian usque ⌊deducant,⌋ a qua apud illos nuptiae incipiunt. Habes legem, et a patriarchis quidem, habes apostolum in domino nubere iubentem. Coronat et libertas saecularis. Sed tu iam redemptus es a Christo, et quidem magno. Servum alienum quomodo saeculum manu⌊mit⌋tet? Etsi libertas videbitur, ⟨non erit.⟩ Sed et servitus videbatur. Omnia imaginaria in saeculo et nihil veri. Nam et tunc liber hominis eras, redemptus a Christo, et nunc servus es Christi, licet manumissus sis ab homine. Si veram putes saeculi li-

16 *cf.* Apoc. 18, 10 20 *cf.* I Petr. 2, 11; Ebr. 11, 13 (*cf.* Ps. 39, 13) 21 *cf.* Ebr. 12, 22; Phil. 3, 20 24 Ioh. 16, 20 25 Matth. 5, 4 28 *cf.* Gen. 24, 3. 4. 28, 1. 2; *cf.* I Cor. 7, 39 30 *cf.* I Petr. 1, 18. 19; *cf.* I Cor. 6, 20 34 *cf.* I Cor. 7, 23

17 a suggestu *ANR*[3]*B*, ad suggestum *FR*[1] 18 prosperitatum *A*, p̂t̤a̤t̤ū petatum *N*, proprietatum *FRB* 19 solempnitatum *NF* est enim *A*, et est *NFRB* 20 sed] si *F* peregrinus *A*, peregrinus es *NFRB* 21 et *A*, *om. NFRB vulgo* civitatis civis *F* *parenthesin indicavi* 22 tuos fastos *om. A* 25 non coronatos *om. A* 26 *post* sponsos *gravius distinxi* sponsos et ideo *NFRB*, spon ..... ideo *A*, sponsos. ideo *Rig.* nubemus *A*, nubimus *NFRB*, nubamus *Rig.* nos] vos *F* ad *om. A* 26*sq.* idololatrian *Rig.*, idolatrian *ANFRB* 28 habes legem, et *scripsi*: et habes legem *F*, habes legem *ANRB vulgo* quidem] qui idem *Iun.* 30 et quidem *om. F* 32 videbitur *A*, videtur *NFRB vulgo* non erit *addidi* videbatur *NFRB*, videbitur *A* (*Rig. Oehler*) 34 hominis *A*, homini *NFRB* 35 manumissus sis *A*, manumissus *NFRB* vera *F*

bertatem, ut et corona eam consignes, redisti in servitutem hominis, quam putas libertatem, amisisti libertatem Christi, quam non putasti ⟨libertatem, sed⟩ servitutem. Numquid et agonisticae causae disputabuntur, quas statim tituli sui damnant, ut et sacras et funebres scilicet? Hoc enim superest, ut Olympius ⌞Iupiter⌟ et Nemeaeus Hercules et misellus Archemorus et ⌞Antinous⌟ infelix in Christiano coronentur, ut ipse spec⌞taculum⌟ fiat, qui spectare non debet.

Universas, ut arbitr⌞or, causas e⌟numeravimus, nec ulla nobiscum est: omnes alienae, profanae, illicitae, semel iam in sacramenti testatione eieratae, — haec enim e⌞runt 'pompae diaboli et angelorum eius': saeculi officia honores sollemnitates, popularitatis falsa vota, humana servi⌞tia, la⌟udes vanae, gloriae turpes — et in omnibus istis idololatriae, in solo quoque censu coronarum, quibus omnia ista redimita sunt. Praefabitur quidem Claudius etiam caelum sideribus apud Homeri carmina coronatum, — certe a deo, certe homini; igitur et homo ipse a deo coronandus est — ceterum a saeculo coronantur et ⌞lupanaria⌟ et latrinae et pistrinae

52 *cf.* Hom. Il. XVIII 485

36 corona eam *A*, coronam *NFRB* 38 quam non putasti *A*, quam non putas *NF*, quam putas *R vulgo* libertatem sed *addidi* 40 ut et *N*, et *FR vulgo*, *om. A* 41 nemeaeus *NR*, nemeus *AF* misellus *AR*, mesellus *F*, rusellus *N* 42 archimorus *NF* anthinous *F* 43 qui *scripsi*: quid *N*, quod *AFRB vulgo* non *om. A Oehler* debet *A*, debeat *NFRB*, taedet *Oehler* 44 enumeravimus *A*, enumeramus *NFRB* 45 profanae *om. N* 46 testatione *A*, temptatione *NFRB* eieratae] ei erat *F* haec enim erunt *NF*, ...rant *A*, hae enim erunt *RB* 46 *parenthesin indicavi* 46 *sq.* pompae] = *missiones, ea quae mittuntur* (*cf. cap. 3, 15*) 47 saeculi officia (*Ämter*) *scripsi*: officia saeculi *libri et vulgo* 47 *sq.* sollempnites *A*, sollempnitates *NF* 48 popularitatis (*h. e. vulgi, cf. Adv. Marc. I cap. 10 = III p. 303, 6; De an. cap. 30 = I p. 349, 25*) *scripsi*: popularitates *A* (*Oehler*), postularitates *NFR*, postulatrices *B* 49 idololatriae (*scil.* sunt) *A*, idolatriae *NFRB* 52 *parenthesin indicavi* certe a deo *NFRB*, certe ipse a dño *A* 53 ceterum] = *sed* 54 pistrinae *Rig.*: pristinae *A*, pistrina *NFRB*

et carcer et ludus et ipsa am⌞phitheatra⌟ et ipsa spoliaria ipsaeque libitinae. Quam sacer sanctusque, quam honestus ac mundus sit habitus iste, noli de uno poëtico caelo, sed de totius mundi commerciis aestimare.

At enim Christianus nec ianuam suam laureis infamabit, si norit, quantos deos etiam ostiis diabolus adfinxerit, Ianum a ianua, Limentinum a limine, Forculum et Carnam a foribus atque car⌞di⌟nibus, etiam apud Graecos Thyraeum Apollinem et Ante.....os daemonas. **(14.)** Tanto abest, ut capiti suo munus inferat ⌞idolola⌟triae, immo iam dixerim Christo, siquidem caput vi⌞ri Christus⌟. Est tam liberum quam et Christus, ne velamento quidem ob⌞noxium,⌟ nedum obligamento. Porro et quod obnoxium est ve⌞lamento, ca⌟put feminae, hoc ipso iam occupatum non vacat ⌞etiam o⌟bligamento. Habet humilitatis suae sarcinam. Si nudo capite videri non debet propter angelos mul⟨ier, mul⟩to magis coronato. Fortasse ⟨et⟩ tunc illos coronato scandaliza-

---

14. 3 *cf.* I Cor. 11, 3 4 *cf.* I Cor. 11, 10 7 *cf.* I Cor. 11, 5 9 *cf.* I Cor. 11, 10; *cf.* Gen. 6, 1. 2

---

55 et carcer *FRB*, *om. AN* ludus] *scil. gladiatorius* ipsa spoliaria *NFRB*, ipsae sponsariae *A* 56 libicinae *F* sanctusque quam *A*, sanctus quam *N*, sanctus quamquam *F*, sanctus quamque *RB* 57 at mundus *A* caelo tius *A* (*om.* sed de to-) 58 comerciis *A* existimare *N* 59 ianuam suam laureis *NFRB*, lauream suam ianuis *A* 59*sq.* infamavit *F* 60 ostiis *R*, hostiis *AF*, hostis *N* adfinxerit *A*, finxerit *NFRB* 61 Ianum *ARB*, ianuam *NF* Carnam *ARB*, carna *NF* 62 atque *AN*, et *FRB* etiam *ANF*, et *RB* tyraeum *NF*, thyreum *A* 63 ante......os *A*, antelios *NFRB vulgo*, Antithyraeos *fort.* daemonas *A*, daemones *NFRB*

14. 1 abest *ARB*, habes *NF* 2 munus *A*, manus *NFRB* ....triae *A*, idolatriae *NFRB*, idolatria *Lat.* 3 capud viri *A*, viri caput *NFRB vulgo* *aliter distinxi*: Christus est, tam liberum *vulgo* est *om. N* 6 hoc ipso iam *A*, iam hoc ipso *NFRB* 8 mul⟨ier, mul⟩to *scripsi*: multo *ANFRB* 8*sq.* multo magis coronato] *scil.* videri non debet 9 *post* coronato *gravius distinxi* et *addidi* et tunc] *h. e. ea aetate, qua seducti sunt angeli a filiabus hominum cf. Gen. 6, 1. 2* illos *AF*, illo *NR* coronato *AF*, coronata *N*, coronatos *RB vulgo* ve⌊rit. Quid⌋ enim est in capite feminae corona quam formae lena, quam summae lasciviae ⌊nota,⌋ extrema negatio verecundiae, conflatio inlecebrae? ⌊Prop⌋terea nec ornabitur operosius mulier ex apostoli ⌊prospec⌋tu, ut nec crinium artificio coronetur. Qui ta⌊men et viri ca⌋put est et feminae facies, ut vir ecclesiae, Christus Iesus, ⌊quale, oro⌋ te, sertum pro utroque sexu subiit? Ex spinis o⌊pinor et tribu⌋lis. ⟨Si⟩ in figuram delictorum, quae nobis protulit ⌊terra carnis, abs⌋tulit autem virtus crucis, omnem aculeum mortis ⌊in dominici capi⌋tis tolerantia obtundens, certe praeter figu⌊ram contume⌋lia in promptu est et dedecoratio et turpitud⌊o et his im⌋plexa saevitia. Quae ⟨si⟩ tunc domini tempora et f⌊oedaverunt et⌋ lancinaverunt, uti ⟨quid⟩ tu nunc laurea et m⌊yrto et olea⌋ et inlustriore quaque fronde et, quod magis u⌊sui est, centen⌋ariis quoque rosis ex Midae horto lectis et utrisque li⌊liis et omnibus⌋ violis coroneris, etiam gemmis

---

13 *cf.* I Tim. 2, 9 14 *cf.* I Cor. 11, 3. 7 16 *cf.* Gen. 3, 18 18 *cf.* I Cor. 15, 55 24 *cf.* Herod. VIII 138

---

10 in *A*, *om.* *NFRB* 10*sq.* formae lena, quam *om.* *A* 11 lena *R*[3], linea *NFR*[1] summae *A*, summa *NFRB* 12 inlecebrae *A*, illecebrae *NFRB* nec ornabitur *A*, non coronabitur *NFRB* 13 ut *om.* *N* 14 est et *AN*, est *FRB* 15 ut vir *scripsi* (= *ut sponsus, maritus*), vir *A*, ut *NFRB* ecclesia *F* christus ihs *A*, christi iesu *NFRB* 16 *post* tribulis *gravius distinxi* 17 si *addidi* 18 autem] aut *F* omnem aculeum *A*, omnes aculeos *NFRB* 19 *post* obtundens *virgulam posui* 20 proptu *A* et dedecoratio et turpitudo *AN*, et turpitudo et dedecoratio *FRB* 21 implexa] impressa *N* *post* saevitia *gravius distinxi* si *addidi* et *om.* *A* 22 quid *addidi*: uti quid = ἵνα τί *saepius apud Tert. occurrit; postulatur autem hoc loco finalis sensus coniunctio eis verbis, quae infra sequuntur l. 26*: ut et illam — — — obvenit? 23 olei *F* inlustriore quaque *NFRB*, inlustria aliqua *A* (*Rig. Oehler*) 24 centenariis *R*[3]*B*, ... nariu *A*, centaureis *NFR*[1] rosis *AB*, roris *NFR* ex Midae horto lectis *scripsi*: et hortomi delectis *FR*[1], et hormi delectis *N*, de horto lectis *A*, ex horto Midae lectis *R*[3]*B*, de horto Midae lectis *Rig. Oehler* 25 utrisque] *purpureis et albis* gemmis *ANR*, genus *F*

forsitan et au⌞ro? ut et illam⌟ Christi coronam aemuleris, quae postea ei obvenit? at ⌞quin et favos⌟ post fella gustavit nec ante rex gloriae a caele⌞stibus saluta⌟tus est, quam 'rex Iudaeorum' proscriptus in cruce, mi⌞noratus⌟ primo a patre modicum quid citra angelos, et ita ⌞gloria et⌟ honore coronatus. Si ob haec caput ei tuum debe⌞s, tale, si pote⌟s, ei repende, quale suum pro tuo obtulit. Aut n⌞ec floribus⌟ ⌞corone⌟ris, si spinis non potes. Quia non floribus potes, **(15.)** serva deo re⌞m suam in⌟attaminatam. Ille eam, si volet, coronabit. Immo et vult; denique ⌞invitat: *Qui*⌟ *vicerit*, inquit, *dabo ei coronam vitae. Esto* et tu *fi*⌞*delis ad mort*⌟*em, decerta* et tu *bonum agonem*, cuius coronam ⌞et apostolus r⌟epositam sibi merito confidit. Accipit et angelus ⌞victoriae co⌟ronam procedens in candido equo, ut vinceret,

---

27 *cf.* Matth. 27, 34 28 *cf.* Matth. 27, 37; Marc. 15, 26; Luc. 23, 38 29 *cf.* Ebr. 2, 7; Ps. 8, 6 30 *cf.* Ps. 8, 6

15. 2 Apoc. 2, 10 (*cf.* Iac. 1, 12) 3 *cf. ib.* 4 *cf.* II Tim. 4, 7 5 *cf.* II Tim. 4, 8; *cf.* Apoc. 6, 2 6 *cf. ib.*

---

26 *signum interrog. posui* 26*sq.* ut et ill christianae mulieris quae *N* *signum interrog. posui* 27 obvenit? at quin et favos post *scripsi*: obvenit a . . . . post *A* (*12 litt. intercidisse testatur Reiff.*), obvenit quia et favos post *NFRB vulgo* 28 a caelestibus] in caelestibus *Oehler* (*nescio unde*) 29 in cruce *Iun.*: in crucem *NFRB*, cruci *A* (*Rig. Oehler*) 30 modicum quid *R*[3] *B*, modico quid *A*, modice quid *NFR*[1] 31 ei caput *N* debes, tale, si potes *Rig.*: debe . . . . s *A*, debes tale (si tale *N*), si forte *NFRB* 32 reprehende *N* aut] ut *N* 33 *post* potes (*prius*) *gravius distinxi, post alterum* potes *virgulam posui et coniunxi haec cum verbis sequentibus*: serva *et q. s, a quibus vulgo incipit caput quintum decimum* quia non floribus (*scil.* coronatum caput) potes (*scil.* domino rependere) *NFRB*, quia floribus non potes *A* (*Oehler*)

15. 1 rem suam inattaminatam *NFRB*, re . . . . taminatam *A*, rem suam intaminatam *Rig.* (*Oehler*) 2 *aliter distinxi*: immo et vult denique, invitat *vulgo* denique] *h. e.* namque 3 inquit *om. N* 4 et decerta *A* 6*sq.* ut vinceret et *NFRB*, ut vinceret at *A* (*coni. imperf. pendens de participio* procedens = *qui procedebat*)

et ⌊alius iridis a⌋mbitu ornatur caelesti * prato. Sedent et pres⌊byteri coro⟨nis aureis coro⟩nat⌋i eodemque auro et ipse filius hominis super ⌊nubem micat.⌋ Si tales imagines in visione, quales veritates in ⌊repraesentati⌋one? Illas aspice, illas odora. Quid caput strophi⌊olo aut dra⌋contario damnas diademati destinatum? Nam re⌊ges nos deo et pat⌋ri suo fecit Christus Iesus. Quid tibi cum flore moritu⌊ro? Hab⌋es florem ex virga Iesse, super quem tota divini spiritus gra⌊tia requievit,⌋ florem incorruptum, immarcescibilem, sem⌊piternum. Q⌋uem et bonus miles eligendo in caelesti ordinatione pro⌊fecit. Erub⌋escite, commilitones eius, iam non ab ipso iudicandi, ⌊sed ab ali⌋quo Mithrae milite. Qui cum initiatur in spelaeo, in cas⌊tris vere⌋ tenebrarum, coronam interposito gladio sibi oblatam, ⌊quasi mim⌋um martyrii, dehinc capiti suo accommodatam mo⌊netur obvia⌋ manu a capite pellere et in humerum, si forte, transferre ⟨dei⟩ dicens Mithran esse co⌊ronam suam,⌋ statim-

---

7 *cf.* Apoc. 10, 1; *cf.* Apoc. 4, 2, 3 8 *cf.* Apoc. 4, 4; *cf.* Apoc. 14, 14 12 *cf.* Apoc. 1, 6 14 *cf.* Es. 11, 1; *cf.* Es. 11, 2 16 *cf.* II Tim. 2, 3

---

7 *lacunam signavi*: praesidens *intercidisse puto* (*cf. Apoc. 4, 2, 3*) prato *A*, proto *NFRB*, parato *Salmasius* caeleste pratum] *similiter Cic. in Arat. 129*: Neptunia prata *de aequore* 8 coro⟨nis aureis coro⟩nati *scripsi*: coronati *libri et vulgo* (*cf. quod sequitur*: eodemque auro) 9 super *A* (*cf. cap. 11, p. 176, 18*), supra *NFRB vulgo* 11 odora *A*, odorare *NFRB*, adora *fort., quod et margini cod. Vindobonensis adscripsit man. rec.* capud *A* strophiolo *NRB*, sropiolo *F*, stupri .... *A* (u *ex* r *a m. 1*) dracontrario *F* 12 reges *A*, et reges *NFRB vulgo* 16 miles *om. A* 17 ordinatione *A*, dignatione ordinatione *NFRB*, ordinatione dignatione *Rig.* commilitones *A*, romani commilitones *NFRB* 18 mitrae *A* 19 initiatur *om. A* speleo *A* 20 glodio *A* sibi] si *N* 21 mimus *Iun.* matyrii *A* 22 a capite pellere *A*, capite depellere *NFRB* 22*sq.* et in — — — transferre *om. A* 23 dei *addidi* (*cf. infra l. 24*: si eam in deo suo esse dixerit) mithran *A*, mithram *NFR* 23*sqq. verba* statimque — — — dixerit, *quae in libr. mss. paulo infra post verba* de sacramento *leguntur, huc transposui*

que creditur Mithrae miles, si deiecerit coronam, si eam in deo suo ⌊esse dixerit.⌋ Atque exinde numquam coronatur idque in signum habet ⌊ad p⌋robationem sui, sicubi temptatus fuerit de sacramento. ⌊Ag⌋noscamus ingenia diaboli, idcirco quaedam de divinis a⌊ffectan⌋tis, ut nos de suorum fide confundat et iudicet.

---

25 coronatur] *h. e. se coronat* 26 idque *AN*, id quod *FRB* idque] *scil. quod caput suum non coronari sivit* 26*sq.* sicubi temptatus fuerit de *om. A* temptatus fuerit] *cf. Ho. Synt. u. Stil. p. 66, notam primam* 28 a . . . . tis *A*, affectantis *B*, affectantem *NFR* TERTVLLIANI DE CORONA EXPLIC. . *A*, TERTVLLIANI DE CORONA militis EXPLICIT (militis *s. v. add. m. recentior*) *N*, Q. Septimi Florentis Tertulliani DE CORONA MILITIS liber explicit *F*

DE CARNE CHRISTI.

1. Qui fidem resurrectionis ante istos Sadducaeorum propinquos sine controversia moratam ita student inquietare, ut eam spem negent etiam ad carnem pertinere, merito Christi quoque carnem quaestionibus destruunt, tamquam aut nullam omnino aut quoquo modo aliam praeter humanam, ne, si humanam constiterit fuisse, praeiudicatum sit adversus illos eam resurgere omni modo, quae in Christo resurrexerit. Igitur unde illi destruunt carnis vota, inde nobis erunt praestruenda. Examinemus corporalem substantiam domini; de spiritali enim certum est. Caro quaeritur, veritas et qualitas eius; retractatur, an fuerit et unde et cuiusmodi fuerit. Renuntiatio eius dabit legem nostrae

---

1. 2 *cf.* Act. 23, 8

---

1. 1 INCIPIT DE CARNE X̄P̄I *AN*, INCIPIT DE CARNE X (I above X) NICASI VIVAS IN X̄P̄O Dn̄o N̄R̄O AMEN *T*, INCIP̄ EIVSDĒ DE VERA CARNE D̄N̄I *P*, Q. Septimii Florentis Tertulliani Incipit lib De carne christi *F*, *Deest titulus in M, sed legitur in fine huius libri*: DE CARNE X̄P̄I EXPLICIT 2 saducaeorum *MP*, saduceorum *TNF* 3 moratam *MPNFRB*, morata *A*, orta *TBmg* ita *Rig.*: ista *A*, *om. rel. omnes* 4 spem] semper *TBmg* 5 x̄p̄i quoque carnem *AT*, quoque carnem christi *MPNFRB* destruunt *Mercerus* (*cf. l. 9*): distruunt *A*, distrahunt *rel. omnes et libri et editiones* 6 quoquo modo] quạm (o above) (a *litt. in ras. a m. 1, ut vid.*) *T* 7 ne, si humanam *om. T* fuisse ⁊c̄p̄iudicatum (*hoc est: et compraeiudicatum*) *T* (⁊c̄p̄ *in ras. a m. 2*) 8 xpo *A*, x (o above) *T*, christum *MPNFRB* 9 resurrexit *T* 11*sq.* carṇịṣ q̄ritur *TB* (*in T quattuor litt. a me punctis signatae a m. 2 in ras. exaratae sunt*) *aliter distinxi*: caro quaeritur. veritas et qualitas eius retractatur, an *vulgo* 12 retractatur *AB*, retractatatur *T*, retractantur *MPNFR* 12*sq.* et unde et cuiusmodi fuerit *om. A* 13 renuntiatio eius] *hoc est responsio carnis*; *cf. supra l. 11*: caro quaeritur

resurrectioni. Marcion, ut carnem Christi negaret, negavit etiam nativitatem, aut ut nativitatem negaret, negavit et carnem, scilicet ne invicem sibi responderent nativitas et caro, quia nec nativitas sine carne nec caro sine nativitate. Quasi non eadem licentia haeretica et ipse potuisset aut admissa carne nativitatem negare, ut Apelles discipulus et postea desertor ipsius, aut et carnem et nativitatem professus aliter illas interpretari, ut condiscipulus et condesertor eius Valentinus. Scilicet qui carnem Christi putativam introduxit, aeque potuit nativitatem quoque phantasma confingere, ut et conceptus et praegnatus et partus virginis et ipsius exinde infantis ordo τῷ δοκεῖν haberentur ** eosdem oculos eosdemque sensus fefellissent quos carnis opinio elusit.

2. Plane, nativitas a Gabriele adnuntiatur. Quid illi cum angelo creatoris? Et in virginis uterum conceptus

---

2. 1 *cf.* Luc. 1, 26—30 2 *cf.* Luc. 1, 31. 35. 41

---

15 aut *om.* *T* 16 sibi responderent *scripsi*: sibi testimonium responderent *A*, sibi testimonium redderent *T*, sibi testimonium redderent responderent *MPNRB*, sibi testimonium redderent et responderent *F* 18 et *om.* *T* 19 amissa *T* ut] aut *T* apelles *ARB*, appelles *TMPNF* 20 ipsius] eius *T* aut et *MPNFRB*, aut *AT* 20 *sq.* professus *T*, confessus *rell. omnes* 21 illas *ATBmg*, illis *MPNFRB* 22 scilicet *scripsi*: sed et *libri omnes et vulgo* 23 nativitatem *A*, nativitatis *TMPNFRB* phantasma *AT*, fantasmata *MPNFRB*

et
24 conceptus praegnantis *F* (ẹt *s. v. add. m. 2*) 25 exinde *om.* *M* (*add. in mg. m. 1*) ordo τῷ δοκεῖν R^2R^3 (*Iun.*): ordo to docin *A*, ordo το αοχειν *T*, ordo τὸ δοκεῖν *B*, ordo to coxin MPR^1, ordo tecoxin *N*, orthodoxie *F* *lacunam indicavi*: haberentur ⟨magis esse quam haberent (*scil. esse*) ut⟩ *velim suppleri comparato imitatore Hieronymo in Epist. ad Pammachium*: sed et ipsa nativitas τῷ δοκεῖν, id est putative, visa magis sit quam fuerit 26 fefellisset *T* 27 elusit *T Rig.*, clusit *A*, inlusit *M* (s *in ras.*) *PNRB*, illusit *F*

2. 1 gabrihele *MP* adnuntiatur] *scil. in evangelio Lucae, non in Marcionis evangelio reprobantis prima illius duo capita* (*cf. Adv. Marc. IV 7*) 2 creatoris et virginis utero? *BT*

inducitur. Quid illi cum essentia creatoris? Odit moras, qui subito de caelis Christum deferebat. 'Aufer hinc', inquit, 'molestos semper Caesaris census et diversoria angusta et sordidos pannos et dura praesepia. Viderit angelica multitudo dominum suum noctibus honorans. Servent potius pecora pastores; et magi ne fatigentur de longinquo; dono illis aurum suum. Melior sit et Herodes, ne Ieremias glorietur. Sed nec circumcidatur infans, ne doleat, nec ad templum deferatur, ne parentes suos oneret sumptu oblationis, nec in manus tradatur Simeoni, ne senem moriturum exinde contristet. Taceat et anus illa, ne fascinet puerum.' His, opinor, consiliis tot originalia instrumenta Christi delere, Marcion, ausus es, ne caro eius probaretur. Ex qua, oro te, auctoritate? Exhibe. Si prophetes

---

5 *cf.* Luc. 2, 1—5 6 *cf.* Luc. 2, 7 7 *cf.* Luc. 2, 13. 14 8 *cf.* Matth. 2, 1. 11 8*sq.* *cf.* Matth. 2, 16 10 *cf.* Matth. 2, 17; *cf.* Hier. 31, 15 *cf.* Luc. 2, 21 11 *cf.* Luc. 2, 24 12 *cf.* Luc. 2, 25—35 13 *cf.* Luc. 2, 36—38

---

3 essentia *BT* (*h. e.* οὐσία; *cf. de hoc vocabulo quod disserit Quintil. VIII 3 idemque III 6*): esset a *A*, esaia *MPNFR vulgo* creatoris] propheta creatoris *A* 4 de caelis xpm *T*, christum de caelis *MPNFRB*, xpm de cęlo *A* referebat *A* aufer *ATR³B*, aufers *MPNFR¹*, auferas *R¹mg* 5 inquid *AF* 6 sordido spanos *A*, sordidos (*alt.* o *in ras. M*; dos *ex* bus *corr. P m. 1*) pannos *MTNFRB*, pannos sordidos *T* 7 domium *AF*, deum *TMPNRB* noctibus *om. T* (*Bmg*: noctibus alibi deest) noctibus] = *noctu cf. De cor. cap. 11, 18* 8 pecora potius *T* magis *A* ne fatigentur *ATRB*, efatigentur *MP*, effatigentur *NF* 9 melior sit hereș** *T* (et *om.*; *litt.* s *in ras. a m. 1; duae litterae erasae, quae fuisse videntur*: es) 10 hieremias *TMPF* 11 nec ad *TMPFRB*, ne ad *AN* oneret *ARB*, honeret *MPN*, *oneret *T* (*litt.* h *erasa*), honoret *F* 12 oblationis *TB*, obligationis *AMPNFR* symeonis *T Bmg* 12*sq.* ne senem moriturum *MPNFRB*, ne se moriturum *T*, ne senex moriturus *A* 13 contristet *TMNFR³B*, constet *PR¹*, contristetur *A* (*Rig. Oehler*) 13*sq.* ne fascinet vel faticinet *F* (c *s. v. add. m. 2*) 14 tot *om. T* 15 Marcion delere *T* marciona usus *A* es *AT*, est *MPNFRB* 16 ex quo *Oehler* auctoritate? Exhibe. *scripsi*: exhibe auctoritatem *A* (*Oehler*), auctoritate (*om.* exhibe) *TMPNFR* profetes *AT*, propheta *reliqui*

es, praenuntia aliquid: si apostolus, praedica publice: si apostolicus, cum apostolis senti: si tantum Christianus es, crede quod traditum est: si nihil istorum es, merito dixerim, morere. Nam et mortuus es, qui non es Christianus, non credendo quod creditum Christianos facit, et eo magis mortuus es, quo magis non es Christianus, qui cum fuisti, excidisti, rescindendo quod retro credidisti, sicut et ipse confiteris in quadam epistula et tui non negant [et nostri probant]. Igitur rescindens quod credidisti iam non credens rescidisti, non tamen quia credere desisti, recte rescidisti, atquin rescindendo quod credidisti probas, antequam rescinderes, aliter ⟨creditum tibi⟩ fuisse. Quod credidisti aliter, illud ita erat traditum. Porro quod traditum erat, id erat verum, ut ab eis traditum, quorum fuit tradere. Ergo quod erat traditum rescindens quod erat verum rescidisti. Nullo iure fecisti. Sed plenius eiusmodi praescriptionibus adversus omnes haereses alibi iam usi sumus. Post quas nunc ex abundanti retractemus, desiderantes rationem, qua non putaveris natum esse Christum.

3. Necesse est, quatenus hoc putas arbitrio tuo licuisse, ut aut impossibilem aut inconvenientem deo existimaveris nativitatem. Sed deo nihil impossibile nisi quod non vult.

---

18 si tantum] si autem *T*, si tantummodo *F* cristianus *A* 21 credendum *A* creditum *ATBmgF*, traditum *MPRB*, *om. N* 21 *sq.* et eo magis mortuus es, quo magis *in ras. a m. 2 T* 22 quo magis *AT* (*m. 2*) *Bmg*, qui *MPNFRB* fuisti *T*, fuisses *rell. omnes et vulgo* 24 epistula *A*, epistola *MPRB*, epla *TNF* *verba* et nostri probant *nescio an eicienda sint, ut quae et sensu carere videantur et clausulae legi obstrepant* 25 iam non] non *om. T*, alias non deest *Bmg* 26 non tamen — — rescidisti *om. P* rescidisti] (*alt. loco*) credidisti *TBmg* 27 atquin *N*, adquin *T* (n *eras.*) *MP*, atque in *A*, ad q̄m *F*, atqui *RB* rescindendo] rescindens *P* 27 *sq.* quam rescinderes — — credidisti *om. P* probas — — quod credidisti *om. A* 28 creditum tibi *addidi* credidisti] rescidisti *TBmg* 29 ita erat] iterat *A*, t (with i above) (*i. e.* tibi) erat *T* 30 verum] verbum *A* ut ab eis] et abis *T* fuit] erat *T* 32 fecisti** *T* (*duae litt. erasae*) plenus *MP*, pleni'** *T* (*corr. ex* plenus) 34 retractemus *A*, retractamus *rell. omnes*

An ergo noluerit nasci — quia si voluit, et potuit et natus est — consideremus. Ad compendium decurro: Si enim nasci se deus noluisset, quacunque de causa, nec hominem se videri praestitisset. Nam quis hominem videns eum negaret natum? Ita quod noluisset esse, nec videri omnino voluisset. Omnis rei displicentis etiam opinio reprobatur, quia nihil interest, utrum sit quid an non sit, si cum non sit esse praesumitur. Plane interest, illud ut falsam non patiatur, quod vere non est. 'Sed satis erat illi', inquis, 'conscientia sua. Viderint homines si natum putabant, quia hominem videbant.' Quanto ergo dignius, quo constantius humanam sustinuisset existimationem vere natus, eandem existimationem etiam non natus subiturus cum iniuria conscientiae suae. Quam tu ad fiduciam reputas, ut non natus adversus conscientiam suam natum se existimari sustineret? Quid tanti fuit edoce, quod sciens Christus quid esset id se quod non erat exhiberet? Non potes dicere: Ne, si natus fuisset et hominem vere induisset, deus esse desisset, amittens quod erat, dum fit quod non erat. Periculum enim status sui deo nullum est. 'Sed ideo', inquis, 'nego deum in homi-

---

3. 4 noluerit *Urs.*: voluerit *libri omnes* et potuit *A*, potuit *T Bmg*, *om.* *MPNFRB* 6 voluisset *T* nec *om.* *T* 7 presciviṣṣẹṭ* *T* (*quattuor litt. in ras. a m. 2, una littera erasa, quae fuit* ã) nam] *om.* *T* 8 ita quod *AT*, itaque quod *MPNFRB* voluisset *T* omnino] homini *A* 10 an] aut *A* 11 praesumitur esse *F* interesse *F* illud *om.* *A* *aliter distinxi*: interest illud, ut *vulgo* falsam (*scil.* opinionem) *scripsi*: falsum *AMPNFR*, falli *T* 12 inquies *T* 13 viderunt *T* si] sed *T* 14 quo *AT*, quantoque *MPNFRB* 15*sq.* vere — — existimationem *om.* *A* 16*sq.* *gravius distinxi*: conscientiae suae, quam *vulgo* 17 quantum ad *A* fidutiam *ATPN* reputas, ut non natus] reputans non tantum *A* 18 se] esse *A* 19 edoce] edocuit *P*, edoce, ut *RB* quod sciens *AT*, cum sciens *MPNFGRB*, consciens *Pam.* esset id se *AT*, essetis se *F*, esset esse *MPNRB* 20 non *altero loco*] et non *A* potes* *M* (t *eras. ut vid.*) ne si *A*, ** si *T* (*duae litt. erasae*), nisi *MPNF*, si *RB* 22 quod erat, dum fit *om.* *P* dum fit *A*, dum est *T*, dum assumit *MNFRB* 23 ideo, inquis] ego, inquies *T* 23*sq.* homine *T*

nem vere conversum, ita ut et nasceretur et carne corporaretur, quia qui sine fine est etiam inconvertibilis sit necesse est. Converti enim in aliud finis est pristini. Non competit ergo conversio eius, cui non competit finis.' Plane, natura convertibilium ea lege est, ne permaneant in eo, quod convertitur in eis, et ita non permanendo pereant, dum perdunt convertendo quod fuerunt. Sed nihil deo par est; natura eius ab omnium rerum condicione distat. Si ergo quae a deo distant, a quibus et deus distat, cum convertuntur amittunt quod fuerunt, ubi erit diversitas divinitatis a ceteris rebus, nisi ut contrarium obtineat, id est ut deus et in omnia converti possit et qualis est perseverare? Alioquin par erit eorum, quae conversa amittunt quod fuerunt, quorum utique deus ⟨ut⟩ in omnibus par non est, sic nec in exitu conversionis. Angelos creatoris conversos in effigiem humanam aliquando legisti et credidisti et tantam corporis veritatem gestasse, ut et pedes eis laverit Abraham et manibus ipsorum ereptus sit Sodomitis Loth, conluctatus quoque homini angelus toto corporis pondere dimitti desideraverit ab eo, a quo detinebatur. Quod ergo angelis inferiori-

---

3. 40 *cf.* Gen. 18, 4 41 *cf.* Gen. 19, 10. 11 42 *cf.* Gen. 32, 24—26

---

24 et (*prius*) *om. A T* 24*sq.* corporatur *A* 25 qui *om. F* sine] si *T* 26*sq.* converti enim — — competit finis *om. T*, haec desunt in aliis *Bmg* enim converti *F* 27 eius cui *A Rig.*, *om.* eius *MPNFRB*; *sed cf. Ad nationes I 5 = I p. 66, 4*: de re competit status nominis 28 convertibulum *P* 29*sq.* perdunt *TMPN*, perdent *F*, pereunt *A* 31 conditione *A TP* 32 quae *TRB*, que *A*, *om. reliqui* aut a quibus *Urs.* a quibus et deus (et *s. v. a m. 1*) *T*, et *om. AMPNFRB* 33 a *om. A* 34 contineat *Gel.* 35 omnia] omnibus *N* 36 erat *N* quod] quae *N* 37 deus *om. A* ut *addidi* sic *ATNF*, si *M* (c *s. v. a m. 1*), si *PRB* 40 veritatem gestasse *ATMPN*, gestasse veritatem *FR vulgo* 41 lot *A* colluctatus *AF* 42 pondere corporis *F* 42*sq.* desideravit *R qui post* Lot (*41*) *gravius distinxit* 43 ab eo a q* *T* (a quo *in ras. a m. 1*) *B*, a deo *AMPNFR* ergo] enim *A Oehler* 43*sq.* inferioribus deo *MPNFRB*, inferioribus dei *T*, inferioris dei *A*

bus deo licuit, uti conversi in corpulentiam humanam angeli nihilominus permanerent, hoc tu potentiori deo auferes, quasi non valuerit Christus eius vere hominem indutus deus perseverare? Aut numquid et angeli illi phantasma carnis apparuerunt? Sed non audebis hoc dicere. Nam si sic apud te angeli creatoris sicut et Christus, eius dei erit Christus, cuius angeli tales, qualis et Christus. Si scripturas opinioni tuae resistentes non de industria alias reiecisses, alias corrupisses, confudisset te in hac specie evangelium Iohannis, praedicans spiritum columbae corpore delapsum desedisse super dominum. Qui spiritus cum hoc esset, tam vere erat et columba quam et spiritus, nec interfecerat substantiam propriam adsumpta substantia extranea. Sed quaeris, corpus columbae ubi sit resumpto spiritu in caelum: aeque ut angelorum eadem ratione interceptum est, qua et editum fuerat. Si vidisses cum de nihilo proferebatur, scisses et cum in nihilum subducebatur. Si non fuit initium visibile, nec finis. Tamen corporis soliditas erat, quoquo

52 *cf.* Ioh. 1, 32—34

44 coversis *A* 44*sq.* ut angeli *A*, et angeli *fort.* 45 tu] ut *A* auferes *A*, aufers *TMPNFRB* 46 xp̄s eius *AT*, Christus *reliqui omnes et vulgo* 47 phantasma *A*, fantasma *TMPF*, phantasmata *N Rig. Oehler* 48 si *om. T* 49 sicut] quem ad modum *T* eius dei *AT*, eius dei substantiae *Bmg*, eiusdem *M* (*in mg. add. m.1*: substantiae), eiusdem substantiae *PNFRB* 50 cuius] cui *T* angeli *AT*, angeli *M* (*add. in mg. m. 1* angeli), angeli angeli *PNFRB* 52 corrumpisses *A* in hac specie *ATBmg*, hinc *MPNFRB* evvangelium *A* 53 delapsum *A*, dilapsum *T*, lapsum *MPNFRB* 54 desedisse] sedisse *T*, descendisse *F* hoc] *om. T*, alibi deest hoc *Bmg* 55 vera *T* et *post. loco om. T* 56 adsumpta *TMPF*, assumpta *ANRB* 58 ut angelorum *scripsi*: et angelorum *ATM* (*sed in M vocula* et *erasa est*), angelorum *PNFRB* eadem *AT*, et eadem *PNFRB* (*in M vocula* et *a m. 1 s. v. addita est*) 60 et cum *ATN* cum *MPFRB* 61 corporis solid.... *T* (*quattuor litt. erasae, quae fuerunt* itas *ut vid.*) corporis soliditas] *elegantius dictum pro eo quod est corpus solidum* quoquo *A*, quo *reliqui omnes*

momento corpus videbatur; non potest non fuisse quod scriptum est.

4. Igitur si neque ut impossibilem neque ut periculosam deo repudias corporationem, superest, ut quasi indignam reicias et accuses. Ab ipsa iam exorsus odio habita nativitate, perora, age, iam spurcitias genitalium in utero elementorum, humoris et sanguinis, foeda coagula carnis ex eodem caeno alendae per novem menses. Describe uterum de die insolescentem, gravem, anxium, nec somno tutum, incertum libidinibus fastidii et gulae. Invehere iam et in ipsum mulieris enitentis pudorem, vel pro periculo honorandum, vel pro natura religiosum. Horres utique et infantem cum suis impedimentis profusum; utique et ablutum dedignaris quod pannis dirigitur, quod unctionibus formatur, quod blanditiis deridetur. Hanc venerationem naturae, Marcion, despuis, et quomodo natus es? odis nascentem hominem, et quomodo diligis aliquem? Te quidem plane non amasti, cum ab eclesia et fide Christi recessisti. Sed videris, si tibi displices, aut si aliter es natus. Certe Chri-

62*sq.* *cf.* Luc. 3, 22 (σωματικῷ εἴδει)

62 non potest *om.* *F* (*s. v. add. m. 1* nec potest)

4. 1 ut (*priore loco*) *om.* *A*, neq;** ut *T* (*duae litt. erasae*) ut (*altero loco*) *om.* *T* 3 iam *TB*, quidem *AMPNFR* odio habita *TB*, *om.* *AMPNFR*: habere *c. dativo iunctum cf. Ad nat. I 1 = I p. 60, 5* 4 spurtitias *A* 5 umoris *A* *aliter distinxi*: humoris et sanguinis foeda coagula, carnis *vulgo* foeda *om.* *T* 6 coeno *NF vulgo* alendo *T* (*corr. m. 1*) 7 de die (diae *A*) *AMPNFR* (*cf. De an. 30 = I p. 350, 2*), de die in diem *TB* nec somno tutum *T Rig.*: nec sono totum *A*, nexum, totum *MPNFRB* 8 fatidii *A* gulae *M* (u *in ras.*) in *om.* *T* 9*sq.* honorandum] horrendum *T* 10 religiosum] reverandum *T* (a *in* e *corr. m. 1*) 11 ablutum *AT*, oblitum *MPNFRB* 12 dedignaris *AT*, dedignaberis *MPNFRB* *virgulam ante vocem quae est* quod *delevi* dirigitur] ducitur *A* 13 diridetur *T* 13*sq.* naturae marcion *AT*, o marcion naturae *MPNFRB* 14 despuens *T* odis *T*, odisti *reliqui omnes* 16 eclesia *AF*, ecclesia *TMPNRB* 17 displicet *A* es natus *A*, natus es *T*, est natus *Bmg*, natus *MPNFRB* certe *AT*, et certe *MPNFRB*

stus dilexit hominem illum in inmunditiis in utero coagulatum, illum per pudenda prolatum, illum per ludibria nutritum. Propter eum descendit, propter eum praedicavit, propter eum omni se humilitate deiecit usque ad mortem, et mortem crucis. Amavit utique quem magno redemit. Si Christus creatoris est, suum merito amavit; si ab alio deo est, magis amavit, quando alienum redemit. Amavit ergo cum homine etiam nativitatem, etiam carnem eius. Nihil amari potest sine eo per quod est id quod est. Aut aufer nativitatem et exhibe hominem, adime carnem et praesta quem deus redemit. Si haec sunt homo, quem deus redemit, tu haec erubescenda illi facis, quae redemit, et indigna, quae nisi dilexisset non redemisset? Nativitatem reformat a morte regeneratione caelesti, carnem ab omni vexatione restituit, leprosam emaculat, caecam reluminat, paralyticam redintegrat, daemoniacam expiat, mortuam resuscitat, et

---

4. 21 *cf.* Phil. 2, 8

18*sq.* utero coagutero coagulatum *A* 19 illum per pudenda prolatum *om. AP* (*in mg. haec add. Rhen.*) illum (*altero loco*) *om. T* 20 descendit, propter eum *om. A* 21 deiectus que *A* 22 magno] magno pretio *F* 23 creatoris est *A*, creator∗ ei'ē *T* (ei'ē *in ras. a m. 2, prima littera erasa fuisse videtur* i), creator eius est *MPNFRB* 23*sq.* suum — — deo est *om. P* (*add. haec in mg. Rhen.*) 24 amavit *AT*, adamavit *MPNFRB* quando] quam dō *A* 25 etiam carnem etiam nativitatem *T* 26 amare *T* id] et *A* aut *om. T* aufer *ARB*, aufer∗ *T* (*litt.* s *erasa*), aufers *MPN*, auferes *F* 27 adime] aut adhibe *A* 28 *gravius distinxi*: redemit, si *vulgo* homo] homini *TBmg* 28*sq.* redemit. tu *vulgo distinguitur* 29 quae] qu$\overset{\text{i}}{\text{ę}}$ *T* (*corr. m. 2*), quem *F* 30 non redimisset. non redimisset *T* nativitatem *AT*, nativitate *MPNFRB* 30*sq.* reformata morte *A*, reformatą̄∗ mortuā *T* (ā *litt.* [*in ras. a m. 1*] *puncto infra lineam expuncta, una littera erasa*), reformata *MPNFRB* 32 leprosum *T* reluminat *AT*, perluminat *MPNFRB* paratilicam *A* 33 reintegrat *N* demoniacam *AT*, daemonicam *MPNFRB*

nasci in illam erubescit? Si revera de lupa aut sue aut vacca prodire voluisset et ferae aut pecoris corpore indutus regnum caelorum praedicaret, tua, opinor, illi censura praescriberet: 'Turpe hoc deo, et indignum hoc dei filio, et stultum propterea, qui ita, credat.' Plane stultum, si de nostro sensu iudicemus deum. Sed circumspice, Marcion, si tamen non delesti: *Stulta mundi elegit deus, ut confundat sapientia.* Quaenam haec stulta sunt? Conversio hominum ad culturam veri dei, reiectio erroris, disciplina iustitiae, pudicitiae, misericordiae, patientiae, innocentiae omnis? Haec quidem stulta non sunt. Quaere ergo, de quibus dixerit, etsi praesumpseris invenisse: num erit tam stultum quam credere in deum natum, et quidem ex virgine, et quidem carneum, qui per illas naturae contumelias volutatus sit? Dicat haec aliquis stulta non esse, ⟨si⟩ et alia sint, quae deus in aemulationem elegerit sapientiae saecularis. Et tamen apud illam facilius creditur Iuppiter taurus factus aut cycnus quam vere homo Christus penes Marcionem.

---

40 I Cor. 1, 27

---

34 nasci in illam (ill$\overset{a}{\bar{u}}$ *T*) erubescit *TMPNFRB*, nos illam erubescemus *A* (*cf. quae disserui in Act. Acad. Vindob. CXLIII vol. VI*) 35 aut ferae *T* peccoris *MP* 36 illi *s. v. a m. 1 M* 37*sq. aliter distinxi*: et stultum. propterea *vulgo* 38 qui] quia *A* qui ita] *scil.* credit plane *scripsi*: si plane *A*, sit plane *TMPNFRB* si de] si *om. A* 40 stulta* (m *eras.*) *A* mundi] multi *A* 40*sq.* sapientia *A*, sapientiā *T*, sapientes *MPNFRB* 41 stulta *om. N* hominum *AT*, hominis *MPNFRB* 42 culturam *AT*, cultum *MPNFRB* veri] *litt.* v *s. v. a m. 1 A* refectio *T* disciplinae *TBmg* 43 misericordiae patientiae *A*, patientiae misericordiae *MPNFRB*, misericordiae sapientiae *T* omnis hec *A*, omnia haec *TMPNFRB* 44*sq.* dixerit; et si *vulgo distinguitur* 45 et si *A*, et si te *reliqui omnes* nū (ū *in ras. a m. 1*) *T*, num *Bmg*, non *AMPNFRB* tam stultum quam *AT Bmg*, iam stultum *MPNFRB* 47 carneum] carnatum *T* voluptatis *N* 48 haec] ergo *F* si *addidi* (si et alia sint *cf. infra p. 199, 1*: sunt plane et alia) alia sint, quae] alias inique *A* 49*sq.* et tamen *A*, et tn̄ *T*, et tam̄ *M* (tam̄ *s. v. a m. 2*) *P*, et *NF*

5. Sunt plane et alia, tam stulta, quam pertinent ad contumelias et passiones dei. Aut prudentiam dic deum crucifixum aut aufer hoc quoque, Marcion, immo hoc potius. Quid enim indignius deo, quid magis erubescendum, nasci an mori? carnem gestare an crucem? circumcidi an suffigi? educari an sepeliri? in praesepe deponi an in monimento recondi? Sapientior eris, si nec ista credideris. | Sed non eris sapiens, nisi stultus in saeculo fueris, dei stulta credendo. | An ideo passiones a Christo non recidisti, quia ut phantasma vacabat a sensu earum? Diximus retro aeque illum et nativitatis et infantiae imaginariae vacua ludibria subire potuisse. Sed iam hic responde, interfector veritatis, nonne vere crucifixus est dominus? nonne vere mortuus, ut vere crucifixus? nonne vere resuscitatus, ut vere scilicet mortuus? Falso statuit inter nos scire Paulus tantum cru-

---

5. 15 *cf.* I Cor. 2, 2

---

5. 1 *post* alia *virgulam posui* quam *scripsi*: quȩ (quae *in* quam *corr. m. 1*) *T*, quae *AMPNFRB* 2 et *om. A* aut] apud *TBmg* 2*sq.* dic deum crucifixum aut *scripsi*: dicant (dicam *MPNFR*) deum crucifixum *ATMPNFRB* 3 aufer *ATR*³*B*, aufers *MPNFR*¹ quoque hoc *T* 4 indignus *A* 5 an (*primo loco*) *om. A* gestasse *T* suffici *T* 6 sepelireṣ (i *supra*) *T* (*corr. m. 1*) monimento *A*, monumentum *TMPNFRB* 7 recondi] recludi *T* (*sed. cf. Adv. Praxeam cap. 10 = III p. 258, 11*) 8 in *AT*, *om. MPNFRB* fueris ·ω· dei stulta *T*] *In epilogo versionis suae libri De res. carn. Souterus Isidori Etymologias secutus exponit, quid sibi velit siglum ·ω· Significat autem inesse in verbis traditis aliquam difficultatem vel obscuritatem. Et profecto iure aliquis dubitaverit, an spuria sint omnino verba*: sed non eris sapiens — — stulta credendo, *quippe quae, ut per se sunt perspicua, ita ab hoc sententiarum nexu videantur aliena. Certe seclusis illis nihil erit, quod desideraveris.*
9 recidisti *A*, recedisti *F*, rescidisti *TMPNRB* 10 fantasma *TMPN* a sensu *ATBmg*, ad sensum *MPNFRB* 11 imaginariae *ABmg*, imaginaria et *TB*, imaginarium imaginariae *MPNF* 12 hic] hinc *A* respondebo *F* 13 dñs *T*, ds̄ *A*, deus *MPNFRB* mortuus est *A* 14 ut *ATRB*, et *MPF* ut vere crucifixus *om. N*, crucifixus est *T* suscitatus *AT* 15 et mortuus *T* falso *MPN*, falsum *AT*, et falso enim *F* statuit *TMPNFR*, se statuit *A* (*Rig. Oehler*) 15*sq.* crucifixum *TMPNFR*, iesum crucifixum *A* (*Rig. Oehler*)

cifixum, falso sepultum ingessit, falso resuscitatum inculcavit? Falsa est igitur et fides nostra, et phantasma erit totum quod speramus a Christo. Scelestissime hominum, qui interemptores excusas domini? Nihil enim ab eis passus est Christus, si nihil vere est passus. Parce unicae spei totius orbis. Quid destruis necessarium dedecus fidei? Quodcunque deo indignum est, mihi expedit. Salvus sum, si non confundar de domino meo. *Qui mei*, inquit, *confusus fuerit, confundar et ego eius.* Alias non invenio materias confusionis, quae me per contemptum ruboris probent bene impudentem et feliciter stultum. Crucifixus est dei filius; non pudet, quia pudendum est. Et mortuus est dei filius; credibile est, quia ineptum est. Et sepultus resurrexit; certum est, quia impossibile. Sed haec quomodo vera in illo erunt, si ipse non fuit verus, si non vere habuit in se quod figeretur, quod moreretur, quod sepeliretur et resuscitaretur, carnem scilicet hanc sanguine suffusam, ossibus substructam, nervis intextam, venis implexam? quae nasci et mori novit — humana sine dubio, ut nata de homine

---

16 *cf.* I Cor. 15, 4   17 *cf.* I Cor. 15, 17   23 Matth. 10, 33. Marc. 8, 38. Luc. 9, 26

---

17 *signum interrog. posui*   erit *A*, est *TMPNFRB*   18 hominem *A*   19 qui] *i. e. quare?*   interedemptores *A*   domini *T*, dei *reliqui*   *signum interrog. posui*   ab his *T*   21 orbis. quid *AT*, orbis, qui *MPNFRB vulgo*   dedecus *ATMPN*, decus *FRB*   *signum interrog. posui*   22 sum] sim *A*   23 mei *Rig.*: me *libri omnes*   24 fuerit *in ras. a m. 2 M*   26 crucifixus *ATBmg*, natus *MPNFRB*   28 credibile *AT*, prorsus credibile *MPNFRB vulgo*   inemptum *MPNF*   29 impossibile. sed haec *MPNFRB*, impossibile est. haec *T*, impossibile est. nam *A* (*cf. quae disserui ad haec verba l. l. p. 33*)   vera in illo *A*, in illo vera *MPNFRB*, in illo (*om.* vera) *T*   31 moreretur *TF*, non moreretur (non *del. m. 1*) *A*, moriretur *MPN*   32 hanc *om. A*   sanguinem *F*   32 *sq.* substructam] structam *A*   33 *sq. aliter distinxi*: implexam, quae ... ut nata de homine. ideoque mortalis haec erit *vulgo*   34 humana — nata *AT*, humanam — natam *MPNFRB vulgo*

ideoque mortalis — haec erit in Christo ‘homo’ et ‘filius hominis’. Aut cur homo Christus et hominis filius, si nihil ⟨in illo⟩ hominis et nihil ex homine? nisi si aut aliud est homo quam caro, aut aliunde caro hominis quam ex homine, aut aliud Maria quam homo, aut homo deus, Marcion. Haud aliter non dicetur homo Christus sine carne nec hominis filius sine aliquo parente homine, sicut nec deus sine spiritu dei nec dei filius sine deo patre. Ita utriusque substantiae census hominem et deum exhibuit, hinc natum, inde non natum, hinc carneum, inde spiritalem, hinc infirmum, inde praefortem, hinc morientem, inde viventem. Quae proprietas conditionum, divinae et humanae, aequa utique naturae cuiusque veritate dispuncta est, et spiritus et carnis. Eadem fide virtutes spiritus dei deum, passiones carnem hominis probaverunt. Si virtutes non sine spiritu, perinde et passiones non sine carne. Si caro cum passionibus ficta, et spiritus ergo cum virtutibus falsus. Quid dimidias

---

35 ideoque *A T Gel.*, ideo quia *MPNFRB* erit *A T*, est *MPN FRB* in christo homo *AMPNFR*, in christo qꝛ χp̄s hō *T* (qꝛ χp̄s hō *in ras. a m. 2 ita scriptum, ut vocula* hō *stichorum terminum supergrediens in mg. adstet; rasura quattuor litterarum locum obtinet, in quo olim fuisse* homo *verisimile est*), in Christo, quia Christus homo *B et editiones abhinc omnes* 36 hominis filius *A T*, filius hominis *MPNFRB* 37 in illo *addidi* si *om. Rig.* aliud] alius *A* 38 aliunde] aliud *T* 39 aliud est *R* (*non video, unde*) *vulgo* aut homo *A T*, *om. MPNFRB* deus, Marcion *scripsi*: deus[o] marcion** *T* (o *s. v. a m. 1 ut vid.; duae litterae erasae, quae fuerunt*: is), deus marcionis *AMPNFRB* 39*sq.* haud aliter *B* (*hoc est* aeque *cf. infra* sicut): aut aliter *MPNFR*, aliter *A T* 40 dicetur *T*, diceretur *reliqui omnes* 43 exibuit *A TN* 46 natura *A* 47 cuiusque *A TB*, *om. MPNFR*, utriusque *Urs.* (*otiose*) et spiritus *A*, spiritus *rel. omnes* carnis *A TBmg*, caro *MPNF RB* 47*sq. verborum ordinem inverti*: eadem fide et spiritus et carnis *libri* 48 fide] vi[c]e *T* (c *s. v. a m. 1*), vice *Bmg* virtutem *N* spiritus dei deum *A*, spiritum dei *TMPNFRB* carnem hominis *libri*; *fort.* carnis hominem 49 perinde *A*, proinde *reliqui* 50 carne *om. A* ficta] falsa *T* 51 quid] quid eū *T* (eū *in ras. a m. 2*)

mendacio Christum? Totus veritas fuit. Maluit, crede, nasci quam ex aliqua se parte mentiri. Et in semetipsum quidem ut carnem gestarit sine ossibus duram, sine musculis solidam, sine sanguine cruentam, sine tunica vestitam, sine fame esurientem, sine dentibus edentem, sine lingua loquentem, ut phantasma auribus fuerit sermo eius per imaginem vocis: fuit itaque phantasma etiam post resurrectionem, cum manus et pedes suos discipulis inspiciendos offert *adspicite*, dicens, *quod ego sum, quia spiritus ossa non habet, sicut me habentem videtis?* ⟨Si⟩ sine dubio manus et pedes [et] ossa, quae spiritus non habet sed caro, quomodo hanc vocem interpretaris, Marcion? qui et a deo simplici et optimo et bono tantum infers Iesum? Ecce fallit et decipit et circumvenit omnium oculos, omnium sensus, omnium accessus et contactus. Ergo iam Christum non de caelo deferre debueras, sed de aliquo circulatorio coetu, nec deum praeter hominem sed magum hominem, nec salutis pontificem sed spectaculi artificem, nec mortuorum resusci-

59 Luc. 24, 39 68 *cf.* Ebr. 9, 11

52 christum] christus *T* 52 *sq.* crede nasci *AMPNRB*, credi nasci *F*, credi et nasci *TBmg* 53 se parte *T*, parte se *MPNFRB*, parte *A* *aliter distinxi*: mentiri, et *vulgo* in semetipsum] *h. e. adversus semetipsum, pro sua ipsius conscientia* 53 *sq.* in semetipsum quidem *scripsi*: quidem in semetipsum *libri* 54 ut] *accipe sensu concessivo sicut et infra l. 57* gestarit *scripsi*: gestaret *libri omnes praeter F, qui praebet*: gestari 55 tunica* *A* (*litt.* m *erasa*) 57 fantasma *TMPNF* (*pro more*) 58 vocis *om. P* vocis. fuit *vulgo* itaque] *postpositum* = igitur 59 suis *T* 60 offert] offerret *B*, sufferret (o *supra* u, *corr. m. 1*) *T* dicens *MPNFRB*, dicens inquit *A*, ait *T* sim *A* quia *om. A* 61 sicut — — — non habet *om. P* *signum interrog. posui* si *addidi* 62 et *delevi* 62 *sq.* caro. quomodo *vulgo distinguitur* 63 *signum interrog. posui* qui] = *qui fit, ut* qui et a deo *scripsi*: qui a deo et *T*, quia deo *reliqui* 64 simplici et optimo *T*, optimo et simplici *reliqui* infers] inter *A* iesum *om. T*, al. deest ihm *Bmg* ecce] cece *PR* (*sed in mg.*: *alias* ecce) 68 magnum *A* hominum *T* 69 spectali (*syll.* cu *add. m. 1*) *M*, expectaculi *T* 69 *sq.* resuscitatorem *AT*, suscitatorem *MPNFRB*

tatorem sed vivorum avocatorem. Nisi quod et si magus fuit natus est.

6. Sed quidam iam discentes Pontici illius, supra magistrum sapere compulsi, concedunt Christo carnis veritatem, sine praeiudicio tamen restruendae nativitatis. 'Habuerit', inquiunt, 'carnem dominus, dum non natam.' Pervenimus igitur de calcaria, quod dici solet, in carbonariam, a Marcione ad Apellen, qui, posteaquam a disciplina Marcionis in mulierem carne lapsus est, dehinc in virginem Philumenen spiritu, verum et solidum Christi corpus, sed sine nativitate, suscepit ab ea praedicare. Et angelo quidem illi Philumenes eadem voce apostolus respondebit, qua ipsum illum iam tunc praecanebat dicens: *Etiamsi angelus de caelis aliter evangelizaverit vobis quam nos evangelizavimus, anathema sit*, his vero, quae insuper argumentantur,

---

6. 11 Gal. 1, 8

---

70 advocatorem *N* nisi quod *om. T* et *om. N*

6. 1 quidam iam *T*: quid iam *AMPNFRB*, quidam *Urs.* pontici *AMN*, pontificis *TF*, ponti∗∗ci *P* 3 restruendae *scripsi*: renuendae *ATN*, rennuendae *MPF* restruendae] *a Marcione destructae* (*cf. De carn. res. 31 = III p. 69, 18*: ita et deus eam restruebat fidem quam populus destruebat) 4 dominus, dum non *scripsi*: dñs non *A*, dum omnino non *TMPNFRB vulgo* 4*sq.* pervenimus *TB*, paruimus *AMPNFR*

5 carbonariam *NRB*, carbonaria *ATMPF* 6 apellen *ARB*, appellē *TMPNF* ad disciplinam *T* 7 mulierem *ATBFR*[3]*mg* (*cf. De praescr. haer. c. 30*: in feminam lapsus), muliere *MPNR* carne] carnem *T*, *om. P* lapsus est, dehinc *T*, lapsus et dehinc *MPNFRB*, lapsus deinc *A* 7*sq.* virginem philumenen (filuminen *T*) *ATBmg*, virginem philomene *F*, virgine philumene *MPN* 8 spiritum *TBmg* verum et *scripsi* (*cf. supra l. 2* et *infra l. 14*), versum est *TBmg*, eversus est *AMPNFRB* Christi] xp̄s *T* sed *AT*, et *MPNFRB*, etiam *Bmg*

9 suscepit] suscipere *TBmg* praedicare *A*, praedicans *MPNFRB*, carnem *TBmg* et angelo *ATBmg*, et angelus *F*, ut angelus *MPN* 10 philumenes *AMPN*, philomenes *F*, filuminensi *TBmg* qua *R*[3]*B*, quia *ATMPNFR*[1] 11 praecanebat *T*, praecinebat *reliqui*

12 caelis] caelo *T* 12*sq.* evangelizavimus] e$\overset{a}{u}$ungelizaveris *A* 13 anatema *A* que *A*, qui *TMPNFR* argumentantur] *i. e.* Philumena et Apelles argumentatur *A*

nos resistemus. Confitentur vere corpus habuisse Christum. Unde corpus? si caro corpus, unde caro, si non nata? — quia nasci haberet ea futura quae nascitur —, si non ex ea qualitate, in qua videbatur, unde materia? 'De sideribus', inquiunt, 'et substantiis superioribus mundi⟨orem⟩ mutuatus est carnem.' Et utique proponunt non esse mirandum corpus sine nativitate, cum et apud nos angelis licuerit nulla uteri opera in carne processisse. Agnoscimus quidem ita relatum, sed tamen quale est, ut alterius regulae fides ab ea fide quam impugnat instrumentum argumentationibus suis mutuetur? Quid illi cum Moyse, quae deum Moysi reiecit? Si alius deus est, aliter sint res eius. Sed utantur, ⟨ut⟩ haeretici omnes, scripturis eius, cuius utuntur etiam mundo — erit illius hoc quoque [testimonium] iudicii, quod

---

14 resistemus *ATF*, resist^{e}amus *M* (*corr. m. 1*), resistimus *PRB*, r̃nemus *N* confitentes *TB* 15 *aliter distinxi*: unde corpus, si *vulgo* caro *AT* (*m. prior*), non caro *MPNFRB*, $^{\bar{n}}$caro *T* (n̄ *s. v. a m. 2*) corpus? unde *vulgo distinguitur* 16 habere *A* 16 *sq.* si non ex ea qualitate, in qua videbatur, unde materia? *scripsi: transtuli haec verba in hunc locum, quae in mss. paulo supra l. 14 apparent post verba* habuisse Christum *et hoc quidem ordine*: unde materia, si non ex ea qualitate, in qua videbatur si non ex ea qualitate] *subaudi*: corpus illud constabat. qualitas *idem fere quod* substantia *cf. cap. 6, 76* (*recentiorum codicum lectionem adiuvante Trecensi inter verba recepi contra ea quae disserui Krit. Vorarb. p. 31/32*) 18 et substantiis *T*, et de substantiis *reliqui* (*sed cf. quae disserit Lfst. Zur Spr. Tert. p. 61 sqq.*) substantiae superiores] *idem quod* substantiae caelestes *c. 6, 75* superioribus *ATP* (*m. 1*), superioris *MP* (*m. 2*) *NFRB vulgo* mundi⟨orem⟩ *scripsi*: mundi *libri omnes* 21 carne *AT*, carnem *MPNFRB* 23 instrumentum *ATF*R^3*B*, instruentum *M* (t *alt. ex* d *corr. m. 2*) *N*, instruendum *P*R^1 (*in mg. legitur*: alias instruentum *a m. Rhenani*) 23 *sq.* argumentationibus suis *MPNFR*, argumentationibus *T*, argumentorum *A* 24 cum moysi *MPNFR* que *A*, quị (i *ex* e *corr.*) *T*, qui *MPNFR vulgo* 25 reiecit *AF*, reicit *TMPNRB* sed *ATB*, et *MPNFR* 26 ut *addidi* 27 illius *A*, illis *TMPNFRB vulgo* erit — iudicii] *h. e. hoc quoque illius erit iudicii* testimonium *seclusi*: testimonium *AN*, in testimonium *TMPFRB*

de exemplis ipsius blasphemias suas instruunt —: facile est veritati etiam nihil tale adversus eos praescribenti obtinere. Igitur qui carnem Christi ad exemplum proponunt angelorum, non natam dicentes, licet carnem, comparent velim et causas tam Christi quam et angelorum, ob quas in carne processerint. Nullus unquam angelus ideo descendit, ut crucifigeretur, ut mortem experiretur, ut a morte suscitaretur. Si numquam eiusmodi causa angelorum corporandorum, habes, cur non nascendo acceperint carnem. Non venerant mori, ideo nec nasci. At vero Christus mori missus nasci quoque necessario habuit, ut mori posset; non enim mori solet nisi quod nascitur. Mutuum debitum est nativitati cum mortalitate. Forma moriendi causa nascendi est. Si propter id quod moritur mortuus est Christus, id autem moritur quod et nascitur, consequens erat, immo praecedens, ut aeque nasceretur propter id quod nascitur, quia propter id ipsum mori habebat quod, quia nascitur, moritur. Non competebat non nasci propter quod mori

---

28 ipsius] ^{ipsius}suis *N* (*corr. m. 1*) blasfemias *N* et facile *F* 29 veritati *TMPNFRB*, veritatem *A* p̣ẹrscribenti *T* (*corr. m. 1*) 29*sq.* obtinere *AMNF*, optinere *TP* obtinere] *sicut dici solet* consuetudo, lex obtinet *apud iuris consultos* 31 dicentes *AF*, discentes *MPNR*, *in T erasae sunt septem litt. quae fuisse videntur* diceres licet *AT*, scilicet *MPNFRB* carnem *AT*, carneam *MPNFRB* 32 velim ^{s}dicent et castam χρ̄ι *T* et (*alterum*) *om. A* 33 carne *AT*, carnem *MPNFRB* processerint *AT*, processerunt *MPN*, vẹnẹrunṭ processerunt *F*, venerunt *R*[1]*mg*, *Bmg* 34 ut (*primum*) *om. A* experetur *N* 34*sq.* suscitaretur *AT*, resuscitaretur *MPNFRB vulgo* 35 causa *T*, fuit causa *AMPNFRB* 36 habes *T*, habes causam *AMPNFRB* acceperint *AMP*, acciperint *T*, acceperunt *NF* 37 venerant] noverant *F* mori *om. A* 38 mori possit *T*, posset mori *F* 39 est *A*, est inter se *TMPNFRB* 40 et forma *F* forma] *i. e.* lex *sive* necessitas 41 est si *TMPNFRB*, et si *A* χp̄s est *F* 42 et *om. A* consequens *AT*, consequens autem *MPNFR*, consequens item *B* 44 id *om. T* quia nascitur *AT*, quia id quod nascitur *MPNFRB* 45 propter quod *T*, pro quo *AMPNFRB*

competebat. 'Atquin tunc quoque inter angelos illos ipse dominus apparuit Abrahae sine nativitate cum carne.' Scilicet, pro eadem causae diversitate. Sed vos hoc non recipitis, non eum Christum recipientes, qui iam tunc et adloqui et liberare et iudicare humanum genus ediscebat in carnis habitu non natae adhuc, quia nondum moriturae *** nisi prius et nativitas eius et mortalitas adnuntiarentur. Igitur probent angelos illos de sideribus accepisse substantiam carnis. Si non probant, quia nec scriptum est, nec Christi caro inde erit, cui angelorum adcommodant exemplum. Constat angelos carnem non propriam gestasse, utpote natura substantiae spiritalis, — etsi corporalis alicuius, sui tamen generis, — in carnem autem humanam transfigurabilis ad tempus, ut videri et congredi cum hominibus possent. Igitur cum relatum non sit, unde sumpserint carnem, relinquitur intellectui nostro non dubitare hoc esse proprium angelicae potestatis, ex nulla materia corpus sibi sumere. 'Quanto magis', inquies, 'ex aliqua?' Certum est. Sed nihil de hoc constat, quia scriptura non exhibet. Cete-

46 *cf.* Gen. 18, 1*sqq.*

46 atquin *sqq.*] *verba adversarii indicavi* atquin *MPF*, ad quin *AN*, atqui *TRB* illos angelos *PRB* 47 habrahe (*prius* h *eras.*) *A* *post* carne *gravius distinxi* carne] carneis *T* 49 eum *MPNFRB*, enim *AT* qui *AB*, quia *TMPNFR* 50 sediscebat *A* 51 moriturae *AMPNFR*, moritura erat *T* *post* moriturae *haec fere intercidisse crediderim*: moriturae, ⟨ceteroquin nec natae homini credendae nec moriturae⟩ nisi 52 adnuntiaretur *A* 53*sq.* de sideribus accepisse substantiam carnis *TMPNFRB*, carnem de sideribus concepisse *A* (*Rig. Oehler*) 56 gestasse] portasse *A* utpote *ATN*, utputa *MPF* 57 natura] naturae *T*, naturę (a supra) *P* (a *s. v. add. m. 1*) *parenthesin indicavi* corporalis *A*, corporis *TMPNFRB vulgo* 58 carne ... humana *T* 58*sq.* transfigurabilis *TF*, transfigurabiles *AMPNRB vulgo* 59 ut *om. A* concreditum *A* 59*sq.* posse *A* 60 sumpserint *MPNFRB*, sumpserit *A*, sumpserit (n supra) *T* (*add. litt.* n *s. v. m. 2*) 63 inquios *T*, inquis *rel. omnes* 64 nihil de oc (h supra) constat *A* (h *s. v. a m. 1*), nihil de eo constat *MPNF*, de nichilo constat *T* quia scriptura] quod creaturam *T*

rum qui valent facere semetipsos quod natura non sunt, cur non valeant et ex nulla substantia facere? Si fiunt quod non sunt, cur non et ex eo fiant, quod non est? Quod autem non est cum fit, ex nihilo est. Propterea nec requiritur nec ostenditur, quid postea factum sit corporibus illorum. Quod de nihilo fuit, nihil factum est. Possunt nihil ipsum convertere in carnem qui semetipsos potuerunt convertere in carnem. Plus est naturam demutare quam facere materiam. Sed et si de materia necesse fuit angelos sumpsisse carnem, credibilius utique est de terrena materia quam de ullo genere caelestium substantiarum, cum adeo terrenae qualitatis extiterit, ut terrenis pabulis pasta sit. Fuerit nunc sic quoque siderea, eodem modo terrenis pabulis pasta, quando terrena non esset, quo terrena caelestibus pasta est, quando caelestis non esset — legimus enim manna tum populo esui fuisse: *Panem*, inquit, *angelorum edit homo* — non tamen infringitur † semel separata condicio dominicae carnis ex causa alterius dispositionis. Homo vere futurus

80 Ps. 77, 25

65 qui *ANF*, quia *PT*, qui∗ (a *eras.*) *M* volent *N* 66 et ex *TMPNRB*, ex *AF* substantia *ATRB*, substantiam *MPNF* 66*sq.* quod non sunt — — fiant *om. P* (*add. haec in mg. Rhen. ex Hirsaugiensi, sed emendata*) 67 et ex eo *scripsi*: ex eo *ATRB*, et ex *MNF* fiat *A* 67*sq.* autem] aut *A* 68 requiritur] relinquitur *TBmg* 69 postea *om. A* $\overset{\text{de}}{\text{corporibus}}$ *T* (de *s. v. add. m. 1*) 73 sed et si *AT*, sed si *MPNFRB* fuit *AT*, fuisset *MPNFRB* 76 existerit *A* fuerit *ATB*, *om. MPNFR* 76*sq.* nunc sic quoque *MPFR*, nunc quoque sic *N*, nunc quoque TR^3B, sit nunc quoque *A* 77 eadem PR^1 *post* siderea *virgulam posui* pasta pabulis *N* 78 quando] *i. e. quamquam, cf. Ho. Synt. u. Stil p. 78* non] noti *F* quo] cum *T* (*in ras. a m. 2*) *Bmg*: *ex* quom *ortum putaverim* = *quomodo* 79 manna tum *scripsi*: mandatum *T*, manna∗ *A*, manna *MPNFRB* 80 populo esui *T*, esui populo *rell.* esșui *A* (s *eras. m. 1*) 81 infringetur *T* semel *AMPNFRB*, *om. T*, *an* simili (*scil. condicione*)? condicio *A*, conditio *rell.*

usque ad mortem eam carnem oportebat indueret, cuius et mors. Eam porro carnem, cuius et mors, nativitas antecedit.

7. Sed quotiens de nativitate contenditur, omnes, qui respuunt eam ut praeiudicantem de carnis in Christo veritate, ipsum dominum volunt negasse se natum, quia dixerit: *Quae mihi mater et qui mihi fratres?* Audiat igitur et Apelles, quid iam responsum sit a nobis Marcioni eo libello, quo ad evangelium ipsius provocavimus, considerandam scilicet materiam pronuntiationis istius. Primo quidem numquam quisquam adnuntiasset illi matrem et fratres eius foris stantes, qui non certus esset et habere illum matrem et fratres et ipsos esse, quos tunc nuntiabat, vel retro cognitos vel tunc ibidem compertos, licebit propterea abstulerint haereses ista de evangelio, quod et creditum patrem eius Ioseph fabrum et matrem Mariam et fratres et sorores eius optime notos sibi esse dicebant qui mirabantur doctrinam eius. 'Sed temptandi gratia nuntiaverant ei matrem et fratres, quos non habebat.' Hoc quidem scriptura non dicit, alias non tacens, cum quid temptationis gratia factum

---

7. 4 Matth. 12, 48; *cf.* Marc. 3, 33; Luc. 8, 20. 21   5 *cf.* Adv. Marc. IV 19 = III *p.* 482, 2—483, 4   12 *cf.* Luc. 3, 23   12—14 *cf.* Mc. 6, 2—4; Matth. 13, 55—56

---

83 enim eam *F*   indueret *AMP*, ut indueret *T*, induere *NF* et *AT*, est *MPNFR vulgo*   84 et *A*, est *rell.*

7. 2 respuunt] respitiunt *N*   3 dn̄m *AT*, dm̄ *MPNF*, deum *R vulgo*   negasse se natum *scripsi*: negasse* natum *A*, negare natum *T*, negare esse natum *MPNFRB vulgo*   quia *A*, qd̄ (*i. e. quidem*) *MP*, qd (with superscript o) *T*, quod *NFR*   5 apelles *AT*, appelles *MPNF*   6 quo ad *A*, quo *TMPNFR vulgo*   7 annuntiationis *F*   primum *T*   8 adnuntias sedilli *A*   9 stantes *A*, stare *TMPNFRB*; *dubito an neutrum inter verba recipiendum sit cf. infra l. 44*   et *om. TMPNFRB*   10 in ipsos *A*   11 repertos *FR[1]mg*   licebit (*cf. Ho. Beitr. p. 38*) *A*, licet *TMPNFRB vulgo*   12 euuangelium *A*   et creditum *MPNFR*, et creditum̃ (*hoc est* cred. est) *T*, creditum est *B*, creditum *A*   12 *sq.* creditum patrem eius Ioseph] *cf.* ὢν υἱός, ὡς ἐνομίζετο, Ἰωσήφ (*Luc. 3, 23*)   14 optime *AMPNFRB*, aut hōēs*** (*lac. trium litt.*) *T* (*in ras. a m. 2*)

est erga eum: *Ecce*, inquit, *surrexit legis doctor temptans eum*, et alibi: *Et accesserunt ad eum pharisaei temptantes eum.* ⟨Eo,⟩ quod nemo prohibebat hic quoque significari temptandi gratia factum, non recipio quod extra scripturam de tuo infers. Dehinc materia temptationis debet subesse. Quid temptandum putaverunt in illo? utique natusne esset an non. Si enim hoc negavit responsio eius, hoc captavit nuntiatio temptatoris. Sed nulla temptatio, tendens ad agnitionem eius, de quo dubitando temptat, ita subito procedit, ut non ante praecedat quaestio, quae dubitationem inferens cogat temptationem. Porro si nusquam de nativitate Christi volutatum est, quid tu argumentaris voluisse illos per temptationem sciscitari quod numquam produxerunt in quaestionem? Eo adicimus: etiam si temptandus esset de nativitate, non utique hoc modo temptaretur, earum personarum adnuntiatione, quae poterant etiam nato Christo non fuisse. Omnes nascimur, et tamen non omnes aut fratres habemus aut matrem. Adhuc potes et patrem magis habere quam matrem et avunculos magis quam fratres. Adeo non competit temptatio nativitatis, quam licebat et sine matris et sine fratrum nominatione constare.

---

18 Luc. 10, 25 19 Matth. 19, 3

---

18 erga *AT*, circa *MPNFR* inquid *A* (*pro more*) 19 pharisaei *AMPNFRB*, frs ei' (*hoc est* fratres eius) *T* (*quod ex* farisei *ortum videtur*) 20 eum. quod *A*, quod *MPFR*, quos *T*, quo *N* eum. ⟨Eo,⟩ quod *scripsi* significari *MPNFRB*, significarit *A*, significare *T* 21 *post* factum *levius distinxi* 22 infers] inferis *A* (*nescio an recte, quia et apud alios haec forma occurrit*) 23 temptando *T* putaverunt] putaverint *A* (*Oehler*) utique *om. T* 24 an non? si *vulgo distinguitur* 25 temptatoris *TMR*^{1}*mg FR*^{3}, tempt^{to}aris *A* (*add. syll.* to *s. v. m. 1*), temptaris *PR*^{1}, temptator *N* est temptatio *TB* 26 ita] ista *T*, ito *P* 29 volutat^{u}em *A* quod tu *T* 31 quaestione *T* 33 annuntiationem *A* 35 habent *A* aut matrem habemus *N* potes et *scripsi*: potest *A*, potest et *rel.* 38 licebat] licet *T*

Facilius plane est, ut certi illum et matrem et fratres habere divinitatem potius temptaverint eius quam nativitatem, an intus agens sciret, quid foris esset, mendacio petitus praesentiae adnuntiatae eorum, qui in praesentia non erant. Nisi quod et sic vacuisset temptationis ingenium. Poterat enim evenire, ut quos illi nuntiabant foris, ille eos sciret absentes esse, vel valetudine vel negotii vel peregrinationis nota ei iam necessitate. Nemo temptat eo modo, quo sciat posse se ruborem temptationis referre. Nulla igitur materia temptationis competente liberatur simplicitas enuntiationis, quod vere mater et fratres eius supervenissent. Sed quae ratio responsi matrem et fratres ad praesens negantis? Discat etiam Apelles. Fratres domini non crediderant in illum, sicut evangelio ante Marcionem edito continetur. Mater aeque non demonstratur adhaesisse illi, cum Martha et Maria aliaeque in commercio eius frequententur.

---

51 *cf.* Ioh. 7, 5 54 Luc. 10, 38—41; Ioh. 11, 5. 19—21; 24. 39; Matth. 27, 56; Mc. 16, 1

---

non sed
39 *sq.* certe illum habere divinitatem *T* (n̄ *et* sed *s. v. a m. 3*) *Bmg* 41 quid *ATN*, quidem *M*, quod *PF* petitus *ATBmg*, potius *MPNFRB* 42 praesentia *AT*, praesenti *MPNFRB* adnuntiatae *AT*, *om. MPNFRB* 43 et sic *scripsi*: nec sic *T*, sic *A*, etsi *MPNFRB* vacuisset] valuisset *TBmg* (*sed cf. De res. carn. 9 = III p. 38, 17*: omnis vis dei benefica vacuisset) 44 enim *AT*, *om. MPNFRB* quo *N* foris *A*, foris esse *T*, foris stare *MPNFRB vulgo* 45 absentes esse *AMPFRB*, absentes *TN* aut vel *T* valetudine *A*, valitudinis *TMPNFRB* 46 nota ei ⟨i⟩am *scripsi*: notae iam *AT*, nota *MPNFRB* quos *A*, quo* *T* (d *eras.*) 47 sciat posse se *AT*, posse se sciat *MPNFRB* 48 competenter *T* libratur *A* 48 *sq.* enuntiationis *A*, nuntiatoris *TMPNFRB*, nuntiationis *Rig.* (*Oehler*) 50 quae] quae sit *T* 51 *signum interrog. posui* etiam Apelles] *scil. ut iam didicit Marcion* (*cf. p. 208, 5*) pelles *A*, appelles *TMPNF* 51 *sq.* crediderunt R^3*B* 52 sicut *A*, sicut in *T*, sicut et in *MPNFRB* euuangelio *A* 53 adaesisse *A* 54 martha et maria aliaeque (aliae quae) *T*, marte et mariae alie *A*, marthae et mariae aliae *MPNFRB vulgo* commercium *T* frequentetur *A* (n *s. v. a m. 1*), frequententur *T* (a *s. v. a m. 1*), frequententur *MPNFR*

Hoc denique in loco apparet incredulitas eorum: cum Iesus doceret viam vitae, cum dei regnum praedicaret, cum languoribus et vitiis medendis operaretur, extraneis defixis in illum tam proximi aberant. Denique superveniunt et foris subsistunt: nec introeunt, non computantes scilicet quid intus ageretur, nec sustinent saltem, quasi necessarius aliquid afferrent eo, quod ille cum maxime agebat, sed amplius interpellant et a tanto opere avocatum volunt. Oro te, Apelle, vel tu, Marcion, si forte tabula ludens vel de histrionibus aut aurigis contendens tali nuntio avocareris, nonne dixisses: 'Quae mihi mater, aut qui mihi fratres?' Deum praedicans et probans Christus, legem et prophetas adimplens, tanti retro aevi caliginem dispargens, indigne usus est hoc dicto ad percutiendam incredulitatem foris stantium vel ad excutiendam importunitatem ab opere revocantium? Ceterum ad negandam nativitatem alĭus necessarius fuisset et locus et tempus et ordo sermonis, non eius, qui posset pronuntiari etiam ab eo, cui et mater esset et fratres: cum indignatio parentes negat, non negat, sed obiurgat. De-

---

55 in loco *om. T* iħs *AT*, is *MPNFRB* 56*sq.* langoribus *TN* 57 medentis *F* 58 tam] tamen *T* (*sed* proximus = propinquus *sicut* optimus = bonus) adberant *MP* 60 sustinentur *A* sustinent] *i. e. expectant, morantur* saltem *MPNFRB*, saltim *T*, salutem *A* necessarium *TB* 61 cum maxime *TF*, quo maxime (= *quom maxime?*) *A*, tum maxime *MPRB vulgo*, tunc maxime *N* 62 iterpellent *A* a *om. T* avocatum *T*, revocatum *MPNFRB*, vocatum *A* 63 apelle *A*, appelles *TMPNFRB* tabulam *T* 64 aurigis] iurgiis *T* 65 qui mihi *T*, qui *AMPNFRB vulgo* 66 χp̄m *T* profetas *A* 67 ṛetro (r *ex* p) *A* disp$\overset{e}{a}$rgens *T* (*corr. m. 2*), dispergens *BN* 68 est] et *A* percuciendam *AT* 69 vocantium *T* 70 alius] alĭus *coniunge cum genitivo* sermonis necessarius *FR* (*ex Hirsaug. videlicet*) *B*, *om. ATMPN Oehler* (*probandum mihi non videtur quod adnotavit ad hunc locum Oehler in not. I p. 441*) 71 et locus *A*, ei locus *TMPNFRB vulgo* posset *A*, possit *TMPNFRB* 72*sq.* cum indignatio (indignatione *T*) parentes negat, non negat *ATN*, cum indignatio parentes non negat *MP*, cum indignatio non negat *F*, cum indignatione parentes negant non negant *Bmg*, cum indignatio parentes non neget *RB* 73 obiurget *RB*

nique potiores fecit sibi alios et meritum praelationis ostendens, audientiam scilicet verbi, demonstrat, qua condicione negaverit matrem et fratres. Qua enim alios sibi adoptavit, qui ei adhaerebant, ea abnegavit illos, qui ab eo absistebant. Solet etiam adimplere Christus quod alios docet. Quale ergo erat, si docens non tanti facere matrem aut patrem aut fratres, quanti dei verbum, ipse dei verbum adnuntiata matre et fraternitate desereret? Negavit itaque parentes quomodo docuit negandos: pro dei opere. Sed et alias: figura est synagogae in matre abiuncta et Iudaeorum in fratribus incredulis. Foris erat in illis Israël, discipuli autem novi, intus audientes et credentes cohaerentes Christo, ecclesiam deliniabant, quam potiorem matrem et digniorem fraternitatem recusato carnali genere nuncupavit. Eodem sensu denique et illi exclamationi *** respondit, non matris uterum et ubera negans, sed feliciores designans, qui verbum dei audiunt.

8. Solis istis capitulis, quibus maxime instructi sibi videntur Marcion et Apelles, secundum veritatem integri et incorrupti evangelii interpretatis satis esse debuerat ad pro-

---

86 *cf.* I Cor. 6, 17 88 *cf.* Luc. 11, 27. 28

---

74 sibi alios *T*, alios *rell. omnes* 77 negavit *T* 78 implere *A* 79 facere *MPFRB*, faceret *ATN* 79 *sq.* matrem aut patrem *A*, patrem aut matrem *T*, matrem *MPNFRB* 80 ipse dei verbum *om. A* 80 *sq.* adnuntiata *A*, adnuntiatam *T*, nunciata *MPNFR* 81 et *om. MPNFRB* 83 alias] *in einem andern Sinne, scil. negavit parentes*: alias figura est *vulgo distinguitur* alia est figura *T* abiuncta] adiunctae *TBmg* 85 credentes *om. F* cohaerentes Christo] ὁ κολλώμενος τῷ κυρίῳ I Cor. 6, 17 cohaerentes *A* (*de hac membrorum coniunctione cf. Lfst. Zur Spr. Tert. p. 29sqq.*), et cohaerentes *TMPNFRB* 86 deliniebant *T*, delinabant *N* 87 nuncupavit *AT*, nuncupant *MPFR*[1] (*in mg. leg.* nuncupavit) 88 exclamationi ⟨cuiusdam de turba feminae⟩ respondit *fort.* 89 uberi *F*

8. 1 *sq.* sibi videntur *AT*, videntur sibi *MPNFRB* 2 marcione apelles *A* 3 euuangelii *A*

bationem carnis humanae in Christo per defensionem nativitatis. Sed quoniam et isti Apelleiaci carnis ignominiam praetendunt maxime, quam volunt ab igneo illo praeside mali sollicitatis animabus adstructam et idcirco indignam Christo, et idcirco de sideribus illi substantiam competisse, debeo eos de sua paratura repercutere. Angelum quendam inclitum nominant, qui mundum hunc instituerit et instituto eo paenitentiam admiserit. Et hoc suo loco tractavimus, — nam est nobis et adversus illos libellus — an qui spiritum et voluntatem et virtutem Christi habuerit ad ea opera, dignum aliquid paenitentia fecerit. Eum angelum etiam de figura erraticae ovis interpretantur: teste igitur paenitentia institutoris sui peccatum erit mundus, siquidem omnis paenitentia confessio est delicti, quia locum non habet nisi in delicto. Si mundus delictum est, — qua corpus et membra — delictum erit perinde et caelum et caelestia cum caelo; si caelestia, et quicquid inde conceptum prolatumque est: mala arbor malos fructos edat necesse est. Caro igitur Christi de caelestibus structa de peccati constat elementis,

8. 21 *cf.* Matth. 7, 17

5 isti] ipsi *T* apellaiaci *A*, appelliaci *T*, apelliaciani *MRB*, apelles*** *P* (*tres litt. erasae*), apellatiōī *NF* 6 praeside *om. N* praeside mali] praeside esse alii *TBmg* 7 animalibus *TBmg* abstructam *TMPNF* 7*sq.* indignam Christo, et idcirco *om. A* 9 debeo] debemus *T* (*fort. recte cf. l. 11*: tractavimus) eos *AT*, illos *MPNFRB* 11 admiscuerit *Lat.* haec *F* 12 *parenthesin indicavi* nam] non *F* est] ex *N* et *om. MPNFRB* adversus] ad *A* 13 ad] hab *A* 14 paenitentia *ATRB*, paenitentiae *MPNF* fecerit *om. A* ***totum v. in archetypo omissum fuisse opinor quem sic fere velim restituere***: **fecerit nunc. Sponte cedimus de gradu nec adversamur, cum ..** eum *A*, cum *TMPNFRB vulgo* 15 interpraetantur *A*, interpretentur *TMPNFRB vulgo* 16 peccatum *AT*, delictum *MPNFRB* 18 est] et *A* *parenthesin indicavi* qua *Oehler*: quam *A*, quia *TMPNFRB* 19 perinde *A*, proinde *TMPNFRB* 19*sq.* cum caelo; si caelestia *om. A* (*Oehler*) 20 conseptum *MPNF* 21 est et mala *A* malus *F* fructos *AT*, fructus *MPNFR vulgo* 22 structa vel facta *T*, exstrueta *N* peccatis *PRB* constat *A* (*quod defenditur clausula rhythmica*), constitit *TMPNFRB*

peccatrix de peccatorio censu, et par iam erit eius, [substantiae, id est nostrae] quam ut peccatricem Christo dedignantur inducere. Ita si nihil de ignominia interest, aut aliquam purioris notae materiam excogitent Christo quibus displicet nostra, aut eam agnoscant, qua etiam caelestis melior esse non potuit. Legimus plane: *Primus homo de terrae limo, secundus homo de caelo.* Non tamen ad materiae differentiam spectat, sed tantum terrenae retro substantiae carnis primi hominis, id est Adae, caelestem de spiritu substantiam opponit secundi hominis, id est Christi. Et adeo ad spiritum, non carnem, caelestem hominem refert, ut quos ei comparat constet in hac carne terrena caelestes fieri, spiritu scilicet. Quodsi secundum c⌊arnem quo⌋que caelestis Christus, non compararentur illi non secundum carnem caelestes. Si erg⌊o qui f⌋iunt caelestes, qualis et Christus, terrenam carnis substantiam gestant, hinc quoque confirma tibi ipsum etiam Christum in carne terrena fuisse caelestem, sicut ii sunt, qui ei adaequantur.

---

28 I Cor. 15, 47

---

23 censu et *MPNFRB*, censui et *A*, censuit *T* pars *A* (*Oehler*) eius] *scil.* carnis 23*sq.* substantia *TBmg* substantiae, id est nostrae *seclusi* 24 nostra *TBmg* ut] in *N* 24*sq.* χ̄ρ̄o dedignantur inducere *A*, χ̊ dedignãtur inducere (~ *s. litteram* a *eras.*) *T*, christus dedignatur induere *MPNFRB* 25 ita] istas *A* 26 aliquam *AT*, aliam *MPNFRB* materiae *A* 27 eam *TMPNFRB*, eandem *A* (*Rig. Oehler*); *an* eam tandem? agnoscant *AT*, cognoscant *MPNFRB* qua] que *A* caelestis *ATR*¹*mgR*³*B*, caelesti *MPNFR*¹ 31 id est adae *om. A* 33 adeo] ab eo *TBmg* non carnem *AN*, non ad carnem *TMPFRB vulgo* (*sed cf. Lfst. Zur Spr. Tert. p. 61sqq.*) caelestem (e *ex* a) *A* 34 ei *A*, sic *MPNFRB*, *om. T* 36 compararentur *M* (-pararen- *in ras. a m. 1*) *PNFRB*, comparentur *AT* 37 qui fiunt *R*³*B*, quę̇ fiunt *T*, fiunt *MPNFR*¹, in *A desunt quinque litterae, quia exesa est hoc loco charta* 38 et *AT*, est *MPNFRB* 39 hinc *ATBmg*, hic *MPNFRB* confirma tibi *T* (*cf.* Lucr. II 185), confirmatur *AMPNFRB vulgo* 40 ii] hii *A*, *om. TMPNFRB*

9. Praetendimus adhuc nihil, quod ex alio acceptum sit, ut aliud sit quam id, de quo est acceptum, ita in totum aliud esse, ut non suggerat, unde sit acceptum. Omnis materia sine testimonio originis suae non est, etsi demutetur in novam proprietatem. Ipsum certe corpus hoc nostrum, quod de limo figulatum etiam ad fabulas nationum veritas transmisit, utrumque originis elementum confitetur, carne terram, sanguine aquam. Nam licet alia sit facies qualitatis, — hoc est quod ex alio aliud fit — ceterum quid est sanguis quam rubens humor? quid caro quam terra conversa in figuras suas? Considera singulas qualitates, musculos ut glebas, ossa ut saxa, etiam circum papillas calculos quosdam; aspice nervorum tenaces conexus ut traduces radicum, et venarum ramosos discursus ut ambages rivorum, et lanugines ut muscos, et comam ut caespitem, et ipsos medullarum in abdito thesauros ut metalla. Carnis haec omnia terrenae originis signa et in Christo fuerunt, et haec sunt, quae illum dei filium celaverunt, non alias tantummodo hominem existimatum quam ex humana tantum substantia corporis. Aut edite aliquid in illo caeleste,

---

9. 6 *cf.* Ov. Met. I 76—88

---

9. 2 aliud sit — — in totum *om. A* est *T*, sit *MPNFRB vulgo* 3 esse ut *A T*, est cui *MPFRB* 5*sq.* nostrum hoc *A* (*Oehler*) 6 figulatum *AMPNFRB* (*cf. Adv. Val. 24 = III p. 201, 8; De an. 25 = I p. 340, 17*), figuratum *TN* 7 utriusque originem elementi *A* (*Oehler*) [em] originịṣ *T* (*corr. m. 1*) 8 carne terram *A*, carnẽ terraṃ *T*, carne terrenam *MPNFRB* sanguine aquam nam *A*, sanguinẽ aquã; nam *T* (~ *s. litt.* a *eras.*), sanguine aquanam *MPNFRB* alia sit facies *TMPNRB*, alia facies sit *F*, alia species *A* (*Oehler*) 9 *parenthesin indicavi* 10*sq.* conversa in figuras suas *TMPNFRB Rig.*, in figura sua (conversa *om.*) *A Oehler* (*comprobatur autem alterius memoriae lectio cum ipsa re tum versu Ovidiano Met. I 88 quem imitatur Tert.*) 12 circha *N* 13 conexos *T* utra duces *A* 15 ut muscos] ĩmasculịs *T* (*corr. m. 2 ex* innasculos) 16*sq.* metalla carnis. haec *vulgo distinguitur* 18 et haec sunt — — celaverunt *om. T*, et haec *F*, et *A*, haec *MPNRB* 19*sq.* ex humana tantum *T*, extantem humana *A*, ex humana *MPNFRB*

de Septentrionibus et Virgiliis et Suculis emendicatum — nam quae enumeravimus, adeo terrenae testimonia carnis sunt ut et nostrae —: sed nihil novum, nihil peregrinum deprehendo. Denique verbis et factis tantum, doctrina et virtute sola Christum homines obstupescebant. Notaretur autem etiam carnis in illo novitas miraculo habita. Sed carnis terrenae non mira condicio ipsa erat, quae cetera eius miranda faciebat, cum dicerent: *Unde huic doctrina et signa ista?* Etiam despicientium formam ⌞eius haec erat vox:⌟ adeo nec humanae honestatis corpus fuit, nedum caelestis clar⌞itatis.⌟ Tacentibus apud vos quoque prophetis de ignobili aspectu eius, ipsae passiones ipsaeque contumeliae loquuntur, passiones quidem humanam carnem, contumeliae vero inhonestam. An ausus esset aliqui ungue summo praestringere corpus novum, sputaminibus contaminare faciem nisi merentem? Qui⌞d dicis⌟ caelestem carnem, quam unde caelestem intellegas non habes? Quid terrenam negas, quam unde terrenam agnoscas habes? Esurit sub diabolo, sitit sub Samaritide, la⌞cri⌟matur super

28 Matth. 13, 54 29 *cf.* Es. 53, 2. 3 32 *cf. ibidem* 35 *cf.* Matth. 27, 30. Mc. 15, 19. Luc. 22, 64 39 *cf.* Matth. 4, 2—4. *cf.* Ioh. 4, 7. *cf.* Ioh. 11, 35

21 et virgiliis *AN*, aut v(e)irgiliis *T* (*corr. m. 2*), et vergiliis *MPF* suculis *A*, succulis *T*, siculis *MPNFRB* emendicatum *A T*, emendatum *MPNFRB* 23 sed] et *T* nichil *TF* (*pro more*), nihil *MPNRB*, nihilque *A* (*Oehler*) 24 denique] = *namque* et factis tantum *A T*, tantummodo et factis *MPNFRB* 25 Christum homines *scripsi*: χ̅p̅m̅ hominem *A* (*Oehler*), χ̅p̅ι̅ homines *TMPNFRB* 26 autem *A T*, *om. MP NFR* 27 non *del. m. 1 T* 31 vos] nos *FB Oehler* apud vos quo que] *i. e. Apelleiacos, qui hac in re consentiunt cum Marcionitis* 33 *post* loquuntur *virgulam posui* quidam *A* 34 inhonestam *A T Rig.*, inhonestam probaverunt *MPNFRB vulgo* aliqui *A T*, aliquis *MPNF RB vulgo* 35 praestringere *N*, perstringere *TMPFRB*, pertinguere *A* sputaminibus *A T*, ullam sputaminibus *MPNRB*, nullam sputaminibus *F*[1] 36 nisi *libri omnes et vulgo; fort.* nihil *h. e. nulla contumelia dignam; confunduntur in libris mss.* nihil *et* nisi *cf. p. 219, 20; 220, 24*

38 munde *T* terrenam *om. A* 39 esurit .. sitit *T*, esuriit .. sitiit *AMNFR vulgo* lacrimatur *MPNFRB*, lacrimat** (*duae litt. eras.*) *T*, la***matus est *A*

Lazarum, trepidat ad mortem — *caro* enim, inquit, *infirma* — sanguinem postremo fundit. Haec sunt, opinor, signa caelestia? „Sed quomodo", inquitis, „contemni et pati p⌊osset,⌋ sicut et dixit, si ⌊quid ex⌋ illa carne de caelesti generositate radiasset?" Et ex hoc ergo convincim⌊us ni⌋hil in illa de caelis fuisse, propterea, ut co⌊ntem⌋ni et pati posset.

10. Convertor ad alios aeque sibi prudentes, ⌊qui car⌋nem Christi animalem adfirmant, quod anima caro sit facta. Ergo et caro anima, et sicut caro animalis, ⌊ita⌋ et anima carnalis. Et hic itaque causa⌊s⌋ requiro. Si, ut animam salvam faceret, in semetipso suscepit animam Christus, quia salva non esset nisi per ipsum, dum in ipso, non video, cur eam carnem fecerit animalem induendo carnem, quasi aliter animam salvam facere non posset, nisi carneam factam. Cum enim nostras animas non tantum non carneas, sed etiam a carne disiunctas salvas praestet, quanto magis illam, quam ipse suscepit, etiam non carneam redigere potuit in salutem? Item cum praesumant non carnis, sed animae nostrae solius liberandae causa processisse Chri-

---

40 *cf.* Mc. 14, 33—34; Matth. 26, 41; Mc. 14, 38 43 *cf.* Matth. 16, 21; Mc. 8, 31; Luc. 9, 22

---

40 trepidavit *Rig.* inquit *om. N* 41 postremo fundit *A*, postremo fudit *T*, fundit (fudit *N*) postremo *MPNFRB vulgo* 42 *signum interrog. posui* (opinor *in elocutione interrogativa et alibi invenitur*) inquitis *A*, inquit is *TBmg*, inquam *MPNFRB vulgo* 43 dixit *AT*, dixi *MPNFRB vulgo* ex *T*, in *MPNFRB vulgo* carnea *F* de *om.* PR^1 44 et ex hoc *scripsi*: et hoc *T*, ex hoc *AMPNFRB*

10. 1 alios ATR^3B, illos $MPNFR^1$ 3 *fort. lacuna ante* Ergo *statuenda*: 'si enim', inquiunt, 'anima caro est facta' 5 in ipsum *N* 6 nisi per ipsum *libri et vulgo; nescio an* per ipsum nisi *scribendum sit* non] ṇ (ñ dū *supra*) *T* (ñ dū *s. v. add. m. 2*) 8 carnem *A* (*sed* carneam *recentioris memoriae defenditur clausula rhythmica*) 10 a carne *AT*, in carne *MPNFRB* diiuntas (s c *supra*) *T* (*corr. m. 1*) 11*sq.* potuit salutem (ad *supra*) *T* (ad *s. v. add. m. 1*) 12*sq.* sed animae nostrae] *hic desinit in fol. 204v codex Agobardinus*

stum, primum quam absurdum, ut animam solam liberaturus id genus corporis eam fecerit, quod non erat liberaturus? Deinde, si animas nostras per illam, quam gestavit, liberare susceperat, illa quoque, quam gestavit, nostra quaeque gestasse debuerat, id est nostrae formae. Cuiuscumque ⟨autem⟩ formae est in occulto anima nostra, non tamen carneae. Ceterum non nostram animam liberavit, si carneam habuit; nostra enim carnea non est. Porro si non nostram liberavit, quia carneam liberavit, nihil ad nos, quia non nostram liberavit. Sed nec liberanda erat quae non erat nostra, ut scilicet carnea. Non enim periclitabatur, si non erat nostra, id est non carnea. Sed liberatam constat illam. Ergo non fuit carnea, sed fuit nostra, si ea fuit quae liberaretur, quoniam periclitabatur. Iam ergo si anima non fuit carnalis in Christo, nec caro potest animalis fuisse.

11. Sed aliam argumentationem eorum convenimus, exigentes, cur animalem carnem subeundo Christus animam carnalem habuisse videatur. 'Deus' enim, inquiunt, 'gestivit animam visibilem hominibus exhibere, faciendo eam corpus, quae retro invisibilis extiterit, natura nihil, sed nec semetipsam videns prae impedimento carnis huius, ut etiam disceptaretur, natane sit anima an non, mortalis an non. Itaque

---

14 primum *T*, primo *MPNFRB vulgo* absurdum *T*, absurdum est *MPNFRB vulgo* 15 genus] gestu *TBmg* 17 illam *T* (*expunxit m. 1*), illam *MPNFRB vulgo* 17 *sq.* nostra quaeque *T*, nostram *MP NFR vulgo* 19 autem *addidi* formae est *om. F* animi *M* 20 carneae ceterum *MPNFRB*, carne.^{a} ẹceterum *T* (*corr. m. 1*) 21 si] sed *N* 22 quia carneam liberavit *TB*, *om. MPNFR* carneam *Lat.*: carnem *TB* 23 quia non nostram *TB*, quia carnea non est, quia non nostram *MPNFR* 24 enim] erat *P* 26 sed *T*, et *MNFRB vulgo* si ea non fuit *FR*[1]*mg* 27 quoniam] quomodo *F*

11. 3 habuisse videatur *T*, videatur habuisse *MPNFRB vulgo* inquiunt *TBN*, inquit *MPF* gestavit *PFR*[1] 5 sed nec *T*, nec *MPNFRB vulgo* 7 nata ne sit *T*, nata est *MPNFR*, nata *B Oehler* mortalis an non *T*, mortalis ne sit an non *B*, an non *MPN FR Oehler*

animam corpus effectam in Christo, ut eam et nascentem et morientem et, quod sit amplius, resurgentem videremus.'

Et hoc autem quale erit, ut per carnem demonstraretur sibi aut nobis quae per carnem non poterat agnosci, ut sic ostenderetur ⟨quae latebat,⟩ dum id fit, cur latebat? [id est caro] Tenebras videlicet accepit, ut lucere possit. Denique adhuc pr⟨ess⟩ius retractemus, an isto modo ostendenda fuerit anima. Dicant ⟨qui⟩ in totum invisibilem eam retro allegant, utrum quasi incorporalem an etiam habentem aliquod genus corporis proprii. Et tamen, cum invisibilem dicunt, corporalem constituunt, habentem quod invisibile sit. Nihil enim habens invisibile quomodo invisibilis potest dici? Sed nec esse quidem potest, nihil habens per quod sit. Cum autem sit, habeat necesse est aliquid, per quod est. Si habet aliquid, per quod est, hoc erit corpus eius.

---

8 ut] $\overset{e}{\text{u}}$t *T* (*corr. m. 2 ut vid.*)   10 et hoc *TF*, ex hoc *MPNRB*   et hoc autem] *Incipere ab his verbis secundam refutationis Valentinianae sententiae partem ipsa verba* et hoc autem *nec non quod paulo infra sequitur* (*l. 13*) denique *satis comprobant. Necesse igitur est ante haec verba primam refutationis partem a librorum nostrorum archetypo afuisse. Inveniri autem ipsam istam partem, quae hoc loco desideratur, in eis, quae disputat auctor in capitulo tertio decimo et in eius appendice cap. 14., mihi quidem verisimillimum videtur. Nam ut taceam, quod prius fuit, ut a scriptore res ipsa refutaretur, hoc est sententia Valentinianorum, posterius, ut demonstraretur non per carnem animam fuisse manifestandam, animadvertendum est caput 13. sine ulla transitionis formula ad ea se applicare quae antecedunt, immo mutilum esse in ipso exordio*   erit] erat *Urs.* (*Rig. Oehler*)   per carnem *h. e. propter carnem*   demonstraretur *MNF*, demonstraretur anima *TPRB*   11 nobis] uobis *N*, a nobis *F*   12 quae latebat *addidi*   cur (= ob quod) *scripsi*: cui *libri et vulgo*   12 *sq.* id est caro *seclusi*   13 possit] posset *Rig.* (*Oehler*)   14 adhuc *TBmg*, ad hoc *rell. et vulgo*   pressius *scripsi* (*id est* intentius): prius *TMPRB*, potius *N*, *om. F*   15 dican⟨t qui⟩ *scripsi*: deinc an *TBmg*, an *MPNFR*   16 allegant *MNF*, allegans *T*, allegent *PR vulgo*   16 *sq.* aliquid *MN*   17 *sq.* dicunt *scripsi*: dicant *libri omnes et vulgo*   18 corporalem *TMNF*R^1, corporalem eam R^3*B vulgo*   constituant *P*   19 potest invisibilis *PR vulgo*   20 nec *TF*, ne *MPNRB vulgo*   nihil *TMF*R^1*mg*, nisi *PNRB vulgo*   21 sit] fit *N*   22 est] sit *P* (*sed in mg.* est *a m. 1*)   si habet aliquid *TB*R^3, si aliquid *MPN*, et hoc liquid *F*

Omne, quod est, corpus est sui generis. Nihil est incorporale nisi quod non est. Habente igitur anima invisibile corpus, qui visibilem eam facere susceperat utique dignius id eius visibile fecisset, quod invisibile habebatur, quia nec hic mendacium aut infirmitas deo competit: mendacium, si aliud animam quam quod erat demonstravit, infirmitas, si id, quod erat, demonstrare non valuit. Nemo ostendere volens hominem cassidem aut personam ei inducit. Hoc autem factum est animae, si in carnem conversa alienam induit superficiem. Sed et si incorporalis anima deputetur, ut aliqua vi rationis occulta sit quidem anima, corpus tamen non sit quidquid est anima, proinde et impossibile deo non erat et proposito eius congruentius competebat, nova aliqua corporis specie eam demonstrare quam ista communi omnium, alterius iam notae, ne sine causa visibilem ex invisibili facere gestisset animam, iustis scilicet quaestionibus oportunam per carnis in illam humanae defensionem. Sed non poterat Christus inter homines nisi homo videri. Redde igitur Christo fidem suam, ut qui homo voluerit incedere, animam quoque humanae condicionis ostenderit, non faciens eam carneam, sed induens eam carne.

---

24 nisi *TNR^3B*, nihil *MPFR^1* 24*sq.* corpus qui] corpus, corpus quod *T* 25 faceret *T* dignus *N* 25*sq.* id eius *MPNFRB* ut** eius *T* (*duae litterae erasae, quae fuerunt*: id) 26 fecisset *TR^3*, fecisse *MPNFR^1* 27 hic *om. F* mendantium *T* aut infirmitas — — mendacium *om. T* 30 aut (ut *superscr.*) *T* (*add.* ut *s. v. m. 2*) 31 animae *TR^3* (*ex Gorziensi, ut testatur*), animale *MPNFR^1* in carnem conversa *scripsi*: in carne conversam *MPNFR^1*, carne conversa *TR^3 vulgo* 32 sed et si] sed ṣị *T* 33 occulte sit qd** (o *superscr.*) anima *T* (*duae litt. erasae quae erant* id) 34 et impossibile *scripsi*: et possibile *T*, impossibile *MPNFRB vulgo* 37 notae *scripsi*: notitiae *libri omnes et vulgo* 38 ex] eṭ (x *superscr.*) (*corr. m. 2*) *T*, et *F* iustis *scripsi*: ustis *MN*, istis *TPFRB* 38*sq.* iustis scilicet quaestionibus oportunam] *begründeten Zweifelsfragen ausgesetzt* 39 opportunam *MNR vulgo* in illam *TB*, *om. MPNFR* 39*sq.* defensionem] *i. e.* vindicationem 41 suam (s *in ras.*) *M* 42 incịdere (e *superscr.*) *T* conditionis *TM* 43 carneam] carnem *TN*

12. Ostensa sit nunc anima per carnem, si constiterit illam ostendendam quoquo modo fuisse, id est incognitam sibi et nobis. Quamquam in hoc vana distinctio est, quasi nos seorsum ab anima simus, cum totum quod sumus anima sit. Denique sine anima nihil sumus, neque hominis quidem, sed cadaveris nomen. Si ergo ignoramus animam, ipsa se ignorat. Ita superest hoc solummodo inspicere, an se anima sic ignoret, ut nota quomodo fieret *** Opinor, sensualis est animae natura. Adeo nihil animale sine sensu, nihil sensuale sine anima. Et ut impressius dixerim, animae anima sensus est. Igitur cum omnibus anima sentire praestet et ipsa sentiat omnium etiam sensus, nedum qualitates, cui verisimile est, ut ipsa sensum sui ab initio sortita non sit? Unde illi scire, quid interdum sibi sit necessarium ex naturali necessitate, si non scit suam qualitatem, cui quid necessarium? et hoc quidem in omni anima recognoscere est, notitiam sui dico, sine qua sibi nulla anima a se ministrare potuisset. Puto autem magis hominem, animal solum rationale, compotem et animam esse sortitum, quae illum

---

12. 2 quo q m (o o *s. v.*) *T*, quoquo modo R^3B, quomodo $MPNFR^1$ incognita *T* 3 distinctio] distensio *T* *est (*una litt. erasa*) *T* 5 denique] *hoc est* namque neque *T*, nec *MPNFRB vulgo* homines *T* 7 ita (q;) *T* (q; *s. v. add. m. 2*) 8 sic *scripsi*: hic *TB*, *om. MPNFR* ignoret *T*, ignorarit *MPNFRB vulgo* quomodo] quoquo modo *TB* (*Oehler*) *lacunam indicavi: quae desunt sic fere velim suppleri*: ⟨sibi ex semetipsa, ab initio ei non fuerit.⟩ *cf. infra p. 222, 29*: si anima semetipsam ignorans erat ab initio 10 impressius $TNFR^3B$, (in) pressius (in *s. v. a m. 2*) *M*, pressius PR^1 11 sentire anima *F* 12 praestet et ipsa] praestat ipsa *T* 13 cui] qui FR^1, (c) qui *N* 14 quid *TMNF*, quod *PRB vulgo* interdum] *jeweils* 15 naturali *TBmg*, naturalium *MPNFRB vulgo* 16 necessarium? et hoc *scripsi*: necessarium est. et hoc *F*, necessarium est. hoc *TMPNRB vulgo* omnia animam *T* 17 notitias *T* sine qua *T*, sine qua notitia *MPNFRB vulgo* (sibi) sui (sibi *s. v. a m. 1*) *T*, sui *MPNFRB vulgo* a se *TB*, se *MPNFR Rig. Oehler* 19 compotem *TB*, computes *MPNFR*, competere *Oehler* compotem] *coniunge cum sententia relativa*: quae illum faciat et *om. T*

faciat animal rationale, ipsa in primis rationalis. Porro quomodo rationalis quae efficit hominem rationale animal, si ipsa rationem suam nescit, ignorans semetipsam? Sed adeo non ignorat, ut auctorem et arbitrum et statum suum norit. Nihil adhuc de deo discens deum nominat. Nihil adhuc de iudicio eius admittens deo commendare se dicit. Nihil magis audiens quam spem nullam esse post mortem et bene et male defuncto cuique imprecatur. Plenius haec prosequitur libellus quem scripsimus DE TESTIMONIO ANIMAE. Alioquin si anima semetipsam ignorans erat ab initio, nihil a Christo cognovisse debuerat nisi qualis esset. Nunc autem non effigiem suam didicit a Christo, sed salutem. Propterea dei filius descendit et animam subiit, non ut ipsa se anima cognosceret in Christo, sed ut Christum in semetipsa. Non enim se ignorando de salute periclitabatur, sed dei verbum. *Vita*, inquit, *manifestata est*, non anima. Et *veni*, inquit, *animam salvam facere*, non dixit ostendere. Ignorabamus nimirum animam, licet invisibilem, nasci et mori non incorporaliter, ut nobis nascens et moriens corporaliter exhiberetur. Ignoravimus plane resurrecturam cum carne. Hoc erat quod Christus manifestavit — sed et hoc non aliter in se quam in Lazaro aliquo —

---

12. 35 Ioh. 1, 4. 2 Cor. 4, 10 36 Luc. 9, 56

---

20 faciat] facit *F* 20*sq.* porro quomodo rationalis *TB*, *om. MPNFR* 21 efficiet *T* 23 ac*torem *T* (c *ex* u *corr.*) *T* 24 dicens *N* 25 dicit] didicit *R*, di^s^cit (s *s. v. a m. 2*) *T* (*sed cf. De testim. animae cap. 2 = I p. 137, 10*) 27 cuique defuncto *F* defunctio *T* (*corr. m. 1*) 29 semetipsam ignorans erat] in semetipsa ignorat *N* 32 dei filius *TF*, filius dei *MPNRB vulgo* 34 periclitabatur *T*, periclitatur *MPNFRB vulgo* 37*sq.* nasci et mori non incorporaliter *scripsi*: nasci et non mori incorporaliter *TBmg*, nasci et mori incorporaliter *N*, nasci et mori nisi (ni *M*) corporaliter *MPFRB vulgo* 38*sq.* ut nobis nascens et moriens corporaliter *TBmg*, *om. MPNFRB vulgo* 39 sed ignoravimus *addidi* 40 erat *T*, erit *MPNFRB vulgo* 41 *parenthesin indicavi*

cuiusque caro non erat animalis, ita nec anima carnalis. Quid ergo amplius innotuit nobis de animae ignoratae retro dispositione? Quid invisibile eius fuit, quod visibilitatem per carnem desideraret?

13. *** caro facta est anima, ut anima ostenderetur, numquid ergo et caro anima facta est, ut caro manifestaretur? Si caro est anima, iam non est caro sed anima. Si anima caro est, iam non anima est, sed caro. Ubi ergo caro, et ubi anima, si alterutro alterutrum facta sunt, immo si neutrum sunt, dum alterutro alterutrum fiunt? certe perversissimum, ut carnem nominantes animam intellegamus et animam significantes carnem interpretemur. Omnia periclitabuntur aliter accipi quam sunt, si aliter quam sunt cognominantur, et amittere quod sunt, dum aliter accipiuntur. Fides nominum salus est proprietatum. Etiam cum demutantur qualitates, accipiunt vocabulorum * possessiones. Verbi gratia argilla excocta testae vocabulum suscipit nec communicat cum vocabulo pristini generis, quia nec cum ipso genere. Proinde et anima Christi caro facta non potest non id esse quod facta est, et id non esse quod fuerat,

---

42 cuiusque *T*, cuius *MPNFRB vulgo* 43 ignorate *T*, ignoratae *R*[1]*mgB*, ignorante *F*, ignorantię *MP*, ignorantis *N* 44 fuit *om. F*

13. 1 *lacunam signavi* (*cf. quae disserui supra ad p. 219, 10*)*: intercidisse puto talia*: ⟨Ad haec primo ex illis quaerendum: si⟩ *post* ostenderetur *virgulam posui* 3 est anima *T*, anima est *MPNFRB* iam non est caro sed anima *T*, iam non anima est sed caro *MPNFRB* 4 iam non anima est sed caro *T*, iam non caro est sed anima *MPNFRB* 5 anima *T*, anima est *MPNFRB vulgo* si alterutro *T*, *om. MPNFRB vulgo* facta sunt *T*, facta est *MPNFRB vulgo* 6 alterutro alterutrum *T*, alterutrum alterum *MPNFRB vulgo* *post* fiunt *signum interrog. posui* 9*sq.* si aliter quam sunt cognominantur] *haec verba, quae in libris omnibus in sequenti versu* (*l. 10*) *post verba* dum aliter accipiuntur *exstant, huc transtuli* 10 cognominantur *MPNFRB*, *om. T* (*sed add. in mg.* accipiuntur *m. 2*) 11 ꝓpḥatum (i eta *supra*) (*corr. m. 1*) *T* 12 *lacunam signavi: intercidisse videtur* aliorum 13 argillae excoctae *F* 14 cum] eum *F*, *om. R*[3] 16 fuerat *T*, fuerit *MPNFRB vulgo*

aliud scilicet facta. Et quoniam proximum adhibuimus exemplum, plenius eo utemur. Certe enim testa ex argilla unum est corpus unumque vocabulum unius scilicet corporis. Nec potest testa dici et argilla; quia quod fuit, non est, quod autem non est, et non adhaeret. Ergo et anima caro facta uniformis soliditas et singularitas tota est et indiscreta substantia. In Christo vero invenimus animam et carnem simplicibus et nudis vocabulis editas, id est animam animam et carnem carnem, nusquam animam carnem aut carnem animam, quando ita nominari debuissent, si ita fuissent. Sed etiam ⟨ipse⟩ sibi quamque substantiam divise ** pronuntiatas ab ipso, utique pro duarum qualitatum distinctione, seorsum animam et seorsum carnem. *Quid*, inquit, *anxiata est anima mea usque ad mortem?* et: *Panis, quem ego dedero pro salute mundi, caro mea est.* Porro si anima caro fuisset, unum esset in Christo: carnea anima aut caro animalis. At cum dividit species, carnem et animam, duo ostendit. Si duo, iam non unum; si non unum, iam nec

---

13. 29 Matth. 26, 38; Mc. 14, 34 30 Ioh. 6, 51

---

17 aliud [ut] *T* (ut *s. v. add. m. 2*) facta] faciat *T* quoniam] quomodo *F* proximum] *i. e.* manifestum, evidens *cf. Ad nat. II, 12 = I p. 120, 18, De idol. 11 = I p. 42, 11* ⟨quod⟩ adhibuimus *fort.* 18 utemur] utęręmur [a] *T* (*corr. m. 2*) testa *om. T* ex] et *F* 20 dici testa *N*, testa *om. B* 21 quod autem non est, et non adhaeret *TB*, *om. MPNFR* 21 *sq.* ergo et anima *MPNFR*, et anima *T* (*om.* ergo), et anima non adhaeret. ergo et anima *B* (*et omnes abhinc editiones*) 22 soliditas *TBmg*, solidata *MPNFRB* et *TN*, sed *MPFRB* tota *TBmg*, tuta *MPNFRB* 23 indiscreta] indiscrepata *TBmg* 25 animam (*alterum*) *om. P* 26 quando] *i. e. quamquam* 27 ipse *addidi* quamque] *pro* utramque *ut* cuiusque *pro* utriusque *supra* quamquam *N* *lacunam signavi: interciderunt talia*: ⟨defendit, ut divise⟩ pronuntiatas 27 *sq.* pronuntiatas *T* (*Urs.*), pronuntiata *MPNFRB* 28 ab ipso *TBmg*, sub ipso *MPNFRB* 29 carne *N* 29 *sq.* inquit anxiata est *T*, anxia est inquit *MPNFRB* 32 et unum esset *T* christo carnea *vulgo* aut] ụṭ [ac] *T* (*corr. m. 1*) 33 divisit *N*

anima carnalis nec caro animalis. Unum enim est anima caro aut caro anima. Nisi si et seorsum aliam gestabat animam praeter eam, quae caro erat, et aliam circumferebat carnem praeter illam, quae anima erat. Quodsi una caro et una anima, illa tristis usque ad mortem et illa panis pro mundi salute, salvus est numerus duarum substantiarum in suo genere distantium, excludens carneae animae unicam speciem.

14. 'Sed et angelum', aiunt, 'gestavit Christus.' Qua ratione? Qua et hominem? Eadem ergo sit et causa. Ut hominem gestaret Christus, salus hominis fuit causa, — scilicet id restituendum quod perierat: homo perierat, hominem restitui oportuerat — ut angelum gestaret Christus, nihil tale. [De causa est] nam et si angelis perditio reputatur in ignem praeparatum diabolo et angelis eius, numquam tamen illis restitutio repromissa est. Nullum mandatum de salute angelorum suscepit Christus a patre. Quod pater neque repromisit neque mandavit, Christus administrare non potuit. Cui ergo rei angelum quoque gestavit, nisi ut satellitem forte, cum quo salutem hominis operaretur? Idoneus enim non erat dei filius, qui solus hominem liberaret, a solo et singulari serpente deiectum? Ergo iam non unus dominus nec unus salutificator, sed duo salutis

14. 7 *cf.* Matth. 25, 41

35 est enim *F* 36 nisi si *T*, nisi *MPNFRB vulgo*

14. 1 sed et *TF* (*cf. infra 11*: angelum quoque), sed *MPNRB vulgo* 2 *post* hominem *signum interrog. posui* sit *T*, est *MPNFRB vulgo aliter distinxi*: causa, ut hominem gestaret christus. salus *vulgo* 3 fuit *om. T* *parenthesin indicavi* 4 id *scripsi*: ad *libri omnes et vulgo* 4*sq.* homin̄ę restitutio *T* (ū *s. v. a m. 2*) 6 nihil tale] *ex antecedentibus supple mente*: causa fuit de causa est *seclusi*; *glossema*: ð (= deest) causa est *inter verba irrepsisse puto* 11 ergo *T*, igitur *MPNFRB vulgo* 12 forte *T*, fortem *MPNFRB vulgo* 13 idoneus *TB*, ideo reus *MPNFR* 14 liberaret (*s. v. a m. 1*) *N* *signum interrog. posui, quod et in T exstat* 15 dominus *T*, deus *MPNFRB vulgo* sed *T*, si *MPNFRB vulgo*

artifices, et utique alter altero indigens. An vero ut per angelum liberaret hominem? Cur ergo ipse descendit ad id, quod per angelum erat expediturus? Si per angelum, quid et ipse? si per se, quid et angelus? Dictus est quidem 'angelus magni cogitatus', id est nuntius, officii, non naturae vocabulo. Magnum enim cogitatum patris, super hominis scilicet restitutionem, adnuntiaturus saeculo erat. Non ideo tamen sic angelus intellegendus ut aliqui Gabrihel aut Michahel. Nam et filius a domino vineae mittitur ad vinitores, sicut et famuli, de fructibus petitum, sed non propterea unus ex famulis deputabitur filius, quia famulorum successit officio. Facilius ergo dicam, si forte, ipsum filium angelum, id est nuntium patris, quam angelum in filio. Sed cum de ipso sit pronuntiatum: *Minuisti eum modicum quid citra angelos*, quomodo videbitur angelus, sic infra angelos diminutus, dum homo sit, qua caro et anima et filius hominis? [Quia autem spiritus dei et virtus altissimi, non potest infra angelos haberi, deus scilicet et dei filius.] Quanto ergo,

20 *cf.* Es. 9, 5 24 *cf.* Matth. 21, 34. 37 29 Ps. 8, 6

16*sq.* per angelum] *animadverte aliud esse* per *angelum, aliud* cum *angelo* (*225, 12*) 19 ipse *T*, *om. MPNFRB vulgo* 20 angelus magni cogitatus *T*, magni consilii angelus *MPNFRB vulgo* (*correctum, ut vid., secundum graecum exemplar* μεγάλης βουλῆς ἄγγελος) 22 restitutionem *TMPNF*, restitutione *R vulgo* 23*sq.* gabrihel aut michahel *TMP*, gabriel aut michael *NFRB* 24 domino] deo *T* 24*sq.* vinitores *T*, cultores *MPNFRB vulgo* 25 *post* petitum *virgulam posui pro puncto* 27 si forte (si *et* t *littera eras.*) *T* (*in mg. add. m. 2* foret fuisse) 29 ipso] filio ipso *PR vulgo* modicum *TNFR*[1]*mg*, modico *MPR* 30 citra] circa *F* angelus *T*, angelum induisse *MPNFRB vulgo* 31 deminutus *PRB vulgo* sit *T* (*Rig.*), fit *MPNFRB vulgo* qua caro] quaero *T* 32 quia] qua *R*[3] *vulgo* non] num *Oehler* 32*sq.* quia autem — — — dei filius *seclusi: spuria iudico quippe quae ab argumentationis proposito prorsus sint aliena eoque minus videantur ferenda, quia et ipsis verbis* qua caro et anima et filius dei *satis ab auctore cautum est, ne perperam intellegatur, et eis, quae infra inde a l. 35 sequuntur* 33 quanto] quam *N*

dum hominem gestat, minor angelis factus est, tanto non, dum angelum gestat. Poterat haec opinio Hebioni convenire, qui nudum hominem et tantum ex semine David, id est non et dei filium, constituit Iesum, plane prophetis aliquot gloriosiorem, ita ut in nonnullis angelum fuisse dicatur, quemadmodum in aliquo Zacharia. Nisi quod a Christo nunquam est dictum: *Et ait mihi angelus, qui in me loquebatur*; sed nec cotidianum illud omnium prophetarum: *Haec dicit dominus.* Ipse enim erat dominus coram et ex sua auctoritate pronuntians: *Ego autem dico vobis.* Sed quid ultra ad haec Esaia exclamante: *Non angelus neque legatus, sed ipse dominus salvos eos fecit?*

15. Licuit et Valentino ex privilegio haeretico carnem Christi spiritalem comminisci. Quidquid vis eam fingere potuit quisquis humanam credere noluit, quando, quod ad omnes dictum sit, si humana non fuit nec ex homine, non video, ex qua substantia ipse Christus et hominem se et filium hominis pronuntiarit: *Nunc autem vultis occidere ho-*

---

40 Zach. 1, 14 43 Matth. 5, 34. 39 44*sq.* Es.?
15. 6 Ioh. 8, 40

---

34 tanto *TB*, quanto *MPNFR* 34*sq.* non dum *Gel.*: nundum *T*, nondum *B*, dum *MPNFR* 35 poterat *T*, poterit *MPNFRB vulgo* hebioni *T*, ebioni *MPNFRB* 38 aliquot *scripsi*: aliquid *T* (i *ex* o *a m. 2*), aliquo *MPNFRB vulgo* ita, ut *scripsi*: ut ita *libri* in nonnullis *TB*, in illo *MPNFR* angelus *Lat.* 39 dicatur *TB*, edicat *MPNFR Oehler* aliquo *om. Oehler* (*mendose*) 39*sq.* a christo *TB*, christo *MPNFR* 41 nec] ne *T* 43 et ex *T*, et *F*, ex *MPNRB vulgo* 44 sed *scripsi*: et *T*, *om. MPNFRB vulgo* esaia exclamante *T*, esaiam exclamantem audi *MPNFRB vulgo*

15. 1 ex] et (x *supra*) *T* (*corr. m. 1*) 2 quidquid vis *T*, quid vis *MPNFRB vulgo* 3 voluit *F* quando] *h. e. quamquam* quando, quod] quando qđ (i *supra*) (*h. e.* quando quidem) *T* 4 sit *T* (*Urs.*), est *MPNFRB vulgo* 5 ipse christus et hominem se *T*, ipse christus hominem et *MPNFRB* ipse ⟨se⟩ christus hominem *Urs.* 6 pronuntiarit *MPNFRB*, pronuntiaverit *T* (*contra clausulae legem*), pronuntiavit *F*

minem veritatem ad vos elocutum, et: *Dominus est sabbati filius hominis.* De ipso enim Esaias: *Homo in plaga et sciens ferre imbecillitatem.* Et Ieremias: *Et homo est, et quis cognoscet eum?* Et Daniel: *Et ecce super nubes tamquam filius hominis.* Etiam Paulus apostolus: *Mediator dei et hominum homo Christus Iesus.* Item Petrus in actis apostolorum: *Iesum Nazarenum virum vobis a deo destinatum*, utique hominem. Haec sola sufficere vice praescriptionis debuerunt ad testimonium carnis humanae et ex homine sumptae et non spiritalis, sicut nec animalis nec sidereae nec putativae, si sine studio et artificio contentionis haereses esse potuissent. Nam ut penes quendam ex Valentini factiuncula legi, primo non putant terrenam et humanam Christo substantiam informatam, ne deterior angelis dominus deprehendatur, qui non terrenae carnis extiterunt, dehinc, quod oporteret similem nostrae carnis similiter nasci, non de spiritu nec de deo, sed ex viri voluntate. 'Et cur non de incorruptela, si ⟨non⟩ de corruptela? Et quare non,

---

7 Matth. 12, 8 8 Es. 53, 3 9 Hier. ? 10 Dan. 7, 13 11 I Tim. 2, 5 13 Act. 2, 22 23 *cf.* Ioh. 1, 13 24 *cf.* I Cor. 15, 50

---

7 elocutum *T*, locutum *MPNFRB vulgo* 10 cognoscet eum *TN*, cognovit illum *MPFRB* ecce *T*, *om. MPNFRB vulgo* nubēṣ *T* (s *eras.*) 10*sq.* tamquam filius] *verba* filius hominis *usque ad verba* in Actis apostolorum (*l. 12*) *in codice T exarata sunt a manu rec.* (*m. 3*) 11 etiam] et *F* 12 iesus christus *F* 15 et humanae ex *T* et *s. v. a m. 1 F* 16 spiritalẹs (i) — animalẹs (i) *T* (*corr. m. 2*) siderę *MF* 17 putativae *scripsi*: putative imaginarie *T*, imaginariae *MPNFRB vulgo* 17*sq.* heresọs *T* (o *in* e *corr. m. 2*) 18 ex] et *F* 19 factiuncula *Oehler*, faciuncula *TBmg*, ratione *MPNFRB*, factione *Gel.* et humanam *TB*, *om. MPNFR* 20 ne *om. T* deterior angelus (enī) *T* (enim *s. v. add. m. 2*) 21 depredạtụr (hendi) *T* (*add.* hendi *s. v. m. 2*) exstiterunt *TB*, extiterit *MPNFR* 22 nostrae carnis *T*, nostri carnem *MPNF RB vulgo* 23 *verba adversariis attribui* 24 de incorruptela, si ⟨non⟩ de corruptela *scripsi* (*cf. l. 39*): de corruptela sed de incorruptela *MP*

sicut et illa resurrexit et in caelo resumpta est, ita et nostra par eius statim adsumitur? Aut cur illa par nostrae non aeque in terram dissoluta est?' Alia ethnici volutabunt: 'Ergo dei filius, in tantum humilitatis exhibitus, ⟨cur non⟩ est exhaustus et, si resurrexit in exemplum spei nostrae, cur nihil tale de nobis probatum est?' Merito ethnici talia; sed merito et haeretici. Numquid enim inter illos distat, nisi quod ethnici non credendo credunt, at haeretici credendo non credunt? Legunt denique: *Minorasti eum modicum citra angelos* et negant inferiorem substantiam Christi, nec hominem se sed vermem pronuntiantis, qui nec formam habuit nec speciem, sed forma eius ignobilis, defecta citra omnes homines, homo in plaga, et sciens ferre imbecillitatem. Agnoscunt hominem deo mixtum et negant hominem; mortuum credunt et quod est mortuum ex incorruptela natum esse contendunt, quasi corruptela aliud sit a morte. 'Sed et nostra caro statim resurgere debebat.' Exspecta. Nondum inimicos suos Christus obpressit, ut cum amicis de inimicis triumphet.

---

33 Ps. 8, 6 35 Ps. 21, 7 35—37 *cf.* Es. 53, 2. 3 42 *cf.* Ps. 8, 8; *cf.* I Cor. 15, 27. 28

NFRB vulgo, de corruptela *T* de incorruptela] *intellege*: de siderea substantia si non de corruptela] *non* de corruptela *erat caro Christi, quia ne corrumperetur impedivit resurrectio* 25 resumpta] sumpta *T* 26 parș *T*, pars *N* a(s)dsumitur *T* (*corr. m. 2*) 27 alia *scripsi*: talia *libri omnes et vulgo* ethnici *TMPN*, et ethnici *FRB vulgo* volutabunt *T* (*Urs.*), volutabant *MPNFRB vulgo* 28*sq.* exhibitus est *T*, exhaustus *MPNFRB vulgo*: *utrumque Tertulliani esse puto, sed ita, ut interciderint verba* cur non 29 si (c *s. v. a m. 2*) *T*, si *om. N* 31 numquid *MPNFRB*, n̄ aliquid *T* (*in ras. a m. 2*) non aliquid — — leg(unt) *l. 33 in cod. T a m. 2 exarata sunt* 32 quod *om. T* at *TFRB*, aut *MPN* 33 denique] *i. e. enim* modicum *T*, modico *MPNFRB vulgo* 36 defecta *TF* (*alibi scribit Tert.*: deficiens), despecta *MPNRB vulgo* 38 agnoscant *F* 41 debebant *F* 42 nundum *T*

16. Insuper argumentandi libidine ex forma ingenii haeretici locum sibi fecit Alexander ille: quasi nos adfirmemus idcirco Christum terreni census induisse carnem, ut evacuaret in semetipso carnem peccati. Quod etsi diceremus, quacunque ratione muniremus sententiam nostram, dum ne tanta amentia qua putavit, tanquam ipsam carnem Christi opinemur ut peccatricem evacuatam in ipso, cum illam et ad dexteram patris in caelis praesidere meminerimus et venturam inde in suggestu paternae claritatis praedicemus. Adeo, ut evacuatam non possumus dicere, quia nec ⟨est⟩ evacuata, ita nec peccatricem, in qua dolus non fuit. Defendimus autem non carnem peccati evacuatam esse in Christo, sed peccatum carnis, non materiam, sed naturam, nec substantiam, sed culpam, secundum apostoli auctoritatem dicentis: *Evacuavit peccatum in carne.* Nam et si alibi *in similitudine* inquit *carnis peccati* fuisse Christum, non quod similitudinem carnis acceperit quasi imaginem corporis et non veritatem, sed similitudinem peccatricis carnis vult intellegi, quod ipsa non peccatrix caro Christi eius fuerit par, cuius erat peccatum, genere, non

---

16. 4 *cf.* Rom. 8, 3 7 *cf. ib.* 8 *cf.* Matth. 26, 64; Mc. 14, 62. Luc. 22, 69 9 *cf.* Matth. 16, 27; Mc. 8, 38 12 *cf.* Ebr. 9, 14. *cf.* Rom. 8, 3 15 Rom. 8, 2 16 Rom. 8, 3

---

16. 1 argumentum de libidine *T* ex forma] = *secundum legem* 3 idcirco *TB*, *om. MPNFR* 5 [tē] sentiam *T* (*corr. m. 2*) 6 quam putavit *T* 8 dextram *F* [p̄] residere *M* (*corr. m. 1*) 9 inde in *scripsi*: inde *MPNFRB*, in *T* 10 *post* praedicemus *gravius distinxi*: praedicemus, adeo *vulgo* ut *om. T* (*add. s. v. m. 2*) 11 quia nec ⟨est⟩ evacuata, ita nec peccatricem *scripsi*: ita nec peccatricem quia nec evacuatam *T*, ita nec peccatricem nec evacuatam *MPNFRB vulgo* 16 si *T*, *om. MPNFRB vulgo* alibi] *valde suspectum, quia eodem loco exstant haec verba apostoli quo et antecedentia; aut igitur delendum videtur* alibi *aut rescribendum*: ille ibi⟨dem⟩ similitudine *R* (*cf. I p. 257, 17; III p. 94, 26*): similitudinem *TMPNFR* 18 veritatem *T* (*Gel.*): veritatis *MPNFRB* 20 eius fuerit par *scripsi*: eius fuerit per *T*, eius fuit par *MPNRB vulgo*, par eius fuit *F*

vitio adaequanda. Hinc etiam confirmamus eam fuisse carnem in Christo, cuius natura est in homine peccatrix, et sic in illa peccatum evacuatum, dum in Christo sine peccato habetur quae in homine sine peccato non habebatur. At neque ad propositum Christi faceret evacuantis peccatum carnis, non in ea carne evacuare illud, in qua erat natura peccati, neque ad gloriam. Quid enim magnum, si in carne meliore et alterius, id est non peccatricis naturae, vim peccati peremit? Ergo, inquies, si nostram induit, peccatrix fuit caro Christi. Noli constringere explicabilem sensum. Nostram enim induens suam fecit; suam faciens non peccatricem eam fecit. Ceterum — quod ad omnes dictum sit, qui ideo non putant carnem nostram in Christo fuisse, quia non fuerit ex viri semine — recordentur Adam ipsum in hanc carnem non ex semine viri factum. Sicut terra conversa est in hanc carnem sine viri semine, ita et dei verbum potuit sine coagulo in eiusdem carnis transire materiam.

17. Sed remisso Alexandro cum suis syllogismis, quos in argumentationibus torquet, etiam cum psalmis Valentini, quos magna impudentia quasi idonei alicuius auctoris interserit, ad unam iam lineam congressionem dirigamus:

---

21 adaequanda *T*, Adae, quando *MPNFRB vulgo* 22 naturae *T* 23 dum *T*, quod *MPNFRB vulgo* 24 habetur *TNF*, habeatur *M* (a *alt. del. m. 1*) *P* hoīeṃ *T* 25 at *T*, nam *MPNFRB vulgo* neque] n̄*quę *T* (*una litt. erasa*) facere *T* 26 evacuaretur *N* 28 naturae *TNB*, natura *MPFR* 29 vim peccati peremit *T*, neuum (nenum *F*, *om. spatio vacuo relicto N*) peccati redemit *MPNFRB vulgo* inqui** (s *supra*) *T* (*corr. m. 2 ex* inquies), inquis *MPNFRB vulgo* 31 sensum] *h. e. scripturae locum* enim *om. F* 31 *sq.* suam faciens non peccatricem eam fecit *TNGR³B*, *om. M* (*sed in mg. add. haec verba m. rec.*) *PFR¹* 32 ceterum *** ad *T* (*tres vel quattuor litterae* [quas?] *eras.*) 34 fuerit *T*, fuit *MPNFRB vulgo* 35 carne *N* ex viri semine *F*

17. 1 sillogismis *T* quos] quo *N* 4 iam *om. F*

an carnem Christus ex virgine acceperit, ut hoc praecipue modo humanam eam constet, si ex humana matrice substantiam traxit, quamquam licuit iam et de nomine hominis et de statu qualitatis et de sensu tractationis et de exitu passionis humanam constitisse. Ante omnia autem commentanda erit ratio, quae praefuit, ut dei filius de virgine nasceretur. Nove nasci debebat novae nativitatis dedicator, de qua signum daturus dominus ab Esaia praedicabatur. Quod istud signum? *Ecce virgo concipiet in utero et pariet filium.* Concepit igitur virgo et peperit 'Emmanuel', quod est 'Nobiscum deus'. Haec est nativitas nova, dum homo nascitur in deo, ex quo in homine natus est deus, carne antiqui seminis suscepta sine semine antiquo, ut illam novo semine, id est spiritali reformaret exclusis antiquitatis sordibus expiatam. Sed tota no⟨va nati⟩vitas ista, sicut est in omnibus de veteri figurata, est rationali per virginem dispositione. Homine domino nascente virgo erat adhuc terra, nondum opere compressa, nondum sementi subacta; ex ea

---

17. 12. 13 *cf.* Es. 7, 14

---

5 acceperit *om. N* 5*sq.* ut hoc (hoc *om. N*) praecipue modo humanam *MPNFRB*, ut praecipue humanam *T* 7 licuit *TMPNFR*, liquuit *B vulgo* et (*post.*) *T* (*Gel.*) *om. MPNFRB* 8 sensu] censu *T* 9 commentanda *scripsi*: commendanda *MPNFRB*, commendenda *T* 11 novae] novi *F* de *om. T* 12 ysaia p̄] *T* (*a m. rec. exaratum in ras.*), isaia *MPN*, esaya *F* 13 istud *T*, est istud *MPNFRB vulgo* 14 emmanuel, quod est *T*, emmanuelem (*om.* quod est) *MPNFRB vulgo* 15 deus *T*, deum *MPFRB vulgo*, dominum *N* haec] nec *F* 16 in deo ex quo in homine *T*, in deo. in quo homine *MPNFRB vulgo* natus est deus *T*, deus natus est *MPNFRB vulgo* 18 spiritali *T*, spiritaliter *MPNFRB vulgo* 19 nova nativitas *scripsi*: novitas *libri omnes et vulgo* sicut est *scripsi*: sicut et *libri omnes et vulgo* 19*sq.* in omnibus] καθ' ἕκαστα 20 de veteri (*scil. nativitate*)] *pro ablativo rei efficientis*: *Ho. Synt. u. Stil p. 34* *aliter distinxi*: figurata est, rationali *vulgo* 20*sq.* rationali dispositione] ἐκ διαθέσεως τοῦ λόγου, *cf. p. 234, 14* *post* dispositione *gravius distinxi*, *post* nascente *punctum delevi* 21 homine *TB*, *om. MPNFR* domino] *scil. terrae, qui erat Adam* adhuc *om. F* 22 compressa] complexa *N* sementis *N*

hominem factum accipimus a deo in animam vivam. Igitur si primus Adam ita traditur, merito sequens vel *novissimus Adam*, ut apostolus dixit, proinde de ⟨virgine⟩ terra, id est carne nondum generationi resignata, in spiritum vivificantem a deo est prolatus. Et tamen, ne mihi vacet incursus nominis Adae: unde Christus Adam ab apostolo dictus est, si terreni non fuit census homo eius? † Sed et hic ratio defendit: quod deus imaginem et similitudinem suam a diabolo captam aemula operatione recuperavit. In virginem enim adhuc Evam inrepserat ⟨diaboli⟩ verbum aedificatorium mortis; in virginem aeque introducendum erat dei verbum structorium vitae, ut quod per eiusmodi sexum abierat in perditionem per eundem sexum redigeretur in salutem. Crediderat Eva serpenti: credidit Maria Gabrieli. Quod illa credendo deliquit, ista credendo correxit. 'Sed Eva nihil tunc concepit in utero ex diaboli verbo.' Immo concepit. Nam exinde ut abiecta pareret et in doloribus pareret, verbum diaboli semen illi fuit. Enixa est denique diabolum fratricidam. Contra Maria eum edidit, qui carnalem fratrem Israël, interemptorem suum, salvum quandoque praestaret. In vulvam ergo deus verbum suum detulit, bonum fratrem, ut memoriam mali fratris eraderet.

---

23 accepimus *N* 24 ita (*scil. factus*)] itra *P*, interra R^1 25 adam *om. T* virgine *addidi* 26 carnem *T* nondum *TBmg*, non *MPNFRB* generationis (e *superscr.*) *T* (*corr. m. 1*) 27 est prolatus *TFB*, prolatus est *MPNR* 28 nominis *om. B* (*habet T*) adae, unde christus adam *TB*, ad eundem christum adam *MPNFR* 29 homo eius] *h. e. qui erat in eo homo* 29*sq.* sed et hic ratio defendit *libri omnes et vulgo:* est et hic ratio defendi *fort. h. e.: auch hier läßt sich zur Rechtfertigung sagen* 30 deus *TB*, dei *MPNFR* 32 inrepserat (r *superscr.*) *T* (*corr. m. 2*) diaboli *addidi* (*cf. infra l. 38 et 40*) 34 structorium *T*, exstructorium *MPNFRB vulgo* 36 credidit] crediderat *F* gabriheli *M* 37 ista credendo correxit *T*, haec credendo delevit *MPNFRB vulgo* sed TR^3B, sed et $MPNFR^1$ 42 interemptorem] -emptorem *in ras. a m. 2 M*, inte redemptorem *P* 44 eraderet *Rig.*: evaderet *TBmg*, redderet *MPNFRB*

Inde prodeundum fuit Christo ad salutem hominis, quo homo iam damnatus intraverat.

18. Nunc et simplicius respondeamus: non competebat ex humano semine dei filium nasci, ne sic totus esset filius hominis. Non enim esset et dei filius nihilque ⟨in⟩ se haberet amplius Salomone nec amplius Iona ⟨ess⟩et de Hebionis opinione credendus. Erat ergo iam dei filius ex patris dei semine, id est spiritu. Ut esset et hominis filius, caro ei eaque sola, erat ex hominis carne sumenda sine viri semine. Vacabat enim semen viri apud habentem dei semen. Itaque, sicut nondum natus ex virgine patrem deum habere potuit sine homine matre, aeque cum de virgine nasceretur, potuit matrem habere hominem sine homine patre. Sic denique homo cum deo, dum caro hominis cum spiritu dei: caro sine semine ex homine, spiritus cum semine ex deo. Igitur si fuit dispositio rationis super⟨nae,⟩ filium dei ex virgine proferendum, cur non ex virgine acceperit corpus, quod de virgine protulit? 'Quia aliud est, quod a deo sumpsit, quoniam', inquit, 'verbum caro factum est.' Vox

---

18. 1 et *TP* (*m. 1 corr. in* ut) ut *MNFRB vulgo* 2 humano semine *T*, semine humano *MPNFRB vulgo* ne sic *scripsi*: nisi *TMPNFR*, ne si *B vulgo* 3 n͞++ eēt (*hoc est: non enim esset*) *T* (*compendiosa scriptio primae manus ex parte erasa est*) ⟨*in*⟩ se *scripsi*: se *T* (*sed semirasum*), *om. MPNFRB vulgo* 3 *sq.* haberet] habere* *T* (*eras. videtur ligatura &*) 4 Salomone et amplius *om. N* nec *scripsi*: et *libri et vulgo* ⟨ess⟩et de *scripsi*: et de *MPNFRB*, de *T*, ut de *Oehler* hebionis *TB*, ebionis *MPNFR* 5 *aliter distinxi*: credendus erat. ergo *vulgo* 6 *post* spiritu *gravius distinxi*: spiritu, ut esset *vulgo* et hominis *T* (*Urs.*): et *om. MPNFR* 6*sq.* caro ei, eaque sola, erat *scripsi*: caro ei (ei *N Gel.*, ea *MPFR*) sola quae erat *MPNFRB*, caro quę sola erat *T* (*om.* ei [ea]), caro ei sola competebat *Oehler* 8 dei semen] semen dei *F* 10 matre *TB*, *om. MPNFR* 11 hominem *TB*, *om. MPNFR* 14 super⟨nae⟩ *scripsi*: super *libri omnes et vulgo*: ratio superna = λόγος ὁ ἐν ὑψηλοῖς (*cf. Luc. 24, 49; Ebr. 1, 3*) 15 accepit *N*, acciperit *T* 16 *verba adversarii indicavi* 17 inquit *T*, inquiunt *MPNFRB vulgo* factum *TBmg*, facta *MPNFRB*

ista, quid caro factum sit, contestatur et declarat; nec tamen periclitatur, quasi statim aliud sit factum caro et non verbum, si ex carne factum est verbum caro. Aut si ex semetipso factum est, scriptura dicat. Cum scriptura non dicat nisi quod sit factum, non et unde sit factum, ergo ex alio, non ex semetipso suggerit factum. Si non ex semetipso sed ex alio, ⟨ex quo alio⟩ iam hinc ⟨re⟩tracta. Et ex quo magis credere congruet carnem factum verbum nisi ex carne, in qua et factum est? vel quia ipse dominus sententialiter et definitive pronuntiat: *Quod in carne natum est, caro est,* ** quia ex carne natum est. 'Sed de homine tantummodo dixit, non et de semetipso.' ⟨Si non et de semetipso,⟩ plane nec de homine Christo. Nega ⟨ergo⟩ hominem Christum, et ita defendes non et in ipsum competisse. Atquin is subicit *et quod de spiritu natum est spiritus est*, qui deus spiritus et de deo natus est. Hoc utique

18. 27 Ioh. 3, 6 32 *ib.*

18 et declarat *T*, *om. MPNFRB vulgo* 19 periclitatur] *i. e. periculum subest* 19*sq. aliter distinxi*: et non verbum. si ex carne factum est caro, aut si *vulgo* 21 semet ipso *TB*, semine ipso *MPNFR Oehler* scriptura dicat *TMPR*, dicat scriptura *N*, scriptura dicit *F* 22 dicat *TN* (*m. 1 corr.* a *in* i) *RB*, dicit *MPF* 23 semetipso *TB*, semine ipso *MPNFR* 24 semetipso *TB*, semine ipso *MPNFR* ex quo alio *addidi* retracta *scripsi*: tracta *TMPNR vulgo*, *om. F* (*loco vacuo relicto*) 25 et ex quo *T*, ex quo *MPNFRB vulgo* congruet *T*, congruat *MPNFRB vulgo* 26 *signum interrog. posui* 27 pronuntiat *TN* (*a m. 1; corr. in* -avit *m. rec.*), pronuntiavit *MPFRB vulgo* 27*sq.* quod in carne natum est] *contra Graec. exemplar, quod habet*: ἐκ τῆς σαρκός, *sed haec versio reperitur etiam Adv. Prax. 27 = III p. 282, 15* 28 *lacunam signavi*: idcirco videlicet *vel tale quid intercidit* *verba adversario tribui* sed *T*, sed si *MPNFRB vulgo* 29*sq.* si non et de semetipso *addidi* 30 nec de homine Christo *TBmg*: *om. MPNFRB vulgo* ergo *addidi* 30*sq.* nega hominem Christum *MPNFRB*, *om. T* 31 defendes *F*, defende *reliqui omnes et vulgo* defendes] *h. e. comprobabis* in ipsum *MPNFRB*, in ipsọ *T* (o *erasum; pro* o *adscripsit in mg. litteram* i *m. 2*) 32 atquin is *scripsi*: atquin *MPNFR vulgo*, ad quịd (id *in ras. ex* is) *T* 33 qui *F*, quia *reliqui omnes et vulgo* spiritus *T*, spiritus est *MPNFRB vulgo*

vel eo magis in ipsum tendit, si et in credentes eius. Si ergo et hoc ad ipsum, cur non et illud supra? Neque enim potes dividere hoc ad ipsum, illud supra ad ceteros homines, qui utramque substantiam Christi et carnis et spiritus non negas. Ceterum si tam carnem habuit quam spiritum, cum de duarum substantiarum pronuntiat condicione, quas in semet ipse gestabat, non potest videri de spiritu quidem suo, de carne vero non sua determinasse. Ita cum ipse de spiritu dei spiritus deus est, ex deo natus, ipse et ex carne hominis ⟨caro⟩ est homo, in carne generatus.

19. Quid est ergo *non ex sanguine neque ex voluntate carnis neque ex voluntate viri, sed ex deo natus est?* Hoc quidem capitulo ego potius utar, cum adulteratores eius obduxero. Sic enim scriptum esse contendunt: 'Non ex sanguine nec ex carnis voluntate nec ex viri, sed ex deo nati sunt', quasi supra dictos credentes in nomine eius designet. ** ut ostendant esse semen illud arcanum electo-

---

19. 1 Ioh. 1, 13   5 *cf.* Ioh. 1, 12   6 *cf.* Rom. 8, 33; *ib.* 8, 5, 9

---

34 ipso *T*   36 potes dividere *T*, dividere potest *MPNF*, dividere potes *RB vulgo*   38 negant *TBmg*   si *TB*, *om. MPNFR*   39 cum *TB*, *om. MPNFR*   pronuntiat conditione *T*, conditione pronuntiat *MPNFRB vulgo*   quas] quam *T*   40 in semet ipse gestabat *T*, et ipse gestat *MPNFRB vulgo*   41 ipse] sit ipse*** *T* (*voc.* sit *linea subscripta deletum; post* ipse *tres litt. erasae*), ipse sit *MPNFRB vulgo*   41*sq.* ita cum — — deo natus] *ad haec cf. supra p. 235, 33*: deus spiritus et de deo natus; *cum causale cum indicativo iunctum cf. Ho., Synt. u. Stil p. 80*   42 dei *T*, dei et *MPNFR vulgo*   deus est *om. T*   et *T*, est et *MPNF RB vulgo*   43 caro *addidi*   est *scripsi*: et *F*, *om. TMPNRB*

19. 1 est *om. T*   1*sq.* neque — neque *T*, nec — nec *rell. omnes*   voluptate *N*   2 natus est] *sic Irenaeus et Tert.* pro ἐγεννήθησαν; *iniuria restitui voluit Rig.* nati sunt   3 adulatores *N*   6 nati sunt *TBmg*, natus est *MPNFRB*   6*sq.* designet] *scil. id quod scriptum est sive scriptura gravius distinxi*: designet, ut *vulgo*   7 *lacunam indicavi*: Curent igitur *vel similia intercidisse puto*   ostendant *T*, ostendat *MPNRB vulgo*, ostendet *F*   esse] *h. e. re vera esse, non modo praesumi*   semen esse *F*   illud *TBmg*, illius *MPNFRB*

rum et spiritalium, quod sibi imbuunt. Quomodo autem ita erit, cum omnes, qui credunt in nomine eius, pro communi lege generis humani ex sanguine et ex carnis et ex viri voluntate nascantur, etiam Valentinus ipse? Adeo singulariter, ut de domino, scriptum est: *sed ex deo natus est*; merito, qua verbum dei, [et cum dei verbo spiritus, et in spiritu dei virtus et quicquid dei est Christus,] qua caro autem *non ex sanguine nec ex carnis et viri voluntate*, quia ex dei voluntate verbum caro factum est. Ad carnem enim, non ad verbum, pertinet negatio formalis nostrae nativitatis, quia caro sic habebat nasci, non verbum. Negans autem ex carnis [quoque] voluntate natum [cur] non negavit etiam ex substantia carnis. Neque enim, quia ex sanguine negavit, substantiam carnis rennuit, sed materiam seminis, quam constat sanguinis esse † colorem, ut despumatione mutatum in coagulum sanguinis feminae. Nam ex coagulo † in caseo eius substantiae est, quam medicando constringit, id est lactis. Intellegimus ergo ex concubitu nativitatem domini negatam, quod sapit et ⟨'non⟩ ex

12 Ioh. 1, 13   16 *cf.* Ioh. 1, 14

8 quod sibi imbuunt] imbuere alicui aliquid *cf. De pud. 21 = I p. 270, 12* (*ubi recte B* fidei), *Adv. Iud. 3, p. 266, 44*   quod s*i̦m̦buunt *T* (i *supra* s *et syll.* im *corr. in ras. m. 2; una littera erasa*)   9 nomine eius *T* (eius *s. v. inseruit m. 1*), nomine domini *MPNFRB vulgo*   pro *TB*, *om. MPNFR*   12 sed *T*, et *MPNFR*   13 *verba* et cum — Christus *seclusi*   dei verbo *T*, verbo dei *MPNFRB*   14 Christus. qua *vulgo*   qua] quia *T*   17 pertinet negatio formalis] pertinebat negavit formāl̦i̦s *T* (*syll.* lis *linea infra scripta deleta*)   18 sic *om. T*   19 quoque et cur *seclusi*   21 rennuit *TMP*, renuit *NFR*   22 colorem *T*, calorem *MPNFRB vulgo*: col⟨atum um⟩orem *fort.* (*cf. cap. 4 p. 196, 5; cap. 9 p. 215, 9sq. et De an c. 27 = I p. 345, 25sqq.*)   23*sq.* sanguinis feminae. nam ex coagulo *TB*, *om. MPNFR*   24 in case[e] *T* (e *s. l. a m. 1 ut vid.*), in caseo *MPNFRB vulgo*: incase⟨ati⟩o *fort.* (*etsi hoc vocabulum alibi non invenitur*)   eius] vis *Gel. et omnes abhinc editiones*   substantiae est *T*, est substantiae *rel. omnes et vulgo*   26*sq.* et ex voluntate *T*, voluntas *MPNFRB vulgo*   non *addidi*

voluntate viri et carnis', ⟨id est⟩ non ex vulvae participatione. Sed quid utique tam exaggeranter inculcavit non ex sanguine nec ex carnis aut viri voluntate natum, nisi quia ea erat caro, quam ex concubitu natam nemo dubitaret? Negans porro ex concubitu non negavit et ex carne, immo confirmavit ex carne, quia non proinde negavit ex carne sicut ex concubitu negavit. Oro vos, si dei spiritus non de vulva carnem participaturus descendit in vulvam — potuit enim extra eam fieri caro spiritalis simplicius multo quam ut intra vulvam — sine causa eo se intulit, unde nihil extulit? Si non sine causa descendit in vulvam, ergo ex illa accepit, quia, si non ex illa accepit, sine causa in illam descendit, maxime eius qualitatis caro futurus, quae non erat vulvae, id est spiritalis.

20. Qualis est autem tortuositas vestra, ut ipsam 'ex' syllabam praepositionis officio adscriptam auferre quaeratis et alia magis uti, quae in hac specie non invenietur penes scripturas sanctas? Per virginem dicitis natum, non ex virgine, et in vulva, non ex vulva, quia et angelus in somnis ad Ioseph: *Nam quod in ea natum est*, inquit, *de spiritu*

20. 6 Matth. 1, 20

27 id est *addidi* 28 sed *T*, et *rell. et vulgo* 29 aut viri voluntate *TMNF*, voluntate aut viri *PRB vulgo* 30 caro *om. T* 31 et ex *T*, ex *rell. omnes et vulgo* 33 spiritus] filius *NR*³ *GB et M s. v. a m. rec.* 34 descendit in vulvam *T*, descendit in vulvam, cur descendit in vulvam? *MPNFRB vulgo* *parenthesin indicavi* 35 extra *TPRB*, et extra *MNF* 35 *sq.* quam ut intra vulvam *T* (*add. in mg. m. 2 post* intra *haec*: vulvam fieret extra), quam intra vulvam fieret extra vulvam *MPNFRB vulgo* (*de ellipsi verborum* facere *et* fieri *cf. Ho. Syn. u. Stil p. 145*) 37 *signum interrog. posui* 38 si non *scripsi*: sed si non *T*, sed non *MPNFRB vulgo* in illam] in illa *N* 39 qualitates (i *supra* e) *T* (*corr. m. 2*)

20. 1 ipsam ex *MPNRB*, ipsam *T*, ipsam et *F* 2 praepositionis *TR*³*B*, propositionis *MPNFR*¹ offitio *T* (*pro more*) ascriptam *T* (s *ex* d) quaeratis *T* (a *eras.*) 3 uti q̄ *T* (q̄ *in ras. pro* q;), uti quae *Gel.*, utique *MPNFRB* invenietur *T*, invenitur *MPNFRB vulgo* 5 et (*alterum*) *om. T* 6 iosep *N*

sancto est, non dixit ex ea. Nempe, tamenetsi ex ea dixisset, in ea dixerat; in ea enim erat quod ex ea erat. Tantundem ergo et cum dicit in ea, ex ea consonat, quia ex ea erat quod in ea erat. Sed bene, quod idem dicit Mathaeus, originem domini decurrens ab Abraham usque ad Mariam, *Iacob autem generavit*, inquit, *Ioseph, virum Mariae, ex qua natus est Christus.* Sed et Paulus grammaticis istis silentium imponit dicens: *Misit deus filium suum factum ex muliere.* Numquid per mulierem, aut in muliere? Hoc quidem impressius, quod factum dicit quam natum; simplicius enim enuntiasset natum. Factum autem dicendo et *verbum caro factum* consignavit et carnis veritatem ex virginis factae adseveravit. Nobis quoque ad hanc speciem psalmi patrocinantur, non quidem apostatae et haeretici et Platonici Valentini, sed sanctissimi et receptissimi prophetae David. Ille apud nos canit Christum, per quem se cecinit ipse Christus. Accipe vicesimum primum et audi dominum patri deo colloquentem: *Quia tu*

12 Matth. 1, 16 14 Gal. 4, 4 18 Ioh. 1, 14 24 Ps. 21, 10

7 nempe* tamen[t] si *T* (*una littera erasa, quae fuit* n; t *ex* n *a m. 2*) 8 quod ex ea erat *TB*, *om. MPNFR* 9 ex ea *T*, et ex ea *B vulgo* 10 dicit *MPNFRB*, dicens *T* (*abundans* inquit [*cf. l. 12*] *post verbum finitum dicendi et apud alios occurrere recte monet C. Prinz* 11 recurrens *T* 12 iacob autem generavit inquit *T*, iacob inquit generavit *MPNFRB vulgo* 13 natus est *TN* (*ut graece*: ἐγεννήθη), nascitur *MPFRB vulgo* 14 imponit silentium *F* (*fort. propter clausulam rhythmicam*) dicens: misit *T*, misit inquit *MPNFRB vulgo*, *fort.* dicens: misit, inquit 15 aut] et *T* in muliere *NFRB*, in mulierem *TMP* 16 quidem] idem *N* dicit *MPNFR*, potius dixit *TB* (*sed ellipsis comparativi* magis *vel* potius *scriptori sollemnis est*) 18 factum *T*, factum est *MPNFRB vulgo* 18 *sq.* veritatem *TB*, veritati *MPNFR* 19 ex virginis] *scil. carne* virgini[e]s *T* (e *s. v. a m. 2*), virgine *MPNFRB vulgo* factae] factam *B* 20 patrocinantur *T*, patrocinabuntur *MPNFRB vulgo* 21 valentini *om. T* 23 se *om. T* XXI (*i. e.* vicesimum primum) *T*, christum *Bmg Oehler*, *om. MPNFRB* 24 et audi dominum *TBmg*, david domino *MPNFRB* patri deo colloquentem *TBmg*, deo patri eloquentem *MPNFRB*

es, qui avulsisti me ex utero matris meae. Ecce unum. *Et spes mea ab uberibus matris meae, super te sum proiectus ex vulva.* Ecce aliud. *Et ab utero matris meae deus meus es tu.* Ecce aliter. Et ad sensus nunc ipsos decertemus. *Avulsisti*, inquit, *ex utero.* Quid avellitur, nisi quod inhaeret, quod infixum, quod innexum est ei, a quo ut auferatur avellitur? Si non adhaesit utero, quomodo avulsus est? si adhaesit qui avulsus est ex utero, quomodo adhaesisset, nisi dum est per illum nervum umbilicalem, quasi folliculi sui traducem, adnexus origini vulvae? Etiam cum quid extraneum extraneo adglutinatur, ita concarnatur et convisceratur cum eo cui adglutinatur ut, cum avellitur, rapiat secum ex corpore, a quo avellitur, sequelam quandam, abruptae unitatis traducem et mutui coitus. Ceterum cum et ubera matris suae nominat, — sine dubio quae hausit — respondeant obstetrices et medici et physici de uberum natura, an aliter manare soleant, sine vulvae

25 *ib.* 27 Ps. 21, 11 29 Ps. 21, 10

25 meae] me *M* 25*sq.* ecce — — matris meae *om. N* 27 et ab] ex ab *MP* 28 aliter] aliud *Pam.* (*Rig. Oehler*) et ad sensus nunc *T*, nunc ad sensus *MPNFRB vulgo* 30 quod (*alterum*) *T*, *om. MPNFRB vulgo* a quo] a qua *F* 31*sq.* avulsum *T* 32 ex utero *huc transposui; in mss. l. insequenti post verba* nisi dum *legitur* 33 nisi dum est] *ad* dum *causale cf. Ho., Synt. u. Stil p. 79* umbilicalem *T*, umbilicarem *MPNFRB vulgo* 34 adnexus *TBmg*, adnexum *MPRB*, ad nexum *NF* 35 extraneum] extranee *P* extraneo *TPFRB*, extrane$\overset{o}{\bar{u}}$ *M* (*corr. m. 1*), *om. N* 35*sq.* cucarnatur *T* 37 rapiat secum — — — avellitur (2) *om. N* a quo *T*, aliquid a quo *MPFRB vulgo* sequelam *TMNF*, quasi sequelam *PRB vulgo* 38 quandam *TPRB*, quendam *MNF* *post* quandam *levius distinxi* abruptae *MPFRB*, abrutae *TN* traducem et *scripsi*: et traducis *TBmg*, et producis *MPNFR^1*, et producem *R^3B* 39 cum et *T*, et (*om.* cum) *MNF*, quae *PRB vulgo* nominat? sine dubio *vulgo distinguitur* 40 obsetrices *MP* et medici *T*, medici *reliqui omnes et vulgo* 41 uberum *TM* (*corr. ex* liberum) *NGR^3*, liberum *F*, liberorum *PR^1* manare] manere *MF* vulva *F*

genitali passione, suspendentibus exinde venis sentinam illam interni sanguinis et ipsa translatione decoquentibus in materiam lactis laetiorem. Inde adeo fit, ut uberum tempore menses sanguinis vacent. Quodsi verbum caro ex se factum est, non ex vulvae communione, nihil operata vulva, nihil functa, nihil passa quomodo fontem suum transfudit in ubera, quem nisi habendo non mutat? Habere autem fontem non potuit lacti subministrando, si non haberet et causas sanguinis ipsius, avulsionem scilicet suae carnis.

Quid fuerit novitatis in Christo ex virgine nascenti, palam est, solum hoc scilicet, quod ex virgine secundum rationem quam edidimus et ***, uti virgo est et regeneratio nostra spiritaliter, ab omnibus inquinamentis sanctificata per Christum, virginem et ipsum, etiam carnaliter, ut ex virginis carne. **21.** Si ergo contendunt hoc competisse novitati, ut quemadmodum non ex viri semine, ita nec ex virginis carne caro fieret dei verbum, quare non hoc

---

42 genitalis *T* suspendentibus *TMNF*, pendentibus *PRB* 42*sq.* venis sentinam illam *TBmg*, venissent in mamillam *F*, venis in mamillam *MNPRB*, venis sentinam illam inferni sanguinis in mamillam *Gel. et sequentes editores praeter Rig., qui non habet* in mamillam

43 interni *TBmg*, inferni *PFRB*, inferri *M* (*corr. ex* inferni) *N* (*in PR verba* inferni sanguinis *comparent ante verba* in mamillam) de quoquentibus *T* 44 ḷạc̣tis (lac- *in ras. a m. 2*) *T* laetiorem] latiorem *PR*[1] inde adeo *MPNFRB*, Ạ'*ịdeo*** *T* (A' *et* i *a m. 2 in ras.; quattuor litt. erasae*) uberum] verbum *F* 45 mensis *T* sanguinis *T*, sanguinum *MPNFRB vulgo* 46 vulva *F* communione *T*, communicatione *MPNFRB vulgo* 47 functa *TBmg*, iuncta *MPNFRB*

47*sq.* in ubera transfudit *F* 48 quem *scripsi*: que *T*, quae *rell. et vulgo* mutat] *h. e. transfert* autem *om. T* 49 fontem non* *T* (*in ras. a m. 1; in loco vacuo erasum est*: n̄), sanguinem non *rell. omnes et vulgo* et *T*, *om. rel. omnes et vulgo* 51 nascenti *scripsi*: nascendi *libri omnes et vulgo* 52 solum hoc scilicet *TF*, scilicet solum hoc *MN*, scilicet solummodo hoc *PRB vulgo* 53 et] eo *Oehler* *lacunam signavi*: virgo est editus *intercidisse puto* est et *scripsi*: esset *libri omnes et vulgo* regeneratione *F* 54 *post* spiritaliter *virgulam posui*

sit tota novitas, ut caro non ex semine nata ex carne processerit?

Accedant adhuc comminius ad congressum. *Ecce*, inquit, *virgo concipiet in utero.* Quidnam? utique dei verbum, non viri semen, certe ut pareret filium. Nam *et pariet*, inquit, *filium.* Ergo ut ipsius fuit parere, quia ipsius fuit concepisse, ita ipsius est quod peperit, licet non ipsius fuerit quod concepit. Contra si verbum ex se caro factum est, iam ipsum se concepit et peperit, et vacat prophetia. Non enim virgo concepit neque peperit, si non quod peperit ex verbi conceptu caro ipsius est. Solane autem prophetae vox evacuabitur an et angeli, conceptum et partum virginis adnuntiantis? an omnis etiam scriptura, quaecumque matrem pronuntiat Christi? quomodo enim mater, nisi qui in utero eius fuit ⟨ex utero eius aliquid accepit?⟩ Si nihil ex utero eius accepit, quid matrem eam faceret, in cuius utero fuit? hoc nomen non debet ⟨ei⟩ caro extranea:

---

21. 7 Es. 7, 14 (Matth. 1, 23) 8 *ib.* 15 *cf.* Matth. 1, 20. 21

---

21. 4 sit *TPRB*, si *MNF* 4*sq.* semine nata *MPNFRB*, seminata *T* 5 ex *T*, *om. MPNFRB vulgo* 6 accedant *TMPNF*, accedam *PR vulgo* comminius *NFR*[3]*B*, communius *MPR*[1], comminus *T* 8 semen *TBmg*, semine *MPNFRB* *fortasse lacuna statuenda est ante* certe: ut quid? (= ἵν ατί;) *intercidisse puto* ut *P*, *om. TMPNF* 9 parere quia ipsius fuit *T*, *om. MPNFRB vulgo* 10 ipsius est ergo quod *N* 11 fuerit] fuit *T* 13 quod *TMNF*, q̄d q̄d *P* (*corr. m. 1*), quicquid *R vulgo* 14 verbi conceptu *T*, verbi concepto *MNF*, verbo concepto *PRB vulgo* solane *scripsi*: sola an *T*, sola haec *MPNFRB vulgo* autem *T*, haec autem *MPNFRB vulgo* 14*sq.* prophetiae *N* 15 et partum *om. T* 16 adnuntiantis *TMN*, adnuntiantes *PFRB vulgo* (*praeter Oehlerum*) omnis etiam scriptura *scripsi*: omnis scriptura etiam *T*, et omnis iam scriptura *PR vulgo*, omnis iam scriptura *MN*, omnis scriptura *F* 17 pronuntiant *P* enim ẹṛgọ mater *T* (ergo *linea infra scripta expunxit m. 1*) 18 qui *scripsi*: quia *libri omnes et vulgo* ex utero eius aliquid accepit *supplevi* si *T*, sed *MPNFRB vulgo* 19 quid *scripsi*: quod *TMPRB*, quomodo *N*, quot *F* 19*sq.* in cuius] in cuius in *T* 20 utero fuit ** nomen *T* (utero fuit *in ras. a m. 2; duae litterae erasae*) ei *addidi*

matris uterum non appellat nisi filia uteri caro. Filia porro uteri non est, si sibi nata est. Tacebit igitur et Helisabeth propheta portans iam domini sui conscium infantem et insuper spiritu sancto adimpleta? Sine causa enim dicit: *Et unde mihi hoc, ut mater domini mei veniat ad me?*, si Maria non filium, sed hospitem in utero portabat Iesum. ⟨Et⟩ quomodo dicit: *beatus fructus uteri tui?* Quis hic fructus uteri? qui non ex utero germinavit? qui non in utero radicem egit, quia non eius est, cuius est uterus? et ut quid utique 'fructus uteri' Christus? An, quia ipse est 'flos de virga' prophetae 'ex radice Iesse', — radix autem Iesse genus David, virga ex radice Maria, [ex David] flos ex virga filius Mariae, qui dicitur Iesus Christus — ipse erit et fructus? Flos enim fructus, quia per florem et ex flore omnis fructus eruditur. Quid ergo? negant et fructui suum florem et flori suam virgam et virgae suam radicem, quominus radix suam sibi vindicet per virgam proprietatem

---

25 Luc. 1, 43 27 Luc. 1, 42 30 *cf.* Es. 11, 1

21*sq.* porro uteri *T*, uteri porro *MPNFRB vulgo* 22 si sibi nata est] *h. e.* non utero, *quia sine eius auxilio* tacebit *TMNF*, tacebat *PRB* elisabeth *FR vulgo* 23 propheta *TBmg*, prophetam *MP NFRB vulgo* portans ** *T* (*duae litterae erasae, quae fuerunt*: ns) *Bmg*, praecans *MNF*, praedicans *PRB* 24 adimpleta *om. T* *signum interrog. posui* 25 hoc ut *T* (*in mg. add. m. 1*), ut *MPNFRB vulgo* veniat ad me *TMPNF*, ad me *R*, ad me veniat *B vulgo* 26 portabat *T*, gestabat *MPNFRB vulgo* 26*sq.* Iesum. ⟨et⟩ quomodo *scripsi*, Iesum, quomodo *libri omnes et vulgo* 27 beatus] benedictus *Pam.* (*Rig. Oehler*) uteri tui] ventris tui *T* 28 *post* uteri *et* germinavit *signa interrog. posui* 29 quia *T*, qui *MPNFRB vulgo* *post* uterus *signum interrog. posui* et ut quid *scripsi*: ut quid *T* (= ἵνα τί *h. e.* cur?), et qui *MPNFRB vulgo* 30 utique] *überhaupt* uteri, Christus *vulgo distinguitur* 31 prophetae *T*, proiecta *MPNFRB*, profecta *Pam.* (*Rig. Oehler*) *parenthesin indicavi* radix autem iesse *om. TP* (*add. haec in mg. R ex Hirsaugiensi*) 32 ex david *seclusi* flos] non *N* 35 eruitur *F* eruditur in fructum *MPNFR vulgo, etiam T* (*sed verba* in fructum *linea infra scripta delevit m. 1*) 37 radix suam *scripsi*: suam radix *TB*, radix *MPNFR* vendicet *PF*

eius, quod ex virga est, floris et fructus? Siquidem omnis gradus generis ab ultimo ad principalem recensetur, ut iam hinc carnem Christi non tantum Mariae, sed et David per Mariam et Iesse per David sciant adhaerere. Adeo hunc fructum ex lumbis David, id est ex posteritate carnis eius, iurat illi deus consessurum in throno ipsius. Si ex lumbis David, quanto magis ex lumbis Mariae, ob quam ex lumbis David?

22. Deleant igitur et testimonia daemonum 'filium David' proclamantium ad Iesum, sed testimonia apostolorum delere non poterunt, si daemonum indigna sunt. Ipse inprimis Mathaeus, fidelissimus evangelii commentator, ut comes domini, non aliam ob causam, quam ut nos originis Christi carnalis compotes faceret, ita exorsus est: *Liber generaturae Iesu Christi, filii David, filii Abrahae.* His originis fontibus genere manante cum gradatim ordo deducitur ad Christi nativitatem, quid aliud quam caro ipsa Abrahae et David, per singulos traducem sui faciens in virginem usque, describitur inferens ⟨se⟩ in Christum, immo ipse Christus proditur⟨us⟩ de virgine? Sed et Paulus, ut-

---

40 *cf.* Ps. 132, 11; Act. 2, 30

22. 1 Matth. 20, 30; Mc. 10, 47; Luc. 18, 38 6 Matth. 1, 1

---

38 *signum interrog. posui* 40 iam hinc *scripsi* (*cf. Thes. l. L. VII, 113, 25 sqq.*): iam nunc *libri omnes et vulgo* 41 et iesse *TB*, *om. MPNF*, et iesse per david *om. R* adeo *T*, deo *MPNFRB*, ideo *Pam.* (*Rig. Oehler*) 43 conscessurum *M* ipsius] illius *T* ex *T*, in *MPNFRB vulgo*

22. 1 *sq.* filium David proclamantium ad Iesum] *cf.* triumphum proclamare 2 proclamantiạ[ū] *T* (*corr. m. 1*), proclamantia *MPNFRP vulgo* ad iesum *MPNFRB*, iesum *TB Pam. Rig. Oehler* 3 poterunt *B*, potụerunt *T*, potuerunt *MPNFR* 7 generaturae *T*, geniturae *MPNFRB vulgo* fili david *TM* abrahae *T*, abraham *MPNFRB vulgo* 8 manẹ[a]nte *M* (*corr. m. 1*) 9 ad christi nativitatem *TBmg*, a christi nativitate *MPNFRB* 10 habrae *N* per singulos ⟨gradus⟩ *fort.* 11 inferens ⟨se⟩ in christum *scripsi*: inferius in Christum *F*, inferens Christum *TMPNRB vulgo* 12 proditur⟨us⟩ *scripsi*: proditur *MPNFRB*, producitur *TBmg Oehler*

pote eiusdem evangelii et discipulus et magister et testis, quia eiusdem apostolus Christi, confirmat Christum ex semine David secundum carnem, utique ipsius. Ergo ex semine David caro Christi. 'Sed secundum Mariae carnem ex semine David.' Ergo ex Mariae carne est, dum ex semine David. Quocunque detorseris dictum: aut ex carne est Mariae quod ex semine est David, aut ex David semine est quod ex carne est Mariae. Totam hanc controversiam dirimit idem apostolus, ipsum ⟨Christum⟩ definiens esse Abrahae semen. Cum Abrahae, utique multo magis David, quia recentioris. Retexens enim promissionem benedictionis nationum in semine Abrahae: *et in semine tuo benedicentur omnes nationes, non*, inquit, *dixit 'seminibus', tanquam de pluribus, sed 'semine', de uno, quod est Christus.* Qui haec nihilo minus ⟨quam⟩ legimus et credimus, quam debemus et possumus agnoscere in Christo carnis qualitatem? utique non aliam quam Abrahae, siquidem semen Abrahae Christus; nec aliam quam Iesse, siquidem ex radice Iesse flos Christus; nec aliam quam David, siquidem fructus ex lumbis David Christus; nec aliam quam ex Maria, siquidem ex Mariae utero Christus; et adhuc superius

14 Rom. 1, 3; II Tim. 2, 8 24 Gal. 3, 8. 16 29 *cf. ib.* 30 *cf.* Es. 11, 1 32 *cf.* Ps. 132, 11 33 *cf.* Luc. 1, 42

13 testis] testis eius *T* 14 quia *TR*[1]*mg* (*i. e. Hirsaugiensis*), qua *MPF*, quam *N* eiusdem *MPNFRB*, *om. T*, eiusdem ipsius *R*[2] (*nescio unde*) *R*[3]*B vulgo* apostolus christi *T*, christi apostolos *MPNFRB* 16 *verba adversario tribui*: si secundum *Oehler* 17 david *T*, est david *MPNFRB vulgo* 18 dictum] fructum *TBmg* 19 quod ex] aut *T* (*om.* ex) 21 Christum *addidi* 22 abrahae *TPRB*, abraham *MNF* cum abrahae *T*, cum abraham *MPNFRB vulgo* 23 quia *T*, quasi *MPNFRB vulgo* 24 semine abrahae *TBmg*, nomine abraham *MPNFRB vulgo* 26 de uno semine *T* 27 nihilo minus *T*, *om. MPNFRB vulgo* quam *addidi* et] *i. e.* etiam 28 et possumus] et *om. T* 29 abrahae *T* (*bis*), abraham *rell. omnes* (*bis*) 31 quam ex david *T* 32*sq.* ex maria] ex mariae utero *T*, mariae *fort.* 33 superius *TMFRB*, supernis *PN*

nec aliam quam Adae, siquidem secundus Adam Christus. Consequens ergo est, ut aut illos spiritalem carnem habuisse contendant, quo eadem condicio substantiae deducatur in Christum, aut concedant carnem Christi spiritalem non fuisse, quae non de spiritali stirpe censetur.

23. Sed agnoscimus adimpleri propheticam vocem Simeonis super adhuc recentem infantem dominum pronuntiatam: *Ecce hic positus est in ruinam et suscitationem multorum in Israël et in signum contradicibile.* Signum enim nativitas Christi secundum Esaiam: *Propterea dabit vobis dominus ipse signum: ecce virgo concipiet in utero et pariet filium.* Agnoscimus ergo signum contradicibile conceptum et partum virginis Mariae, de quo Academici isti: 'Peperit et non peperit, virgo et non virgo'; quasi non, et si ita esset dicendum, a nobis magis dici conveniret. Peperit enim, quae ex sua carne, et non peperit, quae non ex viri semine, et virgo, quantum a viro, non virgo, quantum a partu. Non tamen, ut ⟨apud illos,⟩ ideo non peperit quae

34 *cf.* I Cor. 15, 45
23. 3 Luc. 2, 34 5 Es. 7, 14

34 adae *T*, adam *MPNFRB vulgo* 36 quo eadem] quod eam *T* quo] = *ut eo* 37 χ [m] *T*, χρ̄o *MPNFR* 38 quae] qua *Semler*
23. 2 dominum] deum *T* 2*sq.* pronuntiantum *F* 3*sq.* multorum, et signum in israel *T* 4 contradicibile *T*, quod contradicetur *MNFR*[3]*B*, quod contradicitur *PR*[1] 5 nativitas *scripsi*: nativitatis *libri omnes et vulgo* ysaiam *T* 6 concipiet in utero *TN*, in utero concipiet *MPFRB vulgo* 8 a[h]cademici *T* (h *s. v. a m. 2*), achademici *MPNF* isti *TBmg*, uti *MPNFRB* 9 et *prioribus duobus locis om. Bmg* (*exstant in T*) 10 esse[t] dicendum (t *s. v. a m. 1*) *T*, dicendum esset *reliqui omnes* vobis *F* dici *TFR* (*ex Hirsaugiensi, ut vid.*) *B*, dicendum *MPN* 11 viri] virili *PR* 12*sq.* a viro, non virgo quantum a partu] *haec verba in mg. cod. T add. m. 2*) 13 non tamen] tamen non *T* ut *MPNFRB*, ut *T* (ut *delendum indicavit m. recentior, ut vid.*) apud illos *addidi* peperit *libri omnes*: pepererit *R*[1]*mg et abhinc editores omnes* 13*sq.* quae peperit, quia non ex sua carne *T*, *om. rell. omnes et vulgo*

peperit, quia non ex sua carne, nec ideo virgo quae non virgo, quia non ex visceribus suis mater, sed apud nos nihil dubium nec retortum in ancipitem defensionem; lux lux, et tenebrae tenebrae, et *est est* et *non non*; *quod amplius, hoc a malo est.* Peperit quae peperit et ⟨virgo quae virgo, et⟩si virgo concepit ⟨et⟩ in partu suo nupsit. Nam nupsit ipsa patefacti corporis lege, in quo nihil interfuit de vi masculi admissi; nam emissi idem illud sexus resignavit. Haec denique vulva est, propter quam et de aliis scriptum est: *Omne masculinum adaperiens vulvam sanctum vocabitur domino.* Quis vere sanctus quam sanctus ille sancti filius? Quis tam proprie vulvam adaperuit quam qui clausam patefecit? Ceteris omnibus nuptiae patefaciunt. Ita quae magis patefacta est, quia magis erat clausa, ⟨si⟩ utique, magis non virgo dicenda est quam virgo, saltu quodam mater antequam nupta. Et quid ultra de hoc retractandum est, cum hac ratione apostolus non ex virgine, sed ex muliere editum filium dei pronuntiavit? agnovit adapertae vulvae nuptialem passionem. Legimus

---

16 *cf.* Es. 5, 20   17 Matth. 5, 37   23 Exod. 13, 2 (*cf.* Gen. 17, 10)   30 *cf.* Gal. 4, 4

---

14 nec *scripsi*: et *libri et vulgo*   15 ex *T*, de *rell. omnes*   *post* mater *levius distinxi*: mater. Sed *vulgo*   18 est *TBmg*, *om. rell.*   18*sq.* virgo quae virgo et *supplevi*   19 et *addidi*   20 nam nupsit *Oehler*, non nupsit *TB*, *om. MPNFR*   21 admissi; nam emissi idem *scripsi*: admissi an emissi (anne missi *T*); idem *libri et vulgo*   idem *MNF*, id est *TPRB*   sexus *MPNFRB*, rexum *T*   idem sexus] *nempe masculus*   illud] *scil.* corpus   22 denique] *h. e. enim*   22*sq.* de aliis] *h. e. ab aliis*   24 verọ (o *in ras. a m. 2*) *T*   24*sq.* sanctus ille sancti filius *scripsi*: sanctus ille *T*, sancti filius *FRmg*, dei filius *MPNRB*   25 tam *T*, *om. reliqui omnes et vulgo*   26 clausam *TFR*[1]*mg*, clusam *MPRB*, clausa *N*   ceteris *scripsi*: ceterum *TMPNFRB*   27 ita quae *scripsi*: itaque *libri et vulgo*   28 *post* clausa *virgulam posui pro puncto*   si *addidi*: *verba quae sequuntur* magis non virgo dicenda est quam virgo *adeo audacter dicta sunt, ut nisi restringantur formula huic auctori sollemni* (si utique) *tolerari non possint*   29 salui *F*   30 retractandum est? cum *vulgo*   hac *om. T*   31*sq.* pronuntiavit, agnovit *vulgo*

quidem apud Ezechielem de vacca illa, quae peperit et non peperit. Sed videte, ne vos iam tunc providens spiritus sanctus notarit hac voce disceptaturos super uterum Mariae. Ceterum non contra illam suam simplicitatem pronuntiasset, ut dubitativam Esaia dicente: *Concipiet et pariet.*

24. Quod enim et alias iaculatur in suggillationem haereticorum ipsorum et inprimis: *Vae qui faciunt de luce tenebras, de tenebris lucem*, istos scilicet notat, qui nec vocabula ipsa in luce proprietatum suarum conservant, ut anima non alia sit quam quae vocatur et caro non alia quam quae videtur et deus non alius quam qui praedicatur. Ideo etiam Marcionem prospiciens *ego sum*, inquit, *deus, et alius absque me non est.* Et cum alio ⟨loco⟩ id ipsum eodem ipso modo dicit: *Ante me deus non fuit*, nescio quas illas Valentinianorum Aeonum genealogias pulsat. Et *non ex sanguine neque ex carnis aut viri voluntate, sed ex deo natus est* Hebioni respondit. Aeque *etiamsi angelus de caelis aliter evangelizaverit vobis quam nos, anathema sit*,

---

33 Ez.? *cf.* Clem. Alex. Strom. 7, 94, 2 (= *cap. 16, p. 756 Heins.*) *in* nota Staehlini 37 Es. 7, 14

24. 2 Es. 5, 20 7 Es. 45, 5 9 Es. 46, 9 10 Ioh. 1, 13 12 Gal. 1, 8

---

33 ezechielem *T* (*add.* hi *s. v. m. 2*), ezechielem *FRB*, ezechiel *N*, ezechihel *MP* quae *om. T* 34 iam *TM* (*litt.* i *ex* t) *NR*, tam *PF* tunc *T Pam.*, nunc *MPNFRB Oehler* 37 ut dubitativam (*h. e. als Zweifeln ausgesetzt*) *scripsi*: ut dubitativae *T*, dubitative (*om.* ut) *MPNFRB et vulgo*

24. 1 et alias *T*, isaias et helyas *F*, esaias *MPFRB vulgo* iaculatur] *scil. spiritus sanctus* suggilationem *T*, suggillatione *MPNFRB vulgo* 2 *sq.* de luce tenebras, de tenebris lucem *T*, dulce amarum et tenebras lucem *MPNFRB vulgo* 4 ipsa *T*, ista *MPNFRB vulgo*

5 alia (*alterum*)] alia sit *F* 8 alio loco *scripsi*: alio *TMPNFRB*, alias *Pam.* (*Rig. Oehler*) id ipsum *MPNFRB*, *om. T* 9 eodem ipso *T*, eodem *MPNFRB vulgo*: *ad* idem ipse *cf. e. g. Ad nat. I cap. 10* (= *I p. 74, 14*): eadem ipsa 9 *sq.* quas illas] quasi illos *T* 10 aeonum] eo non *T* pulsat et] pulsa dei *T* 10 *sqq.* pulsat — respondit — dirigit] *cf. Lfst., Zur Spr. Tert. p. 23* 11 aut *T*, et *MPNFRB vulgo* ex deo] deo *T* 12 respondit] *scil. spiritus sanctus*

ad energema Apelleiacae virginis Philumenes dirigit. Certe ⟨cum dicit⟩ *qui negat Christum in carne venisse, hic antichristus est*, nudam et absolutam et simplici nomine naturae suae pronuntians carnem, omnes disceptatores eius ferit. Sicut et definiens ipsum quoque Christum unum multiformis Christi argumentatores quatit, qui alium faciunt Christum alium Iesum, alium dilapsum de mediis turbis alium detentum, alium in secessu montis in ambitu nubis sub tribus arbitris clarum alium ceteris passivum ignobilem, alium magnanimum alium vero trepidantem, novissime alium passum alium resuscitatum, per quod suam quoque in aliam carnem resurrectionem adseverant. Sed bene, quod idem veniet de caelis, qui est passus, idem omnibus apparebit, qui est resuscitatus: *Et videbunt et agnoscent qui eum conpunxerunt*, utique ipsam carnem in quam saevierunt, sine qua nec ipse esse poterit nec agnosci; ut et illi erubescant, qui adfirmant carnem in caelis vacuam sensu ut vaginam ⟨inanem⟩ exempto Christo sedere, aut qui carnem et animam tantundem, aut tantummodo animam, carnem vero non iam.

---

15 *cf.* I Ioh. 2, 22 (4, 3) 18 *cf.* I Cor. 8, 6 26 *cf.* Act. 1, 11 27 Ioh. 19, 37

---

14 energema *FRB*, enes gema *T*, energemam *MPN* Apelleiacae *R*, apelliacae *TMPNF* virginiṣ *T* Philumenes *scripsi*: filū enem *T*, philomenem filium enen *F*, filium filomenen *MPN*, philumenes filium R^1 *Oehler*, Philumenes filum R^3 15 cum dicit *addidi* 16 est. nudam *vulgo* 18 ferit *om. T* 18*sq.* multiformis *FRB*, multiformes *TMPN* 19 argumentatoris *PF* 20 Iesum] qui alium iesum *T* d$\overset{i}{\text{ẹ}}$lapsum *T* (*corr. m. 1*), elapsum *MPNFRB vulgo* 21 dete$\overset{n}{\text{ç}}$tum *M* (*corr. m. 1*) secessū *T* 22 $\overset{in}{\text{ṇ}}$obilem *T* (in *s. v. a m. 1*) 23 trepudantem *F* 25 aliam carnem *T*, alia carne *MPNFRB vulgo* 26 veni$\overset{e}{\text{ạ}}$t *T* (*corr. m. 1*) 28 conpunxerunt *T*, confixerunt *MPNFRB vulgo* in qua *T* 30 sensu] sens$\overset{ū}{\text{u}}$ *T* 31 inanem *addidi*: vagina inanis *Scheide ohne Schwert, ut Sen. Epist. 74, 5* funda inanis *Schleuder ohne Stein* exempto] *i. e.* ex carne 32 tantundem] tantum *T* tantundem: *als das nämliche, scil. sedere in caelis adfirmant*

25. Sed hactenus de materia praesenti. Satis iam enim arbitror instructam esse carnis in Christo et ex virgine natae et humanae probationem. Quod et⟨si⟩ solum discussum sufficere potuisset, sed citra singularum ex diverso opinionum congressionem ⟨ae⟩quam ex argumentationibus earum et scripturis, quibus utuntur, provocavimus ex abundanti, uti cum eo, quo probavimus, quid et unde fuerit caro Christi, quid non fuerit adversus omnes praedicaremus. Ut autem clausula de praefatione commonefaciat, resurrectio nostrae carnis alio libello defendenda hinc habebit praestructionem, manifestato iam quale fuerit quod in Christo resurrexit.

---

25. 1 sed hactenus — — satis *om. N* materia] mana *T* 2 esses *F* et *om. T* 3 etsi *scripsi*: $\overset{\text{et}}{\text{ẹṣṭ}}$ *T* (*expunxit* est *et corr. in* et *m. 1*), et *MPNFRB vulgo* 3*sq.* disenssum *F* 4 sed (*hoc est* tamen) *MPNFRB*, *om. TBmg* (*Gel. Rig. Oehler*): *cf. Ho., Synt. u. Stil p. 108; Beitr. p. 127* citra = *praeter cf. De ieiunio cap. 3 = I 291, 17* 5 ⟨ae⟩quam (*scil.* congressionem) *scripsi*: *quā *T* (*una littera erasa*), quam *MPNFRB vulgo* $\overset{\text{t}}{\text{ex}}$ *T* (*corr. m. 1*), et *MPNFRB vulgo* 6 provocamus *F* 7 uti cum *T*, uti *MPNFRB vulgo* quo *scripsi*: quod *libri omnes et vulgo* 8 caro christi *TF*, christi caro *MPNRB vulgo* *post* christi *virgulam posui* 8*sq.* $\overset{\text{s}}{\text{praeịụdicaremuṛ}}$ (s *s. v. a m. 1*) *T*, praeiudicaverimus *MPNFRB vulgo* praedicare] *hic idem quod* asserere 9 clausula *TMPNRB*, clausulam *F* (*Pam. Rig. Oehler*) commonefaciat *scripsi*: communē faciat *T*, communi faciat *MPNFRB vulgo* 10 resurrectionē *T* defendam *T* hinc *T*, hic *MPNFRB vulgo* 11 manifestato *T*, manifesto *MPNFRB vulgo* 12 resurrexit *FR*[1]*mgB*, resurrexerit *TMPNR*[3] explic̄ de carne $\overset{\text{i}}{\text{X}}$ *T*, DE CARNE X̄P̄Ī explicit *MPN*, Deo grās. Explicit liber de carne (*om.* χρ̄ι) Q. Sept. Flor. Tertulliani *F*

ADVERSVS IVDAEOS.

1. Proxime accidit: disputatio habita est Christiano et proselyto Iudaeo. Alternis vicibus contentioso fune uterque diem in vesperam traxerunt. Obstrepentibus etiam quibusdam ⟨in⟩expertibus singulorum nubilo quodam veritas obumbrabatur. Placuit ergo, vel quod per concentum disputationis minus plene potuit dilucidari, curiosius inspectis lectionibus, stilo quaestiones retractatas terminare. Nam occasio quidem defendendi etiam gentibus ibi divinam gratiam hinc habuit praerogativam, quod sibi vindicare dei legem instituerit homo ex gentibus nec de prosapia Israëlitum Iudaeus. Hoc enim sat est, posse gentes admitti ad dei legem, ne Israël adhuc superbiat, quod gentes velut

---

1. 1 INCIP̄ ADVERSVS IVDEOS EIVSDĒ *P*, INCIP̄ TERTVLLIANI LIB̄ ADVERSVS IVDEOS *NF*. *Non comparet titulus in cod. T, sed in fine libelli legitur* FINIT ADV̄SVS IVDEOS. *'Contra Iudaeos' inscriptus fuisse hic liber videtur in deperdito cod. Fuldensi* (*Φ*), *si fidem habere velis veteri bibliothecae Fuldensis catalogo saeculo decimo sexto conscripto* (*cf. C. Schrader apud F. Falk: Beiträge zur Rekonstruktion der alten bibliotheca Fuldensis, Leipzig 1902, p. 106*), *cum quo consentit indiculus cod. miscellanei Parisini 13047* (*φ*): *ego alterius memoriae auctoritatem sequi malui, praesertim cum in reliquis omnibus libris polemicis praepositionem 'adversus' praeferat titulus* 3 proselito *TPF*, prosellito *N* 5 ⟨in⟩expertibus *scripsi* (inexpers *pro* inexpertus *et apud alios occurrit*): ex partibus *TΦ*, spectantibus *PNFR* singulorum] singula = *Einzelheiten* 6 obumbratur *T* vel quod (*schon weil*) *scripsi*: ut quod *T* (*vocula* ut *linea subscripta deleta est*) *PNF*, quod *R vulgo* contentum *Scal.* 7 potuit dilucidari] *scil. veritas* curiosius inspectis *T*, curiosius inspici et *NF*, inspici curiosius et *PR vulgo* 8 lectionibus] *h. e. scripturae locis* stilo] *i. e. libello* retractatas *PNFR*, retractabat *Φ*, pręt'ractatas *T* exterminare *F* 9 defendende *F* ibi (*h. e. in illa altercatione*) *scripsi*: sibi *TPNFR*, *deleri vult. Iun. adstipulante Oehlero* 10 hinc habuit *TNF*, habuit hinc *PR vulgo* 13 ne adhuc] *i. e. ut non iam* (*cf. Ho., Synt. u. Stil p. 110*) ad hoc *T* quod *TPR*, quod ut *NF*

stillicidium situlae aut pulvis ex area deputentur. Quamquam habeamus ipsum deum idoneum pollicitatorem et fidelem sponsorem, qui Abrahae promiserit, quod in semine eius benedicerentur omnes nationes terrae, et * quod ex utero Rebeccae duo populi et duae gentes essent processurae, utique Iudaeorum, id est Israëlitum, et gentium, id est noster. Uterque ergo et populus et gens est appellatus, ne de nominis appellatione privilegium gratiae sibi quis audeat defendere. Duos etenim populos et duas gentes processuras ex unius feminae utero deus destinavit, nec discrevit gratiam in nominis appellatione, sed in partus editione, ut, qui prior esset de utero processurus, minori subiceretur, id est posteriori. Sic namque locutus est ad Rebeccam dicens deus: *Duae gentes in utero tuo sunt, et duo populi de utero tuo dividentur, et populus populum superabit, et maior serviet minori.* Itaque cum populus seu gens Iudaeorum anterior sit tempore et maior per gratiam primae dignationis in lege, noster vero minor aetate temporum intellegatur, utpote in ultimo saeculi spatio adeptus notitiam divinae miserationis, procul dubio secundum edic-

1. 14 *cf.* Es. 40, 15 16 *cf.* Gen. 22, 18. 26, 4. 28, 14; Act. 3, 25 17 *cf.* Gen. 25, 23 25 *cf. ib.* 27 *ib.*

14 situlae *PNFR*, de urceo *T* (*lectio Vulgatae*) 16 promiserit *TΦF*, promiserat *PNR* 17 omnes *om. PR* *lacunam signavi*: Isaac *intercidisse puto* 19 israelitum *T* (*cf. l. 19*), israelis *PNFR*, israel *Pam.* 20 noster *TPNF* (*cf. infra l. 31 et 49*), nostrae *Φ Oehler* et populus *TPNF*, populus *R vulgo* 23 processura *F* 24 gratiam *TPNFR*, gratia *Φ Oehler* pertus *F* 25 qui *om. F* 26 subiaceretur *F* posterior *P* 26 *sq.* loquutus est ad rebeccam dicens deus *T*, ad rebeccam deus locutus est dicens *N*, ad rebeccam deus locutus est *PFR vulgo* 28 de utero *Φ*, ex utero *T*, de ventre *PNFR vulgo* (*lectio Vulgatae*) 30 gentẹṣ *T* (*del.* te *m. 1*) tempere *F* 31 minor *in litura a m. 2 T* 32 intellegatur utpote in ultimo *ΦT*, de rebecca de duobus populis intelligitur id posse in ultimo *PNF* (*irrepsit inter verba nota marginalis, unde corruptela* id posse *orta est*) 33 secundum *TPNFR*, per *Φ Oehler* (*sic et in sequentibus saepius variat lectio; cf. quae adnotavi infra ad p. 259, 26*) 33 *sq.* dictum *PN*

tum divinae elocutionis [prior] maior populus, id est Iudaicus, serviat necesse est minori, et minor populus, id est Christianus, superet maiorem. Nam et secundum divinarum scripturarum memorias populus Iudaeorum, id est antiquior, derelicto deo idolis deservivit et divinitate abrelicta simulacris fuit deditus, dicente populo ad Aaron: *Fac nobis deos, qui nos antecedant.* Quodcum ex monilibus feminarum et anulis virorum aurum ab his esset igne conflatum et processisset eis bubulum caput, huic figmento universus Israël abrelicto deo honorem dederunt dicentes: *Hi sunt dii, qui nos excierunt de terra Aegypti.* Sic [namque] posterioribus temporibus, quibus reges eis imperabant, et cum Hieroboam vaccas aureas et lucos colebant et ⟨cum Achab⟩ Bahali se mancipabant. Unde probatur eos semper idololatriae crimine reos designatos ex instrumento divinarum scripturarum. Noster vero populus, id est posterior, relictis idolis, quibus ante deserviebat, ad eundem deum conversus est, a quo Israël, ut supra memoravimus, abscesserat. Sic namque populus minor, id est posterior, populum

---

39 Exod. 32, 23   40 *cf. ib.*   42 *cf. ib.*   43 Exod. 32, 4. 8   45 *cf.* III Reg. 12, 28   46 *cf.* III Reg. 14, 15. *cf.* III Reg. 16, 31

---

34 elocutionis *ΦTR*, locutionis *PNF*   prior *seclusi*: prior maior *ΦTPN*, prior *F*, prior ⟨et⟩ maior *Urs.*   36 *sq.* divinarum scripturarum *ΦT*, *om. PNFR*   37 populus Iudaeorum ⟨maior⟩ *Urs.* (*cf. infra l. 49*)

38 deservivit *ΦTPNF Oehler*, servivit *R reliqui*   abrelicta *PN T m. 1*, derelicta *T m. 2*, relicta *F*   40 antecedant *PNFR*, praecedant *T* (*lect. Vulgatae*)   quodcum *T*, quod cum *PNFR vulgo*   41 ab his esset *T*, fuisset *PNFR vulgo*   42 et processisset eis b. c.] καὶ ἐξῆλθεν ὁ μόσχος οὗτος   huic *T* (*in ras. a m. 2*) *Gel.*: cui *PNFR*   43 abrelicto] relicto *Urs. Rig.*   dii *TPF*, dei *NR vulgo*   44 excierunt *scripsi* (= ἀνεβίβασάν σε = הֶעֱלוּךָ *cf. etiam De pat. c. 5* (= *III p. 9, 19*: extractus): eicerunt *T*, eiecerunt *PNFR vulgo*   namque *seclusi* (*irrepsisse videtur ex l. 26 et 52*): sic namque *PNFR*, signa quę *T*   46 cum Achab *addidi*   47 *sq.* idololatriae *N*, idolatriae *rell. omnes*   49 populus *T*, populus minor *PNFR vulgo*   50 serviebat *R*   deum *om. R*   51 *sq.* abcesserat *F*   52 *sq.* sic namque .... superavit *om. P* (*add. haec in mg. Rhen. ex Hirsaugiensi*)

maiorem superavit, dum gratiam divinae dignationis consequitur, a qua Israël est repudiatus.

2. Igitur gradum conferamus, et summam quaestionis ipsius certis lineis terminemus. Cur etenim deus, universitatis conditor, mundi totius gubernator, hominis plasmator, universarum gentium sator, legem per Moysen uni populo dedisse credatur et non omnibus gentibus attribuisse dicatur? Nisi enim omnibus eam dedisset, nullo pacto ad eam etiam proselytos ex gentibus accessum habere permitteret. Sed, ut congruit bonitati dei et aequitati ipsius, utpote plasmatoris generis humani, omnibus gentibus eandem legem dedit, quam certis statutis temporibus observari praecepit quando voluit et per quos voluit et sicut voluit. Namque in principio mundi ipse Adae et Evae legem dedit, ne de fructu arboris in medio paradisi ederent, quod, si contra fecissent, morte morerentur. Quae lex eis sufficeret, si esset custodita. In hac enim lege Adae data omnia praecepta condita recognoscimus, quae postea pullulaverunt data per Moysen, id est: *Diliges dominum deum tuum de toto corde tuo et ex tota anima tua*, et: *Diliges proximum tibi tamquam te ipsum*, et: *Non occides, non moechaberis,*

---

2. 12 *cf.* Gen. 2, 17 13 *cf.* Gen. 2, 9 17 Deut. 6, 5 18 Lev. 19, 18 19 Exod. 20, 13

---

53 grã^{s} = gratias *T* 54 repudiciatus *T* (*corr. m. 1*)

2. 1 quaestionem *F* 2 terminemus *TNF*, determinemus *PR vulgo* 3 blasmator *P* 5*sq.* et non .... dicatur *om. P* (*add. haec in mg. Rhen. ex Hirsaugiensi libro*) gentibus *om. T* 6 eam omnibus *N* 7 proselitos *PF*, prosellitos *N* excessum *F* 8*sq.* plasmatori *T*, blasmatoris *P* 10 statutis *Φ*, et statutis *TPNFR vulgo* (*sed agnoscendus est ablativus qui dicitur absolutus*) 11 et per quos voluit *om. T* 12 ipse *scripsi* (*cf. infra l. 15*: praecepta .. data *per Moysen*), ipsi *libri et vulgo* 13 arboris in medio *T*, arboris plantatae in medio *PNFR vulgo* 17 dilig$\overset{e}{i}$s *T* (i *in* e *corr. m. 1*) 18 et (*prius*) *om. F* 19 tibi *TPN*, tuum *F* ipsum *T*, *om. PNFR vulgo* *non furaberis, non falsum testimonium dices, honora patrem tuum et matrem tuam* et *alienum non concupisces.* Primordialis enim lex data est Adae et Evae in paradiso quasi matrix omnium praeceptorum dei. Denique si dominum deum suum dilexissent, contra praeceptum eius non fecissent; si proximum diligerent, id est semetipsos, persuasioni serpentis non credidissent atque ita in semetipsos homicidium non commisissent, excidendo de immortalitate faciendo contra dei praeceptum. A furto quoque abstinuissent, [si de fructu arboris non clam degustassent] nec a conspectu domini dei sui sub arbore delitescere gestissent, nec falsum adseveranti diabolo mendacii participes efficerentur credendo ei, quod similes dei essent futuri, atque ita nec dominum deum offendissent ut patrem, qui eos de limo terrae quasi ex utero matris figuraverat, si alienum non concupiscentes de fructu inlicito non degustassent. Igitur in hac generali et primordiali dei lege, quam in arboris fructu observari deus sanxerat, omnia praecepta legis posterioris, specialiter indita, fuisse cognoscimus, quae suis temporibus edita germinaverunt. Eiusdem est enim postea superducere legem, qui ante praemiserat praeceptum, quo-

20 Exod. 20, 14. Exod. 20, 15 21 Exod. 20, 16. Exod. 20, 12 22 Exod. 20, 17 28 *cf.* Gen. 2, 17 30 *cf.* Gen. 3, 7. 8 31 *cf.* Gen. 3, 5 33 *cf.* Gen. 2, 7

20 furaberis *Φ*, fraudaberis *F*, fraudaveris *TPN* non falsum testimonium dices *TN*, falsum testimonium non dices *PFR vulgo* 21 tuam *T*, *om. PNFR vulgo* 22 enim lex data est *ΦT*, lex est enim data *PNF* paradyso *T* 25*sq.* persuasionis (s *eras.*) *T* 26 ita *om. F* 27 excidendo *ΦF*, excedendo *TPN* 28 facientes *T* 29 si .... degustassent *seclusi* (*cf. infra l. 34. 35*) si *ΦT*, et *PNFR* non clam *NF*, non clan *T* (*sed vocula* clan *linea infra scripta deleta est*) 30 dei sui *ΦT*, dei nostri *PNFR* 31 adversanti *N* mendacii *T*, *om. PNFR vulgo* particeps *T* 32 dei *ΦTF*, deo *PNR* 33 dominum deum *scripsi*: dnm *T*, deum *PNFR vulgo* 35 concupiscentes *T*, concupiscerent *PNFR*, concupissent *Φ Oehler* gustassent *PR* 36 in *om. PNR* 40 superducere *T Oehler*: subducere *Φ*, docere *PNFR*

niam et ipsius est erudire postea, qui antea iustos formare instituerat. Quid enim mirum, si is auget disciplinam qui instituit, si is perficit qui coepit? Denique ante legem Moysei scriptam in tabulis lapideis legem fuisse contendo non scriptam, quae naturaliter intellegebatur et a patribus custodiebatur. Nam unde Noë iustus inventus, si non illi naturalis legis iustitia praecedebat? unde Abraham dei amicus deputatus, unde fides statim, si non de aequitate et iustitia legis naturalis? unde Melchisedech sacerdos dei summi nuncupatus, si non ante Leviticae legis sacerdotium Levitae fuerunt, qui sacrificia deo offerebant? Sic etenim post supra scriptos patriarchas data lex est Moysi eo tempore, posteaquam ab Aegypto excesserunt, post intervalla⟨ta⟩ temporum multorum spatia. Denique post quadringentos et triginta annos ⟨ab⟩ Abrahae Moysi data est lex. Unde intellegimus dei legem etiam ante Moysen nec in Choreb tantum aut in Sina, nec in eremo primum, sed [antiquiorem] primum in paradiso, post deinde patriarchis, atque ita et Iudaeis certis temporibus datam, quando voluit, et certis temporibus reformatam, ut non iam ad Moysei legem ita

---

46 *cf.* Gen. 6, 9 48 *cf.* Gen. 15, 6. Rom. 4, 3. *cf.* Iac. 2, 23 49 *cf.* Gen. 14, 18. *cf.* Ps. 110, 4. *cf.* Ebr. 5, 9 54 *cf.* Gal. 3, 17

---

41 antea *ΦTNF*, ante *PR* 43 perficit *TPR*, proficit *NF Oehler* moysei *T*, moysi *PNFR vulgo* 44*sq.* *verba* in tabulis — — — non scriptam *in T paulo infra post verba* a patribus custodiebatur *comparent* 46 si non illi *ΦPNFR*, si nulla *T* non illi] *scil. legi Moyseï* 47 iustitia *TPNFR*, iustitia, unde fides statim *Φ* procedebat *Φ* 48 dei amicus *T*, amicus dei *PNFR* *verba* unde fides statim (*cf. Φ in versu antecedenti*) *hic inserui* 51 sic] *i. e. his praestructis dei dispositionibus* etenim *T*, enim *PNFR* 53 postea (ea *expunxit m. 1*) *T* intervalla⟨ta⟩ *scripsi*: intervalla *ΦT*, intervallum *PNFR* 53*sq.* temporum multorum *PR*, temporum et multorum *T*, multorum temporum *NF* 54 spatia *ΦT*, et spatia *PNFR vulgo* denique] *i. e. nam* 55 ab *addidi*: ab Abrahae *scil. lege* moysi *T*, *om. PNFR* lex *om. NF* 57 syna *T*, syria *F* nec in *T*, et in *PNFR vulgo* antiquiorem *seclusi* 58 post deinde *TNFR*, post *P*, deinde *Φ* 59*sq.* datam, quando voluit, et certis temporibus *T*, *om. PNFR* (*Φ*) 60 moysei *T*, moysi *PNFR*

adtendamus, quasi ad principalem legem, sed ad subsequentem, quam certo tempore deus et gentibus exhibuit repromissam per prophetas et in melius reformavit, ut praemonuit futurum; ut, sicuti certo tempore data est lex per Moysen, ita temporaliter observata et custodita credatur. Nec adimamus hanc dei potestatem pro temporum condicione legis praecepta reformantem in hominis salutem. Denique qui contendit et sabbatum adhuc observandum quasi salutis medellam et circumcisionem octava die propter mortis comminationem, doceat ⟨et⟩ in praeteritum iustos sabbatizasse aut circumcidisse et sic amicos dei effectos. Nam si circumcisio purgat hominem, deus Adam incircumcisum cum faceret, cur eum non circumcidit vel posteaquam deliquit? [si purgat circumcisio] Certe in paradiso constituens eum, incircumcisum ⟨nec sabbatizantem⟩ colonum paradiso praefecit. Igitur, cum neque circumcisum neque sabbatizantem deus Adam instituerit, consequenter quoque sobolem eius, Abel, offerentem sibi sacrificia, incircumcisum nec sabbatizantem laudavit, accepto ferens quae offerebat in simplicitate cordis et reprobans sacrificium fratris eius Cain, qui quod offerebat non recte dividebat. Noë quoque

63 *cf.* Es. 56, 6. *cf.* Ier. 31, 31—34 79 *cf.* Gen. 4, 4. *cf.* Gen. 20, 5. Sap. 1, 1. Act. 2, 47 *et saepius* 80 *cf.* Gen. 4, 5 81 *cf.* Gen. 6, 7. 8

62 et gentibus] in gentibus *T* 62*sq.* et repromissam *T* (*linea infra scripta del.* et *m. 1*), et repromissam *PNFR vulgo* 63 et in *T*, in *PNFR vulgo* ut *scripsi*: et *TPNFR* 64 futuram *T* 67 salute *PN* 68 ad hoc *T* 69 medellam *T*, medelam *PNFR* octava die *T*, octavi diei *PNFR et vulgo* 70 et *addidi* 74 si purgat circumcisio *seclusi* (*quamvis defendente Lfst., Zur Spr. Tert. p. 75; intolerabilis enim eorundem verborum repetitio destruit etiam clausulam optimam*: posteaquam deliquit, *quae in vocabulo* circumcisio *desideratur*) 75 nec sabbatizantum *addidi* 76 paradiso *T*, paradisi *PNFR vulgo*

78 sibi *om. F* 79 acceptọ (a *supra*) ferensq (e *supra*) *T* (*corr. m. 1*) 80 ẹṭ in simplicitate *T* (*expunxit in m. 1*) 81 cain *om. PR*

incircumcisum deus et non sabbatizantem de diluvio liberavit. Nam et Enoch iustissimum non circumcisum nec sabbatizantem de hoc mundo transtulit, qui necdum mortem gustavit, ut aeternitatis candidatus iam nobis ostenderet nos quoque sine onere legis Moysei deo posse placere. Melchisedech quoque, summi dei sacerdos, incircumcisus et non sabbatizans ad sacerdotium dei electus est. Probatus et Loth, frater Abrahae, quod pro meritis iustitiae suae sine legis observatione de Sodomitarum incendio sit liberatus.

3. 'Sed Abraham', inquies, 'circumcisus'. Est, sed ante deo placuit, quam circumcideretur. Nec tamen sabbatizavit. Acceperat enim circumcisionem, sed quae esset in signum, [temporis illius] non in salutis praerogativam. Denique sequentes patriarchae incircumcisi fuerunt, ut ⟨et⟩ Melchisedech, qui ipsi Abrahae iam circumciso, revertenti de proelio, panem et vinum obtulit incircumcisus. 'Sed et filius', inquis, 'Moysi tum ab angelo praefocatus fuisset, si non Seffora mater eius calculo praeputium infantis circumcidisset.' Unde dicunt circumcisi omnes maximum periculum esse, si praeputium carnis quis non circumciderit. At-

82 *cf.* Gen. 5, 24 89 *cf.* Gen. 14, 18. *cf.* Gen. 19, 18.
3. 3 *cf.* Gen. 17, 11. 14 7 *cf.* Gen. 14, 18

82 et non *T*, sed et non *PNFR vulgo* 83 iustum *T* 85 candidatos *TF* 86 onere legis *T*, legis onere *PNFR* moysei *T*, moysis *PNFR* 88 electus *T*, adlectus *PNFR vulgo* probatus et *T* (*sed s. l. add. m. 1*: ꝓrobavit), probat et Φ, et probatus *PF*, et approbatus *N* 89 suae *om. Oehler*

3. 1 inquies *T*, inquis *PNFR*, inquit *Gel.* circumcisus. Est, sed *scripsi*: circumcisus est. sed *vulgo distinguitur* 2 circumcideretur. Nec tamen *scripsi*: circumcideretur, nec tamen *vulgo distinguitur* 4 signum *R*, signo *TPNF* temporis illius *seclusi* (*cf. infra l. 19*) 5 et *addidi* 8 inquiș *T* (s *ex* t *a m. 1*) tum *R*, cum *T* (*sed linea infra scripta delevit m. 1*) *PNF* 9 seffora *TP*, sephora *NF* 10*sq.* unde .... circumciderit (*l. 11*) *om.* Φ dicunt *T*, inquit *PNFR vulgo* circumcisi omnes *scripsi*: circumcisionis *TNF*, *om. PR vulgo* 11 esse *T*, est *PNFR vulgo* 11*sq.* atquin Φ, et ideo *TPNFR* quin, si salutem circumcisio omnimodo adferret, etiam ipse Moyses in filio suo non intermisisset, quominus octava die eum circumcideret. Quando ⟨autem⟩ constet Sefforam coactam ab angelo id fecisse in itinere, consideremus id quoque, quod non potuerit unius infantis coacta circumcisio omni populo praescribere et quasi legem huius praecepti condere. Nam providens deus, quod hanc circumcisionem in signum, non in salutem, esset daturus populo Israël, idcirco filium Moysi, ducis futuri, instigat circumcidi, ut, cum coepisset per eum populo dare praeceptum circumcisionis, non aspernaretur populus, videns exemplum istud in ducis filio iam celebratum. Dari enim habebat circumcisio, sed in signum, unde Israël in novissimo tempore dinosci haberet, quando secundum sua merita in sanctam civitatem ingredi prohiberetur secundum verbum prophetarum dicentium: *Terra vestra deserta, civitates vestrae igni exustae, regionem vestram in conspectu vestro extranei comedent, et deserta et subversa a populis extraneis derelinquetur filia Sion, sicut casa in vinea et sicut custodiarium in cucumerario et quasi civitas quae expugnatur.* Cur ita?

14 *cf.* Exod. 4, 24—26 27 Es. 1, 7. 8

12 adferret *ΦT*, adfert *PNFR* 13 moses *Φ* interemisset *N* 14 eum circumcideret *T*, circumcideret eum *PNFR vulgo* *post* circumcideret *gravius distinxi* quando *TPNFR*, cum *Φ Rig. Oehler* autem *addidi* sephoram *NF* 14*sq.* coacta *F* 15 *post* itinere *levius distinxi* id quoque *scripsi*: itaque *TPNFR vulgo* 17*sq.* condere *Φ*, condere in salutem *TPNFR* (i. s. *ex insequenti versu irrepsisse videtur*) 22 non *TPR*, ut non *NF* 23 ducis filio *ΦT*, ducis (iudicis *PR*) filium *PNFR* 24 in (*alterum*) *ΦTN*, *om.* *PFR* 26 secundum *TPNR*, per *ΦF Rig. Oehler*: *haec corruptela, quae saepissime occurrit in hoc libello, orta est procul dubio ex similitudine ligaturarum* ꝑ *i. e.* secundum *et* ꝑ *i. e.* per *Visigothicae quae dicitur scriptioni sollemnium* verbum *T*, verba *PNFR vulgo* 26*sq.* prophetarum] *plurali utitur numero, etsi de uno Esaia sermo est, ex ea consuetudine qua* lex *et* prophetae *inter se opponuntur* 28 extranei *ΦF*, exteri *T*, alieni *PNR* 30 syon *T* (*pro more*) ut casa *T* custodiaria *T* 31*sq.* cur ita? quoniam *Φ*, cur itaque? quoniam *T*, et ideo *PNF*

quoniam subsequens sermo prophetae exprobrat eis dicens: *Filios genui et exaltavi, ipsi autem reprobaverunt me.* Et iterum: *Et si extenderitis manus vestras, avertam faciem meam a vobis; et si multiplicaveritis preces, non exaudiam vos; manus enim vestrae sanguine plenae sunt.* Et iterum: *Vae gens peccatrix, populus plenus peccatis, filii scelesti, dereliquistis dominum, et ad indignationem provocastis sanctum Israël.* Haec igitur dei providentia fuit, dandi circumcisionem Israël in signum, unde dinosci possent, cum adveniret tempus, cum pro meritis suis supradictis in Hierusalem admitti prohiberentur; quod et quia futurum erat, nuntiabatur, et quia factum videmus, recognoscimus. Sic ergo circumcisio carnalis, quae temporalis erat, imbuta est in signum populo contumaci, ut spiritalis data est in salutem populo obaudienti, dicente Hieremia: *Innovate vobis novitatem et ne seminaveritis in spinis: circumcidimini deo et circumcidite praeputium cordis vestri.* Et alio loco dicit: *Ecce enim dies veniunt, dicit dominus, et disponam domui Iudae et domui Iacob testamentum novum, non tale quale dedi patribus eorum in die, qua eos eduxi de terra Aegypti.* Unde intellegimus et priorem circumcisionem tunc datam cessaturam et novam legem, non talem qualem iam dederat

33 Es. 1, 2 34 Es. 1, 15 37 Es. 1, 4 46 Hier. 4, 3. 4 49 Hier. 31, 31. 32

32 eis *ΦT*, eis esaias *PNF* 33 genui *ΦT*, generavi *PNF* reprobaverunt *Φ*, spreverunt *TPNF* (*lectio Vulgatae*) 34 iterum et *om. T* vestras *om. PNFR vulgo* 36 iterum *om. T* 37 scelesti *ΦT*, scelerati *PNF* (*lectio Vulgatae*) 38 ad *ΦT*, in *PNFR* provocastis *Φ*, misistis *TPNF* 40 possent *ΦN*, posset *TPFR vulgo* 41 cum pro *T*, quod *PNF*, quo *R vulgo* 42 prohibentur *T* 43 *sq.* sic ergo *T*, sicut ergo *PNFR*, sicut enim *Φ* 44 imbuta] tributa *Rig.*, *sed cf. De pudic. c. 2 = I p. 270, 12* 45 ut *scripsi*: at *T*, ita *PNF* spiritalis *ΦNF*, spiritalis circumcisio *TP* data est *ΦT*, est *PNFR* 46 hieremia *T*, propheta hïeremia *PNFR vulgo* 47 novitatem *om. Φ Rig. Oehler* ne seminaveritis *ΦT*, nolite seminare *PNFR* 48 *sq.* et alibi: ecce *N* 49 venient *PR vulgo* 51 dedi *TN*, iam dedi *PFR vulgo* qua *T*, quo *PNFR vulgo*

patribus, processuram adnuntiari, sicut Esaias praedicabat dicens, quod in novissimis diebus manifestus futurus esset mons domini et domus dei super vertices montium: *et exaltabitur*, inquit, *super colles, et venient super illum omnes gentes, et ambulabunt multi et dicent: venite, ascendamus in montem domini et in domum dei Iacob*, non in Esau prioris filii, sed Iacob sequentis, id est populi nostri, cuius mons Christus est, sine manibus concidentium praecisus, implens omnem terram apud Danielem ostensus. Denique ex hac domo dei Iacob etiam legem novam processuram sequentibus verbis adnuntiat Esaias dicens: *de Sion enim exiet lex et verbum domini ex Hierusalem, et iudicabit inter gentes*, id est inter nos, qui ex gentibus sumus vocati: *et concident*, inquit, *gladios suos in aratra et lanceas suas in falces, et non accipiet gens super gentem gladium, et iam non discent pugnare.* Qui igitur intelleguntur alii quam nos, qui in nova lege edocti ista observamus, obliterata veteri lege, cuius abolitionem futuram actu ipso praedemonstrabat? Nam vetus lex et ultione gladii se vindicabat et oculum pro oculo eruebat et vindicatam iniuriam retribuebat, nova autem lex clementiam designabat et pristinam ferocitatem gladiorum et lancearum

---

55 *cf.* Es. 2, 2 57 Es. 2, 2. 3 61 *cf.* Dan. 2, 34 62 *cf.* Dan. 2, 35 64 *cf.* Es. 2, 3 67 *cf.* Es. 2, 4 73 *cf.* Lev. 24, 20; *cf.* Matth. 5, 38 74 *cf.* Exod. 22, 1–6; *cf.* Matth. 5, 39–42 75 *cf. ib.*

54*sq.* praedicabat *T*, praedicavit *PNFR vulgo* 56 verticem *F* 57 illum] eum *T* 59 domini *om. F* non in *TP*, non est in *FRmg*, non inest in *N* 60 sed *T*, sed in *PNFR vulgo* 69 pugnare. qui (quiḍ *T*) igitur Φ*T*, proeliari igitur *PNF* 70 in nova *T*, nova *PN FR vulgo* 70*sq.* observaḅạmus *T* (*expunxit m. 1*) 71 abolitionem *TR*, obolitionem *PNF* 72 actu ipso *scripsi*: actu** *T* (*duae litterae erasae sunt, quae fuisse videntur*: p̄o), actus ipse *PNFR vulgo* prędemonstrabat *T*, demonstrabat *PNFR vulgo* vetus lex et *scripsi*: et vetus lex *T*, vetus lex *PNFR vulgo* 72*sq.* ultionem gladiis evindicabat *NF* 73*sq.* vindicatam *T*, vindictam *PNFR* 74 iniuriam *TF*, iniuriae *PNFR* lex *om. PN*

ad tranquillitatem convertebat et belli pristinam in aemulos et hostes executionem in pacificos actus arandae et colendae terrae reformabat. Igitur sicuti, supra quod ostendimus, vetus lex et circumcisio carnalis cessatura pronuntiata est, ita et novae legis et spiritalis circumcisionis observantia in pacis obsequio eluxit. Prophetae enim nuntiarunt: *Populus autem*, inquit, *quem non noveram, servivit mihi, in obauditu auris obaudivit mihi.* Quis autem populus, qui deum ignorabat, nisi noster, qui retro deum nesciebamus? et quis in auditu auris obaudivit ei, nisi nos, qui relictis idolis ad deum conversi sumus? Nam Israël, qui deo fuerat cognitus quique ab eo in Aegypto exaltatus fuerat et per Erythraeum pelagus transvectus, quique in eremo, mancipatus ei XL annis, ad instar ⟨erat⟩ aeternitatis redactus, nec humanis passionibus contaminatus aut saeculi huius cibis pastus sed angelorum panibus manna cibatus satisque beneficiis deo obligatus, domini et dei sui oblitus est dicens ad Aaron: *Fac nobis deos, qui nos antecedant; Moyses enim ille, qui nos eduxit de terra Aegypti,*

82 Ps. 17, 45 87 *cf.* Ps. 77, 12 88 Ps. 77, 13 89 *cf.* Deut. 8, 4 90 *cf.* Ps. 77, 24. 25. *cf.* Exod. 16, 4 91 *cf.* Deut. 8, 16 92 *cf.* Ps. 77, 11 93 Exod. 32, 1

76 belli et Φ pristina *PNFR* in *om.* Φ aemulos legis *PR vulgo* 77 executione Φ pacificis *NF* 78 *sq.* quod ostendimus *PNF*, ostendimus quod *TR vulgo* 81 obsequio *T*, obsequia *PNFR vulgo* 81 *sq.* prophetae enim nuntiarunt] *haec verba, quae in libr. mss. paulo infra l. 83 post verba* obaudivit mihi *leguntur, huc transtuli* enim nuntiarunt *scripsi*: enimciarunt *T*, adnuntiaverunt *PNFR vulgo* 82 autem *T*, enim *PNFR* 83 in *om. T* obauditu Φ*T*, auditu *PNFR* audiit Φ 86 relictis — — — conversi sumus *om. F* 87 fuerat exaltatus *N* 88 eryhterium *T* pelagus *T* (*litt.* s *in ras. a m. 1*), pelagum *PNFR vulgo* transvectus *TF*, transvectus est *PNR vulgo* 89 mancipatus ei *scripsi* (*cf.* cui nos mancipamur *Apologeticum c. 21*): manna cibatus et *T*, manna cibatus *PNFR vulgo* erat *addidi* 90 contaminatus] condempnatus *F* manna] *secludi vult C. Prinz, defendens supra l. 89* mama cibatus XL annis 93 *sq.* antecedant Φ*T*, praecedant *PNFR* 94 eduxit *T*, ecivit *N*, eiecit *PFR vulgo, an* excivit?

dereliquit nos, et quid illi acciderit, nescimus. Et ideo nos, qui non populus dei retro, facti sumus populus eius, accipiendo quoque et novam legem supra dictam et novam circumcisionem ante praedictam.

4. Sequitur itaque ut, quatenus circumcisionis carnalis et legis veteris abolitio expuncta suis temporibus demonstratur, ita sabbati quoque observatio temporaria fuisse demonstretur. Dicunt enim Iudaei, quod a primordio sanctificaverit deus diem septimum, requiescendo in eo ab omnibus operibus suis quae fecit, et inde etiam Moysen dixisse ad populum: *Mementote diem sabbatorum, sanctificare eum; omne opus servile non facietis in eo*, praeterquam quod ad animam pertinet. Unde nos magis intellegimus sabbatizare nos ab omni opere servili semper debere et non tantum septimo quoque die, sed per omne tempus. Ac per hoc quaerendum nobis, quod sabbatum nos deus velit custodire. Nam sabbatum aeternum et sabbatum temporale scripturae designant. Denique inquit per prophetam: *Sabbata vestra odit anima mea*, et alibi per prophetam: *Sabbata mea*, inquit, *profanastis*. Unde dinoscimus sabbatum temporale esse humanum, et sabbatum aeternum censeri divinum, de quo per Esaiam praedicat: *Et erit*, inquit, *mensis*

---

4. 5 *cf.* Exod. 20, 11 7 Exod. 20, 8 8 Exod. 20, 10. *cf.* I Maccab. 2, 40 14 Es. 1, 14 15 Ez. 22, 8 18 Es. 54, 15

---

95 dereliquit nos *om. F* 97 quoque *T*, *om. PNFR vulgo* et novam legem, supra *scripsi*: novam legem et supra *TPNFR*

4. 1 quatenus] *i. e. quoniam* quatinus *T* (*superscr.* quia *m. 1*) 2 expuncta] *i. e. absoluta* 3 ita *R*, itaque *TPNF* temporaria *TΦ*, temporalia *NF*, temporalis *PR* 9 magis intelligimus *T*, intellegimus magis *PNFR* 10 debere *om. F* 11 sed *om. F* 11 *sq.* per hoc] *i. e. propter hoc* 12 vellit *T*, vellet *PNFR vulgo* 12 *sq.* custodire? nam *Oehler* 14 denique] = *nam* denique inquit p prophetā *T*, dicit enim esaias propheta *PNFR vulgo* 15 et alibi p prophetam *T*, et alibi *N*, et alio loco dicit *PFR vulgo* 16 mea inquit *T*, mea *PNFR vulgo* 17 sabbata *P* (*corr. in* ū *Rhen.*)

ex mense et dies de die et sabbatum de sabbato, et veniet omnis caro adorare in Hierusalem, dicit dominus. Quod intellegimus adimpletum temporibus Christi, quando omnis caro, id est omnis gens, adorare in Hierusalem venit deum patrem per Iesum Christum filium eius, sicut per prophetas praedicatum est: *Ecce proselyti per me ad te ibunt.* Sic igitur ante hoc sabbatum temporale erat et sabbatum aeternum praeostensum et praeindictum, quomodo et ante circumcisionem carnalem fuit et spiritalis circumcisio praeostensa. Denique doceant, sicuti iam praelocuti sumus, aut Adam sabbatizasse, aut Abel hostiam deo sanctam offerentem sabbati religione placuisse, aut Enoch translatum sabbati cultorem fuisse, aut Noë, arcae fabricatorem, propter diluvium imminens sabbatum observasse, aut Abraham in observatione sabbati Isaac filium suum obtulisse, aut Melchisedech in suo sacerdotio legem sabbati accepisse. Sed dicturi sunt Iudaei, ex quo hoc praeceptum datum est per Moysen, exinde observandum fuisse. Manifestum itaque est non aeternum, sed temporale fuisse praeceptum, quod quandoque cessarit. Denique adeo non in vacatione septimi diei haec sollemnitas celebranda est, ut Iesus Nave eo tempore, quo Hiericho civitatem debellabat, praeceptum sibi a deo diceret, uti populo mandaret, ut *** sacerdotes,

24 Es. 54, 15 40 *cf.* Ios. 6, 3—5 41 *cf.* Ios. 6, 7. *cf.* Ios. 6, 6. *cf.* Ios. 6, 5

20 gens omnis *N* 23 prophetas *T*, prophetam *PNFR vulgo* 24 praedicatum *TN*, praedictum *PFR* p rome *T* 26 praeindictum *T*, praedictum *PNFR* 28*sq.* aut Adam *T*, *om.* aut *PNFR* 30 religione *TΦ*, religionem *PNFR* 32 imminentes *T*, immensum *PNFR vulgo* 36*sq.* itaque est *TN*, est itaque *PFR* 37 non alternum *TΦ*, non aeternum nec spiritale *PNFR vulgo* 37*sq.* sed temporale — cessarit *om. T* 38 cessarit *scripsi* (*hoc est*: non fuerit), cessaret *PNFR* adeo *om. T* 38*sq.* vacatione septimi diei *TΦNF*, vacatione sabbati id est diei septimi *PR vulgo* 39 sollempnitas *TNF* 41 diceret (s *s. v. a m. 2 ut vid.*) *T* *lacunam signavi*: ut ⟨septem diebus armati circumirent civitatem, et ut⟩ *suppleri velim cf. Ios. 6, 7 et infra l. 49, 50*

arcam testamenti dei septem diebus circumferrent in circuitu civitatis, atque ita ⟨futurum, ut⟩ septimi diei circuitu peracto sponte ruerent muri civitatis. Quod ita factum est, ut finito spatio diei septimi, sicut praedictum erat, ruerent muri civitatis. Ex quo manifeste ostenditur in numero istorum dierum septem incurrisse diem sabbati — septem enim dies, undecunque initium acceperint, sabbati diem secum concludant necesse est —, quo die non tantum sacerdotes sint operati, sed et in ore gladii praeda facta sit civitas ab omni populo Israël. Nec dubium est opus servile eos operatos, cum praedas belli agerent ex dei praecepto. Nam et temporibus Maccabaeorum sabbatis pugnando fortiter fecerunt et hostes allophylos expugnaverunt legemque paternam ad pristinum ita statum pugnando sabbatis revocaverunt. Nec putem aliam legem eos defendisse nisi in qua de die sabbatorum meminerint esse praescriptum. Unde manifestum est, ad tempus et praesentis causae necessitatem huiusmodi praecepta ** non valuisse, non ad perpetui temporis observationem huiusmodi legem eis deum ante dedisse.

---

46 *cf.* Ios. 6, 20   50 *cf.* Ios. 6, 21   53 *cf.* I Maccab. 2, 38. 41. 44

42*sq.* circuitu *TPR*, circuitum *NF*   43 futurum, ut *addidi*   44 ruerent *TNF*, ruerunt *PR*   45 ut *TΦN*, et *PFR*   46 ruerent *TΦN*, ruerunt *PFR*   47 *parenthesin indicavi*   48 dies *PNFR*, diebus *T*   initium acceperint *PFR*, initium acciperent *T*, acceperunt initium *N*   50 operati sint *F*   sed et] et *s. v. T* (*add. m. 1*)   51 civitas *PNFR*, civitatis *TΦ*   53 machabeorum *TPNF*   55 * ita *T* (*in ras. litt.* u *fuisse vid.*), vitae *PNFR vulgo*   57 meminer$\overset{i}{\text{ẹ}}$nt *T* (*corr. m. 2*), meminerant *PF*, meminerat *N*   58 et *PNFR*, et ad *T*   59 *lacunam signavi*: si liquet *vel similia intercidisse videntur*   non valuisse *scripsi*: convaluisse *PNF*, *** $\overset{c}{\text{Q}}$aluisse *T* (*tres litterae erasae, supra ultimam litt.* c *addita videtur*), valuisse *Φ Rig. Oehler*   60 non *T*, ut non *P*, et non *NF*   huiusmodi *TNF*, huiusmodo *P*, huius *Φ*   61 eis deum *TNF*, eis deus *P*, eisdem *Φ*   dedisse *T*, dedissem *Φ*, dedisset *PNF vulgo*

5. Sic et sacrificia terrenarum oblationum et spiritalium [sacrificiorum] praedicta ostendimus a primordio, et quidem maioris filii, id est Israëlis, terrena fuisse in Cain praeostensa sacrificia, et minoris filii Abel, id est populi nostri, sacrificia diversa demonstrata. Namque maior natu Cain de fructu terrae obtulit munera deo, minor vero filius Abel de fructu ovium suarum; et *respexit deus in Abel et in munera eius, in Cain autem et in munera eius non respexit.* [*Et dixit deus ad Cain, quare concidit vultus tuus? nonne, si recte quidem offeras, non recte autem dividas, peccasti? quiesce; ad te enim conversio tua, sed ipsa tui dominabitur. Et tunc dixit Cain ad Abel fratrem suum: Eamus in campum, et abiit cum eo illic et interfecit eum. Et tunc dixit deus ad Cain: Ubi est frater tuus? Et dixit: Nescio; numquid custos sum fratris mei ego? Cui deus dixit: Vox sanguinis fratris tui proclamat ad me de terra. Propter quod maledicta terra, quae aperuit os suum ad excipiendum sanguinem fratris tui. Et eris gemens et tremens super terram, et omnis qui te invenerit occidet te.*] Ex hoc igitur actu

5. 5 *cf.* Gen. 4, 3   6 Gen. 4, 4   9 *cf.* Gen. 4, 8—12 et 4, 14

5. 2 sacrificiorum *seclusi* praedicta *TP*, praedicata *NFΦ*   2*sq.* a primordio, et quidem *scripsi*: et quidem a primordio *TPNFR vulgo* 3 israelis *T*, israel *PNF*   in terrena *T*   4*sq.* et minoris — — — sacrificia *om. N*   7 et respexit *T*, respexit *PNFR vulgo*   9 et dixit deus ad Cain] *haec verba et quae sequuntur usque ad verba*: et omnis qui te invenerit occidet te *l. 19 suo iure seclusit ut spuria Rigaltius, quippe quae ad causam hic tractatam prorsus nihil valeant*   nonne *Φ*, quoniam *TPNF* 11 tua sed *scripsi*: tuas et *Φ*, tua et *N*, eius et *TPFR*   ipsa *scripsi*: ipse *Φ*, *om. TNFP*   tui dominabitur *Φ*, tu dominaberis eius *TPNF* 13 habiit *T*   cum eo *om. T*   illic et *PNF*, et illic *T*, et (*om.* illic) *Φ* 14 frater tuus *TPN*, abel frater tuus *FR vulgo*   15 sum fratris mei ego *T*, sum ego fratris mei *PN*, fratris mei ego sum *FR vulgo*   cui deus dixit *TΦ*, et dixit ei deus *PNFR*   16 proclamat *TΦN*, clamat *PF*   17 apperuit *T*   18 et eris gemens et tremens *T*, gemens et tremens eris *PNFR*   19 et eris omnis *T*   te *Φ*, *om. TPNFR*   Ex hoc igitur actu] *de his verbis et quae sequuntur usque in finem capitis accuratius disputavi in Musei Rhenani tomo LXVIII (1913) p. 128—152* 19*sq.* actu duplicia *T Oehler*, actu plicia *Φ*, ac duplici ad *NF*, duplicia *PR*

duplicia duorum populorum sacrificia praeostensa iam tunc [a primordio] animadvertimus. Denique, cum per Moysen [in Levitico] lex sacerdotalis conscriberetur, invenimus praescriptum populo Israëli, ut sacrificia nullo alio in loco offerrentur deo quam in terra promissionis, quam dominus deus daturus esset populo Israëli, ⟨sicut dedisset⟩ et patribus eorum, ut introducto Israële illic celebrarentur sacrificia et holocausta tam pro peccatis quam pro animabus, et nusquam alibi nisi in terra sancta. Cur itaque postea per prophetas praedicat futurum, ut in omni loco et in omni terra offerantur sacrificia deo? sicuti ipse per Malachiam, angelum unum ex duodecim prophetis, dicit: *Non recipiam sacrificium de manibus vestris, quoniam ab oriente sole usque ad occidentem nomen meum clarificatum est in omnibus gentibus, dicit dominus omnipotens, et in omni loco offeruntur sacrificia munda nomini meo*, item in psalmis David: *Adferte deo, patriae gentium!* indubitate quod in omnem terram exire habebat praedicatio apostolorum: *ad-*

---

23 *cf.* Deut. 12, 5 24 *cf.* Deut. 12, 2 31 Mal. 1, 10. 11 36 Ps. 95, 7

---

20 iam tunc *TΦ*, iam nunc *PNF* 21 a primordio *seclusi* 22 in Levitico *seclusit Latinius* invenimus *PNF*, animadvertimus *T* 23 praescriptum *TFR*, *om.* *PN* israeli *PF*, israel *T*, israheli iussum *N* nullo alio *TΦ*, nullo *PNFR* 24 terram *T* 25 populo israeli *om.* *T* sicut dedisset *addidi* 25*sq.* et patribus *PNFR*, patribus *T*, et fratribus *Rig. Oehler* 26 ut *TΦ*, et *PNF* israele *ΦN*, israel *TPF* 28 terra sancta *ΦF*, terram sanctam *TPN* 29 praedicat (*scil. dominus deus*) *Φ*, praedicat spiritus *TPNF* 29*sq.* in omni loco et in omni terra *TΦ*, in omni terra aut in omni loco *PNF*

30 offerantur] offere(r)ntur *T* (r *s. v. a m. 1*) sicuti ipse per *FR* (*adscripsit voculam ipse Rhenanus margini codicis P ex Hirsaugiensi*), sicuti per *TΦP*, sicut per *N* 30*sq.* *virgulam post* Malachiam *posui*: Malachiam angelum, unum *falso distinguitur vulgo*: מַלְאָכִי *i. e. angelus meus; intellege igitur: qui inter prophetas unus est angelus dei* 34 omnipotens *om.* *Φ* 35 offeruntur *TPNF*, ferunt *Φ* 36 david *TΦ*, david dicit *PFR*, deus dicit *N* patriae gentium] πατριαὶ τῶν ἐθνῶν 37 omnem terram *TΦ*, omni terra *PNFR*

ferte deo claritatem et honorem, adferte domino sacrificium nominis eius: tollite hostiam et introite in atria eius. Namque quod non terrenis sacrificiis sed spiritalibus deo litandum sit, ita legimus: [sic scriptum est] *Cor contribulatum et humiliatum hostia deo est*, et alibi: *Sacrifica deo sacrificium laudis, et redde altissimo vota tua.* Sic itaque sacrificia spiritalia laudis designantur, et cor contribulatum acceptabile sacrificium deo demonstratur. Itaque, quomodo carnalia sacrificia reprobata intelleguntur, — de quibus et Esaias loquitur dicens: *Quo mihi multitudinem sacrificiorum vestrorum? dicit dominus*, quoniam et *si adtuleritis*, inquit, *mihi similaginem, vanum supplicamentum, execramentum mihi est*, et adhuc: *Holocaustomata vestra et sacrificia et adipem hircorum et sanguinem taurorum nolo, nec si veniatis videri mihi: quis enim exquisivit haec de manibus vestris?* — ita sacrificia spiritalia accepta praedicantur,

38 Ps. 95, 7. 8 41 *cf.* Ps. 50, 19 42 Ps. 49, 14 45 *cf.* Phil. 4, 18 47 Es. 1, 11 48 *cf.* Es. 1, 13 50 Es. 1, 11. 12 53 *cf.* Ps. 95, 7. 8

38 domino *T*, deo *PNFR* sacrificium *T*, sacrificia *PNFR* 39 hostiam *T* (*recte sine dubio; consulto enim mutasse auctorem quod praebet sacra scriptura* θυσίας *docent quae sequuntur*: cor contributatum hostia deo est), hostias *PNFR* 41 sic *N*, ut *TPFR* sic scriptum est] *seclusi ut interpretamentum verborum* ita legimus 42 et humiliatum *Φ*, *om. TPNF* deo est *TΦ*, dei est *PN*, est dei *F* est. et *vulgo distinguitur* sacrificia *T* 46 *parenthesin indicavi* 47 isaias *T* 48 quoniam *PF*, quō (*i. e. quomodo*) *TN* 48*sq.* adtuleris mihi inquit *N* 49 similaginem *T*, similam *PR vulgo*, similem *N*, *om. F* 49*sq.* vanum supplicamentum, execramentum *TΦ*, vanum est incensum, abominatio *PNFR* 50 mihi est *TΦN*, est mihi *PF* et adhuc *ΦN*, et adhuc dicit *T*, et alibi dicit *PFR* 50*sq.* vestra et sacrificia *T*, et sacrificia vestra *PNFR vulgo* 51*sq.* nec sic (si *s. v. a m. 1*) *T* (*sed cf. loc. laud.* οὐδ' ἐάν) 52 videre *Φ* 53*sq. verba* ita sacrificia spiritalia accepta praedicantur, ut prophetae adnuntiant, *quae in libr. mss. omnibus paulo supra l. 47 post verba* sacrificiorum vestrorum, dicit dominus *leguntur*, huc *transtuli* (*cf. quae disserui l. c. pag. 145/46*)

ut prophetae adnuntiant. Carnalia ergo sacrificia, sicut et supra dixi, de quibus praedictum est: *non est nobis voluntas in vobis, dicit dominus, sacrificia non accipiam de manibus vestris, quoniam ab oriente sole usque in occidentem nomen meum clarificatum est in omnibus gentibus, dicit dominus*, de spiritalibus vero sacrificiis addit dicens: *Et in omni loco sacrificia munda offeruntur nomini meo, dicit dominus.*

6. Igitur cum manifestum sit et sabbatum temporale ostensum et sabbatum aeternum praedictum, circumcisionem quoque carnalem praedictam et circumcisionem spiritalem praeindicatam, legem quoque temporalem et legem aeternalem denuntiatam, sacrificia carnalia et sacrificia spiritalia praeostensa, sequitur, ut praecedenti tempore datis omnibus istis praeceptis carnaliter populo Israëli superveniret tempus, quo legis antiquae et ceremoniarum veterum praecepta cessarent et novae legis promissio et spiritalium sacrificiorum agnitio et novi testamenti polli-

---

55 Mal. 1, 10. 11 59 Mal. 1, 11

---

54 carnalia *T*, spiritalia *FR* ergo *scripsi*: vero *TFR* sacrificia] *scil. sunt* 54 *sqq.* carnalia ergo — — de manibus vestris] *haec verba in ΦPN omissa praebent T et F; fuerunt autem et in Hirsaugiensi, unde ea sumpsisse se testatur Rhenanus in margine codicis P; iniuria deleta ea esse a Rigaltio (quem secutus est Oehler) docui l. c. p. 147—149* *verba*: sicut et supra dixi (sic ego, dixit *FR*) *in cod. T non comparentia, quae in FR* 55 *post* de quibus praedictum *leguntur huc transtuli* praedictum *FR* (*cf. infra* de spiritalibus vero sacrificiis a d d i t d i c e n s), praedicatum *T* 57 sole *TR*, solis *F* (*fort. recte*: ἀπ' ἀνατολῶν ἡλίου) 60 offeruntur *T* (προσάγεται), offerunt *ΦNF*, offerentur *PR* nomini meo *TNF*, mihi *PR* (*in margine*: 'alias' — *hoc est in Hirsaugiensi* — '*nomini meo*')

6. 1 ITEM DE SABBATO ET CIRCVMCISIONE ET LEGIS Ē NOVAE OBSERVATIONE SIC DIC̄ *PN*, deest titulus in *TF* 2 praedictum *ΦF*, praedicatum *TPNR* 3 quoque *TΦ*, *om. PNFR* 4 praeindicatam *PFR*, praedictam *N* praeindicatam — — temporalem *om. T* 5 aeternalem] aeternam *T* (*ante* aeternam *erasum videtur* &) carnalia et sacrificia *om. TF* 7 praeceptis *om. F* israeli *ΦN*, israel *TPFR* 8 superveniet *N*

citatio superveniret fulgente [nobis] lumine ex alto, quod nobis, qui sedebamus in tenebris et in umbra mortis detinebamur, oriretur. Itaque necessitas nobis incumbit ut, quoniam praedicatam novam legem a prophetis praediximus et eam non talem, qualis iam data esset patribus eorum eo tempore, quo eos de terra Aegypti produxit, ostendere et probare debeamus tam illam legem veterem cessasse quam legem novam promissam nunc operari: Et quidem primum quaerendum, an expectetur novae legis lator et novi testamenti heres et novorum sacrificiorum sacerdos et novae circumcisionis purgator et aeterni sabbati cultor, qui legem veterem compescat et novum testamentum statuat et nova sacrificia offerat et ceremonias antiquas reprimat et circumcisionem veterem cum suo sabbato compescat et novum regnum, quod non corrumpatur, adnuntiet. Nam etiam hic novae legis lator, sabbati spiritalis cultor, sacrificiorum aeternorum antistes, regni aeterni aeternus dominator

---

6. 12 *cf.* Es. 9, 2 14 *cf.* Hier. 31, 33 15 *cf.* Hier. 7, 22

---

11 effulgente *Scioppius* nobis *seclusi* 11 *sq.* quod nobis *T* (*in ras. a m. 1*), *om. PNFR vulgo* 12 qui *in T, s. v. add. m. 1* 12 *sq.* detinebamur, oriretur *T*Φ, detinebamur, oriretur lumen *PR*, detinebamur *NF* 13 Itaque necessitas] ***Ab his verbis incipiunt codicis Parisini 13047 membranae, saeculo decimo, ut visum est Reifferscheidio, exarati, cuius varia lectio a nobis propter eam quae inter Parisinum et Fuldensem (Φ) intercedit affinitatem siglo φ notatur. Accuratius disserui de huius codicis memoria Mus. Rhen., om. LXX (1915) p. 358—367*** 14 praedicatam *TPN*, praedicatum *F*, praedictam φΦ 15 et eam non talem *Scioppius*: eam et non talis *PNF*, ut non talē *T* (ē *in ras. a m. 1*), et non talis φΦ essęt (e *ex* i *a m. 2*) φ, esset data *F* 17 debeamus *Rhen.*: debemus φ*TPNF* illam legem φ*TNF*, legem illam *PR vulgo* cessare *N* 18 primum φΦ*N*, inprimis *TPF* 22 novum φΦ*T*, vetus *PNFR* 24 suo sabbato φΦ*T*, suo sibi sabbato *PNFR vulgo* 25 adnuntiet] DE NATIVITATE XPI ADVENTVS PRIMVS *PN*, DE NATIVITATE XPI ET ADVENTV EIVS PRIMO *F*, *titulus non comparet in T*φ 25 *sq.* Nam etiam hic *scripsi*: hic nam etiam *P*, nam etiam φ, nam *T*, ante et etiam *NF*, hic, inquam *R vulgo* 27 aeternus *om.* φ

quaerendum, an iam venerit necne, ut, si iam venit, serviendum sit illi, si necdum venit, sustinendus sit, dummodo manifestum sit adventu eius comprimi legis veteris praecepta et oriri debere novae legis exordia. Et in primis definiendum est non potuisse cessare legem antiquam et prophetas, nisi venisset is, qui per eandem legem et per eosdem prophetas venturus adnuntiabatur.

7. Igitur in isto gradum conseramus, an qui venturus Christus adnuntiabatur iam venerit an venturus adhuc speretur. Quod ipsum ut probari possit, etiam tempora sunt nobis requirenda, quando venturum Christum prophetae adnuntiaverunt, ut, si intra ista tempora recognoverimus venisse eum, sine dubio ipsum esse credamus, quem prophetae venturum canebant, in quem nos, gentes scilicet, credituri adnuntiabamur, et cum constiterit venisse, indubitate etiam legem novam ab ipso datam esse credamus et testamentum novum in ipso et per ipsum nobis dispositum non diffiteamur. Venturum enim Christum et Iudaeos non refutare scimus, utpote qui in adventum eius spem suam porrigant. Nec de isto pluribus quaerendum, cum retro

---

28 an] *in φ eras. a m. 3, quae s. v. add.* utrum necne φ (*add. s. v.* annecne *m. 3*), annene *TPNF* ut] et *R* 29 sit (*prius*) *φΦT*, est *PNF* sustinendus] *i. e. exspectandus* sit *φΦNF*, est *TPR* 29 *sq.* dummodo manifestum sit *om. F* 30 manifestus *PN* adventu *T Scioppius*: adventum φ (m *litt. in lit. a m. 1*) Φ, adventus *PNF* comprimi *TφFR*, cum prime *PN* 31 oriri *φΦ*, operari *TPNFR*

7. 1 gradum *R*[3], gradu *φTPNFR*[1] conseramus *φΦ*, conferamus *TPNFR* 2 christus adnuntiabatur *φTFRmg*, adnuntiabat christus Φ, *om.* adnuntiabatur *PNR* venturus *TF*, venturus . . . (*in ras. cognoscitur* est) φ, venturus est *PNR* 5 adnuntiaverunt *TPNF*, nuntiaverint φ intra *φΦT*, in *PNFR* ista *φPNF*, haec *T* 7 prophetae venturum *φT*, venturum prophetae *PNFR vulgo* 8 cum steterit *P* (*corr. Rhen.*) 10 in ipso *φΦ*, ab ipso *TPNFR* 11 et iudeos non *φΦF*, nec iudeos *TPN* 12 adventu *F* 13 *sq.* omnes retro *T*

omnes prophetae de eo praedicaverunt, ut Esaias: *Sic dicit dominus deus Christo meo domino: cuius tenui dexteram, exaudiant illum gentes! fortitudinis regnum disrumpam, aperiam ante illum portas, et civitates non cludentur illi.* Quod in ipsum ** adimpletum videmus. Cui etenim tenet dexteram pater deus, nisi Christo, filio suo, quem exaudierunt omnes gentes, id est: cui omnes gentes crediderunt, cuius et praedicatores, apostoli, in psalmis David ostenduntur: *In universam*, inquit, *terram exiit sonus eorum, et ad terminos terrae verba eorum?* In quem enim alium universae gentes crediderunt, nisi in Christum, qui iam venit? [Cui etenim alii *crediderunt gentes*] *Parthi et Medi et Elamitae et qui habitant Mesopotamiam Armeniam [Phrygiam,] Cappadociam, et incolentes Pontum et Asiam, Phrygiam et Pamphyliam, inmorantes Aegyptum et regiones Africae, quae est trans Cyrenen, inhabitantes — Romani et*

---

7. 14 Es. 45, 1 22 Ps. 18, 5 25 Act. 2, 9—11

---

14 praedicaverunt *φΦ*, p̄ḍicaverint *T* (*punctum infra syllabam* di *a m. 1 ut vid.*), praecanuerunt *N*, praecanuerint *F*, praecinuerint *P* ut isaias *φΦF*, ut isaias dicit *TPN* 15 domino: cuius *distinxi* 16 exaudiant *T*, ut exaudiant *φPNF* fortitudinis regnum *T*, fortitudines regum *φPNFR vulgo* 17 cludentur *φT*, claudentur *PR*, clauduntur *NF* 18 in ipsum *T*, ipsum *φPNFR vulgo* *lacunam signavi*: qui iam venit x̄pm̄ *supplendum puto* videṃus] e *ex* i *corr. m. 3 ut vid. φ* cui etenim *φT*, cui enim *PNFR vulgo* 18 *sq.* dexteram tenet *PR vulgo* 22 in universam inquit terram *TΦ*, in universam terram inquit *φF*, in universa inquit terra *PN* exiġit (u *supra*) *T* (*corr. m. 1*) et *om. F* 22 *sq.* ad terminos terrae *φ*, usque ad terminos terrae *PNF*, in fines orbis terrae *T* 24 christum *Rhen.*: christo *φTPNF* 25 cui etenim alii *T*, cui etenim *φΦ*, cui enim et aliae *PNF* cui — gentes *seclusi* gentes crediderunt *PNF*, crediderunt gentes *φΦT* et medi *φ*, medi *TPNFR vulgo* 25 *sq.* et elamitę *φT*, elamite *PNF* 26 habitant *φTNF*, inhabitant *PR* 26 *sq.* Phrygiam *seclusi* 27 et (*prius*) *om. φ* 27 *sq.* Phrygiam et Pamphiliam *scripsi*: frigiam *T*, pamphyliam *φPF*, et pamphyliam *N* 28 regiones *φ* (τὰ μέρη), regionem *TPNFR vulgo* 29 africae *φPNF* (τῆς Λιβύης), africam *T* 29 *sq.* Romani et incolae] *appositionem intellege ad postrema duo membra pertinentem* (*cf. autem graeca*: καὶ οἱ ἐπιδημοῦντες Ῥωμαῖοι)

incolae —, tunc et *in Hierusalem Iudaei*, et ceterae gentes, ut iam Getulorum varietates et Maurorum multi fines ⟨et⟩ Hispaniarum omnes termini et Galliarum diversae nationes et Britannorum inaccessa Romanis loca, Christo vero subdita, et Sarmatarum et Dacorum et Germanorum et Scytharum et abditarum multarum gentium et provinciarum et insularum nobis ignotarum [et], quae enumerare minus possumus? In quibus omnibus locis Christi nomen, qui iam venit, *et regnat, utpote ante quem omnium civitatium portae sunt apertae et cui nullae sunt clausae, abante quem ferreae serae sunt comminutae et valvae aereae sunt apertae. Quamquam ista et spiritaliter sint intellegenda, quod praecordia singulorum variis modis a diabolo obsessa fide Christi sint reserata, attamen etiam propria specie sunt adimpleta, utpote in quibus omnibus locis populus nominis Christi inhabitet. Quis enim omnibus gentibus regnare potuisset, nisi Christus, dei filius, qui omnibus regnaturus in aeternum nuntiabatur? Nam si

---

39 *cf.* Es. 45, 1 40 *cf.* Es. 45, 2 47 *cf.* Ps. 10, 16. Hier. 10, 10

---

30 et *T* (*del. m. 1 ut vid.*) in *om. T* *desiderantur verba*: Cretes et Arabes, *quae nescio an supplenda sint* 31 multi] *delevit hoc vocabulum in φ man. a librarii manu diversa* et *addidi* 32 spaniarum *φ* 33 britanorum *TNF*, brittannorum *φP* romanis *TφR*, romanorum *PNF* 33 *sq.* subdita et *T*, *om.* et *φPNFR* 34 sarmatarum *φR*, sarmatorum *TPNF* 36 insularum *F*, insularum multarum *rell. et vulgo* et *seclusi* 37 christi *om. F* 38 *lacunam signavi*: adoratur *vel* colitur *vel* creditur *supplendum est* (*cf. infra l. 64 et 65*) et regnat *φ Φ T* regnat *PNFR vulgo* 39 civitatium *φ*, civitatum *TPNFR* 40 abante *φFT* (ab *del. m. 1*), ante *PNR vulgo* serae *Rhen.*: serrae *φTPF*, *om. N* ferreae serrae *φ*, serrae ferreae *TPF* 41 sunt *om. NF Oehler* ista et *φ*, et ista *TPNFR vulgo* spiritalia ter *φ* 42 sint *φ* (i *ex* u *a m. 2*) *TNR*^{3}, sunt *PFR*^{1} quod *NFR*, quo *φTP* 43 diabulo obsesa *φ* etiam *φT*, *om. PNFR vulgo* 44 propria specie *scripsi* (κατὰ τὴν οἰκεῖαν ἰδέαν): spetie *T*, perspicue *φPNFR vulgo* sunt *TFR*, sint *φPN* 45 ^{in}omnibus *φ* (in *s. v. add. m. 3*) 47 regnaturus in aeternum *φT*, in aeternum regnaturus *PNF vulgo* praenuntiabatur *F* nam *φ*, DE REGNO XPI AETERNO nam *TPNF* si *om. T*

Solomon regnavit, sed in finibus Iudaeae tantum; a Bersabee usque Dan termini regni eius signantur. Si vero Babyloniis et Parthis regnavit Darius, ulterius [ultra fines regni sui] non habuit potestatem [in omnibus gentibus]; si Aegyptiis Pharao vel quisque ei in hereditario regno successit, illic tantum potitus est regni sui dominium; si Nabuccodonosor, cum suis regulis ab India usque Aethiopiam habuit regni sui terminos; si Alexander Macedo, non amplius quam Asiam universam et ceteras regiones quas postea devicerat tenuit. Sic et Germani adhuc usque limites suos transgredi non sinuntur, Britanniae intra oceani sui ambitum inclusae sunt gentes, Maurorum et Getulorum bar-

---

49 *cf.* Reg. III 4, 25

---

48 solomon *φ*, salomon *TPNFR* iudeae *φT*, iudae *PNFR vulgo* 48*sq.* bersabee *φ*, bersabeae *TNFR*, bersabet *F* 49 terminus (*corr. ex* termini *m. 1*) *T* regni eius *φTPF*, eius regni *NR vulgo* signantur *φPNFR*, fuiṭ** *T* (*duae litt. erasae*) 49*sq.* babylḷoniis *φ* (*litt.* l *erasa*) 50 partiịs *φ* 50*sq.* ulterius non habuit potestatem *scripsi* (*ceteris seclusis*): ulterius ultra fines regni sui non habuit potestatem in omnibus gentibus *φΦ*, non habuit potestatem ulterius ultra fines regni sui; non habuit in omnibus gentibus potestatem *NFR*, non habuit potestatem ulterius ultra (ultra *in mg. add. m. 1*) fines regni sui, in omnibus gentibus non habuit potestatem *P* (*verba postrema* non habuit potestatem *deleta sunt a manu Rhenani*), non habuit potestatem totius orbis *T* 52 quisque (= quisquis) *libri omnes*: quisquis *Lat.*, *quem secuti sunt posteriores* ei *om. T* hereditario regno *φΦ*, hereditate regni *TPNFR* 53 dominio *T* 53*sq.* nabuccodonosor *φ*, nabugodonosor *T*, nabuchodonosor *PFNR* 55 regni sui] regnis que *T* 55*sq.* macedo non amplius quam *φΦT*, macedoniam quam *F*, macedoniam tanquam *N*, macedo numquam *PR* 56 quas postea *T*, $\overset{\text{quam}}{\text{postea}}$ *φ* (quam *s. v. a m. 2, sed erasum*), quam postea *F*, postea quam *PNR vulgo* 57 sic *Rig.*: si *libri et reliqui editores* et Germani *scripsi*: et Germaniam *F*, Germani *φTPN vulgo* suos *φΦT*, *om. PNFR* 58 britanniae *TPR*, britannia *F*, $\overset{\text{n}}{\text{brittan*i}}$ *φ* (n *s. v. add. m. 2*) *N* sui *om. PR* 58*sq.* ambitum inclusae sunt *T*, ambitum conclusae sunt *PR*, ambitum clausi sunt *φΦ*, ambitu clausa sunt *F*, ambitu sunt clausi *N* 59 gentes, Maurorum *scripsi*: maurorum gentes *φTPNFR* 59*sq.* barbariae *φT PFR*, barbaries *N Gel. vulgo*

bariae a Romanis obsidentur, ne regionum suarum fines excedant. Quid de ipsis Romanis dicam, qui legionum suarum praesidiis imperium suum muniunt nec trans istas gentes porrigere vires regni sui possunt? Christi autem nomen ubique porrigitur, ubique creditur, ab omnibus gentibus supra enumeratis colitur, ubique regnat, ubique adoratur. Omnibus ubique tribuitur aequaliter; non regis apud illum maior gratia, non barbari alicuius inferior laetitia; non dignitatum vel natalium cuiusquam discreta merita; omnibus aequalis, omnibus rex, omnibus iudex, omnibus dominus et deus est.

8. Nunc dubites credere quod adseveramus, cum videas fieri. Itaque requirenda tempora praedicta et futurae nativitatis Christi et passionis eius et exterminii civitatis Hierusalem, id est vastationis eius. Dicit enim Daniel et civitatem sanctam et sanctum exterminari ⟨habere⟩ cum

---

8. 4 *cf.* Dan. 9, 26

---

60 a romanis *TNFR*, romanis *φ* (*inseruit* a *ante* romanis *m. 3*), romani *P* regionum *TNR*, regionem *φ*, religionum *PF* 61 quid de ipsis romanis dicam *φ Φ*, quid de romanis dicam *TPNR*, quid dicam de romanis *F* legionum *φ T*, de legionum *PNFR vulgo* 63 nomen *φ Φ P* (*in mg. add. Rhen.*: regnum et) *F*, et nomen *N*, regnum et nomen *TR* 67 inferior *φ Φ*, imperiosi *TPNF* 68 dignitat$\overset{u}{\text{ẹ}}$m *φ* (*corr. m. 1*), dignitatem *Φ* vel *φ TPNF*, aut *R vulgo* merita] meritum *idem quod nostrum* Lohn 69*sq.* dominus et deus est *φ T*, deus et dominus est *rell.*

8. 1 *Initium capitis, quod vulgo paulo infra ante vocem* itaque *habetur, hic statui* nunc *scripsi*: nec *libri et vulgo* (*confunduntur in libris mss. voculae* nunc *et* nec *ut ad eandem ligaturam* ($\overset{c}{\text{n}}$) *redeuntes* adseveramus *Tφ Φ N*, adseveres *PFR* cum] *h. e. etsi* videas *φ Φ N*, videamus *TPFR* 2 DE PASSIONE XRI ET VASTATIONE IERVSALEM *NFmg*, *in codd. TP eadem paulo infra post verba* vastationis eius (*l. 4*) *leguntur* praedicta et futurae *Rhen.*: praedictae et futurae *φ Φ F*, praedictae futurae *T*, praedicta (-tae *N*) et praedictae futurae *PN* 4 ḍuastation$\overset{i}{\text{ẹ}}$s *φ* (*corr. m. 1*) enim *om. PN* 5 sanctum *om. T* sanctum] scm̄ *φ*, scam̄ *m. 3* (*in marg.*) exterminari *φ Φ T*, terminari *PNFR* habere *addidi* (*cf. infra l. 16 et 51*)

duce venturo et destrui pinnaculum usque ad interitum. Venturi itaque Christi ducis sunt tempora requirenda, quae investigabimus in Danielo; quibus computatis probabimus venisse eum iam et ex temporibus praescriptis et ex signis competentibus et ex operationibus eius, quae proba⟨bi⟩mus et ex consequentibus, quae post adventum eius futura adnuntiabantur, uti iam adimpleta omnia praecepta credamus. Sic igitur de eo Daniel praedicavit, ut et quando * et quo in tempore gentes liberaturus esset ostenderet, et quo in anno post passionem ipsius sancta civitas exterminari haberet. Dicit enim sic: *In primo anno sub Dario, filio Assueri, a semine Medorum, qui regnavit super regnum Chaldaeorum, ego Daniel intellexi in libris numerum annorum. Et adhuc me loquente in oratione, ecce vir Gabriel, quem vidi in visione in principio, volans et tetigit me quasi hora sacrificii vespertini et intellegere fecit me et locutus est mecum et dixit: Daniel, nunc exivi imbuere te intellegentiam, in principio obsecrationis tuae exivit sermo. Et ego veni, ut adnuntiem tibi, quia vir desideriorum tu es, et*

---

6 et destrui pinnaculum usque ad interitum] ***haec verba solummodo n codicibus Alexandrino et Marchalliano leguntur*** 16 *sq.* Dan. 9, 1—2 19 *sq.* Dan. 9, 20—27 (*sec. Theodotionis recensionem*)

---

7 ducis *TPN*, duc̣es (i sup.) *φ* (*corr. m. 3*), duces *F* 8 investigabimus *φΦPN*, investigavimus *TFR* danihelo *φ*, daniele *TPNFR* probavimus *T* 9 iam et ***scripsi***: etiam ***libri omnes*** et *om. T* 10 probabimus ***scripsi***: probamus ***libri omnes*** 11 et ex *PNFR*, et *φ*, ex *T* 12 uti *φ*, ut *TPNF* omnia] omnią *φ* (*corr. m. 1*), omnes *Φ* praecepta *φΦ*, perspecta *T*, quam perspecta *PN*, iam perfecta *F*, quam prospecta ***Rig.*** 13 et quando *TPNF*, quando *φ* 14 *lacunam signavi*: nasciturus ***sive*** venturus ***excidit*** liberaturus esset *φT*, esset liberaturus *PNFR* ***vulgo*** et *om. φ* 15 quo in anno (*in abbreviatura* = quo î ān̄) ***scripsi***: quoniam *φPNFR* ***vulgo***, quod *T* ipsius sancta ***scripsi***: ipsa *φ* (***ortum ex*** iṗ = ***ipsius et*** s͡ā = ***sancta***), ista *Φ*, χ̄ρ̄ι ipsa *T*, christi ista *PNFR* ***vulgo*** 17 a *φ* (ἀπὸ σπέρματος), ex *TPNFR* ***vulgo*** 20 volans et tetigit ***om.*** *T* (πετόμενος καὶ ἥψατό μου LXX κατὰ Θ.) 22 *sq.* intellegentiam *φ* (σύνεσιν), intellegentia *TPNFR* ***vulgo*** 23 obsecrationis (τῆς δεήσεως) ***Pam.***: observationis ***libri omnes*** sermo dei *T*

cogita in verbo et intellege in visione: Septuaginta ebdomades breviatae sunt super plebem tuam et super civitatem sanctam, quoadusque inveteretur delictum, ut signentur peccata et exorentur iniustitiae et inducatur iustitia aeterna, ut et signentur visio et prophetes et ut unguatur sanctus sanctorum. Et scies et percipies et intelleges: a profectione sermonis integrando et aedificando Hierusalem usque ad Christum ducem ebdomades sexaginta et duae et dimidia; et convertet et aedificabitur in latitiam et convallationem, et innovabuntur tempora. Et post ebdomadas has LX *et* II *semis exterminabitur unctio, et non erit; et civitatem et sanctum exterminabit cum duce adveniente,*

---

25 *sq.* septuaginta ebdomades φ (-des *ex* -tes *corr. m. 3*) *T*, LXX ebdomadae *PF vulgo*, LXX (*om.* ebdomades) *N* 27 ut φ, et *TPNFR vulgo* signentur] *i. e. finiantur* 28 exorạntur (a *ex* e *m. 3*) φ, exorentur *PNFR* (*cf.* τοῦ ἐξιλάσασθαι ἀδικίας), exu a ntur *T* (a *in ras. trium litt.*); *an* exunguantur? (τοῦ ἀπαλεῖψαι τὰς ἀνομίας) iniustitiae φ*T*, iustitiae *PNFR vulgo* inducatur *TPNFR*, conducaṇtur φ, conducatur *Φ* (*an* co⟨i⟩nducatur?) 29 ut et φ*Φ*, ut *T*, et ut *PNFR vulgo* signentur *T*, signetur φ*PNFR* prophetes φ*PNF* (προφήτης LXX), prophetia *T* et ut φ*TNF*, et *PΦR*[1] unguẹatur φ (*corr. m. 1*), unguatur *TP*, ungatur *NFΦ* 30 sanctus] s̄c̄m̄ φ (*corr. in* s̄c̄s̄ *m. 1 in marg.*) percipies φ*Φ* (= διανοηθήσῃ; *tria verba his Latinis respondentia etiam in recensione Theodotionis olim fuisse videntur*), perspicies *TPNFR vulgo* intellegịs[e] φ (*corr. m. 1*) 31 integrando *PNF*, in integrando φ*Φ*, in integrandọ[a] *T* (*corr. libr. ipse*) integrando et aedificando] *h. e. ad integrandam et aedificandam Hierusalem, quod spiritaliter scilicet intellegendum est* (*pro* ἀποκριθῆναι *recensionis Theodotianae ex nostro restituendum videtur* ἀνακαινῶσαι) aedificando φ (οἰκοδομῆσαι LXX), reaedificando *PNFR*, reaedificandọ[a] *T* 32 *sq.* ebdomades sexaginta et duo (dua *Φ*) et dimidia φ*Φ*, ebdomade[ta] LX II[ae] et dimidia *T*, LXII et dimidia *N*, LX · II[as] et dimidia *P*, LXII et dimidiam *F*, ⟨septem et dimidia⟩ et LXII et dimidiam *Pam.*, *quem secuti sunt omnes abhinc editores* 33 convertetur *T* (*sed in Graeco* ἐπιστρέψει) latitiam *scripsi*: laetitiam *PNF*, latitudinem φ*T*, altitudinem *Φ* 33 *sq.* et convallationem] *i. e.* καὶ περίτειχος in convallationem *Φ* 34 invocabuntur *T* 35 has *om. T* semis *T*, *om.* φ*PNFR vulgo* et exterminabitur *PN* 36 civitatem et sanctum (τὴν πόλιν καὶ τὸ ἅγιον) φ*ΦF*, civitatem et sanctuarium *T*, civitatem sanctam *PN* exterminavit φ

et concidentur, quomodo in cataclysmo, usque in finem belli, quod concidetur usque ad interitum. Et confirmabit testamentum in multis: Ebdomada una et dimidia ebdomadis auferetur meum sacrificium et libatio, et in sancto exsecratio vastationis; et usque ad finem temporis consummatio dabitur super hanc vastationem. Animadvertamus igitur, terminum quomodo in verbo 'quoadus⟨que⟩' praedicit LXX ebdomadas futuras: in quibus si reciperent eum, *aedificabitur in latitudinem et longitudinem, et innovabuntur tempora.* Providens autem deus, quid esset futurum, quoniam non tantum non recipient eum verum et insequentur et tradent eum morti, et recapitulavit et dixit: intra LX et II et dimidiam ebdomadas nasci illum et ungui sanctum sanctorum, ebdomades autem VII et dimidia cum implerentur, pati habere, et civitatem et sanctum exterminari cum duce

---

40 *cf.* Matth. 24, 15 44*sq.* Dan. 9, 25 51 *cf.* Dan. 9, 27

---

37 conciditur *T* 38 confirmabit *φTR*, confirmavit *PNF* 39 in multis] in *deleri vult. Pam.*: πολλοῖς 40 meum] enim *T in lit. a m. 1 recentiore* sancti *N* 41 et usque *T* (*s. v. a m. 1*) *Pam.*: usque *φPNF* 42 hanc vastationem *φT*, hac vastatione *PNF vulgo* animadvertimus *T* 43 quomodo terminum *T* (*sed cf. l. 62*) in verbo 'quoadus⟨que⟩' *scripsi* (*cf. l. 27*): in verbo q̃s (q̃ = quod) *F*, in verbo quas *PN* (as *ex* ūs = usque *ortum putaverim*), in vero *φΦ*, inveniamus qndo (a *s. v.*) *T* (*in lit. a m. recentiore*) praedicit *φΦ*, dicit *T*, dixit *PNF* 44 reciperent *φ*, receperint *TPNF vulgo* 45 latitudinem *TPNF*, altitudinem *φΦ* longitudinem *φT*, in longitudinem *PNF vulgo* 48 morta *F* 48*sq.* in LX et duo (tra *s. v.*; *corr. m. 1*) et dimidiā (as *s. v.*) ebdomadas *φ*, in LX et II et dimidia hebdomadas *Φ*, in LXXII hebdomadibus *PNF*, in sexagesimo secundo ebdomadis (dis *in lit. a m. 1*) *T* 49 ungi *ΦFR* sanctum] s̄cā *φ* (*in mg.* s̄c̄m *a m. 2*), sancta *Φ* 50 ebdomades *TPN*, ebdomadas *φ* (as *in* ae *corr. m. 2*) *FR* et *om. T* 51 habere *R*, haberet *TPNF*, habebit *φ* (-bit *corr. in* -ret *m. 1*) 51*sqq.* et civitatem exterminari post unam ... *libri omnes. Inserui hic disiecta duo membra sententiae, quae in libris mss. omnibus paulo infra l. 54sqq. ita leguntur*: dicit enim sic: | et civitatem et sanctum exterminari cum duce venturo | et concidentur sicut in cataclysmo || et destrui pinnaculum usque ad interitum || *quem ordinem verborum pessime turbatum esse in propatulo est*

venturo, et destrui pinnaculum usque ad interitum post unam et dimidiam ebdomadam, quo scilicet tempore septem et dimidia ebdomadae completae sunt. Dicit enim sic: *et concidentur sicut in cataclysmo.* Unde igitur ostendemus, quoniam venit Christus intra LXII et dimidiam ebdomadas? Numerabimus. ⟨Numerabimus⟩ autem a primo anno Darii, quoniam in ipso [tempore] Danielo visio ista ostenditur. Dicit enim ei ⟨angelus:⟩ *et intellege et conice: a profectione sermonis* respondere me tibi haec. Unde a primo anno Darii debemus computare, quando hanc vidit visionem Daniel. Videamus igitur, anni quomodo implentur usque ad adventum Christi: Darius enim regnavit annis

---

55 Dan. 9, 26 59 Dan. 9, 25

---

52 destrui (*scil. habere*) *scripsi*: distrui φ, et destruet *PNF vulgo*, et destruetur *T* 53 quo scilicet ⟨tempore⟩ *Urs.*: *recte supplevit Ursinus, sed fugisse eum videtur id quod hic interciderat vocabulum paulo infra l. 58 per errorem librarii inter verba irrepsisse* 54*sq.* et concidentur sicut in cataclysmo] *scil. una et dimidia ebdomade, mensium videlicet, quem numerum enucleasse videtur Tertullianus comparatis locis Gen. 7, 11 et 8, 13* 55 ostendemus *Hier.* (*commentatio in Danielem cap. IX Migne V, p. 574*), ostendimus φ*TPNFR Ven.* (P. Venerabilis *Adv. inveteratam duritiem Iudaeorum Migne vol. 189, p. 564*) 56 quoniam φ*TNFR*, quomodo *P*, quia *Hier. Ven.* christus venit *Hier. Ven.* LX et II φ, LXII *PNF*, sexaginta duas *T*, septuaginta duas *Hier. Ven.* ebdomadam *T* 57 numerabimus *addidi* numerabimus autem φ*R*, numeravimus autem *TPNF*, numeremus (*om.* autem) *Hier.*, numera (*om.* autem) *Ven.* 58 quoniam φ*TNF Hier. Ven.*, quomodo *PR vulgo* in ipso φ*PNF*, ipso *T Hier. Ven.* tempore *supra l. 53 insertum hic seclusi* danielo visio ista ostenditur *scripsi*: danihelo visio ostenditur φ, danieli visio ipsa ostenditur *T*, ostenditur danieli (-le *F*, -lo *N*) visio ipsa *PNFR vulgo* 59 enim ei *Hier. Ven.* ei *om. libri omnes* angelus *addidi* 59*sq.* a profectione *PFR*, ad profectionem φ, ad prophetationem *TN Hier. Ven.*, ad perfectionem Φ *Rig. Oehler* 60 respondere] *h. e. gewißlich zusichern* me tibi φ*T Hier. Ven. R*, tibi *F*, et ibi *N*, et^{t}ibi (t *s. v. add. m. 1*) *P* 61*sq.* vidit visionem φ*T Ven.*, visionem vidit *PNF Hier.* 62 implentur φ*T PN*, impleantur *FR Hier. Ven. vulgo* 63 ad *s. v. T* (*m. 1*) enim *om. Hier. Ven.* an̄n φ, annos *T*, annis *PNF Hier. Ven.*

xviiii; Artaxerxes annis xl et i; deinde rex Ochus, qui et Cyrus, annis xx et iiii; Argus anno uno; alius Darius, qui et Melas nominatus est, annis xxi; Alexander Macedo annis xii; deinde post Alexandrum — qui et Medis et Persis regnarat, quos devicerat, et in Alexandria regnum suum firmaverat, quando et nomine suo eam appellavit —, post eum regnavit illic in Alexandria Soter annis xxx et v; cui succedit Philadelphus regnans annis xxx et viii; huic succedit Euergetes annis xx et v; deinde Philopator annis xvii; post hunc Epiphanes, annis xx et iiii; item alius Euergetes, annis xx et vii; item alius Soter annis xxx et viii; Ptolomaeus annis xxx et vii; Cleopatra annis

---

64 artaxerxes *φ Hier. Ven.*, regnavit artataxerxes *T*, artaxerses regnavit *PNF* ann̄ *φ*, *annos T*, annis *PNF* xl et i *Φ Ven.*, xi et unum *φ*, quadraginta *T Hier.*, xl *PNF* deinde rex *om. Hier. Ven.* rex Ochus (Ὦχος) *R*, rex ohus *P*, exoclius *φ F*, esochus *N*, anthiocus *T* 65 annis xx^{ti} et iiii^{or} *φ Φ*, annos xx iiii *T*, annis viginti et quattuor *Hier. Ven.*, regnavit annis xxiiii *PNF vulgo* Argus] Achus *Ios. Scaliger* annum unum *T* darius alius *Hier.* 66 medus nominatus *Ven.* annos viginti unum *Hier.*, annos xxii *Ven.* 66*sq.* annis xii *φ Hier. Ven. Pmg*, *a m. Rhenani* (*nescio an ex Hirsaugiensi*), annis xi *F*, annis x *TPN* 68 devicerat *T Hier. Ven.*, revicerat *φ PNF* alexandriam *PN* 69 nominẹ (e *ex* i *corr. m. 3*) *φ* 69*sq.* post eum *φ Φ Ven.*, postea *TPNF*, *om. Hier.* 70 alexandriam *N* xxx et v *φ*, xxxv *TPNF*, triginta quinque *Hier. Ven.* 70*sq.* cui succedit — — annis xxx et viii (*l. 74sq.*) *om. T* 71 successit *Hier. Ven.* filadelfus *φ PF* regnans *φ Φ Hier. Ven.*, et regnavit *PN*, regnavit *F* xxx et viii *φ*, xxxviii *PNF*, triginta octo *Hier. Ven.* 71*sq.* huic succedit euergetes *φ PNF*, post hunc Euergetes regnavit *Hier. Ven.* 72 euergetis (*in mg.* eūgetes *a m. 2*) *φ* xx et v *φ*, xxv *PNF*, viginti quinque *Hier. Ven.* filopater *φ* 73 xvii *φ PNF*, decem et septem *Hier. Ven.* et post hunc *Hier.* xx et iiii *φ*, xxiiii *PFN*, viginti quatuor *Hier. Ven.* 74 ḥeber^{v}geṣtes *φ* (*corr. m. 2*) xx et vii *φ Φ*, xxvii *PNF*, viginti septem *Hier. Ven.*, xxviiii *Pmg* (*ex Hiersaugiensi, ut vid.*) *R vulgo* item alius *φ Φ*, *om. PNF Hier. Ven.* 75 xxx et viii *φ Φ*, xxxviii *F*, triginta octo *Hier. Ven.*, xxxiiii *PN* ptolomeus *TPN*, ptholomeus *φ*, ptolemeus *FR Hier. Ven. vulgo* xxx et vii *φ*, xxxvii *TPNF*, xxxviii *Ven.*, triginta septem *Hier.* cleopatra conregnavit sub augusto *F*

XX, mensibus VI; item adhuc Cleopatra conregnavit Augusto annis XIII; post Cleopatram Augustus aliis annis XLIII imperavit; nam omnes anni imperii Augusti fuerunt L et VI. Videmus autem quoniam in quadragesimo et primo anno imperii Augusti, quo post mortem Cleopatrae XXVIII anno imperavit, nascitur Christus. Et supervixit idem Augustus, ex quo natus est Christus, annis XV, et erunt reliqua tempora annorum, [in diem nativitatis Christi, in annum Augusti XL primum, qui post mortem Cleopatrae XX et VIII Augusto, efficiuntur anni CCCCXXX et VII, menses VI] unde adimplentur LXII ebdomadae et dimidia, quae

---

76 XX *TPNF*, viginti *Hier. Ven.*, XX et II *φΦ* mensibus VI *Pam.*: mensibus V *ΦTPNF*, mensibus quinque *φ Hier. Ven.* adhuc *om. Hier. Ven.* 76*sq.* sub augusto *PN* 77 annis XIIII *T* XLIII *TPNN Ven.*, quadraginta tribus *Hier.*, XXX et III immo XL et II *φΦ* 78 imperavit *φΦT Ven.*, regnavit *Hier.*, *om. PNF* imperii *om. Ven.* fuerunt *T*, fuerunt anni *φPNFR*, fuerunt numero *Hier. Ven.* 79 L et VI *φ*, LVI *TPNF Ven.*, quinquaginta sex *Hier.* videmus *φ Hier. Ven.* (*secundum aliquot libros mss.*), videamus *TPNF Hier. Ven.* (*secundum alios libr. mss.*) in *φT Hier. Ven.*, *om. PNFR vulgo* et *om. T Hier.* 80 quo *PNF*, quod *φ*, quos *T*, qui *Hier. Ven.* 80*sq.* XXVIII (*h. e. vicesimo octavo*) anno *φ*, XX et VIII annos *Φ Oehler*, *om. TPNF Hier. Ven.* 81*sq.* supervixit — — christus (*l. 82*) *om. N*, insuper vixit *Ven.* 82 et quo *F* natus est *Hier. Ven.*, nascitur *φTPF vulgo* (nascitur *ex versu antecedenti irrepsisse putaverim*) erunt *om. Ven.* 83*sqq.* *verba*: in diem nativitatis — — — menses VI (*l. 86*) *seclusi: margini olim quasi indiculus rei hic tractatae adscripta haec videlicet fuerunt a librario vel lectore quodam per errorem iudicante computationem annorum ita ab auctore institutam esse, ut a primo anno Darii usque ad diem nativitatis Christi numeraret annos ebdomadum* LXII *et dimidiae. sed cfr. l. 87 in notis* in annis XLI *T* 84*sq.* qui post mortem cleopatrae XX et VIII augusto *φΦ*, post mortem cleopatrae *T Hier. Ven.*, *om. PNF* 85 efficiuntur *om. Hier. Ven.* anni *φΦF Hier. Ven.*, simul anni *T*, autem anni *PN* CCCCXXX et VII *φΦ*, CCCCXXXVII *TPNF Ven.*, quadringenti triginta septem *Hier.* 85*sq.* men. VI *T* (ses sex *quae s. v. scripta sunt add. m. recentior*), menses quinque *φ Hier. Ven.*, menses V *ΦPNF* 86*sq.* *verba* unde adimplentur — — — menses VI (*l. 87*) *solummodo comparent in codice F, in margine cod. P* (*addita a Rhenano sine dubio ex Hirsaugiensi deperdito*) *et apud Hieronymum et Venerabilem, omissa sunt in φΦTPN* hebdomades *Hier. Ven.*

efficiunt annos CCCCXXXVII, menses VI [in die nativitatis Christi]. Et 'manifestata est iustitia aeterna, et unctus est sanctus sanctorum, id est Christus, et signata est visio et prophetes, et dimissa sunt peccata', quae per fidem nominis Christi omnibus in eum credentibus ⟨non re⟩tribuentur. Quid est autem, quod dicit 'signari visum et prophetiam'? Quoniam omnes prophetae nuntiabant de illo, quod esset venturus [et pati haberet], igitur, quoniam adimpleta est prophetia per adventum eius, propterea signari visionem et prophetiam dicebat, quoniam ipse esset signaculum omnium prophetiarum, adimplens omnia quae retro de eo prophetae nuntiarant. Post enim adventum eius [et passionem ipsius] iam non visio neque prophetes, qui Christum

88 *cf.* Dan. 9, 24

87 in die *φ Φ F Ven.*, in diem *T P N Hier.* 87 *sq.* in die nativitatis Christi *seclusi*: *interpolatoris haec esse inde apparet, quod quadringenti triginta septem illi anni, qui capiunt exordium a primo anno Darii, qui cognominatur Νόθος, i. e. ab anno 424/23 a. Chr. nat., non in die nativitatis Christi complentur, sed in die unctionis eius, i. e. baptismatis, quod secundum hunc locum eo anno factum esse praesumit Tertullianus, quo obiit Augustus, id est nostrae ἐποχῆς a. quarto decimo p. Chr. nat.* 88 manifestata *Φ T F Pmg* (*ex Hirsaugiensi additum a m. Rhenani*) *Hier. Ven.*, manifesta *φ P N* 90 prophetes *φ P N F*, prophetia (ia *in lit. a m. rec.*) *T*, prophetia *Hier. Ven.* 91 ⟨non re⟩tribuentur *scripsi*: tribuentur *φ*, tribuuntur *T P N F Hier. Ven.*, remittuntur *Pomerius*, diluuntur *Oehler* 92 quod dicit *om. Ven.* signari *Hier. Ven. R*, signare *φ T P N F* visum] visionem *T Ven.* (*fort. recte*) prophetam *P N F* 93 de ipso *Hier. Ven.* 94 et pati haberet *seclusi*: *passio enim Christi non ei, de qua hic sermo est, temporum ἐποχῇ ab auctore assignatur, sed sequenti septem et dimidiae ebdomadum* haberet. igitur *vulgo distinguitur* impleta *Hier.* 95 signari *φ T Hier. R*, signaturi *F*, signantur *P*, si gnarā *N* 96 esset *T*, est *φ P N F Hier. Ven.* 97 prophetiarum *scripsi*: prophetarum *φ T P N F Hier. Ven.* omnia *om. φ* de eo *om. Ven.* 98 prophetae *Hier. Ven. Pmg* (*add. Rhen.*), *om. φ T P N F* nuntiarant *Ven.*, nuntiabant *Hier.*, nuntiaverant *φ T P N F* post enim adventum eius *φ Φ*, post enim adventum christi *T P N F*, post adventum enim *Hier. Ven.* 98 *sq.* et passionem ipsius *seclusi* (*cf. quae adnotavi supra ad l. 87 sq.*): ipsius *φ Φ P N F*, eius *Hier. Ven.*, *om. T* 99 non est visio *Hier.*, non visio est *Ven.* prophetes qui *φ*, propheta qui *Ven.*, prophetes est qui *T P N F*, prophetia quae *Hier.*

nuntiet venturum. Denique si non hoc ita est, exhibeant Iudaei prophetarum post Christum aliqua volumina, angelorum aliquorum visibilia miracula, ⟨quasi⟩ quae retro patriarchae viderunt usque ad adventum eius Christi, qui iam venit. Ex quo ⟨si⟩ signata est visio et prophetia, id est statuta, et merito evangelista: *lex et prophetae*, inquit, *usque ad Iohannem baptistam.* Baptizato enim Christo, id est sanctificante aquas in suo baptismate, omnis plenitudo spiritalium retro charismatum in Christo cessavit signante visiones et prophetias omnes, quas adventu suo adimplevit. Unde firmissime dicit adventum eius signare visum et prophetiam. — Itaque ostendentes iuxta et numerum annorum et tempus LX duarum et dimidiae ebdomadarum adimpleta, quibus completis 'venisse Christum', id est natum vid⟨imus unctum, vid⟩eamus, quid aliae septem ebdomadae et dimidia, quae sunt subdivisae in abscisione priorum ebdomadarum, in quo actu sint adimpletae. Post enim Augustum, qui supervixit post nativitatem Christi annis XV, efficiuntur: cui succedit Tiberius Caesar

105 Matth. 11, 13

100 esse venturum *Ven.* si non hoc *φ*, si hoc non *T*, hoc si non *PNFR vulgo* 100*sqq.* denique si — — — videamus (*l. 114*) *om. Hier. Ven.* 102 quasi *addidi* 103 eius Christi *scripsi*: eius *φ Φ*, christi *TPNF* 104 *post* venit *gravius distinxi* si *addidi* 105 inquit *T*, *om. φPNF* 106 baptistam *φ Φ F*, baptizatorem *TPN* enim] autem *T* 107 et omnis *φ* 108 cessavit *T*, cesserunt *φPNFR vulgo* signante] sanctae *φ* 109 visiones et *φ*, visionę[et] sed *T* (*corr. m. 1*), visionem et *PNFR vulgo* adimplet *F* 110 visum *φTPNF*, visus *Φ* 111 prophetiam *φ Φ T*, prophetias *F*, prophetas *PN* itaque ostendentes] *animadverte singularem usum part. praes. idem, ut vid., significantis quod in Graeco part. aor.* δείξαντες οὖν iuxta (=*aequaliter*) *T*, *om. φPNF vulgo* et *om. T* 113 adimpleta *φ*, adimpletarum *Φ TPNF*, adimpletum *Rig.* quibus completis *φ Φ*, tunc *TPNF* 114 vid⟨imus unctum, vid⟩eamus *scripsi*: videamus *libri et vulgo* quid] *linea subscripta delevit T*, *om. Pam. Rig.* 114*sq.* septem ebdomadae et dimidia *φ*, VII et dimidiae (dimidia *F Hier. Ven.*) ebdomades (-dis *T*) *TPNF Hier. Ven.* 115 divisae *T* 116 sint *φ T Hier. Ven.*, sunt *PNF* 118 annis *φ T*, anni *PNF Hier. Ven.* successit *Hier.*

et imperium habuit annis xxii, mensibus vii, diebus xxviii — huius quintodecimo anno imperii patitur Christus, annos habens quasi xxx, cum pateretur — item Caius Caesar, qui et Caligula, annis iii, mensibus viii, diebus xiii, Tiberius Claudius annis xii, mensibus viii, diebus xx, Nero annis xi, mensibus ix, diebus xiii, Galba mensibus vii, diebus vi. Otho mensibus iii, diebus v, Vitellius mensibus viii, diebus xx et vii. Vespasianus anno primo imperii sui — nam imperavit annis xii — debellat Iudaeos, et fiunt anni numero lii, menses vi, atque ita in die suae expugnationis Iudaei impleverunt ebdomadas lxx prae-

---

119 xxii *TPNF Ven.*, viginti duobus *Hier.*, xxviii *φ*, xx *Φ* 119*sq.* diebus xxviii *φΦ*, diebus viginti octo *Hier.*, diebus xx *TPNF* 120 huius imperii decimo quinto anno *Hier.*, huius nono decimo anno *Ven.* patitur *φ Hier. Ven.* (*cf. supra* nascitur Christus *p. 281, 81*), passus est *TPNF* 121 quasi xxx *φ TPNF*, quasi triginta tres *Hier. Ven.* 121*sq.* caius Caesar *PNFR Hier. Ven.*, consul Caesar *T*, *om.* caius *φ* 122 calligula *φ Ven.*, acligula *T*, gallicula *P*, callicula *NF* 123*sq.* Tiberius Claudius annis xii, mensibus viii, diebus xx *scripsi*: tiberius claudius annis xiii, mensibus vii, diebus xx *TPNFR Ven.*, *desunt haec omnino in φ Φ Hier., quos sequuntur Pamelius et abhinc editores omnes* 124 nero *φ Φ Hier. Ven.*, nero Caesar *TPNFR vulgo* annis novem *Hier.*, annis viii *Ven.* 125 diebus vi *φ Φ TPNF*, diebus viginti octo *Hier.*, diebus viii *Ven.* otho tribus (*om.* mensibus) *φ Φ Oehler* diebus v *φ PNF Hier. Ven.*, dies v *T*, diebus (*omisso numero*) *Φ Oehler* 126 diebus xx et vii *Φ*, dies xx et viii *φ*, diebus viginti octo *Hier.*, diebus xviii *Ven.*, diebus xx et x *F*, diebus x *T* (diebus *ex* dies *corr. m. rec.*) *PNR* anno primo] *hoc est anno post Chr. n. 67, quo anno suscepit Vespasianus adversus Iudaeos imperium; ex hoc igitur anno, non ex anno 69, computare se annos imperii Vespasiani indicat auctor eis verbis, quae in parenthesi addit*: nam imperavit annis xii 127 *verba* nam imperavit annis xii, *quae in libris mss. apud Hier. et Ven. paulo infra post* menses vi *comparent* (*l. 128*), *huc transposui* annis xii *φ Φ Ven.*, annis xi *TPNF*, annis undecim *Hier.* debellat *Φ*, debellavit *TPNF Hier. Ven.* 128 anni n̄ l et ii *φ T*, anni numero quinquaginta duo *Hier. Ven.*, *om.* numero (*Φ*) *PNF* menses vi] m̄m̄ vi d̄d̄ vii *φ Φ* *sunt computati*: *anni 48, menses 50* (= *anni 4, menses duo*), *dies 112* (= *4 × 28* = *menses quattuor*) in die *φ Φ*, in diem *TPNF Ven.* 128*sq.* suae expugnationis *φ Φ T Ven.*, expugnationis suae *PNF Hier.* 129*sq.* praedicatas *N*

dictas in Danielo. Igitur expletis his quoque temporibus et debellatis inde Iudaeis postea cessaverunt illic libamina et sacrificia, quae exinde illic celebrari non potuerunt. Nam et unctio illic exterminata est post ⟨exterminationem uncti, hoc est post⟩ passionem Christi: erat enim praedictum huius exterminium, [exterminari illic unctionem] sicut in psalmis erat prophetatum: *exterminaverunt manus meas et pedes*. Quae passio Christi intra tempora LXX ebdomadarum perfecta est sub Tiberio Caesare, consulibus Rubellio Gemino et Fufio Gemino mense Martio temporibus paschae, die octava Kalendarum Aprilium, die prima azymorum, qua agnum occiderunt ad vesperam, sicuti a Moyse fuerat praeceptum. Itaque omnis synagoga filiorum Israel eum interfecit, dicentes ad Pilatum, cum eum vellet dimittere:

---

130 *cf.* Dan. 9, 27 134 *cf.* Dan. 9, 26 136 Ps. 21, 17 (*pro* ὤρυξαν *interpretatio haec Latina postulat* ἐξώρισαν) 141 *cf.* Exod. 12, 5—6 143 Matth. 27, 25; Ioh. 19, 12

---

130 in] a *Ven.* danihelo *φPN*, daniele *TF Hier. Ven.* *post* daniele *explicit excerptum Tertulliani apud Hier. et Ven.* 131 inde *scripsi*: idē *φ*, *om. TPNFR* illic *φTP*, illi *N*, *om. F* 133*sq.* exterminationem uncti, hoc est post *addidi*: *animadverte* exterminationem *et* exterminare *hoc loco idem sapere quod* passio *et* pandere, *id quod relucet ex loco sacrae scripturae hic laudato* 135 huius exterminium] *haec verba, quae in libris mss. paulo infra post* passio Christi (*l. 137*) *leguntur, huc transposui* huius exterminium *φ*, huius exterminii *ΦTPN*, exterminii *F* exterminari illic unctionem] *delevi haec verba, addita videlicet a librario vel lectore quodam, qui propter mutilata antecedentia tale quid desideravit eademque de causa verba* huius exterminium *e loco suo alio transtulit* 135*sq.* sicut in psalmis erat *φ*(*Φ*) *T*, sicut est in psalmis *PNF* 137 passio christi *φΦ*, passio *TNPF* 139 Fufio *Iun.*: fuvio *T*, rufio *φNF*, rufigo *P* (*corr. m. 1*) mense mar *T* 140 octava *scripsi*: octabu^{vo} *φ*, VIII *TP*, VIII *NF*, die octavo *vulgo* Aprilium] aprim̥elium (me *eras. ut vid.*) *φ*, aprilium *PF*, apl̄ (= aprilis) *T*, aprilis *N* 141 qua *scripsi*: quo *φTPNF* agnum occiderunt *φΦ*, ut agnum occideren̥t (e *ex* a *m. 1*) *T*, agnum ut occiderent *PNF* sicuti *FΦ*, sicut *φ*, *om TPN* a moyse *Φ*, ad moysen *φ*, a^{d} moysen *T* (*add.* d *s. v. m. 1*), a moysen *NF*, a moyse* *P* 142 synagoga filiorum israel *TPNF*, synagoga israel *Φ*, sygoga isdrahel *φ* 143 eum vellet *φΦT*, vellet eum *PNFR*

sanguis huius super nos et super filios nostros, et: *si hunc dimiseris, non es amicus Caesaris*, ut adimpleri *omnia* possent, quae de eo fuerant scripta.

---

9. *** Incipiamus igitur probare nativitatem Christi a prophetis esse nuntiatam. 'Sic ut Esaias praedicat: *audite, domus David! non pusillum vobis certamen cum hominibus, quoniam deus praestat agonem. propter hoc ipse deus dabit*

---

145 *cf.* Matth. 26, 56
9. 2—6 Es. 7, 13—15

---

144 no* (e *ut vid. in ras.*) *T* 145*sq.* omnia possent (possint *T*) *φTPN*, possent omnia *FR vulgo*

9. 1 Incipiamus igitur] *Quae abhinc usque in finem libelli leguntur, qualia nunc inveniuntur composita Tertulliani stilo deberi vix unus e viris doctis Septimiani ingenii peritis sibi potuit persuadere. Ego operi imperfecto vel casu quodam mutilato hanc appendicem affixisse nescio quem putaverim ex relictis aliquot auctoris plagulis errabundas quasdam continentibus epilogi huius libri particulas singulatim et discretim ab auctore conceptas, ut quibus postmodum plenam ac ordinatam demonstrationem superstrueret. Cui negotio prorsus imparem fuisse eum, qui in provinciam auctoris successit, vel inde apparet, quod singulas disputationis partes apta ac dilucida rerum tractatarum ordinatione coniungere supersedet eademque fere utique transgressionis formula usus quasi cohaereant vanam praefert speciem. Quantum in re tam difficili iudicare licet, id pro certo affirmaverim ad eam partem tractatus huius, quae absoluitur in fine capitis octavi, artissime se applicare illa, quae leguntur in capite undecimo inde a verbis* itaque quoniam (*p. 312, 54*) *usque in finem capitis duodecimi, ubi* (*cap. 12, 17*) *in voce* consideramus *sermo medius abrumpitur. Ceterum animadvertendum est in his capitibus duos locos redire, qui et alibi inveniuntur, vel eisdem verbis vel paululum immutatis conceptos, unde comprobari mihi videtur quod de ortu huius appendicis iudicandum putavi* ITEM PROBATIO NATIVITATIS $\overline{XPI}$ *P* (*margini a manu librarii haec inveniuntur adscripta*: sensum capituli huius in libro III° contra Marcionem plenius invenies), ITEM PROBATIO NATIVITATIS *N*, PROBATIO NATIVITATIS $\overline{XRI}$ SALVATORIS *F*, *titulus deest in φT* *lacunam signavi: conferas velim quae adnotavi p. 316, 39* *verba* incipiamus igitur probare *in cod. P maiusculis litteris exarata sunt* 2 *verba adversariorum indicavi* (*cf. infra l. 10*: dicunt Iudaei) sicut *φΦTF*, sic *PN* eseias *Φ* praedicat *ΦT*, dicit *PNF* 3 non] num *T* (*in lit. a m. 2*) *Rig.* 4 agonem *φΦT*, certamen *PNF* ipsi *φ*

vobis signum: ecce virgo concipiet et pariet filium: et vocabitis nomen eius Emmanuel, quod interpretatur: nobiscum deus. Butyrum et mel manducabit, quoniam, priusquam cognoscat infans vocare patrem aut matrem, accipiet virtutem Damasci et spolia Samariae adversus regem Assyriorum, ⟨sic⟩ itaque', dicunt Iudaei, 'provocemus ⟨ad⟩ istam praedicationem Esaiae et faciamus comparationem, an Christo qui iam venit competat illi nomen, quod Esaias praedicavit, et signa eius, quae de eo nuntiavit. Et primo quidem Esaias praedicat eum Emmanuel vocitari oportere, dehinc virtutem sumpturum Damasci et spolia Samariae adversus regem Assyriorum. Porro iste', dicunt, 'qui venit, neque sub eiusmodi nomine est dictus neque re ulla bellica functus.' At nos e contrario admonendos eos existimamus, cohaerentia quoque huius capituli recognoscant. Subiuncta est enim et interpretatio Emmanuel: *nobiscum deus*, uti non solum sonum nominis spectes, sed et sensum. Sonus enim Hebraicus, quod est Emmanuel, interpretationem ha-

5—30 *cf.* Adv. Marcionem III cap. 12 = III *p.* 395, 4*sq.* 7 Es. 8, 4

6 nonem *φ* enmanuel *φ* (*sic ubique*), emmanuelem *T* 6*sq.* quod interpretatur nobiscum deus] ***haec verba, etsi nec in Hebraico nec in vulgata versione Latina inveniuntur, tamen in sua interpretatione legisse Tertullianum necesse est, ut apparet ex eis, quae infra dicit l. 19 sqq.*** 7 botyrum *φ* manduca$\overset{b}{v}$it *φ* (*sic*), manducabit *TPF*, commedet *N* 10 sic *addidi* (*cf. supra l. 2*: sicut Esaias praedicat) ad *addidi* (*cf. locum gemellum III p. 395, 4*) 10*sq.* praedicationem] provocationem *φ Φ* 11 an christus *F*, an si x̄p̄s *N* 12 illi nomen *scripsi*: illi primo nomen *φ TPNF vulgo* 13 signa *φ Φ*, insignia *TPNF* de eo nuntiavit] denuntiavit *T* et primo quidem *scripsi* (*cf. loc. gem. III p. 395, 5*): et quidem *φ TNF*, ē quidem *P*, equidem *R vulgo* 14 praedicat] praedicavit *T* emmanuel vocitari *Tφ Φ*, emmanelem vocari *PNF* 15 sumpturum] supẹṛaturum *T* (era *add. m. 2*) adversum *φ* 16 porro iste, dicunt *φ*, porro autem iste, inquiunt *T*, porro inquiunt iste *PNFR vulgo* 17 re ulla *T*, re *PNFR vulgo*, *om. φ* 18 existimavimus *PR vulgo* 19 uti cohaerentia *PR vulgo* 20 et *om. φ* 21 spectes *Lat.* (*cf. III p. 395, 12*), expectes *φ TPNF* 22*sq.* interpretationem habet quod est nobiscum deus *φ Φ T*, id est nobiscum deus *NF*, suae gentis est (*in ras. a m. 1*)

bet quod est *nobiscum deus*. Quaere ergo an ista vox: *nobiscum deus*, quod est Emmanuel, exinde quod Christus inluxit agitetur in Christo. Et puto, non negabis. Nam qui ex Iudaismo credunt in Christum, ex quo in eum credunt, Emmanuel eum solent dicere nobiscum deum esse significans, atque ita consentiunt iam venisse illum, qui praedicabatur Emmanuel, quia quod significat Emmanuel venit, id est *nobiscum deus*. Aeque sono nominis inducuntur, cum virtutem Damasci et spolia Samariae et regnum Assyriorum sic accipiunt, quasi bellatorem portendant Christum, non animadvertentes, quia scriptura praemittat: *quoniam priusquam cognoscat puer vocare patrem aut matrem, accipiet virtutem Damasci et spolia Samariae adversus regem Assyriorum*. Ante est enim inspicias aetatis demonstrationem, an virum iam Christum exhibere ista aetas possit, nedum imperatorem. Scilicet vagitu ad arma esset convocaturus infans, et signum belli non tuba, sed crepitaculo daturus, et non ex equo vel de muro, sed de nutricis aut gerulae suae dorso sive collo hostem designa-

---

30—110 Adv. Marcionem III cap. 13 = III *p.* 396, 6 *sqq.* 34 Es. 8, 4

P (*in mg. inferiore ab eadem manu addita leguntur haec*: sensus autem eius quod est deus nobiscum ex interpraetatione communis est, *ex loco videlicet gemello 395, 14*) 24 quod *φTF*, quo *PN Oehler* 25 non *φΦT*, extoto non *PNF* 26 iudaeismo *φ* in christum *φΦ*, in christo *TPNF* 26 *sq.* ex quo in eum credunt *φPNF*, in (in *in lit. a m. 2*) quo et nos credimus *T* 27 eum solent *scripsi*: cum vol$\overset{u}{e}$nt *T*, cum volent *φ* (*syll.* lent *in ras.*) *PNFR vulgo* 28 significans *scripsi*: significant *libri* consentiunt *T*, constant *φ*, constat *PNFR vulgo* iam *om. T* illum] illu *in ras. φ* 31 virtute *φN* 32 protendant *P* (*corr.* pro *in* por *m. 1*) *NF* 33 quia *φΦF*, quid *TPN* 34 aut] et *T* 36 inspicias *φPN*, specias *T*, ut inspicias *F* 38 posset *φ* vagitum *φ* 40 crepitaculo *φΦR*, crepitacillo *TP* (-cillo *corr. in* -culo *Rhen.*) *NF* et non] et *P in ras.* (sed *s. v. a m. 1* et non, *quod in* nec *corr. Rhen.*), sed *φNF*, vel *T* ex equo] de equo *T* muro] mulo *T* 40 *sq.* sed de nutricis aut *scripsi* (*cf. loc. gem.*): aut de nutricis et *φT NF*, sed d. n. et *PR vulgo* turus, atque ita Damascum et Samariam pro mammis subacturus! Aliud est, si penes vos infantes in proelia erumpunt, credo ad solem uncti prius, dehinc pannis armati et butyro stipendiati, qui ante norint lanciare quam lancinare. Enimvero si nusquam hoc natura concedit, ante militare quam virum facere, ante virtutem Damasci sumere quam patrem nosse, sequitur ut figurate pronuntiatum videatur. 'Sed et virginem', dicunt, 'parere natura non patitur, et tamen credendum est prophetae.' Et merito. Praestruxit enim fidem incredibili rei dicendo, quod signum esset futurum: *Propterea*, inquit, *dabitur vobis signum. Ecce virgo concipiet in utero et pariet filium.* Signum autem a deo, nisi novitas aliqua monstruosa fuisset, signum non videretur. Denique si quando ad deiciendos aliquos — ad hanc divinam praedicationem vel convertere simplices quosque gestitis — mentiri audetis, quasi non virginem sed iuvenculam concepturam et parituram scriptura contineat, hinc quoque revincimini, quod nihil signi videri possit res cottidiana, iuvenculae scilicet praegnatus et partus. In signum ergo nobis posita virgo mater merito creditur, infans vero

52 Es. 7, 14

43 vos] *in mg. cod. P legitur*: alias ponticọṣ (os *eras. a Rhenano*) proelia *φ*, preli*[o] *T* (o *s. v. a m. 1*), proelio *PNF*, proelium *R vulgo* 43*sq.* rumpunt *T* 45 norẹnt[i] *φ* (i *s. v. a m. 1*) lanciare *φN*, lantiare *T*, lanciari *Φ*, lanceare *P vulgo*, lanceari *F* lancinare *φN*, la*tinare *T* (*litt.* n *erasa videtur*), laciniare *P*, lanceare *F* 46 enimvero *φ TN*, etenimvero *PF* 48 ut] et *φ* 49 dicunt *φT*, inquiunt *PNF* 50 est *om. F* 51 fidem] finem *T* incredibili *PNF*, incredibili[s] (s *s. v. a m. 2*) *T*, incredibilem *φ Φ* 52 ac propterea *φ* 55 *parenthesin indicavi* 55*sq.* ad hanc praedicationem *φ*, ab hac praedicatione *TPN FR vulgo* 56 simplices quosque *φ Φ*, simplices singulos q[o] (*i. e. quoque*) *T*, singulos simplices quosque *PNR*, singulos quosque *F* 57 auditis *φ* (i *in* e *corr. m. 1*) *F* 58 scriptura *om. Φ*, scribtura *φ* 60 iuvencula *φ*

bellator non aeque. ⟨Neque⟩ enim et hic signi ratio versatur, sed signo nativitati, scilicet novae, adscripto exinde [post signum alias] iam ordo infantis edicitur: mel et butyrum manducaturum illum; et hoc utique ⟨non⟩ in signum; est infantiae. 'Sed accepturum virtutem Damasci et spolia Samariae adversus regem Assyriorum, hoc est mirabile signum.' Servate modum aetatis et quaerite sensum praedicationis, immo credite veritati cui credere non vultis: et intellegitur prophetia, quae renuntiatur, expuncta; credantur orientales illi magi, infantiam Christi recentem auro et ture munerantes: et accepit infans virtutem Damasci sine proelio et armis. Nam praeter quod omnibus notum est

---

64 *cf.* Es. 7, 15 66 *cf.* Es. 8, 4 71 *cf.* Matth. 2, 11

---

62 non aeque. ⟨neque⟩ *scripsi*: non aeque *TΦPNF*, neque *φ*, non aeque. ⟨non⟩ *Pam. Rig. Oehler* enim et hic *φΦT*, et hic enim *PNF* sig** ratio *φ* (ig *in lit.*; *pro* ni *lacuna duarum litt.*) 62*sq.* versatur *TPNF*, versaretur *φΦ Oehler* 63 nativitati, scilicet novae, *scripsi*: nativitatis novae *φTPNF* (-tis *ortum videtur ex* -ti · s · = ti scilicet) 64 alias *φ*, alius *TPNFR vulgo*: *seclusi verba* post signum alias *ut variam lectionem vocabuli* exinde (*cf. in loco gem.* post signum alibi, *quae et illic secludere debueram*) 65 manducaturum *φTNF*, manducaturi *PR vulgo* illum *T*, *om. φPNFR* et hoc *TFP* (*in lit. a m. recentiore*), nec hoc *φN* non *addidi* 66 est infantia est *P* (*margini a m. 1 legitur adscriptum*: maliciae non assentaturi; hoc enim *quae verba a Rhenano deleta sunt. cf. loc. gem.*) 67 adversum *φ* 68 serva^{te} — quaerę^{ite} *P* (*corr. m. 1*) *R*, serva — quaere *φTPNF* 69 credite *scripsi*: redite *T*, reddite *φPNFR vulgo* (*perperam hoc ex loco gemello hic irrepsisse sicut et quod insequitur* quae *pro* cui *locorum diversa ratio docet*) cui *T* (*in lit. a m. 1*), quae *φPNFR vulgo* 69*sq.* et intellegitur prophetia, quae (qua *Φ*) renuntiatur, expuncta *φTNF*, et tam intellegitur prophetia renuntiata quam creditur expuncta *P* (*cf. loc. gem.*) 70*sq.* credantur orientales illi magi *φΦT*, credatur et spolia samariae orientales illi magi *N*, credatur accepit christus infans virtutem damasci et spolia samariae orientales illi magi *FP* (*ad vocem* orientales *adscripsit in Paterniacensi m. 1*: maneant enim; *cf. loc. gem.*) 71 recentem *T Rig.*, regem *φΦ*, ut regem *PNF* 71*sq.* auro et ture *φΦT*, auro ture et mirra *PNF* 72 munerantes *φΦT*, remunerantes *PNF* accipit *NF* 73 praeter *φPNF*, patet *T* (*in lit. a m. 2*)

orientis virtutem, id est † enim vires, auro et odoribus pollere solitam, certe est ex divinis scripturis virtutem ceterarum quoque gentium aurum constituere, sicut per Zachariam dicitur: *Et Iudas praetendit apud Hierusalem et congregavit omnem valentiam populorum per circuitum, aurum et argentum.* De hoc ⟨autem⟩ auri munere etiam David dicit: *Et dabitur illi ex auro Arabiae*, et rursus: *Reges Arabum et Saba dona adferent illi.* Nam et magos reges fere habuit oriens et Damascus Arabiae retro deputabatur, antequam transscripta esset in Syrophoenicen ex distinctione Syriarum, cuius tunc 'virtutem' Christus accepit, accipiendo insignia eius, aurum scilicet et odores, 'spolia' autem 'Samariae' ipsos magos, qui cum illum cognovissent et muneribus honorassent et genu posito adorassent qua dominum et regem, sub testimonio indicis et ducis stellae, spolia sunt facti Samariae, id est idololatriae, credentes vi-

---

77 Zach. 14, 14 80 Ps. 72, 15 82 Ps. 72, 10 87 *cf.* Matth. 2, 11 88 *cf.* Matth. 2, 9

---

74 id est enim vires $\varphi\Phi$, id est vires *T* (*sed linea subscripta haec librarius delevit*) *PNF*, id est emin⟨entes⟩ vires *fort.* 75 certe est ex divinis *scripsi* (*sicherlich stammt aus d. H. S.*): certe est divinis $\varphi\Phi$, certe et ex divinis *TPNF*, certum est et ex divinis *Urs.* (*Rig.*) 75*sqq. verba* certe est divinis *usque ad verba* ad populum Israel (*l. 97*) *in* φ *bis exarata sunt in fol.* $37^{v.}$ *et* $38^{r.}$; *ubi dissonant siglis utar* φ^1 *et* φ^2 76 quoque ceterarum *PR vulgo* 77 dicitur *F*, dicet *TPN*, *om. lacuna trium litterarum relicta* φ^1 (*an* dictum = dc̄m*?*), *om. sine lacuna* φ^2 praetendit φ*PNF*, praetenditę *T* (e *eras.*) Hierusalem *Oehler*: israel φ*TPNF* 78 congregabit *R vulgo* circutum φ^1 79 de hoc autem *scripsi* (*loc. gem. secutus*), nam de hoc φ*TPNF*, *possis etiam rescribere*: iam ⟨vero⟩ de hoc, *sed cf. l. 81, ubi coniunctio* nam *in* φ *omissa est, ut hic irrepsisse videatur* 80 dicit φ, dixit *TPNFR vulgo* ex auro φ*T*, de auro *PNFR vulgo* rursus φ*T*, iterum *PNFR vulgo* 81 dona φ, munera *TPNFR vulgo* offerent *F* nam *om.* φ 83 esset et *T* 83*sq.* extinctionem siriarum φ 84 xp̄ọ (o *eras.*) φ^2 accepit *om. PN* 87 qua φ*N*, quasi *PFR vulgo*, ut *T* (*in lit. a m. 1*) 88 indicis et ducis *R* (*sec. loc. gem.*), indicis et indicis φ*PN*, indicis et iudicis *F*, indicis *T*, ducis et indicis *Oehler* 89*sq.* id est — samariae (*l. 90*) *om. N*

delicet in Christum. Idololatriam enim Samariae nomine notavit, ut ignominiosae ob idololatriam, qua desciverat tunc a deo sub rege Hieroboam. Nec hoc enim novum scripturis divinis, figurate uti translationem nominum ex comparatione criminum. Nam et archontas Sodomorum appellat archontas vestros et populum vestrum populum Gomorrae vocat, cum iam essent istae civitates olim extinctae. Et alibi per prophetam ad populum Israël: *Pater*, inquit, *tuus Amorraeus et mater tua Chetaea*, quorum ex genere procreati non sunt; sed ob consimilem impietatem †cognominavit, quos aliquando etiam filios suos dixerat per Esaiam prophetam: *Filios genui et exaltavi*. Sic et Aegyptus nonnumquam totus orbis intellegitur apud illum superstitionis [et maledictionis] elogio. Sic et Babylon apud Iohannem nostrum Romae urbis figura est, proinde et magnae et regno superbae et sanctorum debellatricis. Hoc itaque modo magos quoque Samaritanorum appellatione titulavit

---

91 *cf.* III Reg. 13, 33—34 94 *cf.* Es. 1, 10 95 *cf. ib.* 97 Ez. 16, 3 101 Es. 1, 2 102 *cf.* Es. 19, 3 103 *cf.* Es. 19, 4. *cf.* Apoc. 17, 5

---

90 Christo *PFR* idolatria φ 91 idolatriam *PNF*, idolatriae φ, idolatrię (ã) *T* qua *T Pam.*: quae φ *PNF* desciverant φ 93 translationē φ^{2} *T*, translatione φ^{1} *PNFR vulgo* 94 et *om.* φ arcontas (*bis*) φ 95 gomurrae φ^{2} 96 iam olim essent civitates istae *FR vulgo* extinctae] *hic explicit* φ^{2}: *quae sequuntur*: et alibi — — pater inquit *erasa sunt, comparent autem in fol. 38^v^.* 97 pater inquit φ^{2} Φ *N*, dicit pater inquit *TPF* 98 chetęa (h) *T* (h *s. v. a m. 2*), *cethea φ, cetthaea φ^{1}, cethaea *PNF* 99 *sq.* cognominavit *T*, *om.* φ *PNFR vulgo*, cognomin⟨e isto eos not⟩avit *fort.* 100 *sq.* per esaiam prophetam *om.* φ Φ 101 genui φ, generavi *TPNFR* 103 et maledictionis *om.* φ: *habent TPNFR* (*sic et loc. gem.*) babyllon φ 104 romae φ Φ *F*, romanae *TPN* (*cf. loc. gem.*) figura est φ Φ, figuram portat *TPNFR*: *recepi inter verba Fuldensis lectionem, sed admodum dubito, an totus hic locus secundum locum gemellum a librario quodam correctus ita e contrario constituendus sit*: sic et Babylon⟨is⟩ apud Iohannem nostrum Roma urbs figuram portat proinde et] proinde ut *T*, proinde ut ⟨ipsa⟩ *fort.* 105 bellatrici φ 106 appellationem φ

dispoliatos quam habuerant cum Samaritanis, ut diximus, idololatria adversus dominum. *Adversus regem* autem *Assyriorum* adversus diabolum intellegitur, qui adhuc se regnare putat, si sanctos a religione dei deturbet. Adiuvabitur haec nostra interpretatio, dum et alibi bellatorem Christum scripturae designant ob armorum quorundam vocabula et eiusmodi verba, si ex reliquorum sensuum comparatione convincentur Iudaei. *Accingere*, inquit David, *ensem super femur.* Sed quid supra legis de Christo? *Tempestivus decore super filios hominum, effusa est gratia in labiis tuis.* Valde autem absurdum est si, quem ad bellum ense cingebat, ei de tempestivitate decoris et labiorum gratia blandiebatur; de ⟨ae⟩quo, ⟨si⟩ subiungens dicebat, *extende et prospera procede et regna*, et adicit: *propter lenitatem et iustitiam tuam.* Quis enim ense operatur et non contraria lenitati et iustitiae exercet, id est [dolum et] asperitatem et iniustitiam, propriam scilicet negotii proeliorum? Videamus ergo an alius sit ensis ille, cuius alius est actus.

108 *cf.* Es. 8, 4   114 Ps. 44, 4   116 Ps. 44, 3   119 Ps. 44, 5

107 dispoliatos *ΦT*, dispoliavit (-vit *eras.*) *φ*, et despoliatos *PNF* quam *T*, quod *φPNFR vulgo* habuerant *TPNFR*, aberant *φ* samaritanis *φ*, samaritis *TPNFR vulgo* 108 idololatriam *R*, idolatria *φ*, idolatriam *rell. et vulgo* adversus deum *T* 109 intellegitur *φ*, *om. TPNFR vulgo* adhuc *φΦ*, ad hoc *TPNFR vulgo* 110 deturbet *T*, deturbat *PNFR vulgo*, putet *φΦ* 110*sq.* adiuvabitur *φ*, adiuvabitur autem *TPNFR vulgo* 111 et *om. NF* 112 arborum *φΦ* 113 et *om. φΦ* huiusmodi *N* si ex *scripsi*: sed ex *φPNR*, sed haec *T*, sed et ex *F* 114 comparationem *T* 115 ense *φΦ* 116 effusa *φΦF*, diffusa *TPN* 118 ensem *NF* ei] et *φ* 119 de aequo *scripsi* (*cf.* sic item *in loco gemello*; de aequo = *aeque*, *ut* de vero = *vere*, de cetero = *ceterum*): de quo *libri omnes* si *addidi* 120 prospera (*scil. via*) procede *φΦ* (= κατευοδοῦ), prospera (*om.* procede) *TPNFR* prospera, procede *Oehler* regna. et *vulgo distinguitur* adicit *φ*, adiecit *TPNF* 121 enim *T*, *om. φPNFR* operatur φ^1, oper**tur *T* (*duae litt. eras.*), operabitur φ^2*PNF*, accingetur *PR* 122 lenitate et iustitia *φ* dolum et *seclusi* (*irrepsit ex loc. gem.*) 123 propriam — negotii *φΦ*, propria — negotia *TPNFR* 124 videmus *T* sit *om. T* alius est *T*, est alius *φPNFR vulgo*

Is est ⟨ensis⟩ dei, sermo divinus, *bis acutus*, ut ex duobus testamentis legis antiquae et legis novae, acutus sapientiae suae aequitate, reddens unicuique secundum actum suum. Licuit ergo et Christo dei in psalmis sine bellat⟨or⟩is rebus ensem sermonis dei praecingi figurate, cui praedicta tempestivitas congruat cum gratia labiorum, quem tunc iam cingebatur super femur apud David, quando venturus in terris ex dei patris decreto nuntiabatur: *Deducet*, inquit, *te magnifice dextera tua*, virtus scilicet gratiae spiritalis, de qua Christi agnitio deducitur; *sagittae tuae* [inquit] *acutae*, — pervolantia utique dei praecepta — minantes traductionem uniuscuiusque cordis et compungentes et transfigentes conscientiam quamque; *populi sub te cadent*, utique adorantes. Sic bellipotens et armiger Christus et sic accipiet spolia non solius Samariae verum et omnium gentium. Agno-

125 *cf.* Apoc. 2, 12. *cf.* Ebr. 4, 12 127 *cf.* Matth. 16, 27 131 *cf.* Ps. 45, 4 132 Ps. 45, 5 134 Ps. 45, 6 135 *cf.* Ebr. 4, 12 137 Ps. 45, 6

125 is est ⟨ensis⟩ dei *scripsi* (*cf. loc. gem. 399, 10*): id est dei *libri omnes* ut ex *scripsi*: ut *φΦPNF*, ex *T* 126 acutus *PNFR*, actus *φT* 127 suae *om. φ* aequitate *TPNF*, aequitatem *φ* 128 bellat⟨or⟩is *scripsi*: bellatis *T*, bellicis *φPNFR vulgo* 129 ensem *TPNFR*, et ipse *φ* sermonis *PNFR*, sermones *φT* figurate *T*, figurato *φPNFR vulgo* 130 congruit *N* [i] laborum *φ* (i *s. v. a m. 1*), labiorum *in lit. a m. 2 T* quem *TPNR*, qui *φF* tunc iam *T*, tunc *φPNFR vulgo* 130 *sq.* cingebatur] canebantur *T* 131 terris *φT*, terras *PNFR vulgo* 132 deducit *P* te inquit *φ* 132 *sq.* magnifice dextera tua *φΦT*, magnitudo dexterae tuae *PNFR vulgo* 133 virtus *F*, virtu[s]*** *P* (*corr. m. 1*; *in ras.* tis *ut vid.*), virtus* *T* (s *a m. 2 pro syllaba* tis *erasa*), virtutis *N*, virtutes *φ* 134 inquit *seclusi* acutae *om. φ* acutae inquit *N* 135 pervol[a]entia *T* (*corr. m. 1*) utique *Urs.*: ubique *φTPNFR* 136 compungentes *TΦ*, compungentis *φPNF* transfigentes *Φ*, transfringentes *T* (r *erasum*), transfigentis *φPNF* 136 *sq.* conscienti[s]a *T* (s *s. v. a m. 1 ut vid.*) 137 quamque *φΦ*, namq;am *T* (q; *in lit.*, quę *eras.*), namque *PNFR* 138 et sic *T*, est sic *φΦ*, *om. PNFR* 139 *sq.* agnosce] agnusce *φ*, cognosce *T*

sce et spolia figurata, cuius et arma allegorica didicisti: Atque ita in tantum Christus, qui venit, ⟨Eseiae erit Christus, in quantum⟩ non fuit bellator, quia non talis ab Eseia praedicabatur. 'Sed Christus', inquiunt, 'qui venturus creditur, non et Iesus dicitur. Quare igitur is qui venit, Iesus Christus appellatur?' Constabit autem utrumque nomen in Christo dei, ⟨si⟩ in quo invenitur etiam Iesus appellatus. Disce et hic erroris tui morem. Dum Moysi successor destinaretur Auses filius Nave, transfertur certe de pristino nomine et incipit vocari Iesus. Certe, inquis. Hanc prius dicimus figuram futuri fuisse. Nam quia Iesus Christus secundum populum, quod sumus nos nationes in saeculi deserto commorantes antea, introducturus esset in terram repromissionis melle et lacte manantem, id est in vitae aeternae possessionem, qua nihil dulcius, idque non per Moysen, id est legis disciplinam, sed per Iesum,

141*sqq.* *cf.* Adv. Marc. cap. 16 = III *p.* 402, 7*sqq.* 148 *cf.* Num. 13, 9. 17 153 *cf.* Deut. 27, 3; 31, 20

140 allegorica *in lit. a m. rec. T* 141 atque ita *bis comparent in φ* 141*sq.* Eseiae erit Christus, in quantum *addidi* (*cf. loc. gem. III p. 400, 14*) 142 ab eseia *φ*, ab esaia *NF*, ab isaia *P*, adesse iam *T* 143 sed *φ Φ*, sed si *TPNFR vulgo* 144 non et ihs dicitur *T*, non ihs dicitur *φ Φ*, non est iesus a iudeis dicitur *NF*, a iudeis et dicitur non est ihs *P* igitur is *scripsi*: **is *T* (*ante voculam* is *duae litt. erasae*: *in rasura cognoscuntur litterae* ig = *igitur*), is *rell. et vulgo* venit] venit, inquiunt *N* 145 constabit *om. F* nomen utrumque *N* 146 si *addidi* in quo (*h. e. aliquo, scil. in Ause, filio Nave*) ihs *TPNFR*, xps *φ Φ* 147 et hic *T*, et *φ*, *om. PNFR vulgo* erroris tui morem: *deinen gewöhnlichen Irrtum* 148 auxes *P* 148*sq.* certe — — Iesus (*l. 149*) *om. φ* 149 inquis] inquies *T* (*linea subscripta deletum*) 150 dicimus (s *s. v. a m. 2*) *T* 151*sq.* in saeculi deserto *Pam.*, in sclo* in deserto *T* (o *in ras. ex* m *ut vid.*), in saeculo in deserto *PNFR*, in saeculo desertae *φ Φ* 152 commorantes *TF*, commemorantes *φNP* (*del. syll.* me *Rhen.*) introducturos *φ* 153 mel *PF* manentem *T* 154 possessionem *φ R*[3], repromissionem *TF*, repromissione *PNR*[1] qua *PNF*, in qua *φ T* nihil *om. T* idque *φ R*[3], atque *T*, in qua *P*, in quam *NF*, quam *R*[1] non *om. TNF* 155 per (*prius*) *om. PNF* id est — — Iesum *om. F*

id est per novae legis gratiam, provenire habebat circumcisis nobis petrina acie, id est Christi praeceptis — petra enim Christus multis modis et figuris praedicatus est —, ideo is vir, qui in huius sacramenti imagines parabatur, etiam nominis dominici inauguratus est figura, ut Iesus nominaretur. *** Nam qui ad Moysen loquebatur, ipse erat dei filius, qui et semper videbatur; 'deum enim patrem nemo umquam vidit et vixit'. Et ideo ⟨si⟩ constat ipsum dei filium Moyseo esse locutum et dixisse ad populum: *Ecce, ego mitto angelum meum ante faciem tuam*, id est populi, *qui te custodiat in itinere et introducat te in terram, quam praeparavi tibi; intende te illi et audi eum, et ne inobaudiens fueris ei, non enim celabit te, quoniam nomen meum super illum est* — populum enim introducturus erat Iesus in terram repromissionis, non Auses —, angelum quidem dixit eum ob magnitudinem virtutum, quas erat editurus — quas virtutes fecit Iesus Nave, et ipsi legitis — et ob officium prophetae, nuntiantis scilicet divinam volunta-

157 *cf.* Ios. 5, 2   158 *cf.* I Cor. 10, 4   162 Exod. 33, 20   164 Exod. 23, 20. 21

156 pervenire *T*   156*sq.* circumcisis *φ T R*, circumcisus *P N F*   157 petrina acie *T* (*a m. recentiore*)   158 Christus] erat christus *N*   figurạs *T* (i *s. v. a m. 2*)   praedictus *φ Φ*   159 imaginis (-nes *Φ*) parabatur *φ Φ*, imagine sperabatur *T P N F*   160 figura ut *ex* figuravit *T*, (*corr. m. 1*) figuravit *P N F*   161 *lacunam signavi: interciderunt quae in loco gemello* (*III p. 403, 7, 8*) *leguntur*: hoc nomen ipse Christus suum iam tunc esse testatus est, cum ad Moysen loquebatur *vel similia; vidit hoc primus I. M. Einsiedler* (*Diss. Erlangensis 1897, p. 29*)   163 unquam vidit *φ T*, vidit unquam *P N F R vulgo*   si *addidi*   164 moyseo *φ* (*dativum intellego, qui sequitur verbum* esse locutum), moysi *T N F*, moysi enim *P* (enim *del. Rhen.*)   ego *om. P N*   166 te in *φ Φ*, in *T P N F R*   167 praeparavi *φ R*, praeparabus *T*, praeparavit *P N F*   intende te illi *scripsi* (πρόσεχέ σε αὐτῷ): intendẹnte (i *s. v.*) illi *φ* (*corr. m. 1*), intendite illi *T P R*, intende illi *N*, intende illum *F*   audi *F*, audi te *N*, audite *φ P*, obaudite *T*   167*sq.* inobaudiens *φ Φ N F*, inobediens *T P R*   168 celabit *T Iun.* (οὐ μὴ ὑποστείληταί): celavit *φ P N F R vulgo*   169 *parenthesin indicavi*   170 Auses *scripsi*: moyses *libri omnes*   171*sq.* edic̣turus (c *in lit. a m. 1*) *T*, edicturus *P F*   172 legistis *φ*   173 ob *φ Φ*, *om. T P N F*

tem, [sicuti et praecursorem Christi, Iohannem, futurum angelum appellat per prophetam spiritus sanctus dicens ex persona patris: *Ecce ego mitto angelum meum ante faciem tuam*, id est Christi, *qui praeparabit viam tuam ante te*; nec novum est spiritui sancto angelos appellare eos, quos ministros suae virtutis deus praeficit. Idem enim Iohannes non tantum angelus Christi vocatus est, sed et lucerna lucens ante Christum. *Paravi enim lucernam Christo meo*, David praedicat; quin ipse Christus, veniens adimplere prophetas, dicit ad Iudaeos: *Ille fuit*, inquit, *lucerna ardens et lucens*, utpote qui non tantum vias eius parabat in eremo, sed et agnum dei demonstrando inluminabat mentes hominum praeconio suo, ut eum esse intellegerent agnum quem Moyses passurum nuntiabat. Sic et] Iesum ⟨autem⟩ ob no-

---

176 Mal. 3, 1; Matth. 11, 10 181 Ps. 132, 17 183 Ioh. 5, 35 184 *cf.* Ioh. 1, 29

174*sqq. verba*: sicuti et — — — sic et (*l. 187*) *seclusi, quippe quibus et ea quae arte cohaerent*: angelum quidem — Iesum autem *l. 187* (*cf. locum gemellum III p. 403, 15—18*) *misere divellantur et ipsa res, de qua hic sermo est, de nuncupatione scilicet Christi duplici, prorsus obscuretur. Ad verba scripturae supra laudata*: ecce ego mitto angelum meum, *cum in mentem venisset interpolatori similium verborum Malachiae prophetae ab evangelista laudatorum* (*Matth. 11, 10*), *et quae leguntur l. 174—179 addere ausus est, quae ad rem tractatam nihil valent, et ea, quae infra leguntur*: idem enim Iohannes *etc.*, *prorsus a consilio auctoris aberrantia et coniunctione* enim *male cum antecedentibus coniuncta. Postquam haec additamenta a margine inter verba irrepserunt, fieri non potuit, quin verba avulsa* (*l. 187*) *ita, ut res postulare videbatur, mutarentur* 175 spiritus sanctus *T*, spiritus *φPNFR* 176 ego *φF*, *om. TPNR vulgo* 177 praeparabit (b *ex* u) *T*, praepabit *φ*, praeparavit *PNF* 179 praeficit *φ*, praefecit *TPNF* 180 christi *om. PN* est *om. F* 181 enim *φΦ*, enim inquit *T* (inquit *l. subscr. deletum*) *PF*, inquit *N* 182 quin ipse *scripsi*: quem ipsi *φ*, quem ipse *TPNF*, quare ipse *Pam.* 183*sq.* lucens et ardens *N* 184 eremo *N*, heremo *TPF*, aeterno *φΦ* 185 et *om. T* inluminabat *φP*, illuminabat (l *ex* n *m. 2*) *T*, illuminabat *NF* 187 nuntiabat] nuntiaverat *T in mg. a m. rec.*, nuntiarat *fort.* Iesum ⟨autem⟩ *scripsi loc. gem. secutus*: Iesus *libri omnes* ob] de *F*

minis sui futuri sacramentum; id enim nomen suum confirmavit, quod ipse ei indiderat, quia non [angelum nec] Ausen, sed Iesum eum iusserat exinde vocari. Sic igitur utrumque nomen competiit Christo dei, ut et Iesus et Christus appellaretur.

Expostulo etiam, ut qui a prophetis praedicabatur ex Iesse genere venturus et omnem humilitatem et patientiam et tranquillitatem esse exhibiturus, ** an venerit. Et quoniam ex semine David genus trahere deberet virgo, ex qua nasci oportuit Christum, ut supra memoravimus, evidenter propheta in sequentibus dicit: *Et nascetur*, inquit, *virga de radice Iesse*, quod est Maria, *et flos de radice ascendet* ***, *et requiescet in illum spiritus dei: spiritus sapientiae et intellectus, spiritus agnitionis et pietatis, spiritus consilii et virtutis, et spiritus timoris dei implebit illum.* Neque

198—235 *cf.* Adv. Marc. III cap. 17 = III *p.* 404, 21*sqq.* 198 Es. 11, 1—3

188 futuri *scripsi* (*cf. loc. gem.*): futurum *libri omnes* 189 angelum nec *seclusi, quae verba et in loco gemello erant delenda, in quem ex nostro irrepsisse putanda sunt* 190 ausen *NF*, auses *φ*, ause *T*, auxen *P* 191 competiit *scripsi*: competit *φTPNFR* 191*sq.* ihs et xps *T* (*verba* et xps *s. v. a m. 1*), iesus *φPNFR vulgo* 193 ut qui a *φT*, et quia a *PNF* 193*sqq. verba* expostulo etiam — — — an venerit, *quae in libris mss. paulo infra l. 208, post* nascitur Christus *leguntur, huc transtuli* 195 tranquilitatem *φT* esse *T*, esset *φPNF* *lacunam signavi*: recognoscatis mecum *vel similia intercidisse puto* 196 genus srahel (srahel *expunx. m. 1*) *φ* 198 propheta *φΦ*, esaias propheta *TPNF* dicit *φΦ*, dixit *TPNF* nascitur *φ* 199 iessae *φ* de radice *φTP*, de radice eius *NF*, de virga *fort.*, *cf. quae adnotavi ad Adv. Marc. V 8 = III p. 598, 2* ascendet *PNFR*, ascendit *φ*, ascendịt (i *in* e *corr. m. 1*) *T* *lacunam signavi: supplenda sunt*: ⟨quod est Iesus, ortus ex Maria, dei scilicet Christus; nam adicit⟩ *vel similia, quia his omissis intellegi nequeunt quae l. 202sq. leguntur*: neque enim ulli hominum universitas sp. d. competebat 200 et requiescet *Pam.*: et requiescịt *T* (*corr. m. 1*), et requiescit *φΦ*, *om. PNF* in illum *φΦTPNFR*, super illum *Pam. Rig. Oehler* 202 virtutis *φTPNFR*, veritatis *Oehler Rig.* et spiritus *T*, spiritus *φPNFR vulgo* timoris dei *φT*, dei timoris *PNFR vulgo* implebit *R*, implevit *φPNF*, implebis *T* illum *TPNFR*, eum *φ*

enim ulli hominum universitas spiritalium documentorum competebat nisi Christo, flori quidem ob gratiam adaequato, ex stirpe autem Iesse deputato per Mariam, scilicet inde censendam. Fuit enim de patria Bethleem et de domo David, sicuti et apud Romanos in censu descripta est Maria, ex qua nascitur Christus. Atque ita is homo, qui talis ostenditur, ipse erit Christus, qui venit. *** De hoc enim propheta dicit: *Homo in plaga positus, et sciens ferre inbecillitatem*, quia 'tamquam ovis ad victimam ductus est et sicut agnus coram tondente se non aperuit os suum'. Sic ⟨et qui⟩ 'neque contendit neque clamavit neque audita est foris vox eius', qui 'arundinem contusam', Israëlis fidem, 'non comminuit, qui linum ardens', id est momentaneum ardorem gentium, 'non restinxit', sed lucere magis fecit ortu luminis sui, non potest alius esse quam qui praedicabatur. Oportet itaque actum Christi eius, qui venit, ad

---

210 Es. 53, 3 211 *cf.* Es. 53, 7 213 *cf.* Es. 42, 2. *cf.* Matth. 12, 19 214 *cf.* Es. 42, 3. *cf.* Matth. 12, 20 215 *cf.* Es. 60, 1—3

---

204 nisi christo *φΦTPNFR*^{1}, nisi in christum *R*^{3} *vulgo* flori *φΦT Pam.*, florido *PNFR*^{1}, floridum *R*^{3} ob gratiam *T*, ad gloriam ob gratiam *φPNR*, ad gloriam *F Pam.*, ob gloriam ob gratiam *Oehler* adaequato (*litt.* o *in lit. a m. 1*) *T*, adaequatum *φNFR vulgo*, adae quantum *P* 205 stirpe] tyrpe *T*, tirpe *P* deputato (o *in lit. a m. 1*) *T*, deputatum *φPNFR vulgo* 206 censendam *scripsi*: censandam *T*, censendum *φPNFR vulgo* bethleem *TP*, bethlem *φ*, bethlehem *NFR* 207 sicuti et *T*, sicuti *φP*, sicut *NFR vulgo* apud] ad *φ* 208 atque *TPNFR*, adque *φ*, aeque *Oehler* (*ex coniectura*) 209 *lacunam signavi*: aeque autem et alter ille inglorius et ignobilis et inhonorabilis *vel similia intercidisse puto* (*cf. III p. 404, 14*) 210 propheta *φΦT*, propheta esaias *P*, propheta esaya *NF* dicit *φΦT*, dixit *PNFR* 211 inbecillitatem *φTP*, imbecillitatem *NFR* quia *T*, qui *φPNFR vulgo* 212 sicut agnus] tamquum agnus *φ* *post verba* os suum *desinit φ, erasis quindecim fere abhinc litteris et spatio deinde quattuor litterarum vacuo relicto, in folii* $40^{v.}$ *extrema linea* sic *TPNF*, si *Φ Rig. Oehler* 213 et qui *addidi* 216 restinxit *T*, extinxit *PNFR vulgo* lucere *ΦT*, lucernam *PNFR* 217 esse *om. F* 218*sq.* ad — regulam *NFR*, a* — regula *T* (*una littera erasa*), ad — regule^{am} *P* (*corr. Rhen.*)

scripturarum regulam recognosci, duplici [enim] nisi fallor, operatione distinctum, praedicationis et virtutis. Sed de utroque titulo sic dispositum, † itaque specialiter dispungamus ordinem coeptum, docentes praedicatorem adnuntiatum Christum, ut per Esaiam: *Exclama*, inquit, *in vigore, et ne peperceris, exalta ut tuba vocem tuam et adnuntia plebi meae facinora ipsorum et domui Iacob delicta eorum: Me de die in diem quaerunt et cognoscere vias meas cupiunt; quasi populus, qui iustitiam fecerit et iudicium dei non dereliquerit*, et reliqua, virtutes autem facturum a patre: *Ecce deus noster iudicium retribuet, ipse veniet et salvos faciet nos*; tunc infirma curabuntur, *et oculi caecorum videbunt, et aures surdorum audient, et mutorum linguae resolventur, et claudus saliet velut cervus*, et cetera. Quae operatum Christum nec vos diffitemini, utpote qui dicebatis, quod non propter opera eum lapidaretis, sed quoniam ista sabbatis faciebat.

---

223 Es. 58, 1. 2 229 Es. 35, 4 230 *cf.* Ps. 103, 3 231 Es. 35, 5. 6 235 *cf.* Ioh. 5, 16. 18

---

219 enim *seclusi* (*cf. loc. gem. III p. 405, 14*) 220 distinctum *T*, distinctum eum legimus *PNFR vulgo* 221 titulo Φ*T*, populo *PNFR* sic] sit *Oehler* dispositụm *T* (u *in lit. a m. 1*) *Oehler*, dispositam *PNFR* † itaque] *locum sine dubio verborum iactura depravatum ob eamque rem in prima voce a correctore quodam perperam mutatum in auxilium vocato loco gemello* (*III p. 405, 16*) *ita fere velim restitui*: sic dispositum, ut quae speci⟨aliter de doctrinis et signis edocendi estis alio libro plenius disserenda nobis relinquamus, hic autem gener⟩aliter dispungamus ordinem coeptum 223 esaiam Φ, ysaian *T*, esaiam dixit *PNFR* 224 tuam et *om. F*, et *om. PNR* 226 meas *om. F* 228 dereliquerit] relinqueri*t *T* (*litt.* n *erasa*) facturụṃ (*syll.* um *in lit.*) *T* 229 ecce Φ, esaias dicit *TPNFR* 230 infirma *T*, infirmi *PNFR vulgo*: *animadvertendum verba* tunc infirma curabuntur *in loco laudato non legi* 232 resolventur *T*, solventur *PNFR vulgo* 233 d[if]ẹfitemini *T* (*corr. m. 1*) 234 non propter *T*, propter *PNFR vulgo* 234 lapidaretis *T*, non lapidaretis *PNFR vulgo*

10. De exitu plane passionis eius ambigitis, negantes passionem crucis in Christum praedicatam et argumentantes insuper non esse credendum, ut ad id genus mortis exposuerit deus filium suum, quod ipse dixerit: *Maledictus omnis qui pependerit in ligno.* Sed huius maledictionis sensum antecedit rerum ratio. Dicit enim in Deuteronomio: *Si autem fuerit in aliquo delictum ita ut iudicium mortis sit et morietur et suspendetis eum in ligno; non manebit corpus eius in ligno, sed sepultura sepelietis eum ipsa die, quoniam maledictus a deo est omnis, qui suspensus fuerit in ligno, et non inquinabitis terram, quam dominus deus tuus dabit tibi in sortem.* Igitur non in hanc passionem Christum maledixit, sed distinctionem fecit, ut qui in aliquo delicto iudicium mortis habuisset et moreretur suspensus in ligno, hic maledictus a deo esset, ⟨ut⟩ qui propter merita delictorum suorum suspenderetur in ligno. Alioquin Christus, qui dolum de ore suo locutus non est quique omnem iustitiam et humilitatem exhibuit, ut et supra de eo praedictum memoravimus, non pro meritis suis in id genus mortis expositus est, sed ut ea, quae praedicta sunt a pro-

---

10. 1—132 *cf.* Adv. Marc. III cap. 18 et 19 = III *p.* 405, 25—410, 3 4 Deut. 21, 23 7 Deut. 21, 22. 23 17 *cf.* I Petr. 2, 22

---

10. 1 ITĒ NECANTES IVDEI PASSIONĒ X̄P̄I IN CRVCE *TP*, QVOD IVDEI NECANT PASSIONĒ X̄P̄I *NF* 2 et *om.* *Φ* 3 ad *s. v. add. m. 1 T* 4 dixerit *T*, dixit *PNFR vulgo* 5 omnis *ΦT*, omnis homo *PNFR* pependerit *ΦT*, pependit *PNFR vulgo* 6 ratio *ΦF*, probatio *TPN* deutonomio *F* 7 delictum *PN*, delictū (ū *in lit. a m. 1*) *T*, delicto *ΦF* ita ut *TPNFR*, ad *Φ Oehler* 7 *sq.* mortis sit *TPNF*, mortis *Φ Oehler*; — delictum iudicium mortis *fort.* (ἐὰν δὲ γένηται ἔν τινι ἁμαρτία κρίμα θανάτου) 8 ** morietur (et *erasum*) *T* 8 *sq.* non (et non *T*) manebit corpus eius in ligno *ΦTF*, *om. PN* 9 sed *ΦT*, sed et *PNFR* eum *om. PN* 11 *sqq.* et non inquinabitis — — — suspensus in ligno (*v. 15*) *om. Φ* 12 tuus *om. N* tibi *om. F* 13 qui TR^3, *ι m.* $PNFR^1$ 15 ⟨ut⟩ qui *scripsi*: qui *TPNFR Oehler*, quia *Pam.* (*Rig.*) 18 ut et *scripsi*: et ut *TPNFR vulgo* 18 *sq.* praedicta *T* 19 memorabimus (v *supra* b) *T* (*corr. m. 1*) 20 praedicta *TN* (*a m. 1*) R^3, praedicata *PN* (*a m. 2*) FR^1

phetis per vos ei obventura, implerentur; sicut in psalmis ipse spiritus Christi iam canebat dicens: *Retribuebant mihi mala pro bonis* et: *Quae non rapueram, tunc exsolvebam* et: *Exterminaverunt manus meas et pedes* et: *Miserunt in potum meum fel et in siti mea potaverunt me aceto* et: *Super vestem meam miserunt sortem*, sicuti et cetera, quae in illum commissuri essetis, praedicta sunt. Qui quidem omnia ista perpessus, non pro malo aliquo actu suo passus est, sed ut scripturae implerentur de ore prophetarum. Et utique sacramentum passionis ipsius figurari in praedicationibus oportuerat, quanto incredibile, tanto magis scandalum futurum, si nude praedicaretur, quantoque magnificum, tanto magis obumbrandum, ut difficultas intellectus gratiam a deo quaereret. Itaque inprimis Isaac, cum a patre hostia duceretur lignumque ipse sibi portans, Christi exitum iam tunc denotabat in victimam concessi a patre et lignum passionis suae baiulantis. Ioseph et ipsum Christum figu-

22 Ps. 34, 12. Ps. 68, 5 24 Ps. 21, 17 25 Ps. 68, 22 26 Ps. 21, 19 29 *cf.* Matth. 27, 35 31 *cf.* I Cor. 1, 23 34 *cf.* Gen. 22, 2. 6 36 *cf.* Rom. 8, 32. *cf.* Ioh. 19, 17

22 canebat] c̣ḷạṃạbat *T* (clama *in lit. a m. 2*) 24 et (*primo loco*) *T*, *om. PNF* 25 sitim meam *N* 25*sq.* et super *TPNF*, super *R vulgo* 26 sicuti et (et *s. v. a m. 1*) *T*, sicuti *PNFR vulgo* 27 qui *scripsi*: quę (e *litt. in lit. ex* i *ut vid. correcta a m. 1*) *T*, quae *PNFR vulgo* 28 ista *PNF*, istạ (a *in* e *corr. m. 1*) *T*, ipsa *Φ Rig. Oehler* malo aliquo actu suo *T*, actu suo aliquo malo *PNFR vulgo* 31 quanto *scripsi* (*cf. loc. gem. III p. 406, 9*): quantoque *TPNFR* 32 si nude praedicaretur *NR*[1], sinu depraedicaretur *P* (*corr. Rhen.*), si non praecaretur *F*, signū praedicaretur *T* quanto *P* (*add.* que *Rhen.*) *N* 33 subumbrandum *T* dificultạṭẹṃ | tellectus *T* (atem *in ras. a m. 1 ut vid.*) 34 a deo *T*, deo *NP*, dei *FR vulgo* quaereret] ITEM PATRIARCHE OSTENDVNT FIGVRĀ CRVCIS *TP*, QVOD PATRIARCHE OSTENDANT FIGVRAM SANCTAE CRVCIS *NF* ysaac *T* 35 lignumque *TFR*, lignum quem *PN* 36 victimam *TN*, victima *PF* et *T*, *om. PNFR vulgo* 37 baiolantis *P* et ipsum Christum] *non modo exitum Christi* (*cf. supra l. 35*) *sed etiam ipsum* ipsum *T* (*s. v. corr. m. rec.* um *in* e), ipse *PNFR vulgo* 37*sq.* figurat** *T* (*duae litterae erasae*). figuratū *P*, figuratus *ΦNF*, figuravit *R*

rat vel hoc solo, ne cursum demorer, quod persecutionem a fratribus passus est et venumdatus in Aegyptum ob dei gratiam, sicut et Christus ab Israël, a carnaliter fratribus, venumdatur, a Iuda cum traditur. Nam et ⟨cum⟩ benedicitur a patre in haec verba: *Ioseph, tauri decor eius, cornua unicornis cornua eius; in eis nationes ventilabit pariter ad summum usque terrae*, non utique rhinoceros destinabatur unicornis nec minotaurus bicornis, sed Christus in illo significabatur, taurus ob utramque dispositionem, aliis ferus, ut iudex, aliis mansuetus, ut salvator, cuius cornua essent crucis extrema, — nam et in antemna navis, quae crucis pars est, hoc extremitates eius vocantur —, unicornis autem medius stipiti palus. Hac denique virtute crucis et hoc more cornutus universas gentes et nunc ventilat per fidem, auferens a terra in caelum, et tunc per iudicium ventilabit, deiciens de caelo in terram. Idem erit et alibi taurus apud eandem scripturam, cum Iacob, dum in Simeonem et Levi exporrigit benedictionem, de scribis et pharisaeis prophetat; ex

39 *cf.* Gen. 37, 27. 36; 45, 4 41 *cf.* Matth. 26, 15 42 Deut. 33, 17

38 demorer *T*, demorer ipse *PNFR vulgo* 39 venumdatus *T*, venumdatus est *PNFR vulgo* 40 a carnaliter fratribus *scripsi*: carnaliter a fratribus *ΦT*, a fratribus *PNFR* 41 venumdatuṛ *T* (r *in* s *corr. m. 2 ut vid.*), venumdatus *PNFR vulgo* cum *addidi loc. gem. secutus* 42 verba Ioseph: tauri *vulgo distinguitur* 44 usque ad terrae *F* terrae. non *vulgo* 45 nec *ΦT Oehler*, vel *PNFR* in minotaurus *F* 46 alii feriis *F* 46*sq.* et iudex *T* 48 crucis *ΦT*, *om. PNFR* extrema *T* (*quam genuinam lectionem esse duco propter clausulam*), aestimata *Φ*, estimata *PNFR*, extima (*cf. locum gem.*) *Pam. Rig. Oehler* *parenthesin indicavi* antenā auis *T* 49 eius *T*, huius *PNFR vulgo* 50 medius stipiti palus *scripsi* (stipiti: *stipitii intellego; stipitium ad stipes ut remigium ad remex; alia sane exempla verbi stipitium desiderantur*): medio stipite palus (paulus *T*) *ΦT*, media stipite palus *PNFR* 52 per iudiciam ventilavit *T*, ventilabit per iudiciam *PNFR* 53 deiciens *ΦTN*, descendens *PF* et alibi *om. P* 54 dum *N*, cum *F*, *om. ΦTP* in simeonem *ΦT*, simeone *F*, simeon *P*, *om. N* 54*sq.* axporrigit *PNFR*, porrigit *T*, porrexit *Φ* 55 prophetaṭ[ns] *T* (ns *s. v. a m. 2*)

illis enim deducitur census illorum. Interpretatur enim spiritaliter sic: *Simeon et Levi perfecerunt iniquitatem ex sua secta*, qua scilicet Christum sunt persecuti; *in concilium eorum ne veniat anima mea, et in stationem eorum ne incubuerint viscera mea, quoniam in indignatione sua interfecerunt homines*, id est prophetas, *et in concupiscentia sua subnervaverunt taurum*, id est Christum, quem post necem prophetarum interfecerunt et nervos eius suffigendo clavis desaevierunt. Ceterum vanum, si post homicidia iam ab eis commissa ali⟨cuius bovis ill⟩is et non Christi exprobrat carnificinam. Iam vero Moyses, quid utique tunc, cum Iesus adversus Amalech proeliabatur, expansis tantum manibus orabat residens, quando in rebus tam attonitis magis utique genibus positis et manibus caedentibus pectus et facie humi volutante orationem commendare debuisset, nisi quia illic, ubi nomen domini Iesu dimicabat, dimicaturi quandoque adversus diabolum, crucis quoque habitus erat necessarius, per quam Iesus victoriam esset relaturus? Idem rursus Moyses, post interdictam omnis rei similitudinem,

---

57 Gen. 49, 6 67 *cf.* Exod. 17, 10. 11 68 *cf.* Exod. 17, 11. 12 74 *cf.* Num. 21, 8. 9

---

56 interpretatur] *sensu passivo, scil.* benedictio (*diversa est ratio loci gemelli*) enim] autem *N* 57 ex sua] in sua *T* 59 eorum *om. R* 61 et in concupiscentia *ΦT*, in concupiscentia *PNFR* 64 homicidia *ΦT*, homicidium *PNFR vulgo* 65 commissa *ΦTPNF*, commissum *R vulgo* ali⟨cuius bovis ill⟩is et non Christi *scripsi loc. gem. secutus*: aliis et non ipsis *TPNFR vulgo* 66 *sq.* tunc tantum *T*, tantum tunc *PNFR vulgo*: *ego vocabulem* tantum *hic supervacuum paulo infra post* expansis *inserui, ubi desideratur* 67 expansis *ΦT*, extensis *PNFR* 69 et manibus *TPR*, et genibus et manibus *F*, geminis et manibus *N* 70 facie humi volutante *P* (*in mg.* volutata *a m. Rhenani, non addito unde*), facie humi volutata *RN vulgo*, faciem humi voluntatem *F*, faciem humili voluntate* *T* (*litt.* m *erasa*): *cf. loc. gem. III p. 407, 18*) 71 ubi *om. T* ihu* *T*, iesus *F* dimicabat *T Pam.*, dicebat *NF*, dicebatur *PR vulgo* 72 quoque habitus *T*, habitus quoque *PNFR vulgo* 73 quam *TPFR*, quem *ΦN Oehler*

cur aereum serpentem ligno impositum pendentis habitu in spectaculum Israëli salutare proposuit eo tempore, quo a serpentibus post idololatriam exterminabantur, nisi quod ⟨et⟩ hic dominicam crucem intentabat, qua serpens diabolus designabatur et laeso cuique ab eiusmodi colubris, id est angelis eius, ad crucis istius sacramentum intentus a delictorum petulantia solvens? Nam qui in illam tunc respiciebat a morsu serpentium liberabatur. Age nunc, si legistis penes prophetam in psalmis: *Dominus regnavit a ligno*, expecto quid intellegatis, nisi forte lignarium aliquem regem significari putetis, et non Christum, qui exinde a passione ligni superata morte regnavit. Proinde et Esaias: *Quoniam puer*, inquit, *natus est vobis et datus est vobis filius* — quid novum, si non de filio dei dicit? — [*et datus est vobis*] *cuius* [initium] *imperium factum est super humerum ipsius*. Quis omnino regum insigne potestatis suae

83 Ps. 96, 10 (ἐβασίλευσεν ἀπὸ ξύλου in solo cod. Veronensi [*R*] invenitur) 87 Es. 9, 6

75 aereum *TNF*, aeneum *PR vulgo* 77 idololatriam *RN*, idolatriam *rell.* et *addidi* (*cf. etiam loc. gem.*) 79 id est *om. T* 80 ad crucis istius *T*, ad christi crucis istius *N*, ad christi crucem istius *F*, ad christi crucem (*om.* istius) *PR vulgo* sacramentū *T*, sacramenta *PNFR vulgo* intentus (*h. e.* intentio, *ut vid.*, *Hingabe an* ..) *TPNF*, intento *R vulgo* 80 *sq.* a delictorum petulantia] *haec verba in libris paulo supra post* angelis eius *tradita huc transposui* 81 petulantia *scripsi* (*cf. III p. 407, 26*: sanitas morsuum delictorum): pecantia *T*, peccantia *PNFR vulgo* solvens *scripsi* (*supple mente*: designabatur): soluus *T*, salvus *Φ*, salvus efficiebatur *PF*, salus efficiebatur *R vulgo* 82 serpentium] serpentis vivis (vivis *linea subscripta deletum*) *T*, *an supra* quivis *pro* qui? 82 *sq.* legistis *T*, legisti *PNFR vulgo* 83 dominus *PR*, deus *TNFR* 84 intelligatis *T*, intellegas *PNFR vulgo* nisi *T*, ne *PNFR vulgo* 85 putemus *F* 85 *sq.* passione] passionis *Φ Oehler*

86 ligni *Φ T*, christi *PNFR* et *om. T* 87 vobis (*bis*) *Φ TP*, nobis (*bis*) *NFR vulgo* datus *T*, natus *PNFR vulgo* 88 *sq.* *parenthesin indicavi* et datus est vobis *seclusi* (*cf. loc. gem. III p. 408, 8*) 89 vobis *TP*, nobis *NFR* initium *seclusi* (*ut alteram interpretationem Graeci vocabuli* ἀρχή, *hoc loco non ferendam, ut docent quae sequuntur*) imperium] imperii *Φ Oehler* factūṣ est *T* (*corr. m. 1*), factum est *PN*, est factus *F*

⟨super⟩ humerum praefert et non aut in capite diadema aut in manu sceptrum? At ut aliqua proprietate usus nova sit, solus novus rex ⟨novorum⟩ aevorum, Christus Iesus, novam gloriam et potestatem et sublimitatem suam in humero extulit, crucem scilicet, ut secundum superiorem prophetiam exinde 'dominus' regnaret 'a ligno'. De hoc enim ligno etiam per Hieremiam deus insinuat quod essetis dicturi: *Venite, mittamus in panem eius lignum et conteramus eum a terra vivorum, et nomen illius non memorabitur amplius.* Utique in corpus eius lignum missum est, — sic enim Christus revelavit, panem corpus suum appellans — cuius retro corpus in pane prophetes initiavit. Si adhuc quaeris dominicae crucis praedicationes, satis iam poterit tibi facere vicesimus primus psalmus, totam Christi continens passionem, canentis iam tunc gloriam suam: *Foderunt*, inquit, *manus meas et pedes*, quae propria est atrocitas crucis; et rursus, cum auxilium patris implorat: *Salvum me fac*, in-

96 *cf.* Ps. 96, 10 [?] 98 Hier. 11, 19 100 Luc. 22, 19 105 Ps. 21, 17 107 Ps. 21, 22

91 super *addidi* humerum *TP* (*mg. a m. 1*) *N*, humero *PF* in capite *T* (in *s. v. a m. 1*), capite *ΦPNFR* 92 in manu *TPNFR*, manu *Φ Oehler* sceptrum? at ut *scripsi*: sceptrum aut *TPNFR* aliqua proprietate usus nova *ΦTPNFR*, aliquam propriae vestis notam? *Pam.* (*quem secuti sunt posteriores editores*) *ex loco gem. III p. 408, 12, meo quidem iudicio ex hoc potius restituendo* sit *scripsi*: set *PN*, s; (= set *vel* sed) *T*, sed *FR vulgo* 93 ⟨novorum⟩ aevorum *scripsi*: aevorum *Φ*, seculorum *PNFR*, *om. T* *spatio sex litterarum vacuo relicto* 95 superiorem *ΦT*, priorem *PN*, *om. F* 97 etiam per Hieremiam deus insinuat *scripsi*: etiam deus insinuat per hieremiam *TPNFR* 98 mittamus *TPNFR*, immittamus *Φ Oehler* pane *T* 100 *parenthesin indicavi* 102 pane *Φ*, panem *TPNFR* prophetis *T* initiavit (= consecravit, in sacramentum vertit) *scripsi*: ñciavit *T*, nunciavit *P*, nuntiavit *NFR*, figuravit *Pam.* (*ex loco gem.*) quaeris *T*, quaeres *PNFR vulgo* 105 canentis *PN*, canenti *F*, canenṭ[s] *T* 107 rursum *F* implorat *ΦT*, imploraret *PNFR* 107 *sq.* salvum inquit [me] fac *T*

quit, *ex ore leonis*, utique mortis, *et de cornibus unicornuorum humilitatem meam*, de apicibus scilicet crucis, ut supra ostendimus. Quam crucem nec ipse David passus est nec ullus regum Iudaeorum, ne putetis alterius alicuius prophetari passionem quam eius, qui solus a populo tam insigniter crucifixus est. Nunc si omnes istas interpretationes respuerit et inriserit duritia cordis vestri, probabimus sufficere posse mortem Christi prophetari unam, ut ex hoc, quod non esset edita qualis mors, intellegatur per crucem evenisse, nec alii deputandam fuisse passionem crucis quam cuius mors praedicabatur. Nam mortem eius et passionem et sepulturam una voce Esaiae volo ostendere. *A facinoribus*, inquit, *populi mei perductus est ad mortem, et dabo malos pro sepultura eius et divites pro morte eius, quia scelus non fecit nec dolus in ore eius inventus est; et deus voluit eximere a morte animam eius*, et cetera. Dicit etiam adhuc: *Sepultura eius sublata est de medio*. Nec sepultus enim est nisi mortuus nec sepultura eius sublata de medio nisi per resurrectionem. Denique sub-

---

120 *sq.* Es. 53, 8^d. 9. 10^a 124 Es. 57, 2

---

108 utique mortis *om. P* (*add. in mg. Rhen.*) 108 *sq.* unicornuorum *TP*, unicorniorum *ΦNF*, unicornis *R in mg.* 109 crucis *T*, $\overline{\chi\rho\iota}$ crucis *PNF*, *del.* Christi *Rig.* 111 alicuius *ΦT*, *om. PNFR* 113 *sq.* istas interpretationes *TNF*, interpretationes istas *PR vulgo* 114 probabimus *Φ*, probavimus *TPNFR* 115 prophetari unam, ut ex hoc *scripsi*: n̄ prophetarū uum (*sic!*) ex hoc *T*, prophetatam ut ex hoc *PNFR vulgo* 116 quod] quia *F* edicta *Φ* qualis mors *TPNF*, qualitas mortis *R vulgo* 117 deputandam *TNR^3*, deputandum *PR^1*, deputanda *F* 119 passionem *ΦT*, passionem eius *PNFR* 119 *sq.* esaiae (ysaie *T*) volo ostendere *ΦT*, esaias dicit *PNFR* 120 est *om. T* 121 et (*prius*) *om. T* 124 sublata *TN*, ablata *PF* de *T*, e *PNFR vulgo* 125 *sq.* nec sepultus enim est (est enim *F et Hirsaugiensis teste Rhenano*) nisi mortuus, nec sepultura eius sublata (est *F Hirsaug.*), quomodo nisi per resurrectionem *PN*, de medio nisi per resurrectionem (eius *add. F*) *T FR et Hirsaugiensis teste Rhenano* 126 denique] *h. e.* = namque 126 *sq.* subiungit *ΦT*, subiungit idem esaias *PNFR*

iungit: *Propterea ipse multos in hereditatem habebit et multorum dividet spolia* — quis alius, nisi qui ⟨a morte eximi dig⟩natus est, ut supra ostendimus? — *pro eo quod tradita est in mortem anima eius.* Ostensa enim causa gratiae eius, pro iniuria scilicet mortis repensandae, pariter ostensum est haec illum propter mortem consecuturum, post mortem, utique per resurrectionem, consecutum. Nam ⟨et⟩ quod in passione eius accidit, ut media dies tenebresceret, Amos propheta adnuntiat dicens: *Et erit*, inquit, *in illa die, dicit dominus: occidet sol media die, et tenebrescet super terram dies luminis; et convertam dies festos vestros in luctum et omnia cantica vestra in lamentationem et imponam super lumbos vestros saccum et super omne caput calvitium, et ponam eum quasi luctum dilecti, et eos qui cum illo quasi diem maeroris.* Hoc enim et Moyses initio primi mensis ⟨die⟩ novorum facturos vos prophetavit, cum omne vulgus synagogae filiorum Israël ad vesperam agnum esse immolaturum, et hanc sollemnitatem diei huius, id est

---

127 Es. 53, 12 129 *sq. cf. ib.* 135 Amos 8, 9. 10 142 *cf.* Exod. 12, 18 (ἐναρχομένου τῇ τεσσαρεσκαιδεκάτῃ ἡμέρᾳ τοῦ μηνὸς τοῦ πρώτου); *cf.* Num. 28, 26 τῇ ἡμέρα τῶν νέων (= 28, 16 [τῇ] τεσσαρεσκαιδεκάτῃ ἡμέρᾳ)

---

128 *parenthesin indicavi* alius *Φ T*, enim alius *PNFR* quiạ *T* 128 *sq.* ⟨a morte eximi dig⟩natus est *scripsi*: natus est *libri omnes* 130 mortem *R*, morte *TPNFR* 131 pariter q; *h. e.* = pariterque *T* 132 haec *TPR*, hoc *NF* 132 *sq.* consecuturum post mortem *om. T* 133 per *Iun.* (*cf. III p. 410, 2*): post *TPNFR* consecutum *scripsi*: consecuturum *TPNFR vulgo, sic et in loco gem., ubi pro* consecuturus (*MR*) *idem rescribendum erat* 134 et *addidi* 135 *sq.* illa die *T*, die illa *PNFR vulgo* 136 occidịt (i *in* e *corr.*) *T* medidie (r *supra* d) *T* (*corr. m. rec.*) et *Φ T*, *om. PNF* tenebrạscet** *T* (a *ex* e *corr. m. 2, duae litt. erasae*), tenebrescet *P*, tenebrescit *NF* 138 in lamentationem *PNFR*, in planctum *T* (*lectio Vulgatae*) 140 dilecti *Φ*, delicti *TPNF* 141 maeroris *PNFR*, doloris *T* (*lectio Vulgatae*) 142 die *addidi* vos *TPR*, suos *NF* 143 synagogae *T*, *om. PNFR vulgo* 144 esse* *T* (*una littera erasa*), esset *PNFR vulgo* immolaturus *NF*

paschae azymorum, cum amaritudine manducaturum praecinebat et adiecit *pascha* esse *domini*, id est passionem Christi, quod ita quoque adimpletum est, ut die prima azymorum interficeretis Christum. Et ut prophetiae implerentur, properavit dies vesperam facere, id est tenebras efficere, quae media die factae sunt, atque ita 'dies festos vestros convertit deus in luctum et cantica vestra in lamentationem'. Post enim passionem Christi etiam captivitas vobis et dispersio obvenit, praedicta ante per spiritum sanctum.

11. Nam et pro istis meritis vestris cladem vestram futuram Ezechiel nuntiat, et non solum in isto saeculo quae iam evenit, sed et in die retributionis quae subsequetur. Qua clade nemo liberabitur, nisi qui passionem Christi, quam respuistis, *** fuerit obsignatus. Sic enim scriptum est: *Et dixit dominus deus ad me: filius hominis, vidisti quae seniores Israël faciunt, unusquisque eorum in tenebris, unusquisque in cubiculo absconso? quoniam dixerunt: non videt nos dominus, dereliquit dominus terram. Et dixit ad*

---

145 *sq. cf.* Exod. 12, 8 et Num. 9, 10. *cf.* Exod. 12, 11 149 *cf.* Matth. 27, 45. *cf.* Sophonias 1, 15

11. 4 *cf.* Ezechiel 9, 6 6 Ezechiel 8, 12—18

---

145 paschae *PNFR*, phase *T* (*in lit. a m. 2*) manducaturū *T* (ū *in litura a m. 2*), manducaturos *PNFR vulgo* 145 *sq.* praecinebat *T*, praecanebat *PNFR* 146 et adiecit — — passionem *om. F* 147 die prima *T*, prima die *PNFR vulgo* 148 et ut *ΦTFR Hirsaugiensis*, ut et *PN* 151 *sq.* lamentationem] planctum *T* 152 passionem enim *PR vulgo* 153 praedicata *T* ante *ΦT*, *om. PNFR*

11. 1 ITĒ (ITĒ *om. P*) DE VASTATIONE $\overline{\text{ISRL}}$ POST PASSIONĒ $\overline{\text{XRI}}$ *TPN*, DE VASTATIONE ISRAHEL *F* 2 $\overset{\text{in}}{\text{isto}}$ (in *s. v. a m. 2*) *T* 3 sed et *T*, sed *PNFR vulgo* retributionis *ΦT*, tribulationis *PNFR* qu$\overset{\text{e}}{\text{i}}$ subsequitur *T* (*corr. m. rec.*) 4 passionem *TPF*, passione *NR vulgo* 5 quam *TR*, quem *PNF* respuistis *TN*, respuitis *PFR vulgo* *lacunam signavi*: agnoscens signo crucis Christi *intercidisse puto* (*cf. infra l. 43—45*) 6 dominus deus (deus *om. PN*) ad me *TPNFR*, *om. Φ* filius *Φ*, fili *TPNFR vulgo* 7 *sq.* eorum — — unusquisque *om. TN* 9 dereli*quit *T* (*litt.* n *erasa*) *me: adhuc conversus videbis facinora maiora, quae isti faciunt. Et introduxit me ad limina ianuae domus domini, quae aspicit ad aquilonem, et ecce illic mulieres sedentes et plangebant Thamum. Et dixit dominus ad me: fili hominis, vidisti? numquid modica domui Iuda, ut faciant facinora quae fecerunt? et adhuc visurus es adfectiones maiores eorum. Et introduxit me in aedem domus domini interiorem, et ecce in liminibus domus domini, inter medium elam et inter medium altaris, quasi viginti et quinque viri, qui posteriora sua dederant ad templum domini et facies suas contra Orientem; hi adorabant solem. Et dixit ad me: vides, fili hominis? numquid pusilla domui Iuda, ut faciant facinora quae fecerunt hic? quoniam impleverunt impietates suas, et ecce ipsi quasi subsannantes, et ego faciam cum indignatione mea; non parcet oculus meus, sed neque miserebor; et clamabunt ad aures meas voce magna, et non exaudiam eos [sed neque miserebor]. Et exclamavit in aures meas voce magna dicens: adproximavit vindicta civitatis huius. Et unusquisque habuit vasa exterminii in manu sua; et ecce sex viri veniebant a via*

26 *sq.* Ezechiel 9, 1—6

10 maiora facinora *N* ista *F* 12 aspicit *PNFR*, respiciebat (*sic Vulgatae lectio*) *T* 13 plangebant Thamum *C. Prinz*: plangebant humum *Φ*, plangentes thamur (tamur *T*) *TPNF*, Thammuz *R vulgo* (*sic Vulgatae lectio*) 14 domui *PNR* (μὴ μικρὰ τῷ οἴκῳ Ἰούδα;), domus *ΦTF* 15 et adhuc *TPFR*, adhuc *N* es (*s. v. a m. 2*) *T* 16 domus *Φ*, templi *TPNF* (*sic lectio Vulgatae*) 18 et (*posterius*) *Φ*, *om. TPNFR* quinque *om. PN* 19 qui *s. v. T*, *om. PNFR* dederant *T* (δεδωκότες *add. cod. A*), dederunt *PNFR vulgo* 20 contra *PNFR*, ad *T* (*lectio Vulgatae*) 21 domui *P*, domus *TNFR* iudae *PR* 22 faciant *T* hic (ὧδε) *TNF*, hi *PR* 23 et (*posterius*) *T*, *om. PNFR vulgo* 25 sed neque *TNF*, neque *PR vulgo* et clamabunt (καὶ καλέσουσιν) *T*, exclamabunt *PNFR vulgo* 25 *sq.* voces magnas *F* 26 sed neque miserebor *seclusi* (*ut dittographiam antecedentium* [*cf. l. 25*], *quibus hic in textu Graeco nihil respondeat*) 26 *sq.* et exclamavit (καὶ ἀνέκραγεν) *T*, et exclamabit *PNF*, et clamavit *R vulgo* 27 *sq.* approximabit *NF* 28 vas* *T* (*litt.* a *erasa*) 29 a via *TPNFR* (ἀπὸ τῆς ὁδοῦ), ad viam *Φ Rig. Oehler*

portae altae, quae aspiciebat ad aquilonem, et uniuscuiusque bipennis dispersionis erat in manu eius. Et unus fuit vir in medio eorum indutus poderem, et zona saphiri circa lumbos eius, et introierunt et steterunt proximi altaris aerei, et claritas dei Israël ascendit a Cherubin, quae fuit super eas, in subdival domus. Et vocavit hominem, qui indutus erat poderem, qui habuit super lumbos suos zonam, et dixit ad eum dominus: transi mediam Hierusalem et scribe Tau signum in frontibus virorum eorum, qui gemunt et dolent super omnia facinora, quae fiunt in medio eorum; et illis dixit audiente me: ite post eum in civitatem et concidite et nolite parcere oculis vestris, et ne misereamini senioris aut iuvenis aut virginis; et parvulos et mulieres interficite omnes, ut perdeleantur, ad omnes autem, super quos est Tau signum, ne accesseritis, et a sanctis meis incipite. Huius autem signi sacramentum variis modis praedicatum est: 'in quo vita hominibus praestruebatur', 'in quo Iudaei non essent credituri', sicut Moyses ante nun-

46 *sq. cf.* Deut. 28, 66

30 quae aspiciebat *T* (τῆς βλεπούσης), quae respiciebat *PNFR vulgo* 31 bipennis (i *in* e *corr.*) *T* manu sua *N* 31 *sq.* unus fuit vir *T*, unus vir *PNFR vulgo* 32 poderem *TP*, podere *ΦF*, pondere *N* *post* poderem *virgulam posui* 32 *sq.* circa lumbos eius *Φ*, in lumbis eius (ἐπὶ τῆς ὀσφύος αὐτοῦ) *PNFR* 33 proximi *T* (ἐχόμενοι), proxime *Φ*, in proximis *PNFR* 34 hierubin *T* fuerunt *P* 35 eas *scripsi* (ἐπ' αὐτῶν *i. e.* ἐπὶ τῶν χερουβείν): ea* *T* (*littera* s *erasa*), eam *PNFR*, ea *Rig.* in subdival *FN* (εἰς τὸ αἴθριον), in subdivali *PR vulgo*, ad limen *** *T* (*tribus litteris deletis*; ad limen *legitur in Vulgata*) 36 poderem *TP*, podere *ΦNF* 37 mediam *ΦTNF*, per mediam *PR vulgo* 38 tau *om.* *Φ* tau signum *T*, signum tau *PNFR vulgo* virorum eorum *T*, virorum *PNFR vulgo* 39 dolent] dolens ** *T* (*duae litt. in ras.*; es *ut vid.*) eorum (ius *supra*) *T* (*corr. m. 1*) 40 et illis dixit *T*, et in his dixit *PNFR vulgo* audiente me *scripsi* (ἀκούοντός μου): ad audientem *PNFR*, me audiente *T* in civitatem post eum *F* 42 seniores — iuniores — virgines *T* 43 omnes (*prius*) *om.* *N* ad omnes *T*, ad eos omnes *NF*, omnes *PR vulgo* 44 meis huius (huius *deletum lin. subscr.*) *T* 47 *sq.* nuntiarat *T*, nuntiabat *PNFR*

tiarat in Exodo dicens: *Eiciemini de terra in quam introibitis ***, et in nationibus illis non eritis in requiem, nec erit stabilitas vestigio pedis tui, et dabit tibi deus cor taedians et tabescentem animam et oculos deficientes, ut non videant, et erit vita tua pendens in ligno ante oculos tuos, et non credes vitae tuae.*

†Itaque quoniam impletae prophetiae per adventum Iesu, id est per nativitatem, quam supra memoravimus, et passionem, quam evidenter ediximus, [propterea et Danihel signari visionem et prophetiam dicebat, quoniam Christus est signaculum omnium prophetarum, adimplens omnia quae retro erant de eo enuntiata; post enim adventum eius et passionem ipsius iam non visio neque prophetes. Unde firmissime dicit adventum eius signare visum et prophetiam. Itaque ostendentes et numerum annorum et tempus LXII et dimidiae ebdomadarum adimpletarum probavimus tunc venisse Christum, id est natum, et septem et dimidiae ebdomadarum, quae sunt subdivisae in abscisione priorum ebdomadarum, intra quae tempora pas-

---

48 Deut. 28, 63*sqq.*

---

48 eiciemini *PFR*, eicimini [e] *T* (e *s. v. a m. 1*), eicimini *Λ* quam *FR*, qua *TPN* 49 *lacunam signavi*: et dissipabit vos dominus in nationes omnes, sed *intercidisse puto* n [ec] *T* (ec *s. v. a m. 1*), et *ΦF*, et non *PN* 50 stabilitas *TPNFR*, instabilitas *Φ* vestigio *Pam.* (τῷ ἴχνει): vestigii *libri omnes* tibi deus] deus tibi *Φ* 53 tuae *om. N* 54 † *Quae abhinc leguntur usque in finem capitis duodecimi et interpolationibus et verborum iactura misere depravata non suo loco in codicibus nostris exhiberi in aperto mihi esse videtur. Artissime enim et aptissime se applicant ad capitis octavi finem, cui si asserueris habebis idoneam partis prioris huius altercationis clausulam* impletae prophetiae *T*, impleta est prophetia *PNFR vulgo*

55 iesu *T*, eius *PNFR vulgo* 55*sq.* supra memoravimus *PNFR*, superavimus *T*, supra enumeravimus *fort.* 56 evidenter *PNFR*, eventuram *T* 56*sqq.* propterea — — cessare *l. 69 seclusi*: *interpolata sunt haec ex locis superioribus* 57 prophetiam *T*, propheten *PNFR* 59 enuntiata *T*, nuntiata *PNFR vulgo* 60 *verba*: iam non — — prophetes *in T add. m. 2* visio est *T* 61 prophetia *T* 64 probabimus *T* 65 septem *Φ*, VII *T*, IIII *PNF* 66 abscisione *F*, abscisionem *TPNR*

sum ostendimus Christum, atque ita septuaginta ebdomadibus conclusis et civitatem exterminatam et sacrificium et unctionem exinde cessare] sufficit hucusque de his interim ordinem Christi decucurrisse, quo talis probatur qualis adnuntiabatur, ut iam ex ista consonantia ⟨rerum eius et⟩ scripturarum, qua ex praeiudicio maioris partis, [adversus Iudaeos elocuti sumus] neque ea in dubium deducantur vel negent⟨ur⟩, quae post Christum futura praecanebantur, quae scripta proferimus, ut ex hoc quoque paria iam in scripturis divinis negari non possint, ut adimpleta cognoscantur. Ne⟨c haec enim expuncta invenirentur⟩, nisi ille venisset, post quem habebant expungi quae nuntiabantur. Quae quomodo impleta sunt, ut iam probentur, **(12)** aspice universas nationes de voragine erroris humani exinde

---

69—cap. 12, 17 *cf.* Adv. Marcionem III cap. 20 = III *p.* 410, 4—412, 23, *item* Adv. Iudaeos c. 14, 82—103

---

68 conclusit *T* civitatem exterminatam *T*, civitate exterminata *PNFR vulgo* 69 sufficit hucusque] *animadvertendum est hunc locum* (*inde a verbo* sufficit *usque in huius capitis exitum*) *redire in fine libelli* (*cap. 14, 82*), *eisdem fere verbis compositum, sed hic illic, praecipue sub finem lemmatis, auctum aliquot sententiis. Meo quidem iudicio suo loco hic exstant haec verba. Vide quae adnotavi ibidem* de his] *scil. de nativitate et passione Christi* 70 decucurrisse *Φ T*, decurrisse *PNFR* quo *R* (*cf. loc. gem.*), quod *TPNFR* 71 ut iam *TPNF*, et iam *R vulgo* rerum eius et *addidi ex loco gemello III p. 410, 7*) 72 qua *TN*, quae *F*, qđ (= quod) *P*, quas *Rig. Oehler* 72*sq.* adversus Iudaeos elocuti sumus *seclusi* (*cf. loc. gem. p. 410, 8*) 73 neque ea *scripsi*: neque enim *PNFR vulgo*, neque *T* deducantur *T*, deducant *PNFR vulgo* 74 negentur *scripsi*: negent *TPNFR vulgo* *verba* quae post Christum futura praecanebantur *in libris paulo infra l. 76 inter* ut *et* adimpleta *tradita huc transtuli* 75 paria iam in *scripsi* (*secundum loc. gem. p. 410, 8*): patriam in *T*, paria esse *PNFR vulgo* 77 ne⟨c haec enim expuncta invenirentur⟩ *supplevi ex loco gemello p. 410, 11*: ne* nisi *T* (*una littera erasa*), nisi *PNFR* 78 illę (e *in ras. a m. 2*) *T* post] *in mg.* vel per *adnotavit m. 2 T* quem *ex* quae *T* 78*sq.* enuntiabantur *F* 79 quomodo impleta *scripsi*: quompleta *F*, completa *R*, complete *TN*, completi *P* ut iam probentur *scripsi*: etiam probarentur *TPNFR vulgo* *aliter distinxi*

12. 1 DE CLARITATE GENTIV̄ IN X̄P̄Ō IH̄V̄ *P* 1*sq.* aspicite *PN*

emergentes ad dominum deum creatorem et Christum eius, et si audes negare prophetatum, statim tibi promissio patris occurrit in psalmis dicentis: *Filius meus es tu, ego hodie genui te; pete a me, et dabo tibi gentes hereditatem tuam et possessionem tuam terminos terrae.* Nec poterit alium deum dei filium vindicare quam Christum, aut terminos terrae David potius promissos, qui intra unicam Iudaeam regnavit, quam Christo, qui totum iam orbem evangelii sui fide cepit, sicut per Esaiam dicit: *Ecce dedi te in dispositionem generis mei, in lucem gentium, aperire oculos caecorum,* utique errantium, *exsolvere de vinculis vinctos,* id est de delictis liberare, *et de domo carceris,* id est mortis, *sedentes in tenebris,* ignorantiae scilicet. Quae si per Christum eveniunt, non in alium erunt prophetata quam per quem expuncta consideramus.

13. Igitur, quoniam filii Israël adfirmant nos errare recipiendo Christum, qui iam venit, praescribimus illis ex eis⟨dem⟩ scripturis iam venisse Christum, qui praedicabatur, quamvis ex temporibus Danihelis praedicantis probaverimus iam venisse Christum, qui nuntiabatur. Nasci enim oportuit eum in Bethleem Iudaeae. Sic enim scriptum est

---

12. 5 Ps. 2, 7. 8 11 Es. 42, 6. 7

---

3 deum *om. T* 4 prophetatum statim] prophetaṛ ẹstat statim *T* (*litterae* r *et* ē *in rasura*) 5 in psalmis *om. T* dicentis *T*, dicens *PNFR vulgo* 6 pete] postula *T* 7 poterit *T* (*absolute positum* = *poterit esse, cum acc. c. inf. iungere solet Tert.*): poteris *PNFR vulgo* 7*sq.* alium deum dei filium *scripsi*: alium david filium *T*, eum David filium *PNFR vulgo* 8 vindicare *T*, dicere *PNFR vulgo* 11 dicit *om. T* 12 aperire *TPNFR*, ut aperias *Φ Oehler* 13 exsolvere *PNFR*, solvere *T* 15 si per] super *T* 17 consideramus] *considerandi verbum notione rarissima hic usurpatur, idem significans quod nostrum 'wahrnehmen'. Post* consideramus *intercidisse putaverim quae cap. 14, 102—108 leguntur in huius lemmatis parte extrema*

13. 2 iam venit *om. PN* praescribimus *T*, praescribamus *PNFR vulgo* 2*sq.* illis ex eis⟨dem⟩ *scripsi*: illis ex eis *T*, eis ex ipsis *PNFR vulgo* 6 oportuit eum *T*, eum oportuit *PNFR vulgo* iudȩae *T*, iudae *PNF* et sic *T*

in propheta: *Et tu, Bethleem, non es minima in ducibus Iuda; ex te enim exiet dux qui pascet populum meum Israël.* Si autem adhuc natus non est, qui processurus dux de tribu Iuda ex Bethleem nuntiabatur? Oportebit enim eum de tribu Iuda et a Bethleem procedere; animadvertimus autem nunc neminem de genere Israël in civitate Bethleem remansisse exinde, quo interdictum est; ne in confinio regionis istius demoretur quisquam Iudaeorum, — ut hoc quoque esset adimpletum, id est prophetae: *Terra vestra deserta, civitates vestrae igni exustae,* (quod belli tempore eis evenerit) *regionem vestram in conspectu vestro exteri comedent, et deserta et subversa erit a populis alienis,* id est a Romanis, et alio loco: [sic propheta dicit] *regem cum claritate videbitis,* id est Christum, *facientem virtutes in gloriam dei patris, et oculi vestri videbunt terram de longinquo,* quod vobis, pro meritis vestris post expugnationem Hierusalem prohibitis ingredi in terram vestram, de longinquo eam oculis tantum videre permissum est: *anima,* inquit, *vestra meditabitur timorem,* scilicet quem ex tempore excidii sui passi sunt. Quomodo igitur nascetur dux de

13. 7 Mich. 5, 1 (Matth. 2, 6) 15 Es. 1, 7 19 Es. 33, 17 24 *ib.*

7 in prophetam *T* es minima *T*, minima es *PNFR vulgo* 8 iuda *TF*, iudae *PNR vulgo* 9 non *om. F* qui = *quomodo* processurus est *F* 10 oportebit *scripsi*: oportebat *T*, oportet *PNFR vulgo* 12 nunc *Φ*, tunc *TPNFR* 13 exinde quo *T*, et exinde quod *PNFR vulgo* 13*sq.* regionis istius *scripsi*: regionis ipsius *T*, ipsius regionis *PNFR vulgo* 14 demorentur *PNF* 15 id est prophetae *scripsi*: id est propheta *Φ*, id est (*om.* propheta) *T*, per prophetam *PNFR vulgo* 16 quod *T*, id est quod *PNFR vulgo* 17 eis *om. T* 18*sq.* id est a romanis *T*, *om. PNFR vulgo* 19 sic propheta dicit *seclusi*: sic propheta dicit *TF*, sic (*om. N*) per prophetam dicitur *PNR* 21 gloriam *T*, gloria *PNFR vulgo* terram *om. T* 21*sq.* longinco *T* 22 vobis *TNF*, vos *PR vulgo* 23 prohibitis *scripsi*: prohibiti *ΦPNFR vulgo*, prohibet *T* 25 scilicet] licet *T* quem *scripsi*: quo *PNFR vulgo*, quod (hoc above) *T* (hoc *s. v. add. m. 1*) 26 excidii *ΦTF*, excidium *PNR vulgo*

Iuda et quatenus procedet de Bethleem, sicuti divina prophetarum volumina enuntiant, cum nullus omnino sit illic in hodiernum derelictus ex Israël, cuius ex stirpe possit nasci? Christus autem si secundum Iudaeos adhuc non venit, cum venire coeperit, unde unguetur? Lex enim praecepit in captivitate non licere unctionem chrismatis regalis confici. Si autem iam nec unctio illic est, ut Daniel prophetavit — dicit enim: *exterminabitur unctio* —, ergo iam non illic est unctus quia nec templum, ubi erat cornu, de quo reges unguebantur. Si ergo non est unctio, unde unguetur dux, qui nascetur in Bethleem? aut quomodo procedet de Bethleem, cum de semine Israël nullus omnino sit in Bethleem? || Iterato deinde ostendamus et venisse iam Christum secundum prophetas et passum et in caelis iam receptum et inde venturum secundum praedicationes prophetarum. || Nam post adventum eius secundum Danihelem quod ipsa civitas exterminari haberet, legimus et ita

---

34 Dan. 9, 26 41 *cf.* Dan. 9, 26

---

27 iuda *T*, iudaea *PNFR* procedet *FR*, nascetur procedit *T*, procederet *PN* 28 enuntiant *ΦT*, nuntiant *PNFR* 29 in *om. T*
30 nasci? Christus autem si *scripsi*: nasci Christus? si enim *ΦT*, nasci Christus? si *N*, nasci christus? *PFR* 32 unctionem *TF*, unctione *PN* chrisma regale] = *oleum regale* 33 est] non est *F* 35 illic est *ΦT*, est illis *PNFR* illic] illis *Oehler* unctus (= χριστός) *scripsi*: unctio *TPNFR vulgo* 36 unctio *om. T* 38 procedet ex ẹṭ *T* (ex *s. v. a m.1*) semine *ΦTF*, germine *PNR* 39 iterato] = *iterum* (*cf. Ioh. 3, 4*), *saepe apud posteriores inventum apud Tert. nisi hoc loco nusquam* deinde *T*, denique *PNFR vulgo* ostendamus *ΦT*, ostendimus *PNFR* 39 *sqq. verba a me hastis duplicibus inclusa, quae medium subito intercipiunt sermonem, hoc loco nequaquam ferenda transitionis ad aliam partem formulam tam manifeste prae se ferunt, ut suum locum ea illic habere facile cognoscas, ubi auctor rem antea tractatam tamquam de integro recepturum se testatus fuisse putandus sit, id est in principio capitis noni ante verba*: incipiamus igitur probare nativitatem christi, *a quibus incipit huius disputationis altera pars. Sic et* igitur *illud, quod, si nihil antecedit, in vacuo pendet, accommodate dici videbitur* 40 secundum *TFR*, per *Φ*, *om. PN*

factum recognoscimus. Dicit enim scriptura sic et civitatem et sanctum exterminari simul cum duce. Quo duce? indubitate qui de Bethleem et de tribu Iuda esset processurus. Unde et manifestum est, quod civitas simul eo tempore exterminari deberet, cum ducatus eius in ea pati haberet secundum scripturas prophetarum dicentium: *Expandi manus meas tota die ad populum contumacem et contradicentem mihi, qui ambulat in via non bona sed post peccata sua*, item in psalmis: *Exterminaverunt manus meas et pedes, dinumeraverunt omnia ossa mea: ipsi autem contemplati sunt et viderunt me* et: *in siti mea potaverunt me aceto.* Haec David passus non est, ut de se merito dixisse videatur, sed Christus, qui crucifixus est: manus et pedes non exterminantur nisi eius, qui in ligno suspenditur. Unde et ipse David regnaturum dominum ex ligno dicebat; nam et alibi propheta ligni huius fructum praedicat dicens: || *Terra dedit benedictiones suas* — uti-

50 Es. 65, 2 52 Ps. 21, 17. 18 54 Ps. 68, 22 58 *cf.* Ps. 96, 10 [?] 60 *cf.* Ps. 66, 7. 8 (*sed interpretatio Latina valde immutavit Graeca*)

44*sq.* sic et civitatem *TPNFR*, sic: civitatem *Φ Rig. Oehler* 45 exterminari simul *T*, simul exterminari *PNFR vulgo* quo duce? *T*, *om. PNFR vulgo* 46 et *om. T* 48 deberet] haberet *T* ducatus (= ducator) *T*, ducator *PNFR vulgo* 49 secundum *TPNR*, per *ΦF Oehler* 50 meas *om. F* 51 viam non bonam *PN* (in *om.*) 52 item *T*, et *PNFR vulgo* in psalmis *T*, in psalmis dicit *PNFR vulgo* 52*sq.* manus — — dinumeraverunt *om. F* 54 contemplati sunt et viderunt me *PNFR*, consideraverunt me et conspexerunt me *T* (*sic lectio Vulgatae*) 55 acetum *Φ* 57 manus *T*, manus autem *PNFR*, *an* manus enim eius *om. F*, ei *T* 58*sq.* ex ligno dominum *PNR vulgo* 59 huius] eius *T* 60*sqq.* terra dedit — — natus est] *et haec verba ab eo quo nunc leguntur loco aliena esse in aperto est; satis enim praeiudicant antecedentia verba*: ligni huius fructum praedicat dicens, *quid sequi debeat, ea scilicet quae legis paulo infra*: et lignum, inquit, tulit fructum suum. *Neque vero dubium esse potest, ubi sint inserenda, illic videlicet, ubi de conceptu Mariae sermo est, id est l. 129sqq.*: in conceptu cum virgo Maria a verbo dei praegnans inveniretur, || ⟨cui⟩ dedit terra benedictiones suas etc. *Ad rem cf. Ps. 139, 15* 60 benedictiones suas *PNFR* (beneque illa terra virgo, nondum pluviis rigata nec imbribus fecundata, ex qua homo tunc primum plasmatus est et ex qua nunc Christus secundum carnem ex virgine natus est || *et lignum*, inquit, *tulit fructum suum*, non illud lignum in paradiso, quod mortem dedit protoplastis, sed lignum passionis Christi, unde vita pendens vobis credita non est. Hoc enim lignum tunc in sacramento, cum Moyses aquam amaram indulcavit, unde populus, qui siti periebat in eremo, bibendo revixit, sicuti nos, qui de saeculi calamitatibus extracti, in quo commorabamur siti perientes, id est verbo divino ⟨non⟩ proluti, ligni passionis Christi per aquam baptismatis potantes fidem, quae est in eo reviximus ⟨vita⟩. A qua fide Israël excidit, secundum Hieremiam dicentem: *Mittite, interrogate nimis, si facta sunt talia, si mutaverunt gentes deos suos, et isti non sunt dii; populus autem meus mutavit gloriam suam, ex quo nihil proderit eis; expavit caelum super isto.* Et quando expavit? Indubitate, quando passus est Christus. *Et horruit*, inquit, *pluri-*

---

61 *cf.* Gen. 2, 5 62 *cf.* Gen. 2, 9 64 *cf.* Ps. 1, 3 65 *cf.* Gen. 1, 12 66 *cf.* Deut. 28, 66 67 *cf.* Exod. 15, 25 74—84 Hier. 2, 10—13 77 Hier. 2, 12 (ἔφριξεν ἐπὶ πλεῖον σφόδρα)

---

dictio *pro re benedicta et consecrata*), fructum suum *T* (*correctoris manus agnoscenda est inducentis* fructum *propter antecedens* ligni huius fructum)

61 rigata *TPNFR*, irrigata *Φ* 62*sq.* et ex qua *T*, ex qua *PNFR vulgo* 63 secundum *TPNFR*, per *Φ* 64 tulit *T*, attulit *PNFR vulgo* 65 protoplaustis *TN* 66 vobis *scripsi*: sed vobis *T*, a vobis *PNFR vulgo* credita non est *PNFR*, non est credita *T* 67 sacramentum *F* cum *T*, quo *NF*, erat quo *PR vulgo* 68 qui siti *om. P* periebat *TPF*, peribat *NR vulgo* 69 evixit *T* 70 commemorabamur *F* perientes *T*, pereuntes *PNFR vulgo* 71 ⟨non⟩ proluti *scripsi*: probati *ΦTNF*, propinati *PR*, privati *Iun.*, verbi divini potu privati *Urs.* ligni *NF*, ligno *TPR* 71*sq.* per aquam *ΦTNF*, aquam *PR vulgo* 72 fide *PF* eo *F* (*scil.* ligno passionis), eum *TPNR* 73 vita *supplevi cf. supra l. 66* a qua *TPNFR*, qua *Φ*

secundum] per *Φ* 74 et interrogate *FR vulgo* 75 mutaverunt *T*, mutabunt *PNFR vulgo* 77 expavi *P* caelum — — expavit *om. F* quomodo et quando *P*

mum et nimis. Et quando horruit nimis, nisi in passione Christi, cum terra quoque contremuit et sol in media die tenebricavit et velum templi scissum est et monumenta dirupta sunt? *Quoniam*, inquit, *duo haec nequam fecit populus meus: Me dereliquerunt, fontem aquae vitae, et foderunt sibi lacus contritos, qui non poterunt aquam continere.* Indubitate non recipiendo Christum, fontem aquae vitae, lacus contritos coeperunt habere, id est synagogas, in dispersione scilicet gentium, in quibus iam spiritus sanctus non immoratur, ut in praeteritum in templo commorabatur ante adventum Christi, qui est verum dei templum. Nam et istam sitim divini spiritus eos passuros praedicat propheta dicens: *Ecce, qui serviunt mihi, manducabunt, vos autem esurietis: servientes mihi potabuntur, vos autem sitietis et a contribulatione spiritus ululabitis; remittetis enim nomen vestrum in satietatem electis meis, vos autem interficiet dominus; eis autem, qui serviunt mihi, nomen nominabitur novum, quod benedicetur in terris,* ** Adhuc huius ligni sacramentum etiam in Regnorum legimus celebratum. Nam cum filii prophetarum super flumen Iordanem lignum securibus caederent, exsiliit ferrum et immersum est

80 *cf.* Matth. 27, 51. 52; Luc. 23, 44. 45 (*cf.* Am. 8, 9) 86 *cf.* Ioh. 4, 10. 11 91 Es. 65, 13—15 96*sqq.* IV Reg. 6, 3—6

79 et nimis *T*, nimis *PNFR vulgo* et (*alterum*) *om. T* 80*sq. verba*: et sol in media die tenebricavit, *quae in libris mss. supra l. 79 post vocem* nimis (*prius*) *comparent, huc transtuli* in *T*, *om. PNFR vulgo* 81 tenebrificavit *PN* cisum *T*, scisum *N* 82 inquit *T*, *om. PNFR vulgo* nequam *T*, mala *PNFR vulgo* 83 meus *F*, *om. TPNR* me *T*, me inquit *PNFR vulgo* 84 contritos *Φ*, contritos bulatos *T*, contribulatos *PNFR* poterunt *Φ*, poterant *PNFR*, possunt *T* 86*sq.* dispersione scilicet *scripsi*: dispersiones *libri omnes* (*ortum videlicet ex* dispersione · s ·) 89 templum dei *T* 90 praedicat *T*, dixerat *PNFR vulgo* 90*sq.* propheta *T*, propheta esaias *PNFR vulgo* 91 mihi serviunt *T* 93 sicietis *T*, scietis *FN* ullulabitis *T* 94 sacietatem *T*, satietate *N* 95 dominus] deus *T* 96 in terris] *hic inserenda puto quae infra l. 110 bacillis inclusi* 97 huius *om. F* 98 iordanen *P* 99 immersum *T*, mersum *PNFR vulgo*

in flumine, atque ita Helisaeo propheta superveniente petunt ab eo filii prophetarum, uti ferrum, flumini quod immersum fuerat, erueret. Atque [ita Helisaeus] accepto ligno et misso in eum locum, ubi submersum fuerat ferrum, ⟨et ferrum⟩ statim supernatavit, quod receperunt filii prophetarum, et lignum mersum est. Ex quo intellexerunt, quod Heliae spiritus in eo sit repraesentatus. Quid manifestius huius ligni sacramento, quod duritia huius saeculi mersa est in profundo erroris et a ligno Christi, id est passionis eius, in baptismo liberatur, ut quod perierat olim per lignum in Adam, id restitueretur per lignum Christi? || nobis scilicet, qui successimus in loco prophetarum, ea sustinentes hodie in saeculo, quae semper passi sunt prophetae propter divinam religionem. Alios enim lapidaverunt, alios fugaverunt, plures vero ad necem tradiderunt, quod negare non possunt. || Hoc lignum sibi et Isaac, filius Abrahae, ad sacrificium ipse portabat, cum sibi eum deus hostiam fieri praecepisset. Sed quoniam haec fuerant sacramenta, quae temporibus Christi percipienda servabantur, et Isaac tum ligno solutus est, ariete oblato in vepre cornibus haerente, et Christus suis temporibus lignum humeris suis portavit **

---

115 *sqq. cf.* Gen. 22, 6—14   118 *cf.* Gen. 22, 9. *cf.* 22, 13

---

102 ita Helisaeus *seclusi* (*cf. l. 100* atque ita, *unde huc irrepsit*); Helisaeus *secludi voluit Pam.*   103 et ferrum *supplevi*   104 *sq.* quod receperunt filii prophetarum, et lignum mersum est *scripsi*: et lignum mersum est, quod receperunt filii prophetarum *libri omnes*   106 eo *T*, eum *PNFR vulgo*   huius] omnis *T*   107 est *T*, *om. PNFR vulgo*   110 id *om. T*   scilicet *T*, igitur *PNFR*, utique *Urs.* (*Rig. Oehler*)   110 *sqq. verba* nobis scilicet — — — negare non possunt *suo loco mota esse nemo non videbit: interciderunt supra l. 96 post verba* quod benedicetur in terris   111 sustinentes *T*, sustinentibus *PNFR vulgo*   114 ad necem *F*, ad mortis necem *TPNR vulgo*   ad necem tradiderunt] *sie lieferten zur Hinrichtung aus*   118 percipienda *T*, perficienda *PNFR vulgo*   118 *sq.* tum ligno solutus *scripsi* (*cf. Gen. 22, 9*): cum ligno servatus *T*, cum ligno reservatus *PNFR vulgo*   119 ariete *TFR*, et ariete *PN*   haerentem *PN*   120 *lacunam signavi*: et adfixus est illi *vel similia interciderunt*

inhaerens cornibus crucis, corona spinea capiti eius circumdata. Hunc enim oportebat pro omnibus gentibus fieri sacrificium, qui *tamquam ovis ad victimam ductus est et, velut agnus coram tondente se sine voce, sic non aperuit os suum.* Hinc enim Pilato interroganti nihil locutus est; *in humilitate* enim *iudicium eius sublatum est. Nativitatem* autem *eius quis enarrabit?* quare? quia nullus omnino hominum nativitatis Christi fuit conscius, in conceptu cum virgo Maria a verbo dei praegnans inveniretur *** et quia 'tolleretur a terra vita eius'. Cur ita? utique ⟨quia⟩ post resurrectionem eius a mortuis, quae die tertia effecta est, caeli eum receperunt secundum prophetiam ⟨ab⟩ Osee emissam huiusmodi: *ante lucem surgent ad me dicentes: eamus et revertamur ad dominum deum nostrum, quoniam ipse eripiet et liberabit nos post biduum in die tertia.* Quae [est] resurrectio eius gloriosa de terra in caelos eum recepit, unde et venerat ipse spiritus ad virginem.

Igitur quoniam adhuc contendunt Iudaei necdum venisse Christum, quem tot modis adprobavimus venisse, recognoscant iam deinde exitum suum, quem post adventum

---

121 *cf.* Matth. 27, 29; Ioh. 19, 5 123 Es. 53, 7 125 Es. 53, 8 128 *cf.* Luc. 1, 35 129 *cf.* Es. 53, 8 131 *cf.* Act. 1, 9. 11 133 Hos. 6, 1—3 138—188 *cf.* Adv. Marc. III cap. 23 = III *p.* 416, 22—418, 23

---

121 capiti *scripsi*: capite *T*, in capite *PNFR vulgo* in capite eius spinea *PN* 122 gentibus fieri *om. T* 123 tamquam *T in lit. a m. 2* 124 se *om. T* 125 hinc *T*, hic *PNFR vulgo* interroganti *T*, interrogante *PNFR vulgo* 126 autem *om. N* 127 enarrabit *ΦN*, enarravit *PTR*, enarraverit *F* quare? *T*, *om. PNFR vulgo* 129 a verbo *ΦN*, verbo *TPF* inveniretur] *hic sunt inserenda verba*: ⟨cui⟩ terra dedit benedictiones suas *et q. s. cf. supra l. 60—63* 129 *sq.* tolleretur] *h. e. tolli habebat ut videtur* (*cf. p. 328, 70 in notis*), *nisi malueris rescribi: tollitur* (αἴρεται) 130 utique *T*, itaque *PNFR vulgo* quia *addidi* 131 quae *FR*^{3}, quia *TPNR*^{1} dies *PN* 132 ab *addidi* Osee *Pam.*: esaia *PNFR*, *om. T* 134 nostrum *ΦN*, *om. TPF* 135 et *om. NF* in *om. PNF* est *seclusi* 136 recipit *T* 138 iudaei contendunt *F* 140 iam deinde *scripsi* (*ut saepius iungit Tert.* mox deinde, post deinde *similiter Vergilius* nunc deinde *Aen. 12, 889*): iudei *TPNFR vulgo*

Christi relaturi praedicabantur ob impietatem, qua eum et despexerunt et interfecerunt, cuius neque nativitatem neque passionem agnoverunt. Primo enim, ex qua die secundum dictum Esaiae *proiecit homo abominamenta sua aurea et argentea, quae fecerunt adorare vanis et nocivis*, id est, ex quo gentes nos, dilucidatae pectora per Christi veritatem, proiecimus idola, vident Iudaei et quod sequitur expunctum. *Abstulit* enim *dominus Sabaoth Iudaeis et ab Hierusalem* inter cetera et *sapientem architectum*, ⟨id est spiritum sanctum,⟩ qui aedificat ecclesiam, dei templum et civitatem sanctam et domum domini. Nam exinde destitit apud illos dei gratia et *mandatum est nubibus, ne pluerent imbrem super vineam Sorech*, id est caelestibus beneficiis, ne provenirent domui Israhel. Fecerat enim spinas, ex quibus Christum coronaverat, et non iustitiam, sed clamorem, quo in crucem eum extorserat. Et ita subtractis charismatum roribus — lex et prophetae usque ad Iohannem fuerunt,

---

144 Es. 2, 20 146 Es. 3, 1. 3 152 Es. 5, 6 154 *cf.* Marc. 4, 7 155 *cf.* Es. 5, 7 157 *cf.* Luc. 16, 16; Matth. 11, 13

---

141 relaturi *om. T* praedicabantur *Φ*, praecinebantur *PNFR*, patiuntur *T* (*sed in litura undecim vel duodecim litterarum a m. 2*) 142 dispexererunt *T* 142*sq.* cuius neque nativitatem neque passionem agnoverunt] *haec verba, quae in libris mss. supra l. 137 post verba* ad virginem *leguntur, huc transtuli* 143*sq.* secundum] sabbatum *F* 144 dictum esaiae *PNFR*, esaiam *T* 145 adorare vanis] προσκυνεῖν ματαίοις; *falso igitur Pam.* adorandis *rescripsit* 146 dilucidatae pectora *scripsi*: dilucidata pectora *TPNFR*, dilucidato pectore *Urs.* (*Rig. Oehler*) Christi] christum *T* 147 vident *T*, videant *PNFR vulgo* 147*sq.* expunctum *T*, expunctum est *PNFR vulgo* 148 iudeis *T*, in iudaeis *PNFR vulgo* 149*sq.* id est spiritum sanctum *supplevi* (*cf. loc. gem. III p. 417, 6*) 150 qui] quia *T* 152 est *om. F* 154 provenirent domui *TNR*[3], proveniret domus *PF* israhelis *NF* 155 Christum] eum *T* (*in lit. a m. 2*) 156 crucem *TNF*, cruce *PR* extorserat et ita extorserat *PN* 156*sq.* charismatum *TPNR*, charismatis *ΦF Oehler* 157 roribus *Rhen.*: erroribus *T* (*del.* er *m. 1, ut vid.*), prioribus *ΦPNF Oehler* *parenthesin indicavi* ad *om. Φ*

et piscina Bethsaida usque ad adventum Christi valetudines apud Israhel curare non desiit — dehinc, cum ex perseverantia furoris sui nomen domini per ipsos blasphemaretur, sicut scriptum est: *propter vos nomen domini blasphematur inter gentes* — ab illis enim coepit infamia — et tempus medium a Tiberio usque ad Vespasianum *** [qui] cum ista commisissent nec intellexissent Christum in tempore suae visitationis inveniendum, *facta est terra* eorum *deserta*, et *civitates* eorum *igni exustae; regionem ipsorum sub eorum conspectu extraneis devorantibus, derelicta est filia Sion tamquam specula in vinea, velut in cucumerario casula*, ex quo scilicet *Israhel dominum non cognovit et populus* eum *non intellexit*, sed dereliquit magis et ad indignationem provocavit sanctum Israhel. Sic et machaeram condicionali iis comminatio⟨ne⟩ comminatur: *Si nolueritis*, inquit, *nec*

158 *cf.* Ioh. 5, 1. 2 161 Es. 52, 5 164 *cf.* Hier. 46, 21; 50, 26. 27 165 Es. 1, 7. 8 169 Es. 1, 3 170 *cf.* Deut. 32, 16; *cf.* Es. 1, 4 172 Es. 1, 20

158 *sq.* valetudines apud israhel (ab israhele Φ) curare Φ *T*, curando valetudines ab israhele *PNR*, valitudines ab israel *F* 159 non desiit *T*, desiit Φ, desiit a beneficiis *PNFR* dehinc *T*, deinde *PNFR vulgo* ex *om. PR* 160 furoris sui] *ihres Wütens gegen sich selbst* domini *T*, dei *PNFR vulgo* 162 inter gentes *T*, in gentibus *PNFR vulgo parenthesin indicavi* coepit *T*, incepit *PNFR vulgo* 163 *lacunam signavi*: in paenitentiam sibi datum agnoscere noluissent *intercidisse puto, cf. III p. 417, 17* qui *seclusi*, $\overset{i}{\text{q}}$ *T*, quae *PNR*, qui *F* ista] ita *N Hirsaug.* R^3 165 inveniendum *PNFR*, venientem *T quae leguntur inde a verbis* inveniendum facta est *usque ad verba* comminuet et conteret *cap. 14, 21 teste Modio in* Φ *omissa erant* 166 regiones *PR* 166 *sq.* sub eorum conspectu *T*, in conspectu eorum *PNFR vulgo* 167 extraneis devorantibus *T*, extranei devorantes *PNFR vulgo* est *om. PR* 168 tamquam] sicut *T* (*in Vulgata legitur*: ut) cucumeraria *T* 171 provocat *F* sic et *TR*, sicut *PNF* machaeram *T*, machaerae *PNFR vulgo* 171 *sq.* condicionali iis *scripsi*: condicionalius *T*, condicionalis *PNFR vulgo* 172 comminatio⟨ne⟩ comminatur *scripsi*: comminatio *PNFR*, comminatur (ur *ex* io *corr. m. 1*) *T* inquit *T*, *om. PNFR vulgo*

obaudieritis me, gladius vos comedet. Ex quo probamus Christum machaeram fuisse, cui non obaudiendo perierunt, qui et in psalmo dispersionem eis postulat a patre dicens: *Disperge eos in virtute tua*, qui et rursus per Esaiam in exustionem eorum perorans: *Propter me*, inquit, *haec facta sunt vobis; in anxietate dormietis.* Haec igitur cum pati praedicarentur Iudaei propter Christum et passos eos inveniamus et in dispersionem demorari cernamus, manifestum est propter Christum Iudaeis ista accidisse, conspirante sensu scripturarum cum exitu rerum et ordine temporum. Aut si nondum venit Christus, propter quem haec passuri praedicabantur, cum venerit ergo, patientur. Et ubi tunc filia Sion relinquenda, quae in Iudaea hodie ⟨non⟩ est? ubi civitates exurendae, quae iam in tumulis? ubi dispersio gentis, quae iam extorris est? redde statum Iudaeae, quem Christus inveniat, et alium contende venire.

14. Discite nunc ex abundanti erroris vestri ducatum. Duos dicimus Christi habitus a prophetis demonstratos,

---

176 Ps. 58, 12 176*sq.* *cf.* Es. 50, 11^a 177 Es. 50, 11^b
14. 1—81 *cf.* Adv. Marc. III cap. 7 = III *p.* 386, 5—388, 19

---

173 me *T*, *om. PNFR vulgo* 174 cui non obaudiendo *T*, quem non audiendo *PNFR vulgo* 175 eis *T*, eius *PNFR vulgo* 176 disperde *T* eos *TNF*, illos *PR vulgo* rursus *TF*, rursum *PNR vulgo*
176*sq.* in exustionem *PNFR*^{1}, in exultationem *T*, exustionem *R*^{3} *Oehler* 177 perorans *T*, orat *PNFR vulgo* 179 praedicarentur *TF*, praedicentur *PN* eos *T*, eos esse *PNFR vulgo* 180 in dispersionem] *cf. Ho., Synt. u. Stil p. 40* 181 ita *T* 181*sq.* cum inspirante *T* 182 et ordine *Iun.*: ex ordine *T*, et ordinis *PNFR vulgo* 183 nundum *T* 184 cum *om. F* 185 reliquenda *F*, linquenda *N* in iudaea *TF*, invida *P*, in via *NG*, nulla *R* (*ex loc. gem.*) *vulgo* non *addidi* 186 in tumulis *T*, in tumulis exustae sunt *PNFR vulgo* (*cf. loc. gem.*) 187 extorris est *T*, exstitit res *PNFR*, extorris *R* (*ex loc. gem.*) *vulgo* 188 quem christus] quae christum *T* contendere *F*

14. 1 dicite *T* abundanti *TRig.*, habundantia *PNFR* erroris vestri ducatum] *idem fere quod nostrum Wegbereiter; alio igitur sensu hoc loco usurpatur hoc vocabulum atque in loco gemello*

totidem adventus eius praenotatos: unum in humilitate, utique primum, cum tamquam ovis ad victimam deduci habebat et, tamquam agnus ante tondentem sine voce sic non aperiens os, ne aspectu quidem honestus: *Adnuntiavimus* enim, inquit, *de illo: sicut puerulus, sicut radix in terra sitienti, et non erat ei species neque gloria; et vidimus eum, et non habebat speciem neque decorem, sed species eius inhonorata, deficiens citra filios hominum, homo in plaga positus et sciens ferre infirmitatem*, scilicet ut positus a patre in lapidem offensionis et ⟨petram scandali⟩ minoratus ab eo modicum citra angelos, vermem se pronuntians et non hominem, ignominia hominum et abiectio plebis. Quae ignobilitatis argumenta primo adventui eius competunt, sicut sublimitatis secundo, dum fiet iam non lapis offensionis nec petra scandali, sed lapis summus angularis post reprobationem adsumptus et sublimatus in consummationem ⟨templi, ecclesiae scilicet,⟩ et petra sane illa apud Danielem de monte praecisa, quae imaginem saecularium regnorum comminuet et conteret. De quo secundo adventu eius

---

3 *cf.* Es. 53, 7 6 Es. 53, 2. 3 11 *cf.* Es. 8, 14; 28, 16 12 *cf.* Ps. 8, 6; *cf.* I Petr. 2, 8 13—14 *cf.* Ps. 21, 7 19 *cf.* Ps. 117, 22; *cf.* Eph. 2, 21 20 *cf.* Ps. 88, 20; *cf.* Phil. 2, 9; *cf.* Dan. 2, 35

---

3 praenotatos] praenotasse *Pam.* (*ex loco gemello*) 4 deduci *T*, duci *PNFR vulgo* 5 cum tondente *F* 6 aperiens *T*, aperuit *PNFR vulgo* os suum *F* 10*sq.* in plaga positus *T*, in plaga *PNFR vulgo* 12 petram scandali *supplevi ex loco gemello: deesse haec nequeunt propter ea quae infra l. 17 et 19 leguntur* 13 pronuntians *T*, pronuntiat *PNFR vulgo* 14 ignominia hominum *T*, ignominiam hominis *PNFR vulgo* abiectio plebis *T*, abiectionem (addictionem *N*) populi *PNFR* *ante* Quae *in P legitur*: DE SECVNDO ADVENTV χρ̄ι. *haec eadem in T comparent paulo infra post verba*: dum fiet 15*sq.* adventui eius competunt, sicut sublimitatis *scripsi*: adventui co$\overset{\text{m}}{\text{n}}$petunt sublimitatis eius *T* (*om.* sicut), adventui competunt sicut sublimitatis *PNFR vulgo* 16 dum *T*, cum *PNFR vulgo* 19 templi, ecclesiae scilicet *supplevi ex loco gemello* sane *PNFR*, · s · (= scilicet) *T* 21*sq.* eius idem *scripsi*: eiusdem *PNFR*, eius *T*

idem prophetes: *Et ecce cum nubibus caeli tamquam filius hominis veniens venit usque ad veterem dierum et aderat in conspectu eius, et qui adsistebant adduxerunt eum; et data est illi potestas regia et omnis terra secundum genus et omnis gloria serviens ei et potestas eius aeterna, quae non auferetur, et regnum eius, quod non corrumpetur.* Tunc scilicet ⟨et⟩ speciem honorabilem et decorem habiturus est indeficientem super filios hominum, *tempestivus nunc decore citra filios hominum* — *effusa est gratia*, inquit, *in labiis tuis, propterea benedixit te deus in saecula. Accingere ensem tuum circa femur tuum, potentissime tempestivitate et pulchritudine tua* — cum et pater, posteaquam diminuit eum modicum quid citra angelos, gloria et honore coronabit eum et subiciet omnia pedibus eius. Et tunc *cognoscent eum, quem pupugerunt, et caedent pectora sua tribus ad tribum*, utique quod retro non agnoverunt eum in humilitate condicionis humanae constitutum: *Et homo est* inquit Hieremias: *et quis cognoscet eum?* quia et *nativi-*

---

22 Dan. 7, 13—14 29 Ps. 44, 3 30 *cf. ib. et* 44, 4 34 *cf.* Ps. 8, 6 35 *cf. ib.*; *cf.* Ps. 110, 1 36 Zach. 12, 10. 12 39 Hier. Es. 53, 8

---

22 prophetes *T*, danihel dixit (dicit *N*) *PNFR vulgo* et ecce *PNFR*, ecce *T* 23 veterem *PNFR*, antiquum *T* (*sed in litura a m. 2*) 24 eum *T*, illum *PNFR vulgo* 25 illi *T*, ei *PNFR vulgo* omnis terra *T*, omnes nationes terrae *PNFR vulgo* 26 serviens ei *T*, servient (serviet *NF*) illi *PNFR vulgo* 27 eius *T*, illius *PNFR vulgo* 28 et *addidi* (*cf. infra l. 33*: cum et pater) est *om. T* 29 super *T*, supra *PNFR*, ultra *Φ* nunc *T*, enim *PR vulgo* 29*sq.* tempestivus — — filios hominum *om. NF* 30 inquit gratia *N* 31 saecula *TPNFR*, aeternum (*sic legitur in Vulg.*) *Φ* 32 ensem] gladium *T* (*sic in Vulg. legitur*) potentissime *ΦT*, potens *PNFR* 33 posteaquam *T*, postea cum *PNFR vulgo* 34 eum *T*, illum *PNFR vulgo* quid *R*, quidem *ΦPNF*, *om. T* 35 coronabit — subiciet *scripsi* (*loc. gem. secutus*): coronavit — — subiecit *libri omnes* eum *T*, illum *PNFR vulgo* pedibus *T*, sub pedibus *PNFR vulgo* 37 utique] undique *T* agnoverunt *T*, agnoverint *PNFR vulgo* 38*sq.* et homo est inquit hieremias *T*, hieremias inquit homo est *PNFR vulgo* 39 eum *T*, illum *PNFR vulgo*

tatem eius, inquit Esaias, *quis enarrabit?* Sic et apud Zachariam in persona Iesu, immo et in ipsius nominis sacramento verus summus sacerdos patris, Christus Iesus, duplici habitu in duos adventus deliniatur: Primum sordibus indutus est, id est carnis passibilis et mortalis indignitate, cum et diabolus adversabatur ei, actor scilicet Iudae traditoris, qui eum etiam post baptisma temptaverat, dehinc, spoliatus pristinas sordes, exornatus podere et mitram et cidarim mundam est, secundi adventus quoniam gloriam et honorem adeptus demonstratur. Nec poteritis eum Iosedech filium dicere, qui nulla omnino veste sordida, sed semper sacerdotali fuit exornatus nec umquam sacerdotali munere privatus, sed Iesus iste Christus dei patris summus sacerdos, qui primo adventu suo humanae formae et passibilis venit in humilitate usque ad passionem, ipse effectus etiam hostia per omnia ⟨aeva⟩ pro omnibus nobis, qui post resur-

---

40 *sqq. cf.* Zach. 3, 1—6

---

40 enarrabit (b *ex* u) *T Pam.*, enarravit *PNFR* 41 ait in persona *T* (ait *deletum linea subscripta*) *PNF*, in persona *R* Iesu *scripsi* (*cf. loc. gem.*): eius *T*, ipsius *PNFR vulgo* in *om. T* 42 verus summus *Pam.*: verissimus *TPNFR Oehler* Christus Iesus *Pam.*: christus (χ͞ρι *T*) ipsius *TPNFR Oehler* 42 *sq.* in duplici *N* 43 diliniatur *T* primum *T* (*cf. loc. gem.*): primo *PNFR vulgo* sordibus] sordidis *Pam.* (*loc. gem. secutus*), *sed cf. l. 47*: pristinas sordes 44 indutus est *PNFR*, indutus *T* 45 ei *om. T* actor *T*, auctor *PNFR* 46 baptisma *T*, baptismum *PNFR vulgo* (*Trecensis lectio commendatur clausula; cf. etiam loc. gem.*) 47 pristina sorde *Φ* podere] *acc. intellege*: ποδήρη 47 *sq.* mitram et cidarim *TPNFR*[1] (*recte, quia* exornatus *hic* = *indutus, sicut* spoliatus (*cf. Ov. Met. XV, 213*) = *exutus, utrumque Graeco more c. acc. coniunctum; aliter infra l. 51*); *in loc. gem. item accusativus ex Montepessulano rescribendus fuit.*) 48 cidari munda *R*[3] *vulgo* mundam *T*, mundum *PNFR*, munda *R*[3] *vulgo* est *scripsi*: et *T*, id est *PNFR vulgo* q͞m gloriam *T* (*del.* q͞m *linea et subscripta et transversa m. 1*) 49 Iosedech *Rhen.*: ioseph *ΦTPNFR*[1] 52 summus *scripsi*: summi *TPNFR* 53 primum *T* humanae formae *TNF*, humana forma *PR vulgo* 54 humilitatem *T* effectus etiam *TNF*, etiam effectus *PR vulgo* 55 aeva *addidi*

rectionem suam indutus podere 'sacerdos in aeternum' dei patris nuncupatur. Si enim et duorum hircorum, qui ieiunio offerebantur, faciamus interpretationem, nonne et illi utrumque ordinem Christi qui iam venit, ostendunt, pares quidem atque consimiles propter eundem domini conspectum, quia non in alia venturus est forma, ut qui agnosci habet a quibus et laesus est; unus autem eorum circumdatus coccino, maledictus et consputatus et convulsus et compunctus, a populo extra civitatem abiciebatur in perditionem, manifestis notatus insignibus Christi passionis, qui coccinea circumdatus veste et consputatus et omnibus contumeliis adflictus extra civitatem crucifixus est; alter vero, pro delictis oblatus et sacerdotibus tantum templi in pabulum datus, secundae repraesentationis argumenta signabat, quia delictis omnibus expiatis sacerdotes templi spiritalis, id est ecclesiae, dominicae gratiae quasi visceratione quadam fruerentur ieiunantibus ceteris ad salutem.

57*sqq. cf.* Lev. 16, 5—29

---

56 podere *TN* (*cf. supra l. 48*), poderem *PFR vulgo* 57 nuncupatur *TNF*, nuncupatus est *PR vulgo* si *scripsi* (*cf. loc. gem.*), sic *TPNFR vulgo* ieiunio] *hoc vocabulo significari videtur dies decimus mensis septimi, id est dies expiationis cf. Lev. 16, 30. 31* 58 faciamus *T*, faciam *PNFR vulgo* (*et loc. gem.*) interpretationem. nonne *vulgo distinguitur* 59 Christi *T*, nomine christi *NF*, nominis christi *PR vulgo* (nomine *ortum videtur ex antecedenti vocula* nonne) 60 domini] deum *NF* 61 quia] qui *Φ* alia *TP*, helia *N*, helye *F* 61*sq.* qui agnosci *T* (agnosci *in ras. a m. 2*) *R*[3], quia cognosci *PNFR*[1] 62 est *om. F* 63*sq.* et convulsus et compunctus *om. N* 64 punctus *F* abiciatur *F* 65 notatus *ΦR*, notis (ta *supra*) *P* (ta *add. m. 1*), notis *TNF* 67 aliter *F*, al*ter *T* (i *eras.*) 68 et *TR*, est *PNF* 70 quia *scripsi*: qui *ΦTN*, qui (a *supra*) *P* (a *s.* i *corr. m. 1*), qua *FR vulgo* quia fruerentur] *weil sie genießen sollten*; *cf.* quia — tolleretur *p. 321, 129* expiatis *R*, expiatos (i *supra*) (*corr. m. 1*) *P*, expiatos *TNF*, expiati *Rig.* 72 ad salutem *T*, a salute *PNFR vulgo* ad salutem] = *saluti*, *ut* ad praemium = *praemio Ad nat. II 5 = I p. 103, 16; hinc et loc. gem. emendandus est*

Igitur quoniam primus adventus et plurimis figuris obscuratus et omni inhonestate prostratus canebatur, secundus vero et manifestus et deo dignus, idcirco quem facile et intellegere et credere potuerunt, eum solum intuentes, id est secundum, qui est in honore et gloria, non inmerito decepti sunt circa obscuriorem, certe indigniorem, id est primum. Atque ita in hodiernum negant venisse Christum suum, quia non in sublimitate venerit, dum ignorant in humilitate primo fuisse venturum.

[Sufficit hucusque de his interim ordinem Christi decucurrisse, quo talis probabatur qualis adnuntiabatur, ut iam ex ista consonantia scripturarum divinarum intellegamus, quae post Christum futura praedicabantur ex dispositione di-

---

82—108 *cf. supra* cap. 11 (extrem.) *et* Adv. Marc. III cap. 20 = III *p.* 416, 4*sqq.*

---

74 in omni *T* 75 dignus *TNF*, condignus *PR vulgo* (*cf. loc. gem.*) 77 secundum] per *Φ* 78 indigniorem, certe obscuriorem *PR* 80 suum *om. PR* 82*sqq. quae l. 82—l. 100 leguntur, eadem eisdemque fere verbis expressa iam supra occurrebant in huius libri capite undecimo exeunte; quae hic accedunt (inde a l. 100 usque in finem) desumpta scias ex libro tertio Adv. Marcionem (cf. III p. 412, 10—12; 412, 21—23; 414, 8—10). Utra utris prius scripta sint, satis docent quae hic legis l. 92*: sicuti iam praelocuti sumus. *Neque tamen a Tertulliano ipso huius loci verba composita esse, etsi ex ipso quoque compositionis ordine recte intellecto facile cognoveris, vel inde probatur, quod qui haec novare ausus est ea quae imitatur verba — multis sane mendis depravata — plus uno loco male intellexit. Cui rei documento est, ut alia taceam (cf. l. 86* expuncta reddantur *et* 87 in adventu), *quod verba exemplaris sui, quae leguntur in capite undecimo, perperam de Salomone rege dicta esse arbitratus est. Quae cum ita sint, meo iure haec omnia ut spuria seclusisse me putaverim* 82 interim ordinem *TP*, ordinem interim *F*, ordinem interim ordinem *N* christi *om. N* 83 pro(ba)batur *T* (*syll.* ba *s. v. a m. 1*), probatur *PNFR vulgo* 83*sq.* ex ista] exinde *F* 84 divinarum *om. T* quae *T*, et quae *PNFR vulgo* 85*sq.* divina (o o qm) reddantur *T* (qm (o o) *s. v. add. m. 2*)

vina credantur expuncta. Nisi enim ille venisset, post quem habebant expungi, nullo modo evenissent quae in adventu eius futura praedicabantur. Igitur universas nationes de profundo erroris humani exinde emergentes ad deum creatorem et Christum eius cernitis. Quod prophetatum non audetis negare, quia et si negaretis, statim vobis in psalmis, sicuti iam praelocuti sumus, promissio patris occurreret dicentis: *Filius meus es tu, ego hodie genui te, pete a me et dabo tibi gentes hereditatem tuam et possessionem tuam terminos terrae*, nec poteritis in istam praedicationem magis David filium Salomonem vindicare, quam Christum dei filium, nec terminos terrae David filio promissos, qui intra unicam Iudaeam regnavit, quam Christo filio dei, qui totum iam orbem evangelii sui radiis inluminavit. Denique et thronus in aevum magis Christo dei filio competit quam Salomoni, temporali scilicet regi, qui solo Israeli regnavit. Christum enim hodie invocant nationes, quae eum non sciebant, et populi hodie ad Christum confugiunt, quem retro ignorabant. Non autem potes futurum contendere quod vides fieri. Haec aut prophetata nega,

---

93 Ps. 2, 7   100 *cf.* II Reg. 7, 13

---

86 ille enim *F*   87 evenissent *ΦT* (*in ras. a m. 2*), venissent *PNF*   87*sq.* in adventu *T*, in adventum *PN*, adventum *F*   88 universas *scripsi*: si universas *T* (*sed vocula* si *linea infra scripta deleta est*) *PNFR vulgo*   89*sq.* ad dominum *T*   91 negaretis *TPR*, negaveritis *NF*   93 occurreret *PF*, occurret *N*, occurrẹrit *T* (*syll.* re *erasa est*)   94 tuam *om. T*   96*sq.* salomonem — filium *om. N*   97 filium nec *ΦT*, filium dicere *PF*   99 filio] filium *P*   101 salomoni temporali *TN*, salomon temporalis *PF*   solo *TPF*, soli *NR vulgo*   102 israel *T*   103 n̄** sciebant *T* (*erasae sunt litterae* es), nesciebant *N*, non sciebant *PF*   104 non autem potes *scripsi*: n̄ aut des *T* (aut *in ras. a m. 2*), non potes *PNFR vulgo*   105*sq.* aut prophetata nega, cum leguntur, aut impleta, cum coram videntur *rescribendum puto*; *perantiquam autem esse memoriae corruptelam probat loc. gem.* (*III p. 414, 8—10*)

cum coram videntur, aut adimpleta, cum leguntur; aut si non negas utrumque, in eo erunt adimpleta, in quem sunt prophetata.]

---

106 ad imple**ta *T* (*syll.* ta *erasa*), adimpleta *FR*, impleta (ad *s. v. add. m. 1*) *P*, impleta *N* 107 utrum *T* 108 finit Adversus iudeos. Incipit de carne χρ̄ι; nicasi vivas in χρ̄o dn̄o nr̄o AMEN *T* TERTVLLIANI ADVERSVS IVDEOS EXPLICIT *P*, Explicit liber C. Septimii Florentis Tertuliani adversus Iudeos *F*, *deest subscriptio in N*